코틀린 & 스프링 부트로 개발은

처음인데요

코틀린 & 스프링 부트로 개발은 처음인데요   단계별로 학습하는 백엔드 실전 프로젝트

초판 1쇄 발행   2026년 1월 12일

지은이 **정보근**   펴낸이 **한기성**   기획·편집 **김선우**   표지 디자인 **오필민**   내지 디자인 **nu:n**
조판 **SEMO**   교정 **이윤지**   제작·관리 **이유현**   영업·마케팅 **김진불**   경영지원 **박미경**
용지 **유피에스**   인쇄·제본 **천광인쇄사**

펴낸곳 **(주)도서출판인사이트**   임프린트 **더 타이즈**   등록번호 제2002-000049호 등록일자 2002년 2월 19일
주소 **서울특별시 마포구 연남로5길 19-5**   전화 **02-322-5143**   팩스 **02-3143-5579**
이메일 **theties@insightbook.co.kr**

Copyright ⓒ 2026 정보근, (주)도서출판인사이트   ISBN 978-89-6626-513-8 93000

책값은 뒤표지에 있습니다. 잘못 만들어진 책은 구입처에서 교환하실 수 있습니다. 이 책의 정오표는 홈페이지에서 확인하실 수 있습니다.

더 타이즈는 (주)도서출판인사이트의 임프린트입니다. 더 타이즈는 지식의 빈칸과 경험의 빈틈을 콘텐츠로 채웁니다.
지식과 경험을 전달하고 싶은 저자님을 모십니다. 홈페이지 https://theties.insightbook.co.kr

단계별로 학습하는 백엔드 실전 프로젝트

코틀린 & 스프링 부트로 개발은
처음인데요

정보근 지음

THE
TIES

클라우드와 AI 환경에서 살아남는 '실무형 개발자'로 성장하기 위한 필독서

오늘날 대부분의 서비스는 클라우드 환경에서 제공되기 때문에 개발자가 어떤 언어를 사용하든 서비스의 구조와 아키텍처 전반을 명확히 이해하는 역량이 필수입니다. 또한 AI가 개발 생산성을 크게 높인 시대라 해도 코드의 정확한 의도와 흐름을 파악하고 검증하는 능력은 결코 대체될 수 없습니다. 이 책은 클라우드와 AI 시대의 개발자에게 반드시 요구되는 '서비스를 통째로 이해하는 힘'을 길러 주는 뛰어난 안내서입니다. 복잡한 기술 요소를 도식화해 직관적으로 전달하는 구성, 그리고 개념 → 실습으로 이어지는 일관된 흐름은 실무 개발자로 성장하는 데 필요한 역량을 균형 있게 쌓도록 돕습니다. 또한 도메인을 설계하고, 엔티티 구성과 레이어드 아키텍처를 거쳐 JPA 성능 최적화로 이어지는 전개는 실제 서비스 개발 과정을 정교하게 압축해 놓은 듯 실용적입니다.

류승진 / 마이크로소프트 클라우드 솔루션 아키텍트

현업 선배가 건네는 '친절한 지도' 같은 책

처음 개발을 시작할 때 가장 괴롭히는 건 어디서부터 시작해야 할지 모르는 막막함입니다. 이 책의 가장 큰 장점은 이론적 지식이 부족하더라도 가이드를 따라 하면 프로젝트를 처음부터 끝까지 완성해 볼 수 있다는 점입니다. 웹 서비스에 대한 전반적인 설명부터 개발 환경 구축까지 상세히 설명하고 있어, 초보자도 중간에 포기하지 않고 실습을 완주하여 성취감을 맛볼 수 있습니다. 또한 자바로만 개발하던 분들에게는 코틀린으로 자연스럽게 전환할 수 있는 훌륭한 지침서입니다. 실무에서 자주 사용하는 도구를 왜, 어떻게 써야 하는지 현업의 시각에서 차근차근 설명하며, 특히 로컬 환경을 넘어 GCP와 도커를 활용해 실제 서비스를 배포하는 과정까지 담았기에 실용적입니다. 이 책은 입문자에게 막연함을 확신으로 바꿔줄 가장 든든한 동반자가 되어줄 것입니다.

변구훈 / 카카오뱅크 개발자

'하나씩 차근차근 설명'하며 '실습으로 이어지는' 흐름이 매우 인상 깊었습니다. 이는 독자들이 단순히 지식 습득에 그치지 않고, 실제로 코드를 작성하며 '자신만의 결과 물'을 빠르게 만들어낼 수 있도록 강력하게 돕는 방식이라고 생각합니다. 또한 독학 과정에서 겪는 막막함을 해소하고, 배운 내용을 체계적으로 정리하며 실질적인 포트 폴리오를 만들고자 하는 이들에게는 최고의 길잡이가 될 것입니다.

서울꺼벙천사

웹 개발 커리어를 시작하려고 다양한 공부를 하더라도 바로 웹 개발을 할 수 있는 것 은 아닙니다. 마치 망치와 톱의 사용법을 배우더라도 그것만으로는 가구를 만들 수 없는 일과 마찬가지입니다. 이 책은 JVM 생태계에서 빠르게 성장하고 있는 코틀린 과 스프링 부트를 활용해 실제 웹 서비스를 개발하는 데 필요한 지식을 하나씩 꼼꼼 하게 정리해 줍니다. 개발 환경 설정부터 시작해 REST API 구현, 데이터베이스 연 동 등 실무에서 마주하는 과정을 차근차근 따라갈 수 있습니다. 물론 이 책 한 권으 로 모든 지식을 얻을 수는 없겠지만, 무엇을 배워나가야 하는지 방향을 잡아 주고, 꼭 필요한 지식을 놓치지 않고 친절하게 알려 주고 있다는 저자의 세심한 배려가 느 껴집니다.

정현석

책의 실습을 따라 하며 의존성 문제로 프로젝트를 생성하는 중에 잠깐의 고전이 있 었는데, 가이드가 잘 되어 있어 덕분에 문제를 바로 해결할 수 있었습니다. 코드를 따라 하며 겪을 어려움을 저자님이 미리 알고 설명해 주는 듯한 구성이 인상 깊었습 니다. 또한 백엔드 프로젝트의 중요한 개념들(MVC패턴, 트랜잭션, JPA, 엔티티, 영 속성, 어노테이션 등)도 알차게 다루고 있어서 스프링 부트가 처음이었지만 따라 하 기가 수월했고, 궁금했던 개념들을 숙지할 수 있었습니다.

이보람

'개념 – 환경 설정 – 도메인 설계 – JPA – API 개발'과 같이 실제 웹 개발 흐름을 따라 단계적으로 학습할 수 있습니다. 앞에서 배운 클라이언트, 서버, DB, HTTP, 상태코드와 같은 핵심 개념이 실습할 때 어디에 대응하는지 자연스럽게 연결됩니다. 과한 비유나 불필요한 전문 용어 없이, IDE를 켜놓고 옆에서 선배가 설명해 주는 것 같아서 초보자도 부담 없이 따라 할 수 있다고 생각합니다.

이승환

이 책은 코틀린과 스프링 부트라는 기술 스택을 다루면서도 해당 기술에만 매몰되지 않고, 왜 이러한 설계가 필요한지에 대한 맥락을 먼저 제공하는 방식으로 서술하고 있습니다. 프로그래밍 언어만 학습한 입문자에게 실무적 사고의 틀을 형성하는 데 기여하리라 봅니다. 또한 스프링 이니셜라이저를 통한 프로젝트 초기 설정, 깃을 활용한 버전 관리, JPA 기반의 도메인 구축으로 이어지는 흐름이 실제 프로젝트의 시작 단계를 체험하듯 구성되어 있어 학습의 실효성을 높일 수 있습니다. 백엔드 개발의 진입 장벽을 낮추면서도 올바른 기초를 세우고자 하는 독자에게 추천합니다.

이호섭

스프링 부트 개발 과정에서 꼭 필요한 내용들이 잘 정리되어 있어 큰 도움이 되었습니다. 핵심만 잘 짚으면서도 부가 설명과 tip을 통해 주요 개념과 용어를 명확하게 정의해 주어, 그동안 혼란스러웠던 부분들이 자연스럽게 정리되었습니다. 덕분에 전체 내용을 부담 없이 따라 할 수 있었고, 정말 만족스러운 개발 가이드라고 느꼈습니다.

임승현

더 타이즈에서는 지식과 경험을 나누어 주실 저자님과 출간 전에 콘텐츠를 먼저 읽어 보실 책 애호가 님을 모십니다.

• URL https://theties.insightbook.co.kr

대상 독자 코딩 경험이 거의 없어도 실습을 따라갈 수 있을까요? 실제로 따라 하며 어려움을 느낄 때 도움을 받을 수 있는 장치가 있을까요?

이 책은 '파이썬 문법 책을 막 끝냈을 때의 저'를 독자 페르소나로 삼아 집필했습니다. 학습한 내용을 실제 웹이나 앱 개발에 어떻게 응용해야 할지 막막함을 느꼈던 경험을 바탕으로, 프로그래밍 언어 한 가지만 알아도 따라올 수 있도록 기초 개념과 개발 환경 설정부터 차근차근 설명합니다. 프로젝트를 개발하는 모든 과정을 그대로 담았기 때문에 책과 깃허브 리포지터리의 코드를 참고하며 따라 하기만 해도 실제로 사용할 수 있는 나만의 포트폴리오 웹사이트를 만들 수 있습니다.

만약 책만으로 이해가 어렵다면 이 책의 동영상 강의인 인프런 강의(https://inf.run/fEYtV)를 함께 보시길 권합니다. 처음 접하는 개념이 많을수록 막히는 부분이 많은 것은 지극히 자연스러운 과정입니다. 책에서 가능한 한 쉽고 상세하게 설명하려 노력했지만, 학습 과정에서 발생하는 기술 문제나 궁금증이 있을 때는 강의 게시판에 질문을 남겨 주시면 함께 고민하고 답변하겠습니다.

왜 코틀린과 스프링 부트일까 백엔드 개발을 시작할 기술로 코틀린과 스프링 부트를 선택한 특별한 이유가 있으신가요? 자바가 더 일반적인 선택지일 수 있는데, 코틀린의 어떤 장점이 백엔드 입문자에게 유리할까요?

스프링은 국내외 기업에서 가장 수요가 많은 기술 스택입니다. 취업 시장에서의 경쟁력을 생각하면 이 책의 대상 독자에게 스프링을 배우기를 추천합니다. 그렇다면 자바와 코틀린 중 무엇으로 시작할지 고민하게 될 텐데요, 개인적으로는 두 언어 사이에 크게 유의미한 차이가 있다고 생각하진 않습니다. 하지만 코틀린 문법이 훨씬 간결하고 직관적이어서 입문 과정에서 심리적 장벽이 낮고, 덜 지치며 더 빠르게 성과를 낼 수 있습니다. 또, 자바스크립트나 파이썬 등의 언어 학습자에게도 자바보다는 코틀린이 더 부담 없는 언어라 생각했습니다.

자바에서 코틀린으로 이동하는 기업이 늘어나는 추세입니다. 저 또한 이전 팀에서 신규 프로젝트 중심으로 코틀린으로 전환했었고, 현 팀에서는 모든 스프링 프로젝트를 코틀린으로 개발하고 있습니다. 그만큼 코틀린과 스프링 부트는 제가 가장 잘 알고 익숙하며 자신 있게 다룰 수 있는 기술이기에, 독자에게 실무적인 내용을 가장 정확하게 전달할 수 있다고 판단했습니다.

책의 차별점 여러 기술을 한 번에 접할 수 있게 구성한 이유는 무엇인가요? '처음부터 끝까지 혼자 개발하고 배포한다'라는 경험이 왜 중요한지도 궁금합니다.

저는 '무지의 지'가 중요하다고 생각합니다. 무언가를 배우려면 먼저 자신이 무엇을 모르는지 정확히 알아야 부족한 부분을 채워나갈 수 있다는 말입니다. 역설적으로 처음 배우는 사람에게 가장 부족한 것은 바로 무엇을 모르는지 모른다는 점입니다. 제가 파이썬 문법 책을 마치고 나서도 이런 생각이 들었습니다. '프로그래밍 언어가 무엇인지는 알겠는데, 이걸로 어떻게 내가 쓰는 앱이나 웹을 만드는 거지?'

바로 이 지점에서 전체 개발 과정을 경험해 보는 일이 중요하다고 생각했습니다. 프런트엔드와 통신하고, 데이터베이스에 저장하고, 서버를 배포하는 흐름을 한 번이라도 겪어 봐야 '아, 이런 부분이 더 공부해야겠다'라는 명확한 방향이 잡힙니다. 그래서 이 책은 포트폴리오 웹사이트라는 명확한 결과물을 완성하면서 자연스럽게 백엔드 개발에 필요한 기술들을 경험하도록 구성했습니다. 처음부터 끝까지 직접 만들어 배포하고 나면 '나도 할 수 있다'라는 자신감과 함께 다음에 무엇을 배워야 할지 스스로 알게 됩니다.

또한 본문 중간에 퀴즈를 넣어 직접 고민해 보는 시간도 가질 수 있도록 구성했습니다. 의도적으로 답을 실지 않았습니다. 이 문제들은 정해진 답이 없는 질문들이며, 여러 방법이 있을 수 있고 방법마다 장단점이 있습니다. 혼자 답을 고민하기보다는 동료 혹은 AI와 대화하며 시야를 넓히기를 추천합니다.

끝으로 집필 과정은 어떠셨나요? 집필 전에 생각했던 내용이 오롯이 책에 담겨 있는지 궁금하고, 감사 인사를 전할 분들이 있다면 말씀해 주세요.

집필 과정은 생각보다 어려웠습니다. 저 또한 안다고 생각했지만 막상 설명하려니 쉽지 않은 개념들이 있었고, 제가 당연하게 여기는 부분들을 처음 접하는 분들의 눈높이로 풀어내는 것이 쉽지 않았습니다. 어느 수준까지 어떤 표현으로 설명해야 적절할지 문장마다 고민했습니다. 하지만 비전공자였던 제 경험을 떠올리며 '그때 내가 이렇게 설명을 들었으면 좋았을 텐데'라는 마음으로 하나하나 풀어 쓰다 보니 처음 생각했던 것보다 더 많은 내용을 담을 수 있었습니다.

이 과정에서 독자 입장에서 궁금할 만한 질문들을 끊임없이 던져 주시고 원고를 읽기 쉽게 다듬어 주신 편집자 김선우 님께 진심으로 감사드립니다. 또한 현업으로 바쁜 와중에도 시간을 내어 원고를 검토해 주신 엔지니어 류승진, 변구훈 님께도 감사의 말씀을 전합니다. 주말에도 책 집필에 매진하느라 함께하지 못한 시간을 이해해 준 아내 정선화 그리고 흔쾌히 초상권을 내어준 고양이 정용백과 특별히 한 일은 없지만 곁에 있어준 고양이 정동식에게도 고마움을 전합니다. 마지막으로 이 책을 선택해 주신 독자 여러분께 가장 큰 감사를 드립니다.

코틀린 & 스프링 부트 웹 개발 로드맵

1단계
웹 개발 개념 학습

CHAPTER 01
코틀린과 스프링 부트로
웹 개발 시작하기
웹 개발 기본 개념과 코틀린, 스프링 부트를 소개합니다.

CHAPTER 02
개발 환경 준비하기
IntelliJ, JDK, Gradle 등 개발 도구를 설치하고 설정합니다.

CHAPTER 03
프로젝트 설계하기
데이터베이스 기초와 트랜잭션을 이해하고 ERD를 설계합니다.

3단계
프로젝트 개발

CHAPTER 05
도메인 개발하기
JPA 엔티티와 리포지터리를 개발하고 테스트 코드를 작성합니다.

백엔드 개발

CHAPTER 06
프레젠테이션 레이어
DTO, 서비스, 컨트롤러, 인터셉터를 구현합니다.

CHAPTER 08
어드민 레이어
관리자 페이지의 공통 기능과 각 페이지별 기능을 개발합니다.

프런트엔드 개발

CHAPTER 07
프레젠테이션 레이어
부트스트랩 템플릿을 적용하고 타임리프와 연동합니다.

CHAPTER 09
어드민 레이어
관리자 화면의 공통 구성 요소와 페이지별 UI를 개발합니다.

2단계
프로젝트 환경 설정

CHAPTER 04
프로젝트 시작하기
스프링 부트 프로젝트를 생성하고 깃허브 리포지터리에 연동합니다.

4단계
프로젝트 배포

CHAPTER 10
프로젝트 배포하기
스프링 시큐리티로 로그인 기능을 추가하고, 도커로 컨테이너화한 후 GCP에 배포하고 도메인을 연결합니다.

질문과 학습 자료

학습하는 동안 궁금한 점이나 문제가 있을 때는 깃허브 Issue 탭에 질문을 남겨 주세요. 이 책의 인프런 강의를 듣고 계신다면 강의 게시판에 질문을 남겨 주셔도 좋습니다.

깃허브 리포지터리

지면상 전체 코드를 책에 담지는 못했습니다. 전체 코드는 데모 프로젝트의 깃허브 리포지터리에서 제공합니다.

- ⬛ https://github.com/infomuscle/portfolio-yongback

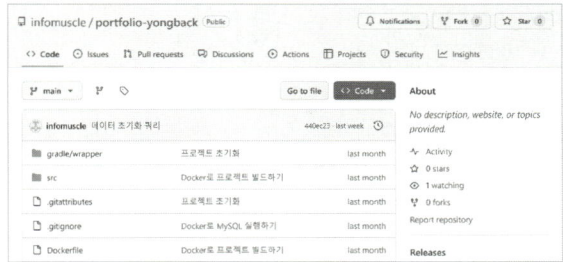

인프런 강의

인프런에서 이 책의 유료 강의를 만나볼 수 있습니다. 학습하다 막히는 부분이 있으면 온라인 강의를 함께 보는 것을 권장합니다.

- 🔗 https://inf.run/fEYtV

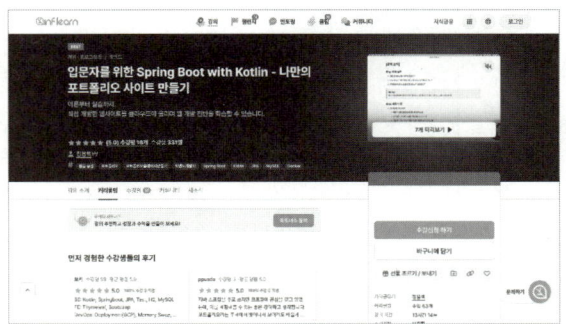

디렉터리 구조

전체 디렉터리 구조와 각 폴더의 역할은 다음과 같습니다.

```
src/
└── main/
    ├── kotlin/com/yongback/portfolio/
    │   ├── admin/ ──────► 관리자 기능 구현
    │   │   ├── advice/... ──────► 전역 예외 처리 및 응답 처리
    │   │   ├── context/ ──────► 도메인별 관리 기능을 분리
    │   │   │   ├── achievement/ ──────► 성취 영역 기능 관리
    │   │   │   ├── dashboard/ ──────► 관리자 대시보드 기능 관리
    │   │   │   ├── experience/ ──────► 경험 영역 기능 관리
    │   │   │   ├── introduction/ ──────► 소개 영역 기능 관리
    │   │   │   ├── link/ ──────► 링크 영역 기능 관리
    │   │   │   ├── project/ ──────► 프로젝트 영역 기능 관리
    │   │   │   └── skill/ ──────► 기술 영역 기능 관리
    │   │   ├── data/... ──────► 관리자 영역에서 사용하는 공통 DTO
    │   │   ├── exception/... ──────► 관리자 영역 커스텀 예외 정의
    │   │   ├── interceptor/... ──────► 관리자 영역 화면 구성 요소 전달
    │   │   └── security/... ──────► 스프링 시큐리티 설정 및 인증/인가 처리
    │   ├── domain/ ──────► 비즈니스 핵심 로직 담당
    │   │   ├── configuration/ ──────► 스프링 애플리케이션 초기 설정
    │   │   ├── constant/ ──────► 도메인 엔티티에서 참조할 상수 관리
    │   │   ├── entity/ ──────► JPA 엔티티 클래스, 데이터베이스 테이블과 매핑되는 도메인 객체
    │   │   └── repository/ ──────► JpaRepository를 상속한 데이터 접근 계층 인터페이스, 엔티티의 영속성 관리
    │   ├── presentation/ ──────► 사용자와 직접 상호작용하는 계층
    │   │   ├── controller/ ──────► HTTP 요청을 받아 처리하는 컨트롤러
    │   │   ├── dto/ ──────► 클라이언트와 서버 간 데이터 전송 객체
    │   │   ├── interceptor/ ──────► HTTP 요청/응답 전후 공통 작업 수행
    │   │   ├── repository/ ──────► 프레젠테이션 레이어의 데이터 접근 계층
    │   │   └── service/ ──────► 프레젠테이션 레이어의 비즈니스 로직
    │   └── PortfolioApplication.kt ──────► 메인 애플리케이션 파일
```

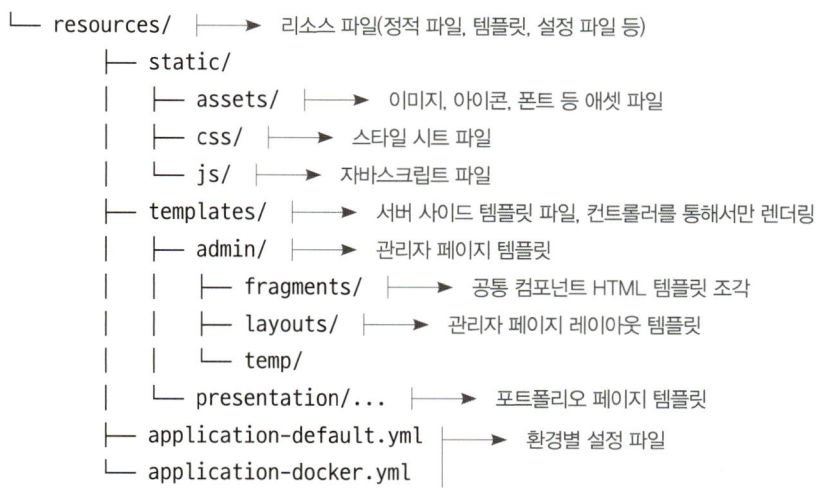

```
└── resources/      ├──────►  리소스 파일(정적 파일, 템플릿, 설정 파일 등)
      ├── static/
      │    ├── assets/  ├──────►  이미지, 아이콘, 폰트 등 애셋 파일
      │    ├── css/  ├──────►  스타일 시트 파일
      │    └── js/  ├──────►  자바스크립트 파일
      ├── templates/  ├──────►  서버 사이드 템플릿 파일, 컨트롤러를 통해서만 렌더링
      │    ├── admin/  ├──────►  관리자 페이지 템플릿
      │    │    ├── fragments/  ├──────►  공통 컴포넌트 HTML 템플릿 조각
      │    │    ├── layouts/  ├──────►  관리자 페이지 레이아웃 템플릿
      │    │    └── temp/
      │    └── presentation/...  ├──────►  포트폴리오 페이지 템플릿
      ├── application-default.yml  ├──────►  환경별 설정 파일
      └── application-docker.yml
```

리포지터리 코드 테스트 실습은 테스트 패키지에서 별도로 진행합니다.

• **테스트 코드 디렉터리**: src/test/kotlin/com/yongback/portfolio/...

이 책의 요소

- tip 알아 두면 좋은 내용을 간결하게 다룹니다.

- 📋 새로운 개념이나 학습하면서 발생하는 궁금한 내용을 다룹니다.

- ➡ 이 기호가 보이는 코드는 윗줄과 이어진 같은 줄의 코드입니다.
  띄어쓰기와 줄 바꿈 없이 한 줄로 이어서 입력하세요.

- Quiz 배운 내용을 확인하고 응용해 볼 수 있는 문제입니다.

- 🔗 지금까지 작성한 코드를 깃허브 리포지터리에 저장해 버전 관리를 할 수 있습니다.

차례

CHAPTER 01 코틀린과 스프링 부트로 웹 개발 시작하기

CHAPTER **04** 　프로젝트 시작하기

CHAPTER 07   프런트엔드 개발하기: 프레젠테이션 레이어

코틀린과 스프링 부트로 웹 개발 시작하기

1장에서는 웹 서비스를 개발하기 위해 알아야 하는 기본 개념을 학습합니다. 1-1절에서는 웹 개발 기초 지식을 익히고, 1-2절에서는 코틀린과 스프링 부트의 주요 개념을 살펴봅니다. 개념이 아직 어렵다면 이번 장에서는 이런 것이 있다는 정도로 이해하고 넘어가도 좋습니다. 앞으로 프로젝트를 진행하며 각각의 개념을 직접 다루다 보면 심도 있게 이해할 수 있습니다.

1-1 웹 개발에 필요한 기본 개념

- 웹 서비스의 각 요소가 상호 작용을 하는 방식을 이해한다.
- 웹 프레임워크의 필요성을 이해한다.
- 서버와 클라이언트가 통신하는 기본 방법을 이해한다.

현대인은 대부분 웹 서비스를 매일 사용합니다. 뉴스를 보고, SNS에 게시글을 올리고, 친구에게 메시지를 보내는 일상 속의 다양한 서비스가 바로 웹을 기반으로 합니다. 그럼 웹은 어떻게 동작할까요? 웹을 사용할 때 어떤 요소가 어떻게 상호 작용을 하면서 정보를 주고받는지 알아봅시다.

1-1-1 웹 서비스를 구성하는 요소

웹 서비스 구성 요소를 분류하는 방법은 다양합니다. 이 책에서는 웹 서비스를 [그림 1-1]처럼 클라이언트, 서버, 데이터베이스로 분류하겠습니다.

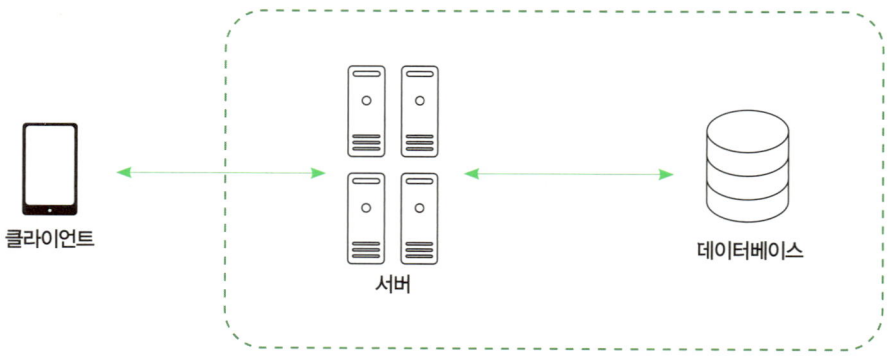

그림 1-1 웹 서비스 구성 요소

클라이언트^{client}는 웹 서비스에서 **특정한 작업을 요청하는 주체**입니다. 사용자의 컴퓨터나 스마트폰과 같은 하드웨어가 될 수도 있고, 웹 개발 측면에서는 웹 브라우저나 모바일 애플리케이션과 같은 소프트웨어를 모두 의미할 수 있습니다.

사용자의 기기만 클라이언트가 되는 것은 아닙니다. 서비스 구조에 따라 서버라고 부르는 컴퓨터끼리도 서로 작업을 요청하고 응답하는데 서버끼리 통신하는 경우에는 요청하는 쪽이 클라이언트입니다.

서버^{server}는 클라이언트가 요청한 작업을 처리한 후 응답하는 역할을 합니다. 서버가 요청받는 작업은 대부분 데이터와 연관됩니다. 서버는 클라이언트의 요청에 따라 데이터베이스에 데이터를 생성, 조회, 수정, 삭제하는 작업을 수행하게 됩니다.

> **tip** 생성(create), 조회(read), 수정(update), 삭제(delete)를 합쳐서 CRUD라고 부릅니다.

예를 들어 사용자가 SNS에 접속하면 SNS 회사의 서버는 클라이언트의 요청에 따라 데이터베이스에서 게시글을 조회합니다. 만약 사용자가 게시글을 작성한 후 완료 버튼을 클릭하면 서버는 작성된 내용을 데이터베이스로 보내 게시글을 생성합니다.

> **tip** 서비스 규모가 크면 여러 대의 서버 컴퓨터를 묶어서 하나의 시스템처럼 동작하도록 구성하는데, 이렇게 연결된 서버들의 집합을 클러스터(cluster)라고 합니다. 클러스터는 목적에 따라 모든 서버가 동일한 작업을 분담하도록 구성하거나(예: 웹 서버 여러 대), 각 서버가 서로 다른 역할을 담당하도록 구성할 수 있습니다(예: 웹 서버 클러스터, 데이터베이스 서버 클러스터, 캐시 서버 클러스터 등).

본래 **데이터베이스**^{database}는 데이터의 집합을 뜻하는 개념적인 용어입니다. 하지만 실무에서는 대체로 데이터베이스 관리 시스템, 즉 **DBMS**^{Database Management System}를 의미합니다. DBMS는 데이터의 집합을 저장하고 관리하는 프로그램입니다. 대표적인 DBMS로는 오라클^{Oracle}과 MySQL이 있습니다.

tip 데이터베이스도 요청을 받아 응답을 제공하기 때문에 서버로 분류할 수 있습니다. 하지만 일반적인 애플리케이션 서버와는 달리 데이터 저장과 관리에 특화된 고유 기능 제공한다는 점에서 별도로 구분합니다.

📋 인터넷과 웹

엄밀히 말해 인터넷과 웹은 서로 다른 개념입니다. 인터넷은 전 세계 컴퓨터가 연결된 거대한 네트워크를 의미합니다. 네트워크에서는 컴퓨터, 스마트폰, 서버 등이 다양한 기술을 사용하여 정보를 주고받습니다. 즉 인터넷은 전 세계가 연결된 하나의 거대한 네트워크라는 개념을 포함합니다.

웹은 월드 와이드 웹(World Wide Web)의 준말로 인터넷에서 정보를 주고받는 다양한 방법 중 하나입니다. HTML(HyperText Markup Language), HTTP(HyperText Transfer Protocol) 같은 표준을 사용해 문서를 작성하고 전송합니다. 웹사이트, 웹 애플리케이션 등을 예로 들 수 있습니다. 인터넷은 웹 외에도 이메일, 파일 전송, 스트리밍 등 다양한 서비스를 지원합니다.

요약하면 인터넷은 하드웨어와 네트워크의 인프라를 의미하고, 웹은 인터넷을 통해 정보를 주고받는 방법을 의미합니다.

1-1-2 웹 브라우저와 서버의 상호 작용 방식

이번에는 클라이언트, 서버, 데이터베이스의 상호 작용 방식을 알아봅시다. 웹 브라우저에서 웹사이트 URL을 입력하면 발생하는 일을 따라가 보겠습니다.

웹 브라우저 주소창에 구글의 URL 'https://www.google.com'을 입력하면 어떤 일이 일어날까요? 웹 브라우저는 입력한 URL을 해당 주소지의 컴퓨터에서 웹 페이지를 받아 오라는 명령으로 인식합니다. 이때 URL의 핵심, 'google.com'과 같은 형태를 **도메인 네임**^{domain name}이라고 부릅니다.

tip 도메인 네임은 간단히 줄여서 도메인이라고도 합니다. 이번 절에서도 도메인이라고 부르겠습니다.

사실 네트워크상에서 특정 컴퓨터를 찾아가려면 **IP**^{Internet Protocol} **주소**라는 값이 필요합니다. IP 주소는 127.0.0.1처럼 숫자로 이루어집니다. 그런데 도메인으로 어떻게 IP 주소를 알 수 있을까요? 바로 **DNS**^{Domain Name System}(도메인 네임 시스템) 서버 덕분입니다. DNS 서버에 도메인을 보내면 DNS 서버는 도메인을 조회해 IP 주소를 보내 줍니다. 그럼 해당 IP 주소를 가진 구글 서버에 접속해 요청을 전달할 수 있습니다.

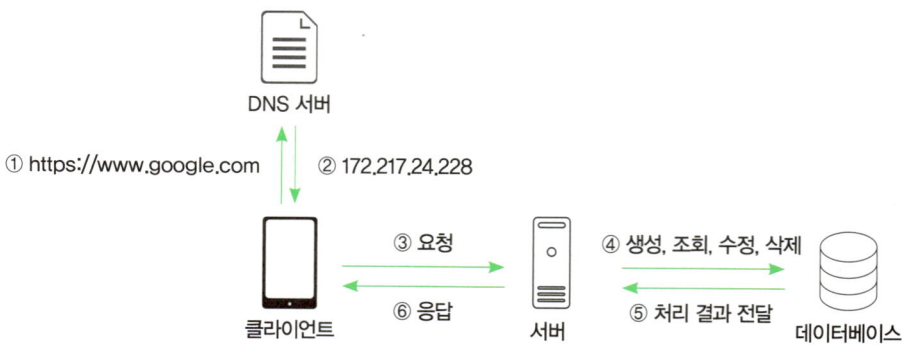

그림 1-2 웹 브라우저 주소창에 URL을 입력하면 일어나는 일

tip 네트워크상 목적지에 도달하기 위해 필요한 값은 숫자로 이루어진 IP 주소지만, 사람이 기억하기 어렵기 때문에 도메인을 사용합니다.

요청을 받은 구글 서버는 작업을 수행합니다. 대부분 작업에서는 데이터베이스 처리도 한 번 이상 수행합니다. 예를 들어 로그인을 한다면 입력 정보가 구글 사용자 데이터베이스에 존재하는지, 비밀번호가 일치하는지 등을 확인합니다. 서버가 작업을 완료하면 다시 네트워크를 통해 클라이언트에 HTML 문서를 응답합니다. 그러면 응답을 받은 웹 브라우저는 HTML 문서의 내용을 사용자 화면에 그립니다.

tip 응답받은 HTML 문서를 화면에 실제로 그리는 작업은 흔히 렌더링이라고도 부릅니다.

각 단계를 깊게 파고들면 아주 복잡하지만 이 책에서는 대부분의 웹 서비스가 크게 이런 방식으로 동작한다는 원리만 알아도 충분합니다.

📄 DNS

DNS는 흔히 주소록으로 비유합니다. 주소록에서 이름으로 전화번호를 찾듯이 도메인으로 IP 주소를 찾을 수 있습니다. DNS 서버는 통신사나 IT 기업에서 운영하며, DNS 서버의 IP 주소는 인터넷 설정 시에 반드시 등록해야 합니다. 여러분의 컴퓨터나 스마트폰의 인터넷 설정에 들어가 보세요. DNS 서버의 IP 주소가 이미 입력된 것을 볼 수 있습니다.

1-1-3 웹 프레임워크

웹 프레임워크web framework는 웹 개발에 공통으로 요구되는 기능을 미리 구조화한 틀입니다. 웹 프레임워크의 다양한 기능을 활용하면 동적 웹 서비스를 더욱 효율적으로 개발할 수 있습니다.

tip 동적 서비스란 사용자의 요청에 따라 결과가 변화하는 서비스를 의미합니다. 검색어에 따라 결과가 달라지는 검색 기능, 로그인한 사용자에 따라 다른 게시글을 보여 주는 SNS 피드 기능 등을 예로 들 수 있습니다.

개발을 건축에 비유한다면 프레임워크는 조립식 건축에 비유할 수 있습니다. 프로그래밍 언어만으로 서비스를 개발하는 일은 건축 자재를 하나하나 직접 만드는 것과 같지만, 프레임워크를 사용하면 미리 만들어진 자재를 간단하게 조립해 건축하듯이 서비스를 쉽게 개발할 수 있습니다.

백엔드와 프런트엔드에서 사용하는 대표적인 웹 프레임워크는 [표 1-1]과 같습니다.

표 **1-1** 대표적인 프레임워크

개발 분야	프로그래밍 언어	웹 프레임워크
백엔드	자바(Java)	스프링(Spring)
	코틀린(Kotlin)	
	자바스크립트(JavaScript)	익스프레스JS(Express.js), 네스트JS(NestJS)
	타입스크립트(TypeScript)	
	파이썬(Python)	장고(Django), 플라스크(Flask), 패스트API(FastAPI)
	루비(Ruby)	루비 온 레일즈(Ruby On Rails)
프런트엔드	자바스크립트(JavaScript)	리액트(React), 앵귤러(Angular), 뷰JS(Vue.js)
	타입스크립트(TypeScript)	

tip 리액트는 엄밀히 말해 라이브러리에 해당합니다.

프레임워크와 라이브러리를 구분하는 키는 '제어의 주도권'입니다. 예를 들면 프레임워크는 DIY 키트라고 할 수 있습니다. 키트 제작자가 큰 틀(프레임)을 정해 두면 사용자는 틀 안에서 주어진 자원을 활용해 원하는 것을 만들 수 있습니다. 반면에 라이브러리는 가구를 만들기 위한 망치와 같은 공구, 또는 그런 공구들을 모아 둔 공구 상자라 할 수 있습니다. 프레임워크와는 다르게 사용자가 주도권을 갖고 원하는 것을 만들 수 있습니다.

- **프레임워크**: 프레임워크가 흐름을 주도합니다. 개발자는 프레임워크의 규칙에 맞춰 코드를 작성합니다.
- **라이브러리**: 개발자가 흐름을 주도하며 필요 시 라이브러리를 호출합니다.

1-1-4 HTTP

서버와 클라이언트 간에는 통신하기 위한 규약이 있습니다. 그중 하나가 바로 **HTTP**입니다.

HTTP의 기본 동작은 클라이언트의 요청과 서버의 응답을 통해 이루어집니다.

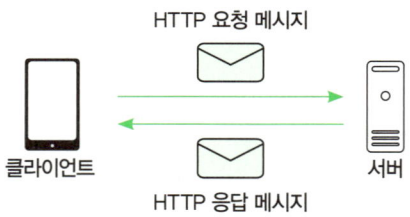

그림 1-3 HTTP 기본 구조

예를 들어 평소 우리가 편지를 보낼 때는 지켜야 하는 약속이 있습니다. 편지 봉투 겉에는 발신인 정보, 수신인 정보, 우표가 있고, 봉투 안에는 편지지가 있습니다. 그리고 담고자 하는 내용은 편지지에 적습니다.

서버와 클라이언트가 통신할 때도 마찬가지입니다. 데이터를 주고받을 때 HTTP 요청 메시지와 HTTP 응답 메시지가 오가는데, 이때 HTTP 요청 메시지와 HTTP 응답 메시지에 어떤 내용을 담을 것인지는 표준으로 정의됩니다.

HTTP 요청 메시지

HTTP 요청 메시지 포맷을 한 줄씩 살펴봅시다.

```
POST / HTTP/1.1                          }  → 시작 줄
Host: localhost:8080
User-Agent: Mozilla/5.0
Accept-Language: en-US
Accept: text/html                        }  → 요청 헤더
Content-Type: application/json
Content-Length: 15

                                         }  → 빈 칸
{"key":"value"}                          }  → 요청 바디
```

그림 1-4 HTTP 요청 메시지

제일 첫 번째 줄은 **시작 줄**start line입니다. **요청 줄**request line이라고도 하며 HTTP 메서드method, URL, 버전을 명시합니다. [그림 1-4]에서는 'POST'가 HTTP 메서드, '/'가 URL, 'HTTP/1.1'이 버전에 해당합니다.

tip HTTP 메서드에는 요청의 유형을 정의합니다. 자세한 내용은 8쪽에서 살펴보겠습니다.

다음은 **요청 헤더**request header 영역입니다. 키key와 값value 형태로 요청 메타데이터metadata를 담습니다. 메타데이터는 데이터의 속성이나 특성을 설명하는 정보입니다. 간단하게 편지에 비유하면 봉투에 적는 내용이라고 할 수 있습니다.

요청 헤더는 클라이언트의 추가 정보를 서버에 전달하는 데 사용합니다. 예를 들어 서버는 User-Agent 헤더로 클라이언트의 기기 정보를 파악해 모바일 페이지로 리다이렉션redirection하거나, Accept-Language 헤더로 언어를 파악해 선호하는 언어의 페이지를 응답합니다.

대표적인 요청 헤더의 종류는 다음과 같습니다.

- **Host**: 서버의 도메인과 포트를 명시합니다.
- **User-Agent**: 클라이언트의 웹 브라우저 정보 등을 명시합니다.
- **Accept-Language**: 클라이언트가 이해할 수 있는 언어와 지역을 명시합니다.
- **Accept**: 클라이언트가 이해할 수 있는 콘텐츠 유형을 명시합니다.
- **Content-Type**: 메시지 본문의 콘텐츠 유형을 명시합니다.
- **Content-Length**: 메시지 본문의 크기를 명시합니다.

요청 헤더의 종류는 이외에도 많습니다. MDN 웹 문서[1] 사이트를 방문하면 다양한 요청 헤더의 종류와 상세 설명을 확인할 수 있습니다.

요청 헤더 다음으로 **요청 바디**request body 영역이 있습니다. 바디는 편지지의 본문, 즉 바디에는 서버에서 요청을 처리하기 위해 필요한 데이터를 담습니다. 데이터의 형식은 자유롭게 보낼 수 있지만, 대부분은 서버가 해석할 수 있는 형식으로 보내도록 미리 약속합니다.

현재는 JSON^{JavaScript Object Notation}이 업계의 사실상 표준^{de facto standard} 형식입니다. 헤더의 Content-Type에 application/json이라는 값을 넣어 바디의 내용이 JSON 형식임을 알려 줍니다.

> tip 서버가 해석할 수 없는 형식으로 데이터를 보낼 경우 일반적으로 [400 Bad Request] 오류가 발생합니다.

HTTP 메서드

HTTP 요청 메시지의 시작 줄에는 HTTP 메서드를 명시한다고 했습니다. HTTP 메서드는 해당 요청이 서버의 자원^{resource}에 대해 어떤 행위를 하려는 것인지를 나타냅니다. 대표적인 메서드는 다음과 같습니다.

- **GET**: 서버가 가지고 있는 자원을 **조회**합니다. CRUD 중 **read**에 해당합니다.
- **POST**: 서버에 새로운 자원을 **생성**합니다. CRUD 중 **create**에 해당합니다.
- **PUT**: 서버의 자원을 **수정**합니다. CRUD 중 **update**에 해당합니다.
- **PATCH**: 서버의 자원을 **수정**합니다. CRUD 중 **update**에 해당합니다.
- **DELETE**: 서버의 자원을 **삭제**합니다. CRUD 중 **delete**에 해당합니다.

> ### PUT과 PATCH
>
> PUT과 PATCH의 설명이 똑같아서 이상하다는 생각이 들 수도 있습니다. 설명대로 두 메서드는 모두 자원의 수정을 표현하는 메서드입니다. 그러나 PUT은 데이터를 신규 데이터로 완전히 바꾸고, PATCH는 일부를 바꾼다는 차이가 있습니다. 예를 들어 데이터 [a, b, c]에 PUT으로 신규 데이터 [a', c']를 보내면 변경 결과는 [a', c']가 됩니다. 반면 PATCH로 신규 데이터 [a', c']를 보내면 변경 결과는 [a', b, c']가 됩니다.

---

1 MDN 웹 문서: https://developer.mozilla.org/ko/docs/Web/HTTP/Headers

PUT과 PATCH 단어 의미 그대로 이해하면 수월합니다. PUT은 기존 데이터가 있던 자리에 신규 데이터를 통째로 '둔다', PATCH는 기존 데이터에 신규 데이터를 '덧댄다'는 의미입니다.

앞서 웹 브라우저의 주소창에 URL을 입력하면 서버로 요청을 보낸다고 했습니다. 웹 브라우저의 주소창은 항상 GET 요청을 보냅니다. 서버가 가지고 있는 HTML 자원을 조회해 오는 행위이기 때문입니다.

웹 브라우저에서 다른 메서드로 서버에 요청을 보내려면 자바스크립트 코드를 활용해야 합니다. 예를 들어 회원 가입 버튼을 클릭하면 회원 가입 URL에 POST 요청을 보내도록 코드를 작성할 수 있습니다. 이때 메서드를 POST로 지정한 이유는 회원 가입은 서버에 '새로운 회원'이라는 자원을 생성하는 행위이기 때문입니다.

하지만 행위에 따라 메서드를 지정할 때 강제성이 있는 것은 아닙니다. 조회 기능에 GET이 아닌 POST 메서드를 사용하도록 개발할 수도 있습니다. HTTP 요청 메서드와 각 행위의 대응은 강제 사항이 아니라 개발자 간 이해를 돕기 위한 약속에 가깝기 때문입니다. 하지만 사회적 약속을 잘 지키는 사람이 더 좋은 평가를 받듯이, 각 기능의 동작을 적절하게 표현할 수 있는 HTTP 메서드를 선택하는 개발자가 협업하기 좋은 개발자입니다.

📋 포스트맨

GET 메서드는 웹 브라우저 주소창에 URL을 입력하는 것만으로 쉽게 요청을 보낼 수 있습니다. 하지만 다른 HTTP 메서드는 어떻게 요청을 보낼 수 있을까요? 매번 자바스크립트 코드를 짜서 실행해야 할까요? 이때 다양한 HTTP 요청을 쉽게 할 수 있도록 도와주는 포스트맨(Postman)이라는 도구가 있습니다. 포스트맨은 2장에서 살펴보겠습니다.

HTTP 상태 코드

HTTP 응답 메시지도 HTTP 요청 메시지와 비슷한 구조입니다. 상세하게는 조금 차이가 있지만, 이 책에서는 HTTP 상태 코드만 간단하게 짚고 넘어가겠습니다.

클라이언트가 요청을 하면 서버는 응답을 줍니다. 이때 서버는 클라이언트에 요청의 처리 결과를 전달해야 합니다. 서버의 처리 결과를 유형별로 분류해 상태를 정의해 둔 것이 바로 HTTP 상태 코드입니다. 결과의 유형에 따라 크게 100 단위로 의미가 정해져 있습니다. 그리고 각 범위 안에서 좀 더 구체적인 상태를 표현하기 위해 201, 301 과 같이 구체적인 코드를 사용할 수도 있습니다.

자주 쓰이는 HTTP 상태 코드는 [표 1-2]와 같습니다.

표 1-2 HTTP 상태 코드

코드	의미	코드	의미
200	**OK**	**400**	**Bad Request**
201	Created	401	Unauthorized
202	Accepted	403	Forbidden
204	No Content	404	Not Found
300	**Multiple Choices**	405	Method Not Allowed
301	Moved Permanently	415	Unsupported Media Type
302	Found	**500**	**Internal Server Error**
303	See Other	502	Bad Gateway
307	Temporary Redirect	503	Service Unavailable
308	Permanent Redirect	504	Gateway Timeout

tip 더 많은 종류의 상태 코드와 상세 설명은 MDN 웹 문서의 HTTP 상태 코드[2]에서 확인할 수 있습니다.

HTTP 상태 코드를 모두 암기할 필요는 없습니다. 하지만 범위별로 어떤 상태를 의미하는지는 이해해야 합니다.

200번대는 요청이 성공했다는 의미입니다. 일반적으로 [200 OK]를 사용합니다. 하지만 경우에 따라서는 클라이언트에 상태를 좀 더 구체적으로 전달하고 싶을 수 있습니다.

예를 들어 회원 가입 요청을 생각해 보겠습니다. 서버가 회원 가입 처리를 비동기로 진행한다면, 서버는 요청을 받아서 유효한 요청인지 검증만 하고 클라이언트로 응답을 줄 수 있습니다. 이때 검증에 이상이 없다고 [200 OK]를 내리면 클라이언트는 '회원 가입이 완료되었다'고 이해할 수 있습니다. 하지만 바로 로그인을 시도하면 아직 회원 정보가 생성되기 전이기 때문에 존재하지 않는 회원이라는 오류를 받을 것입니다.

tip 비동기는 간단하게 말해 실시간으로 처리하지 않는 방식을 의미합니다.

---

2 MDN 웹 문서 HTTP 상태 코드: https://developer.mozilla.org/ko/docs/Web/HTTP/Status

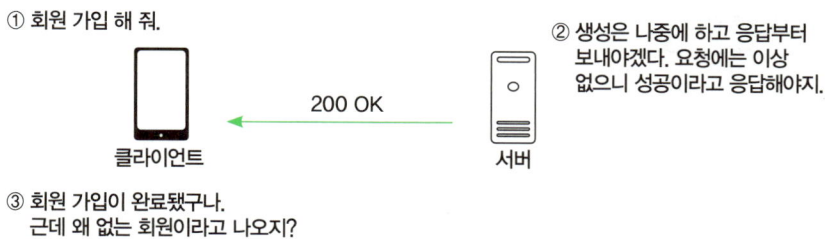

① 회원 가입 해 줘.

② 생성은 나중에 하고 응답부터 보내야겠다. 요청에는 이상 없으니 성공이라고 응답해야지.

200 OK

클라이언트

서버

③ 회원 가입이 완료됐구나. 근데 왜 없는 회원이라고 나오지?

그림 1-5 HTTP 상태 코드 200 OK

이럴 때는 [202 Accepted]를 쓰면 좋습니다. "이 요청은 비동기로 처리될 것이고, 요청에 문제가 없으니 알아서 처리해 둘게"라는 구체적인 메시지를 클라이언트에 전달하는 것과 같기 때문입니다. 이렇게 웹 개발에서 일반적으로 발생할 수 있는 상황을 상태 코드로 정의함으로써 효율적으로 상태를 전달할 수 있습니다.

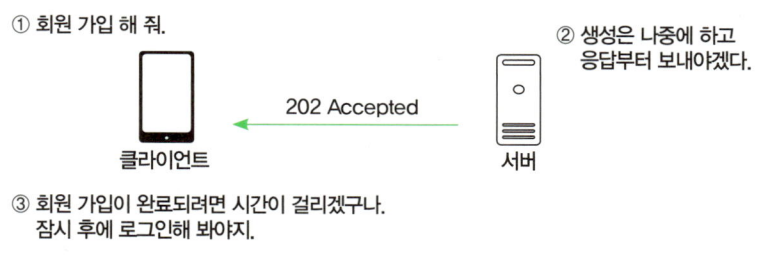

① 회원 가입 해 줘.

② 생성은 나중에 하고 응답부터 보내야겠다.

202 Accepted

클라이언트

서버

③ 회원 가입이 완료되려면 시간이 걸리겠구나. 잠시 후에 로그인해 봐야지.

그림 1-6 HTTP 상태 코드 202 Accepted

300번대는 리다이렉션입니다. 클라이언트에 요청을 마치기 위해 추가 동작을 취하라고 지시하는 것입니다. 예를 들어 회원 가입이 완료되면 로그인 화면으로 넘어가는 경우를 많이 보았을 것입니다. 이 동작을 풀어서 살펴보겠습니다.

사용자가 회원 가입 페이지에서 정보를 입력한 뒤 가입 버튼을 클릭하면 웹 브라우저(클라이언트)는 서버의 회원 가입 URL로 요청을 보냅니다. 서버에서는 작업을 완료하고 [301 Moved Permanently]와 로그인 화면의 URL을 전달합니다. 그럼 웹 브라우저에서는 로그인 화면 URL로 다시 요청을 보내는 추가 동작을 취합니다. 서버에서 [200 OK]와 로그인 화면을 응답하면 최종적으로 요청이 끝납니다.

① 회원 가입 해 줘.

301 Moved
Permanently
Location: /login

② OK! 회원 가입 완료. 이제
로그인 화면으로 넘어가.

클라이언트

서버

③ 301이구나. 로그인 화면으로 넘어갈게.

그림 1-7 HTTP 상태 코드 301 Moved Permanently

400번대는 클라이언트 문제로 인한 오류입니다. 가장 흔하게 볼 수 있는 것은 [404 Not Found]입니다. 클라이언트가 존재하지 않는 리소스를 요청했을 때 서버는 404를 반환합니다. 또한 앞서 요청 메시지의 바디에 서버가 해석할 수 있는 형식으로 데이터를 넣어야 한다고 했습니다. 서버는 JSON 형식만 해석할 수 있는데 클라이언트가 형식을 지키지 않고 바디에 마음대로 내용을 넣으면 클라이언트 문제라고 간주합니다. 이때 지원하지 않는 미디어 유형이라는 의미로 [415 Unsupported Media Type]을 전달합니다.

① $@%#$%#$@^#^@#$

415 Unsupported
Media Type

② 무슨 말인지 모르겠다.

클라이언트

서버

그림 1-8 HTTP 상태 코드 415 Unsupported Media Type

반대로 **500번대는 서버 오류**입니다. 대표적으로 [502 Bad Gateway]가 있습니다. 복잡한 서비스에서는 클라이언트와 실제 요청을 처리하는 업스트림upstream 서버 사이에 게이트웨이를 두기도 합니다. 그런데 업스트림 서버에 장애가 발생해서 요청을 처리할 수 없는 상황일 때가 있습니다. 이런 경우 게이트웨이는 문제없으나 업스트림 서버에서 문제가 있다는 의미로 [502 Bad Gateway] 응답을 줍니다.

tip 클라이언트의 요청을 실제로 처리하는 서버를 업스트림 서버라고 합니다. 클라이언트와 업스트림 서버 사이에는 프록시 서버, 게이트웨이, 로드 밸런서 같은 중간 서버가 위치할 수 있으며, 중간 서버 입장에서 클라이언트 쪽은 다운스트림(downstream), 백엔드 서버 쪽은 업스트림입니다.

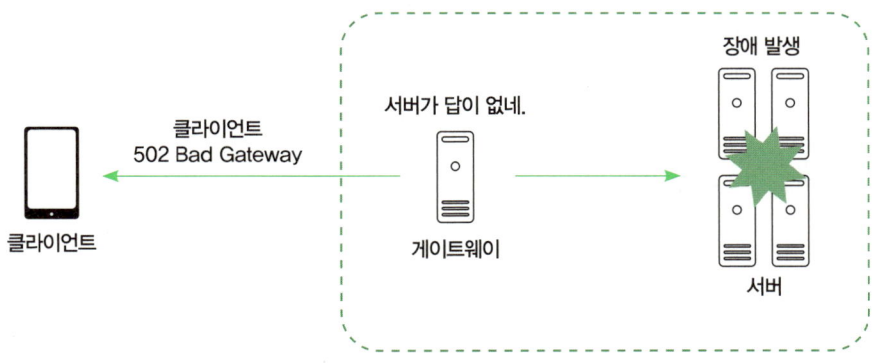

그림 1-9 HTTP 상태 코드 502 Bad Gateway

이러한 상태 코드는 서버 개발자가 지정합니다. 서버 문제이지만 클라이언트 문제로 간주하고 400번대 응답을 줄 수도 있고 202, 415 같은 구체적인 응답 대신에 모든 응답을 200번, 400번 등으로 내릴 수도 있습니다.

하지만 되도록 구체적인 응답을 주어야 클라이언트 개발자가 적합한 대응을 할 수 있습니다. 협업하기 좋은 개발자가 되기 위해 서버 개발자는 정해진 컨벤션^{convention}을 최대한 준수하고, 구체적인 응답을 전달하도록 해야 합니다.

tip 컨벤션이란 코드 스타일, 네이밍 규칙, URL 형식 등 개발을 할 때 따르는 규칙이나 가이드를 말합니다. 언어, 프레임워크에서 정한 공식 컨벤션도 있고, 함께 일하는 팀 단위로 독자적인 컨벤션을 정할 수도 있습니다.

1-1-5 REST API

HTTP는 규약이긴 하지만 자유도가 매우 높은 규약입니다. 그래서 회원 가입 기능에 반드시 POST를 사용해야 하는 것은 아닙니다. 또 서버 문제이지만 클라이언트 문제인 것처럼 400번 응답 코드를 줄 수도 있습니다. URI 역시 어떠한 규칙 없이 개발자가 정할 수 있습니다. 그러나 모두가 자기 마음대로 **API**^{Application Programming Interface}를 개발한다면 커뮤니케이션이 어려워집니다.

tip URI는 URL보다 더 포괄적인 개념으로 통합 자원 식별자를 의미합니다. API는 소프트웨어가 다른 소프트웨어의 기능이나 데이터를 정해진 방식으로 사용할 수 있게 해주는 인터페이스입니다.

REST API를 사용하면 이러한 한계를 극복할 수 있습니다. REST API란 REST^{REpre} ^{sentational State Transfer} 아키텍처 스타일을 따르는 API입니다. REST 원칙을 따르면 새

로운 API를 봤을 때 어떤 기능을 하는지 직관적으로 추측할 수 있습니다. API를 설명하기 위한 개발자 간의 커뮤니케이션 비용이 줄고, API에 대한 이해도도 높일 수 있어 다른 의도로 API를 사용할 가능성을 줄일 수 있습니다.

REST 주요 원칙은 다음과 같습니다.

- URI(Uniform Resource Identifier)를 통한 자원의 표현
- HTTP 메서드를 통한 행위의 표현
- HATEOAS(Hypermedia As The Engine Of Application State)

URI를 통한 자원의 표현은 URI만 보아도 주문에 대한 요청인지, 회원에 대한 요청인지, 주문이면 어떤 주문에 대한 요청인지, 회원이면 어떤 회원에 대한 요청인지 알 수 있어야 한다는 의미입니다. **HTTP 메서드를 통한 행위의 표현**은 HTTP 메서드를 그 의미에 맞게 사용해야 한다는 것입니다.

HATEOAS 개념은 다소 어렵습니다. 간단히 설명하자면 응답 메시지에 URI를 포함해서 클라이언트에 다음으로 이 자원에 대해 어떤 요청을 할 수 있는지 가이드를 주는 것입니다. 예를 들어 SNS 게시글을 등록할 때 서버는 게시글 등록 요청에 대한 응답으로 공유하기 URI, 게시글 보기 URI, 수정하기 URI 등을 전달해서 해당 자원에 할 수 있는 다른 요청을 제시합니다.

REST API는 이론보다 예시를 보는 편이 더 이해하기 쉽습니다. 회원과 관련된 다양한 기능을 만드는 예시를 통해 알아보겠습니다. 먼저 예시에 대한 이해를 돕기 위해 자원을 폴더와 같은 계층 구조로 생각하길 바랍니다.

다음 [그림 1-10]을 살펴봅시다. 자원이라는 폴더는 데이터베이스가 됩니다. 자원 폴더 안에는 유형별로 주문, 상품, 회원 등의 폴더가 있고, 회원 폴더 안에는 개별 회원 정보가 문서 파일로 저장됩니다. 파일명은 회원 아이디입니다.

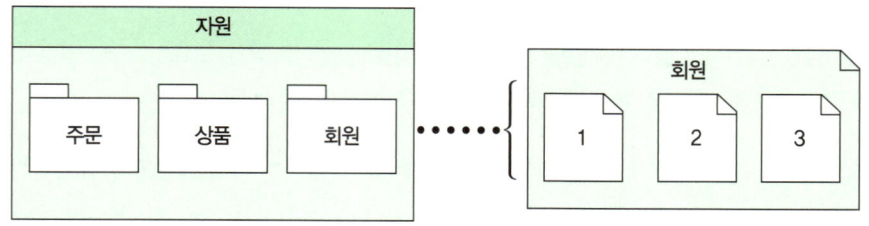

그림 1-10 자원의 계층 구조

URI로 회원 자원을 표현하면 전체 회원은 '/members'입니다. 회원 폴더를 가리킵니다. 특정 회원 정보 파일은 '/members/{member-id}'와 같이 회원 폴더의 특정 회원 파일을 표현할 수 있습니다.

회원 가입 기능은 데이터베이스에 새로운 회원 정보를 생성합니다. 따라서 POST 메서드를 사용해 행위를 표현합니다. 어떤 API가 '/members' URI에 POST 메서드로 요청을 보내도록 되어 있다면, 회원 폴더 안에 새로운 회원 파일을 추가하는 회원 가입 기능임을 유추할 수 있습니다. 또한 응답에는 로그인 화면 URI, 메인 화면 URI를 포함해 클라이언트가 다음 요청을 선택하게 할 수 있습니다.

이 서비스의 관리자는 전체 회원을 조회하고 싶어 할 것입니다. 이런 경우에는 GET 메서드로 조회 기능임을 표현합니다. URI는 마찬가지로 '/members'로 정의합니다. 회원 폴더를 열어 전체 파일 목록을 본다고 생각하면 이해하기 쉽습니다.

개별 사용자는 마이 페이지에 접속해 자신의 회원 정보를 조회할 수 있습니다. 마찬가지로 GET 메서드로 조회 행위를 표현합니다. 또 '/members/{member-id}'라는 URI로 구체적으로 어떤 회원 정보를 가져오는 것인지를 표현합니다. 회원 아이디가 1인 특정 회원의 정보를 가져온다면 '/members/1'이라고 정의합니다. 응답에는 회원 정보 수정 URI나 회원 탈퇴 URI를 포함할 수 있습니다.

tip 회원 아이디 1과 같이 URI에 들어가는 변수를 경로 변수(path variable)라고 합니다. 그러나 회원 가입처럼 요청 시점에 회원 아이디가 없는 경우에는 member-id를 경로 변수로 사용할 수 없습니다.

회원 정보의 수정도 개별 회원 정보 조회와 비슷합니다. '/members/{member-id}'와 같은 URI만 봐도 어떤 회원에 대한 요청인지 알 수 있습니다. PUT 메서드를 사용한다면 특정 회원의 기존 정보를 새로 받은 정보로 통째로 바꿔 버릴 것을 유추할 수 있습니다. PATCH 메서드가 사용되었다면 기존 정보 중에서 새로 받은 정보에 없는 내용은 유지하고, 새로운 내용만 업데이트할 것을 유추할 수 있습니다.

회원 탈퇴는 DELETE 메서드로 자원의 삭제를 표현합니다. 회원 폴더에 들어가 특정 파일을 삭제하는 것과 같습니다.

정리하면 REST API에서 회원 관리 기능의 메서드와 URI는 다음과 같습니다.

- **회원 가입**: POST /members
- **전체 회원 정보 조회(관리자)**: GET /members
- **특정 회원 정보 조회(마이 페이지)**: GET /members/{member-id}
- **회원 정보 전체 수정**: PUT /members/{member-id}
- **회원 정보 부분 수정**: PATCH /members/{member-id}
- **회원 탈퇴**: DELETE /members/{member-id}

Quiz 전체 회원 정보를 삭제하는 기능을 만든다면 어떻게 표현할 수 있을까요? 또 주문이나 상품 자원과 관련된 기능은 어떻게 메서드와 URI를 정의할 수 있을까요? 직접 생각해 보면 REST에 대한 이해도가 더욱 높아질 것입니다.

여기까지 내용을 읽으면서 REST 원칙으로 다양한 개발 요구 사항을 모두 표현할 수 있을지 의문이 생긴 분도 있을 것입니다. 맞습니다. REST 원칙에는 한계가 있습니다. 실제로 많은 회사에서는 REST 원칙을 적용하기 어려운 경우를 대비한 컨벤션을 따로 정하기도 합니다.

그러나 REST 원칙은 지키기 위해 노력하는 것에 충분히 의미가 있습니다. REST 원칙을 최대한 준수하는 것만으로도 개발자 간의 커뮤니케이션 효율을 올릴 수 있다는 것을 기억하기 바랍니다.

1-1-6 REST API의 데이터 전달 방식

지금까지 배운 HTTP와 REST API를 기반으로 클라이언트에서 서버로 데이터를 전달하는 방법을 살펴보겠습니다. 여러 방법 중에 개발자는 필요와 목적에 따라 적절한 방법을 선택할 수 있습니다.

이 책에서는 대표적인 방법 중 하나인 URL을 통한 데이터 전달 방법을 알아보겠습니다. URL의 구성 요소는 다음 세 가지입니다.

- 쿼리 파라미터(query parameter)
- 경로 변수(path variable)
- 요청 바디(request body)

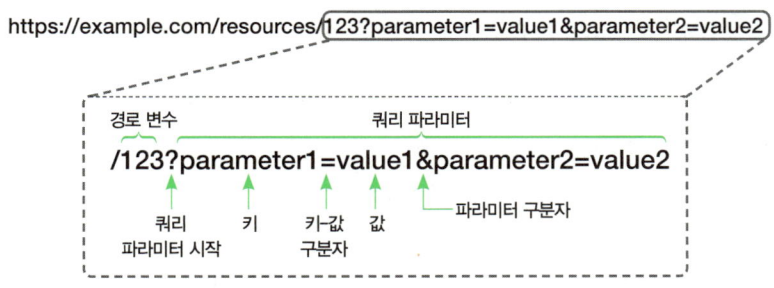

그림 1-11 쿼리 파라미터와 경로 변수

쿼리 파라미터는 [그림1-11]에서 도메인 끝에 붙인 ? 기호부터 그 뒷부분을 의미합니다. '키=값'의 형태로 데이터를 전달하며 여러 데이터를 전달할 경우에는 & 기호로 연결합니다. 웹 서핑 시 웹 브라우저 주소창에서도 종종 볼 수 있습니다.

경로 변수는 [그림 1-11]에서 URL 경로 일부인 123에 해당하는 부분입니다. 앞서 REST 원칙에서 URI에 자원을 표현한다고 했습니다. 특정 자원을 식별할 때 사용하며 동적인 값입니다. 따라서 [그림 1-11]에서는 아이디가 123인 자원에 접근한다는 것을 유추할 수 있습니다.

요청 바디는 8쪽에서 살펴봤습니다. 포스트맨 같은 도구를 쓰면 요청 바디를 이용한 데이터 전송을 편리하게 테스트해 볼 수 있습니다.

Quiz 쿼리 파라미터와 경로 변수는 웹 브라우저 주소창에서 쉽게 확인할 수 있습니다. 다양한 웹사이트를 직접 방문하면서 해당 페이지는 쿼리 파라미터와 경로 변수를 어떻게 활용하는지 직접 확인해 보세요.

지금까지 1-1절에서는 웹 서비스가 어떤 요소로 이루어져 있는지, 어떻게 상호 작용하는지 웹 개발에 필요한 기본 개념을 살펴보았습니다. 이 개념들은 백엔드 개발자로서 어떤 언어와 프레임워크를 사용하든 공통으로 알아야 하는 필수 지식이므로 꼭 기억해 두기를 바랍니다. 1-2절에서는 이 책의 주제인 코틀린과 스프링 부트로 웹 개발을 하기 위해 필요한 개념을 살펴보겠습니다.

1-2 코틀린과 스프링 부트

- 코틀린 특징을 이해한다.
- 스프링 부트 특징을 이해한다.
- 스프링의 MVC 패턴, 레이어드 아키텍처, 의존성 주입을 이해한다.

1-2절에서는 이 책의 주제인 스프링 부트와 코틀린을 소개하고, 스프링 부트를 사용하면서 꼭 알아야 하는 원리와 구조를 살펴보겠습니다. 아직 스프링을 사용해 본 경험이 없다면 어렵게 느껴질 수도 있습니다. 그럴 땐 우선 가볍게 읽고 넘어간 뒤, 실습 프로젝트를 진행하며 코드를 작성해 본 후 다시 돌아와도 좋습니다.

1-2-1 코틀린

코틀린은 2011년 젯브레인JetBrains에서 공개한 다중 패러다임 프로그래밍 언어이자 크로스 플랫폼 프로그래밍 언어입니다. 보통 자바 가상 머신Java Virtual Machine(이하 JVM)에서 실행됩니다.

그림 1-12 코틀린 로고

tip 다중 패러다임 언어란 객체지향, 함수형 등 여러 프로그래밍 스타일을 지원한다는 의미입니다. 예를 들어 코틀린에서는 클래스를 사용한 객체지향 방식으로 코드를 작성할 수도 있고 map, filter 같은 함수형 방식으로도 작성할 수 있습니다. 크로스 플랫폼은 여러 종류의 컴퓨터 플랫폼에서 동작할 수 있다는 의미입니다.

코틀린의 주요 특징

- **간결성**: 코틀린은 자바보다 코드가 훨씬 간결합니다. 따라서 빠르게 코드를 작성할 수 있습니다. 또한 불필요한 코드를 줄여 명확하고 읽기 쉽기 때문에 유지보수가 용이합니다.
- **안전성**: 코틀린은 컴파일 단계에서 타입 오류를 감지할 수 있는 정적 타입 언어입니다. 이는 실행 중에 예상치 못한 오류가 발생할 가능성을 줄여 줍니다. 게다가 자바에서 가장 흔한 실수인 널 포인터 익셉션(NullPointerException)을 방지하는 기능 등을 제공하여 안전한 코드 작성을 돕습니다.
- **상호 운용성**: 코틀린은 자바와 완벽하게 호환됩니다. 기존에 작성된 자바 코드를 가져와 활용할 수 있습니다.

앞의 특징이 모두 자바와 비교된다는 것을 눈치챘나요? 코틀린은 자바의 많은 단점을 개선해 자바와 완벽하게 호환됩니다. 그래서 자바를 사용하는 회사에서 신규 프로젝트를 코틀린으로 개발하는 경우가 점점 늘고 있습니다. 코틀린이 어떤 언어인지 좀 더 자세히 알고 싶다면 코틀린 공식 문서[3]를 참고하세요.

> **📋 자바와 코틀린**
>
> 자바와 코틀린 모두 자바 바이트코드(bytecode)로 변환되어 JVM 위에서 실행된다는 공통점이 있습니다. 하지만 코틀린은 자바보다 간결하고 현대적인 문법을 제공하여 자바보다 생산성이 좋다는 평가를 받습니다. 또 코틀린은 태생부터 다중 패러다임을 지향한 만큼 객체지향 외에도 직관적인 함수형 프로그래밍을 지원합니다. 자바도 8 버전 이후로 함수형 프로그래밍을 지원하지만, 코틀린만큼 직관적이지 않습니다.

1-2-2 스프링 부트

스프링 부트 Spring Boot는 자바로 만들어진 웹 프레임워크입니다. 자바로 더욱 편리하게 웹 서버를 개발할 수 있도록 다양한 기능이 모듈화되어 있습니다. 코틀린이 자바와 완벽하게 호환되는 만큼 코틀린으로도 스프링 부트를 사용할 수 있습니다.

그림 1-13 스프링 부트 로고

스프링 부트 주요 특징

- **의존성 관리**: 프로젝트에 필요한 의존성들을 손쉽게 추가할 수 있는 스타터 패키지를 제공합니다. 스프링 데이터(Spring Data), 스프링 시큐리티(Spring Security), 스프링 배치(Spring Batch) 등의 다른 스프링 프로젝트와 쉽게 연동할 수 있습니다.
- **자동 설정**: 애플리케이션의 의존성에 따라 필요한 설정을 자동으로 수행합니다. 개발자는 별도의 설정 없이 바로 애플리케이션을 실행할 수 있습니다.

---

3 코틀린 공식 문서: https://kotlinlang.org/docs/home.html

- **내장 서버**: 톰캣(Tomcat)이라는 서블릿 컨테이너(servlet containter)가 내장되어 있습니다. 별도의 외부 서버 설정 없이 독립적으로 애플리케이션을 실행할 수 있습니다.
- **다양한 기본 기능**: 애플리케이션 모니터링, 로깅, 외부 설정 관리 등 다양한 기능을 기본 제공합니다.

내용이 모두 이해되지 않아도 괜찮습니다. 지금은 간단하게 스프링 부트는 **미리 만들어진 기능을 가져와서 복잡하고 번거로운 설정 없이 내가 원하는 기능을 구현할 수 있는 프레임워크**라는 정도만 알고 넘어가도 괜찮습니다. 스프링 부트의 특징을 좀 더 자세히 알고 싶다면 스프링 부트 웹사이트[4]에서 확인해 보세요.

📋 **스프링과 스프링 부트**

자바나 코틀린으로 웹 개발을 한다는 것은 '스프링으로 웹 개발을 한다'는 것과 같은 의미일 정도로 필수 프레임워크입니다. 스프링은 2003년 처음 공개되어 계속 발전해 왔습니다. 스프링은 공개된 당시에는 매우 편리하다고 평가받았습니다. 그러나 시간이 지나면서 더욱 간결한 프레임워크들이 등장했고, 스프링은 점점 복잡하고 어렵다고 여겨지게 되었습니다.

이러한 배경에서 스프링의 파생 프로젝트로서 스프링 부트가 공개되었습니다. 스프링 부트는 스프링의 복잡함과 어려움을 개선하기 위해 나온 만큼, 스프링을 간편하게 설정하고 실행할 수 있습니다.

스프링 부트가 개발에 편리한 도구이긴 하지만 마냥 쉽지만은 않습니다. 제대로 사용하기 위해서는 개념과 내부 동작을 반드시 이해해야 합니다. 계속해서 스프링의 주요 특징인 MVC 패턴, 레이어드 아키텍처 그리고 의존성 주입을 알아보겠습니다.

1-2-3 MVC 패턴

MVCModel-View-Controller 패턴은 소프트웨어 아키텍처 디자인 패턴입니다. 스프링에서는 사용자의 요청을 받아 데이터와 화면을 전달하는 과정에 필요한 기능을 모델, 뷰, 컨트롤러라는 요소에 나누어 할당합니다.

---

4 스프링 부트 웹사이트: https://spring.io/projects/spring-boot

각 요소의 역할은 다음과 같습니다.

- **모델(model)**: 데이터를 담습니다. 컨트롤러는 모델에 데이터를 넣고 뷰는 모델에서 데이터를 꺼낼 수 있습니다.
- **뷰(view)**: 사용자에게 보여지는 화면을 담당합니다. 모델에서 데이터를 꺼낼 수 있습니다.
- **컨트롤러(controller)**: 요청을 받아 작업을 수행합니다. 작업의 결과 데이터를 모델에 넣을 수 있습니다.

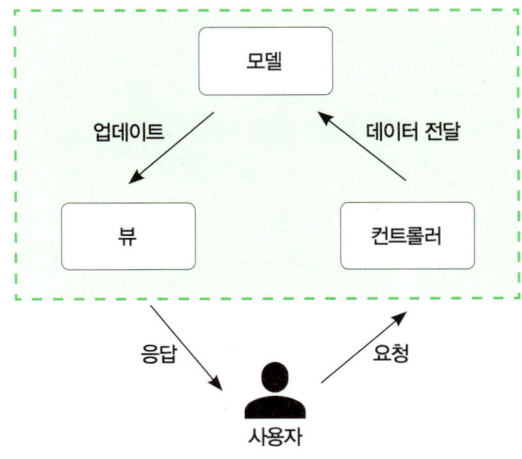

그림 1-14 MVC 패턴

예를 들어 사용자가 나의 회원 정보 화면을 받기까지의 과정은 다음과 같이 이루어집니다.

1. 사용자가 나의 회원 정보 화면을 달라는 요청을 서버로 보냅니다.
2. 서버에서 실제로 요청을 받는 역할은 컨트롤러가 합니다. 컨트롤러는 요청대로 회원 정보를 조회하는 등 비즈니스 로직을 처리합니다.
3. 비즈니스 로직의 처리 결과로 조회된 데이터(사용자 회원 정보)를 모델에 넣습니다.
4. 뷰는 사용자에게 전달할 결과 화면을 만듭니다. 이미 회원 정보 화면 템플릿(미리 정의된 레이아웃)이 있기 때문에 이름, 생년월일 등의 데이터를 정해진 위치에 넣기만 하면 됩니다. 뷰가 모델에서 데이터를 꺼내 와서 템플릿의 정해진 위치에 데이터를 넣습니다.
5. 템플릿과 데이터가 결합된 화면을 사용자에게 응답합니다.

tip 비즈니스 로직은 대부분 레이어드 아키텍처로 계층을 나누어 처리합니다. 여기서는 하나의 예시로서 컨트롤러가 모두 처리한다고 했습니다.

각각의 요소는 주어진 역할만을 전담합니다. 덕분에 MVC 패턴은 요청 처리와 비즈니스 로직 및 데이터 그리고 화면 간의 결합도를 낮추어 유지보수가 용이합니다.

> **📋 디자인 패턴**
>
> 디자인 패턴(design pattern)이란 경험적으로 특정 문제 상황을 해결하기에 최적이라고 생각되는 설계 또는 방법론을 의미합니다. 팩토리(factory), 프록시(proxy), 옵저버(observer) 등 다양한 패턴이 있습니다. 소스 코드 작성 시 흔히 사용되기 때문에 다양한 패턴을 학습하면 동료 개발자와 효율적으로 커뮤니케이션할 수 있습니다.
>
> 하지만 디자인 패턴이 프로그래밍의 모든 문제를 해결해 주지는 않습니다. 여러 개발자가 다양한 방법을 시도해 보며 귀납적으로 도출된 방법들이기 때문입니다. 디자인 패턴을 맹목적으로 적용하면 오히려 알아보기 힘들고 관리가 어려운 소스 코드가 될 수도 있습니다.
>
> 어떨 때는 디자인 패턴을 모르고 작성한 코드가 알고 보니 디자인 패턴인 경우가 종종 있습니다. 이는 최적화된 코드를 작성하려는 자세에서 나온 결과라고 할 수 있습니다. 따라서 다른 사람들의 경험이 담긴 패턴을 학습하는 것도 중요하지만, 코드를 작성할 때는 코드의 가독성, 유지보수성, 결합도, 응집도 등을 고민하는 것이 더 중요하다는 점을 유념하길 바랍니다.

1-2-4 레이어드 아키텍처

레이어드 아키텍처layered architecture는 비즈니스 로직 처리를 중심으로 애플리케이션을 역할에 따라 프레젠테이션, 비즈니스, 데이터 접근 계층으로 나누어 구성하는 구조입니다. 스프링으로 웹 개발을 할 때 대부분 레이어드 아키텍처를 기반으로 할 정도로 대중적입니다.

- **프레젠테이션(presentation)**: 클라이언트가 요청할 수 있는 인터페이스를 정의합니다. 전달받은 데이터를 검증하고 비즈니스 계층으로 데이터를 전달합니다. 스프링에서는 프레젠테이션 계층의 요소를 **컨트롤러**라고 부릅니다.
- **비즈니스(business)**: 목적에 맞게 데이터를 처리합니다. 처리하는 과정에서 데이터 접근 계층으로 데이터의 삽입, 수정, 조회, 삭제 등을 요청합니다. 스프링에서는 비즈니스 계층의 요소를 **서비스**라고 부릅니다.
- **데이터 접근(data access)**: 데이터베이스에 접근하여 작업을 요청합니다. 스프링에서는 데이터 접근 계층의 요소를 **리포지터리**(repository)라고 부릅니다.

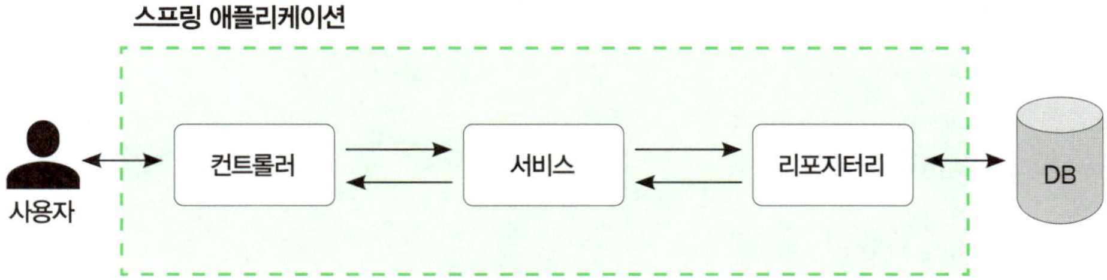

그림 1-15 레이어드 아키텍처

레이어드 아키텍처를 적용하지 않고 컨트롤러에서 비즈니스 로직과 데이터 접근을 모두 처리할 수도 있습니다.

하지만 별도의 팀 컨벤션이 없다면 컨트롤러, 서비스, 리포지터리로 역할을 구분하는 것이 스프링의 기본 컨벤션입니다. 이를 통해 코드의 재사용성, 확장성, 협업 커뮤니케이션 등의 장점을 얻을 수 있습니다.

스프링은 그 외에도 다양한 기능을 담당하는 요소를 갖고 있습니다. 컨트롤러, 서비스, 리포지터리만으로도 기본 서버 애플리케이션은 만들 수 있습니다. 앞으로 스프링을 더욱 깊게 공부하다 보면 더 많은 요소로 더 복잡한 문제도 해결할 수 있습니다.

1-2-5 스프링 빈과 의존성 주입

빈bean이란 스프링이 관리하는 객체, 즉 클래스class의 인스턴스instance를 의미합니다. 빈으로 지정된 클래스는 개발자가 직접 인스턴스를 생성하거나 관리하지 않고 스프링 컨테이너가 주체가 됩니다. 이것을 **제어의 역전**Inversion of Control, IoC이라고 부릅니다.

예시를 통해 살펴보겠습니다. A라는 클래스에서 B라는 클래스를 사용합니다. 이것을 A가 B에 의존한다고 표현합니다. 순수한 코틀린 코드로는 [코드 1-1]처럼 개발자가 직접 A 클래스 안에 B 클래스의 인스턴스를 생성하는 코드를 추가해야 합니다. A의 인스턴스를 생성할 때 B를 한 번만 만들 수도 있고, 메서드를 호출할 때마다 만들 수도 있습니다. 하지만 어느 경우든 개발자가 직접 B를 생성해야 하는 것은 변하지 않습니다.

```
01  class A {
02
03      private val b: B
04
05      constructor() {
06          this.b = B()
07      }
08  }
```

의존성 주입이란 한 객체가 다른 객체를 사용할 때, 스프링이 자동으로 필요한 객체를 생성해서 넣어 주는 것을 말합니다. 특정 클래스를 빈으로 선언하면 스프링이 자동으로 의존성을 주입해 줍니다.

스프링 부트에서 가장 쉽게 빈 선언을 하는 방법은 **어노테이션**annotation을 사용하는 것입니다. 예를 들어 @Component, @Controller, @Service, @Repository처럼 어노테이션이 붙은 클래스는 스프링 빈으로 선언된 것입니다.

스프링이 실행될 때 **컴포넌트 스캔**component scan이라는 과정이 있습니다. 이때 빈으로 등록할 클래스를 모두 찾아 인스턴스를 만듭니다. 만약 A라는 빈이 B라는 빈에 의존하고 있다면 B의 인스턴스를 먼저 만든 뒤 A 인스턴스를 만들 때 주입해 줍니다.

A와 B가 스프링 빈으로 등록되면 A의 멤버 변수에 B를 추가해 주는 것만으로 B를 사용할 수 있습니다. 스프링이 실행되면서 알아서 B의 인스턴스를 생성해 A에 넣어 주기 때문입니다.

스프링 부트에서 의존성을 주입하는 방법은 **생성자**constructor, **수정자**setter, **필드**field 방식이 있습니다. 먼저 생성자 방식을 살펴보겠습니다. 서비스 빈의 생성자에 리포지터리 빈을 넣어 주면 됩니다. 일반적으로 생성자 방식을 가장 권장합니다.

코드 1-2 생성자

```
01  @Service
02  class MyService(
03      private val myRepository: MyRepository
04  ){
05      // 메서드 추가
06  }
```

생성자 방식에는 다음과 같은 장점이 있습니다.

- 처음 스프링이 실행하며 빈을 생성할 때만 의존성을 주입할 수 있습니다. 따라서 애플리케이션 실행 중 수정자를 호출해서 의존성이 바뀌는 것을 방지할 수 있습니다.

- 순환 참조 시 애플리케이션 시작 단계에서 오류가 발생합니다. 즉 애플리케이션 실행 중 두 메서드가 서로 호출하여 스택 오버플로 에러(StackOverflowError)가 발생하는 상황을 방지할 수 있습니다.

- 의존하는 빈이 누락되면 컴파일 오류가 발생하기 때문에 애플리케이션 실행 중 널 포인터 익셉션(NullPointerException)이 발생하는 상황을 방지할 수 있습니다.

이어서 수정자 방식을 살펴보겠습니다. 수정자 방식은 필드의 수정자 메서드를 선언하고 @Autowired 어노테이션을 달아 주는 방식입니다.

코드 1-3 수정자

```
01  @Service
02  class MyService {
03
04      private lateinit var myRepository: MyRepository
05
06      @Autowired
07      fun setMyRepository(myRepository: MyRepository) {
08          this.myRepository = myRepository
09      }
10
11  }
```

만약 소스 코드 어딘가에 setMyRepository() 메서드를 호출하는 곳이 있다면 애플리케이션 실행 중에 myRepository 변수의 값이 바뀔 수 있습니다. 경우에 따라 의도적으로 값을 바꾸기 위해 사용할 수도 있지만 일반적으로는 안전성이 떨어진다고 여깁니다.

마지막으로 필드 방식은 필드 위에 @Autowired 어노테이션을 달아 주는 방식입니다. 생성자나 수정자 방식에 비해 코드가 간결합니다. 다만 필드 방식은 외부에서 멤버 변수를 수정할 수 없기 때문에 테스트 코드 작성이 불편하다는 단점이 있어 잘 사용하지 않습니다.

코드 1-4 필드

```
01  @Service
02  class MyService {
03
04      @Autowired
05      private lateinit var myRepository: MyRepository
06
07  }
```

tip 코틀린에서는 인스턴스가 생성될 때 반드시 멤버 변수를 초기화해야 합니다. 하지만 수정자나 필드 방식은 인스턴스를 먼저 생성한 후 멤버 변수를 초기화하기 때문에 lateinit으로 초기화를 강제로 지연시킵니다.

지금까지 1-2절에서는 코틀린과 스프링 부트 그리고 스프링 부트의 필수 개념인 MVC 패턴, 레이어드 아키텍처, 의존성 주입에 대해 알아보았습니다. 앞으로 이 책과 함께 프로젝트를 진행하며 각 개념이 어떻게 적용되었는지 파악해 보세요. 또 다른 프레임워크를 사용해 본 경험이 있다면 스프링이 각 개념을 적용하여 해결한 문제를 다른 프레임워크에선 어떻게 해결했는지 비교해 보아도 좋습니다. 다음 2장에서는 본격적인 프로젝트 진행에 앞서 개발 환경을 설치합니다.

학습노트

- 웹 서비스는 크게 클라이언트, 서버, 데이터베이스로 구성할 수 있다.
- 웹 브라우저 주소창에 도메인을 입력하면 DNS 서버에서 IP 주소를 찾는다.
- 클라이언트의 요청을 받은 서버는 데이터베이스 작업을 처리한 후 결과를 응답한다.
- HTTP 메서드를 통해 요청 행위를 표현할 수 있다.
- HTTP 상태 코드로 요청의 처리 상태를 표현할 수 있다.
- REST API의 핵심은 자원의 표현, 행위의 표현, HATEOAS이다.
- 서버로 데이터를 전달하는 방법은 쿼리 파라미터, 경로 변수, 요청 바디가 있다.
- 코틀린은 자바보다 간결하면서도 안전하고, 자바와 완벽하게 호환된다.
- 스프링 부트를 이용하면 빠르고 쉽게 서버를 개발할 수 있다.
- MVC 패턴은 애플리케이션을 모델, 뷰, 컨트롤러 영역으로 나눈다.
- 레이어드 아키텍처는 로직을 프레젠테이션, 비즈니스, 데이터 접근 계층으로 나눈다.
- 의존성 주입 방법에는 생성자, 수정자, 필드 방식이 있다.

CHAPTER 02

개발 환경 준비하기

2장에서는 실습 프로젝트 개발에 필요한 프로그램을 설치합니다. 2-1절에서는 사용할 개발 툴을 간략히 소개합니다. 2-2절에서는 윈도우와 맥OS 사용자를 위한 개발 툴 설치 방법을 설명합니다.

2-1 개발 환경 소개

- 실습에 필요한 개발 환경을 확인한다.
- 각 개발 환경의 역할을 이해한다.

개발 환경을 설치하기 전에 이 책에서 사용할 각 프로그램의 역할을 알아보겠습니다. 실습 프로젝트를 개발하고, 실행하고, 관리하고, 배포하기 위해 반드시 필요한 프로 그램입니다.

2-1-1 줄루 JDK

코틀린은 JVM 기반 언어입니다. 개발을 하려면 **자바 개발 키트**Java
Development Kit(이하 JDK)를 설치해야 합니다. JDK란 자바로 애 플리케이션을 개발하는 데 필요한 도구 모음입니다. 자바를 개발한 썬 마이크로시스 템즈Sun Microsystems가 오픈 소스로 처음 공개했으며 자바 컴파일러, 자바 런타임 환경 Java Runtime Environment, JRE과 같은 개발 도구와 라이브러리 등이 포함됩니다.

현재는 오라클이 썬 마이크로시스템즈를 인수한 상태입니다. 오라클 JDK는 상업적 용도로 사용 시 유료이지만, 이전에 썬 마이크로시스템즈가 JDK를 오픈 소스로 공개한 덕분에 다른 오픈 JDK 배포판을 사용할 수 있습니다. 대표적인 오픈 JDK로는 아마존Amazon의 코레토Corretto, 아줄 시스템즈Azul Systems의 줄루Zulu, 이클립스 재단 Eclipse Foundation의 테무린Temurin이 있습니다. JDK 인증 테스트인 TCK를 통과했다면 어떤 오픈 JDK를 사용해도 무방합니다. 이 책에서는 다양한 플랫폼을 지원하고 안 정성과 성능이 뛰어나다고 평가받는 **줄루**를 사용합니다.

- **줄루 JDK 웹사이트**: https://www.azul.com

2-1-2 인텔리제이 IDEA

인텔리제이 IDEA IntelliJ IDEA(이하 인텔리제이)는 젯브레인이 개발한 통 합 개발 환경Integrated Development Environment(이하 IDE)입니다. 자바와 코틀린에 특화된 IDE로 소스 코드 작성부터 문법 체크, 디버깅, 실행 등 개발과 관련된 다양한 기능을 제공해 생산성을 높여 줍니다.

- **인텔리제이 IDEA 웹사이트**: https://www.jetbrains.com/ko-kr/idea

이 책에서는 인텔리제이 무료 버전인 커뮤니티 에디션을 사용합니다. 유료 버전에 비 해 기능이 제한적이지만, 이 책의 프로젝트를 진행하기에는 충분합니다. 기존에 사용 하던 IDE가 있더라도 이 책을 학습할 때는 인텔리제이를 사용하는 것을 권장합니다.

tip 젯브레인은 학생용 라이선스도 제공합니다. 학교 이메일이나 학생증으로 인증하면 인텔리제이를 포함한 여러 IDE를 1년간 무료로 사용할 수 있습니다.

2-1-3 깃

깃Git은 현재 가장 대중적인 분산 버전 관리 시스템입니다. 깃을 사용하면 프로젝트를 진행하며 변경된 사항을 단계별로 저장할 수 있습니다. 저장한 상태는 하나의 버전입니다. 각 버전의 히스토리가 남기 때문에 프로젝트가 어떻게 변했는지 과정을 확인할 수 있고, 필요하면 이전 버전으로 되돌 릴 수도 있습니다.

- **깃 웹사이트**: https://git-scm.com

또 깃은 매우 유용한 협업 도구이기도 합니다. 여러 사람이 각자의 컴퓨터에서 같은 프로젝트를 작업할 때 각자의 버전이 생성됩니다. 최종 프로젝트를 배포하려면 각 버전을 하나로 합쳐야 하는데 이럴 때 깃으로 각 버전을 비교하고 합쳐서 코드 관리를 수월하게 할 수 있습니다.

깃의 원리나 사용 방법은 4-2절에서 자세히 살펴보겠습니다.

2-1-4 디비버

디비버^{DBeaver}는 DBMS 관리 도구입니다. 보통 DBMS는 CLI^{Command Line Interface}만 기본 제공합니다. 그러나 디비버는 GUI^{Graphical User Interface} 기반입니다. 텍스트가 아  니라 아이콘처럼 시각적으로 표현된 요소로 기능을 사용할 수 있기 때문에 DBMS를 쉽고 직관적으로 관리할 수 있습니다. 또 특정 DBMS에 종속되지 않고 다양한 DBMS와 연결할 수 있습니다.

- **디비버 웹사이트**: https://dbeaver.io

이 책에서는 무료 버전인 커뮤니티 버전을 사용합니다. 무료 버전도 많은 기능을 제공하므로 책에서 필요한 DBMS 관리는 충분히 실습할 수 있습니다.

2-1-5 포스트맨

포스트맨^{Postman}은 다양한 방식으로 API를 호출하며 테스트할 수 있는 API 클라이언트 도구입니다. 기본적으로는 유료 프로그램이지만, 개인 사용자는 무료로도 충분히  사용할 수 있습니다. 이 책에서는 실습 프로젝트에서 개발한 API가 제대로 실행되는지 확인할 때 사용합니다.

- **포스트맨 웹사이트**: https://www.postman.com

1장에서 웹 브라우저는 HTTP 메서드 중 GET만 사용할 수 있다고 했습니다. 포스트맨을 사용하면 GET 이외의 다른 메서드는 물론, 헤더나 바디 등 HTTP 통신에 필요한 정보를 개발자가 자유롭게 세팅하여 호출하고 결과를 볼 수 있습니다.

2-1-6 도커

도커Docker는 컨테이너 가상화 플랫폼입니다. 여기서
컨테이너container란 격리된 환경에서 독립적으로 실행
될 수 있는 프로세스를 말합니다. 도커 컨테이너를 사용하면 항상 동일한 환경에서 애
플리케이션을 실행할 수 있습니다. 다시 말해 개발 작업을 한 로컬 컴퓨터에서 정상
실행된 애플리케이션이 서버 컴퓨터에서 실행되지 않는 상황을 방지할 수 있습니다.

- **도커 웹사이트**: https://www.docker.com

이 책에서도 컴퓨터 환경에 따른 오류를 줄이기 위해 실습 프로젝트와 MySQL을 컨
테이너로 만들고, 구글 클라우드 플랫폼에서 실행할 것입니다. 도커는 10장에서 자
세히 살펴보겠습니다.

2-2 개발 환경 설정하기

- 윈도우 또는 맥OS에서 개발 환경을 설정한다.
- 각 툴의 정상 설치 여부를 확인한다.

이번 절에서는 마이크로소프트Microsoft의 윈도우Windows 사용자와 애플Apple의 맥
OSmacOS 사용자를 위한 개발 환경 설정 방법을 살펴보겠습니다. 윈도우 사용자는
'2-2-1 윈도우 개발 환경 설정하기'를 진행하고, 맥OS 사용자는 '2-2-2 맥OS 개발
환경 설정하기'를 진행하세요.

2-2-1 윈도우 개발 환경 설정하기

윈도우 환경에서 개발에 필요한 프로그램을 설치해 보겠습니다. 설치 파일을 내려받
아 실행하면 다양한 옵션을 선택할 수 있습니다. 바탕화면에 아이콘 만들기와 같은
옵션부터 경우에 따라 프로그램 실행에 영향을 미치는 옵션도 있습니다. 어떤 옵션
인지 명확하게 아는 경우가 아니라면 기본값으로 설치하세요.

tip 사용하는 컴퓨터 환경 또는 프로그램이나 사이트의 업데이트에 따라 여러분이 보는 화면과 책의 그림이 일부
다를 수 있습니다. 대부분 사소한 차이라서 문제되지 않겠지만, 설치가 어렵다면 생성형 AI의 도움을 받거나 웹에
서 'OOO 설치'와 같은 키워드로 검색해 최신 글을 참고하세요.

줄루 JDK 설치하기

가장 먼저 JDK부터 설치해 보겠습니다. 오픈 JDK인 줄루를 사용합니다.

01 아줄 시스템즈의 줄루 다운로드 페이지(https://www.azul.com/downloads/#zulu)에 접속합니다.

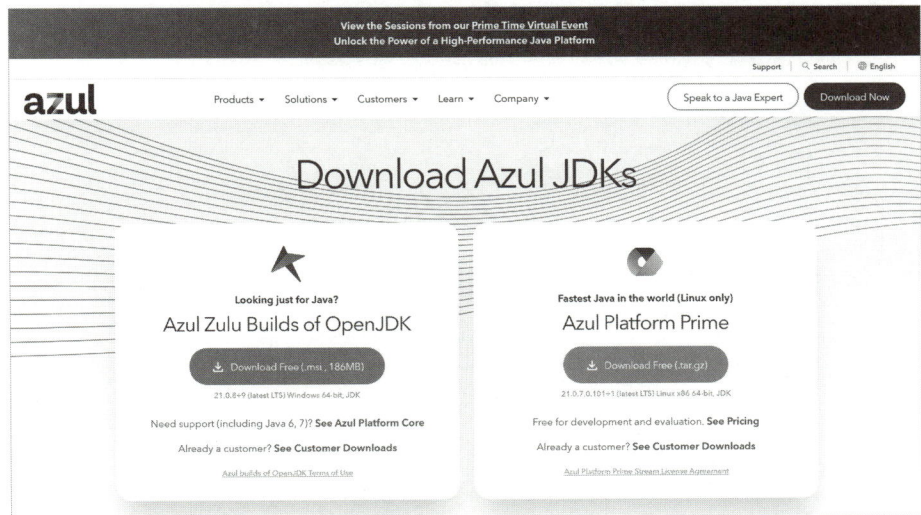

02 스크롤바로 메인 화면을 조금 내리면 내려받을 수 있는 파일 목록이 보입니다. 필터 옵션을 통해 자바 버전과 운영체제를 지정합니다. 이 책에서는 ❶ [Java Versions]은 'Java 21 (LTS)', [Operating System]은 'Windows'로 필터링합니다. 원하는 파일을 찾으면 윈도우 시스템 비트 및 프로세서와 일치하는 파일의 ❷ [Download] 버튼을 클릭한 후 [.msi] 파일을 선택해 내려받습니다.

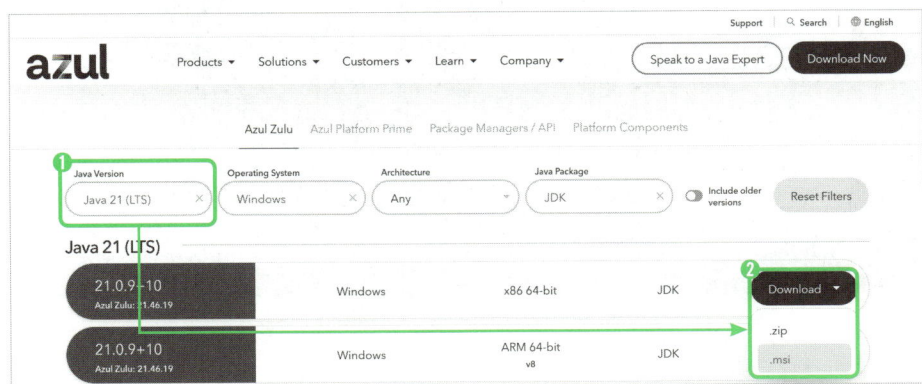

03 내려받은 파일을 실행해 별도의 옵션 설정 없이 기본값으로 설치합니다. 계속 [Next] 버튼을 클릭하면 설치가 완료됩니다.

인텔리제이 IDEA 설치하기

그다음으로 자바와 코틀린 통합 개발 환경인 인텔리제이를 설치합니다.

01 젯브레인 인텔리제이 다운로드 페이지(https://www.jetbrains.com/idea/download)에 접속합니다.

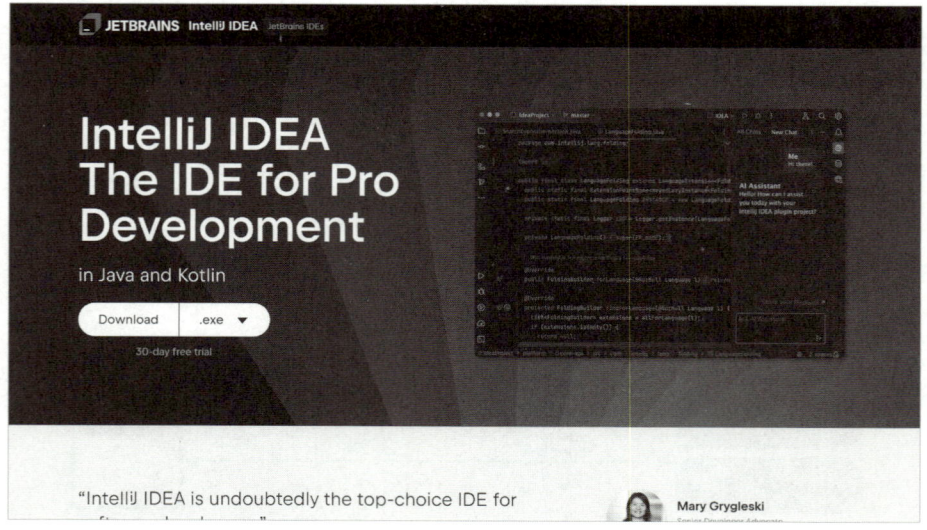

02 스크롤바로 화면을 조금 내리면 무료 버전인 IntelliJ IDEA Community Edition 영역이 있습니다. ❶ [.exe (Windows)] 버전이 맞는지 확인한 후 ❷ [Download] 버튼을 클릭해 파일을 내려받습니다.

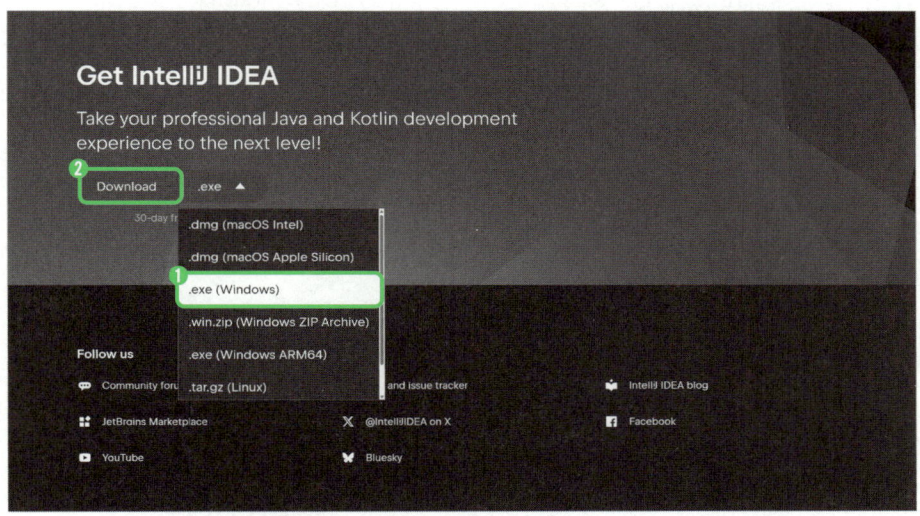

tip 만약 사용 중인 프로세서가 ARM 기반이라면 드롭다운 버튼을 클릭해 [.exe(Windows ARM64)] 파일을 내려받습니다.

03 내려받은 설치 파일을 실행해 옵션 설정 없이 기본값으로 설치합니다. 계속 [다음] 버튼을 클릭하면 설치가 완료됩니다.

깃 설치하기

다음으로는 프로젝트 버전 관리를 할 수 있는 깃을 설치합니다.

01 깃 웹사이트(https://git-scm.com)에 접속해서 [Download for Windows] 버튼을 클릭합니다.

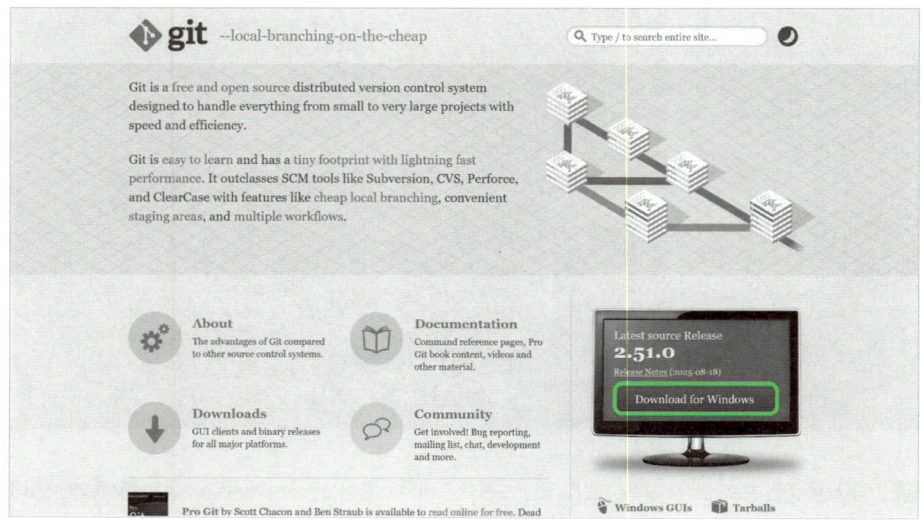

02 [Click here to download] 텍스트 링크를 클릭해 설치 파일을 내려받습니다.

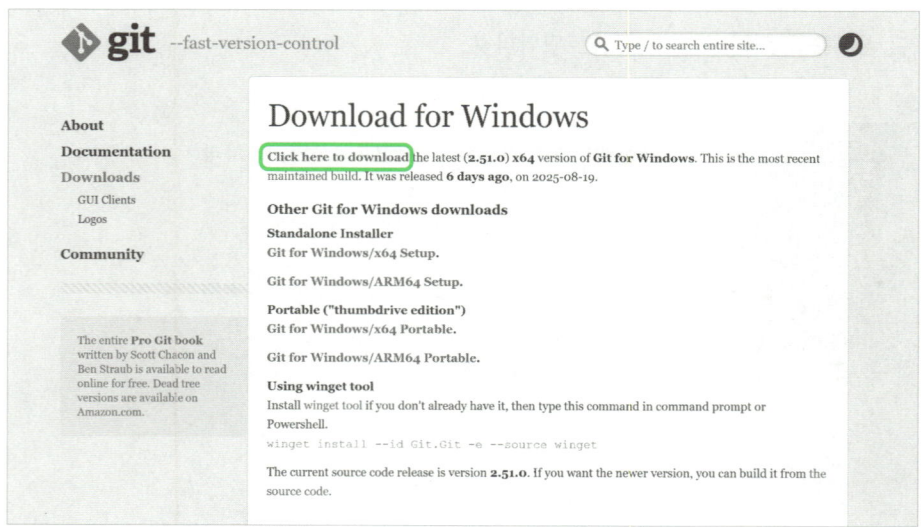

03 내려받은 설치 파일을 실행해 기본값으로 설치합니다. 계속 [Next] 버튼을 클릭하면 설치가 완료됩니다.

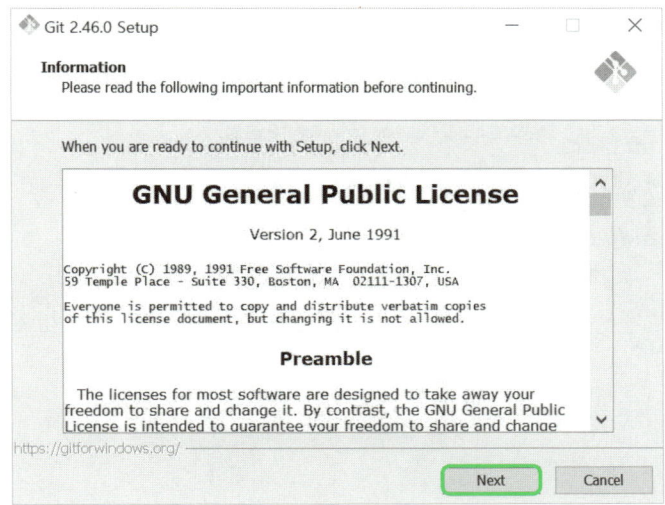

디비버 설치하기

다음으로는 DBMS를 편리하게 관리할 수 있는 디비버를 설치합니다.

01 디비버 다운로드 페이지(https://dbeaver.io/download)에 접속합니다. 그리고 DBeaver Community 항목의 Windows에서 [Windows (installer)] 텍스트 링크를 클릭해 파일을 내려받습니다.

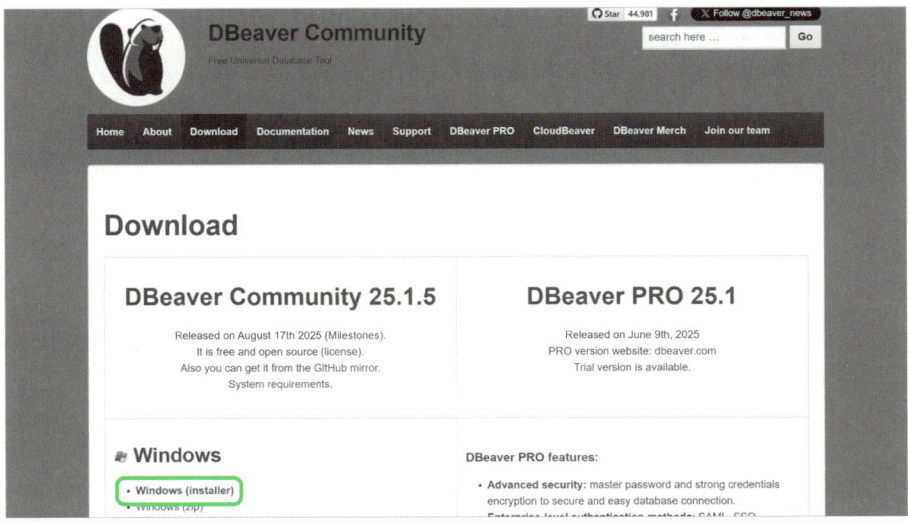

02 내려받은 설치 파일을 실행해 기본값으로 설치합니다. 계속 [다음] 버튼을 클릭하면 설치가 완료됩니다.

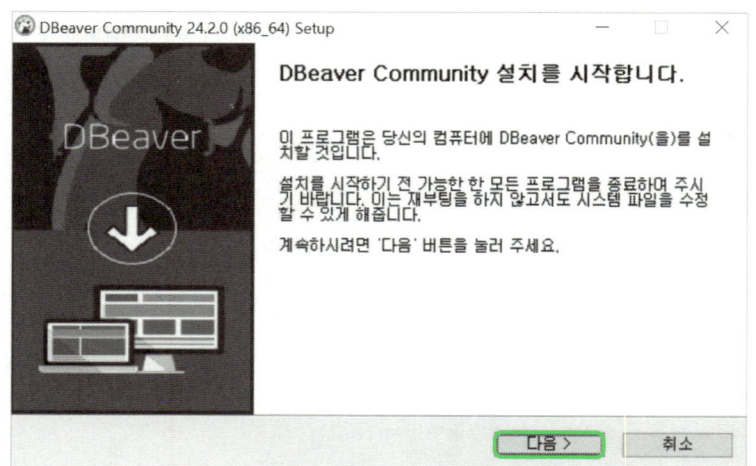

포스트맨 설치하기

이번에는 API를 호출하며 테스트할 수 있는 포스트맨을 설치합니다.

01 포스트맨 다운로드 페이지(https://www.postman.com/downloads)에 접속합니다. [Windows 64-bit] 버튼을 클릭해 파일을 내려받습니다.

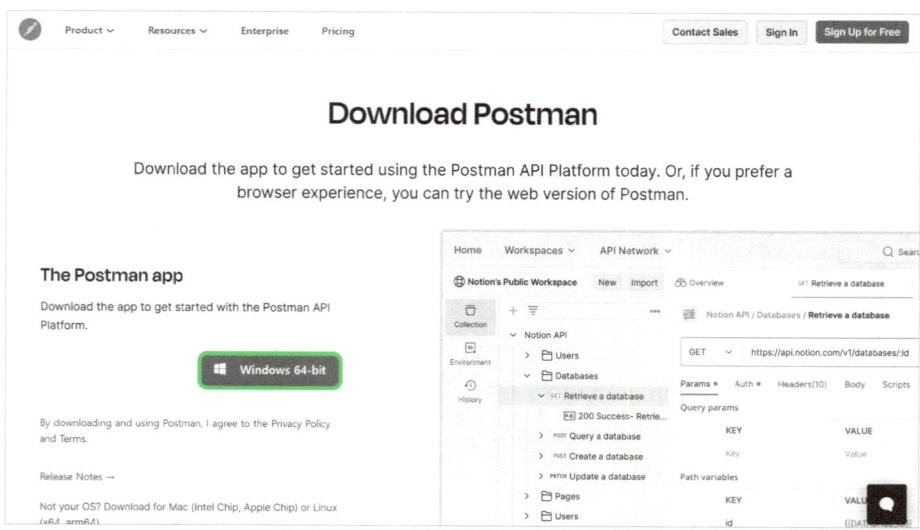

tip 접속하는 컴퓨터 정보에 따라 화면이 다르게 보일 수 있습니다.

02 내려받은 설치 파일을 실행합니다.

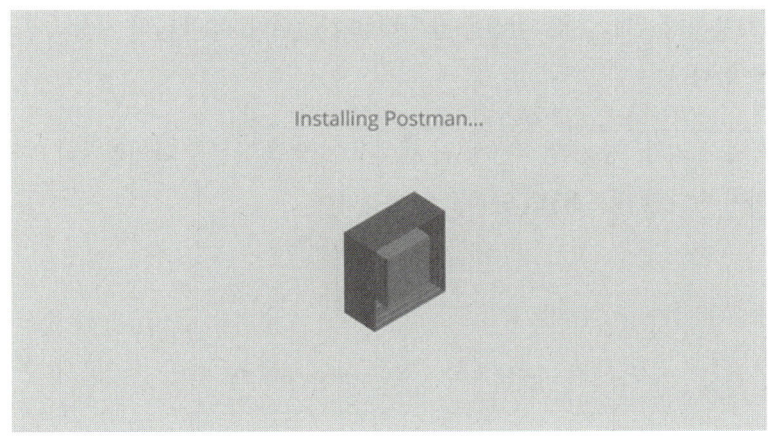

tip 포스트맨은 회원 가입을 하지 않아도 기본 기능을 사용할 수 있습니다. 다만 회원 가입을 하면 다른 컴퓨터에서 저장된 설정을 동기화할 수 있습니다.

03 설치가 완료되면 포스트맨이 자동으로 실행됩니다.

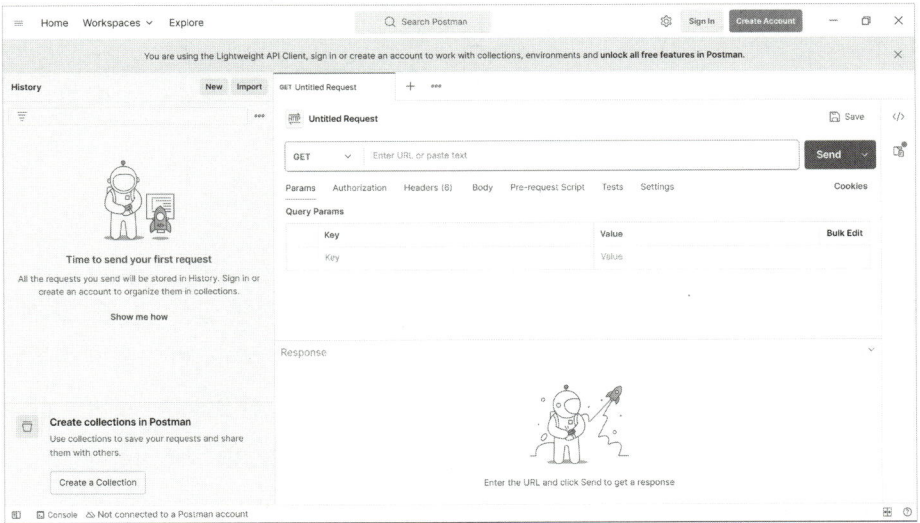

우분투와 도커 설치하기

도커는 리눅스 기반의 기술입니다. 윈도우에서 도커를 실행하려면 윈도우 환경에서 리눅스를 사용할 수 있게 해주는 가상 머신$^{Virtual\ Machine}$과 가상 머신에 설치할 리눅스가 필요합니다. 이 책에서는 가상 머신으로 WSL$^{Windows\ Subsystem\ for\ Linux}$과 하이퍼 V$^{Hyper-V}$를, 리눅스는 대중적인 리눅스 배포판인 우분투^{Ubuntu}를 사용합니다.

그럼 우분투를 사용하기 위한 가상 머신을 설치해 보겠습니다. 컴퓨터의 가상화 사용 여부부터 확인합니다.

01 윈도우의 [작업 관리자] 창을 연 후 [성능] 탭에서 가상화 여부를 확인합니다. 가상화가 활성화되어 있다면 바로 **03**번 단계로 넘어갑니다.

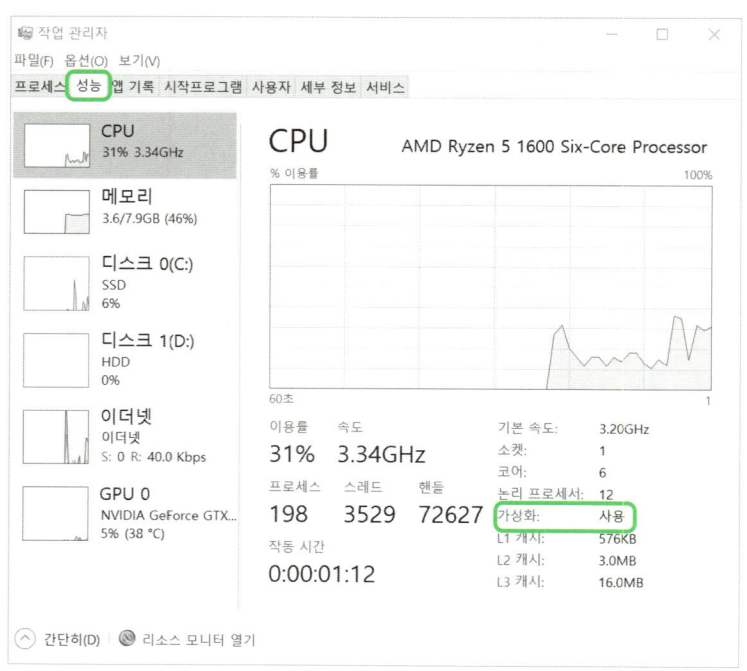

02 가상화가 비활성화되어 있다면 메인보드 BIOS에 진입하여 활성화할 수 있습니다. BIOS 진입 방법은 보통 컴퓨터 부팅 화면에서 F2 , F7 등의 키를 눌러 진입할 수 있지만, 메인보드 제조사별로 방법이 다릅니다. 가상화를 활성화하는 방법도 마찬가지입니다. 먼저 제조사를 확인한 후에 컴퓨터를 재부팅해서 BIOS에 진입하세요.

BIOS 진입에 성공하면 [Advanced] → [CPU Configuration(또는 Chipset Configuration)] → [Intel Virtualization Technology, VT-X, Intel 가상화 기술, SVM Mode] 등의 메뉴에서 가상화를 활성화하고 저장합니다. 이때 컴퓨터를 반드시 재부팅해야 변경 사항이 적용됩니다.

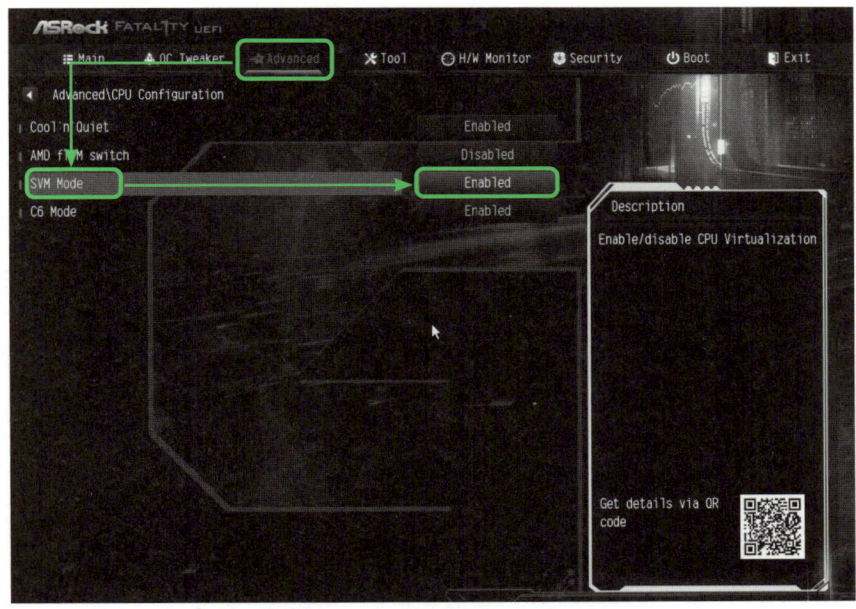

03 작업 관리자에서 가상화가 활성화된 것을 다시 확인한 후에 가상 머신 관련 기능을 활성화합니다. 작업 표시줄의 검색 상자에서 [Windows 기능 켜기/끄기]를 검색해 창을 엽니다. 그런 다음 [Linux용 Windows 하위 시스템]과 [Hyper-V] 또는 [Windows 하이퍼바이저 플랫폼]을 체크하고, [가상 머신 플랫폼] 항목을 체크해 활성화합니다.

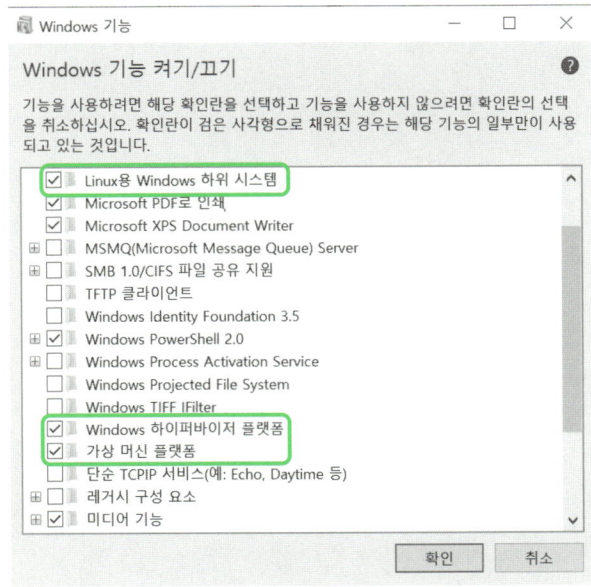

tip 사용 중인 윈도우 에디션에 따라 보이는 항목이 다를 수 있습니다. 확인되는 항목만 활성화하면 됩니다.

윈도우 파워셸(PowerShell)로도 각 기능을 활성화할 수 있습니다.

- **가상 머신 플랫폼**: 가상화의 기본 인프라
- **Linux용 Windows 하위 시스템**: 윈도우에서 리눅스 환경 실행
- **Hyper-V**: Windows 네이티브 가상화 플랫폼(Pro 이상)
- **Windows 하이퍼바이저 플랫폼**: 여러 가상화 도구 간 호환성 지원

파워셸을 관리자 권한으로 실행한 뒤 다음 각 명령어를 입력합니다. 전체 명령어를 입력한 후에는 재부팅해서 설정이 적용될 수 있게 합니다. 윈도우 에디션에 따라 지원하지 않는 명령어는 넘어가도 무방합니다.

가상 머신 플랫폼

```
dism.exe /online /enable-feature /featurename:VirtualMachinePlatform
➥ /all /norestart
```

Linux용 Windows 하위 시스템

```
dism.exe /online /enable-feature /featurename:Microsoft-Windows-
➥ Subsystem-Linux /all /norestart
```

Hyper-V

```
dism.exe /online /enable-feature /featurename:Microsoft-Hyper-V /all
➥ /norestart
```

Windows 하이퍼바이저 플랫폼

```
dism.exe /online /enable-feature /featurename:HypervisorPlatform /
➥ all /norestart
```

04 이제 우분투를 설치합니다. 윈도우 작업표시줄의 검색 상자에서 'Microsoft store'를 검색해 마이크로소프트 스토어창을 엽니다. 그리고 스토어에서 'Ubuntu'라고 검색합니다. 결과로 여러 버전이 나오는데 버전 명시가 없는 버전이나 최신 버전을 설치합니다.

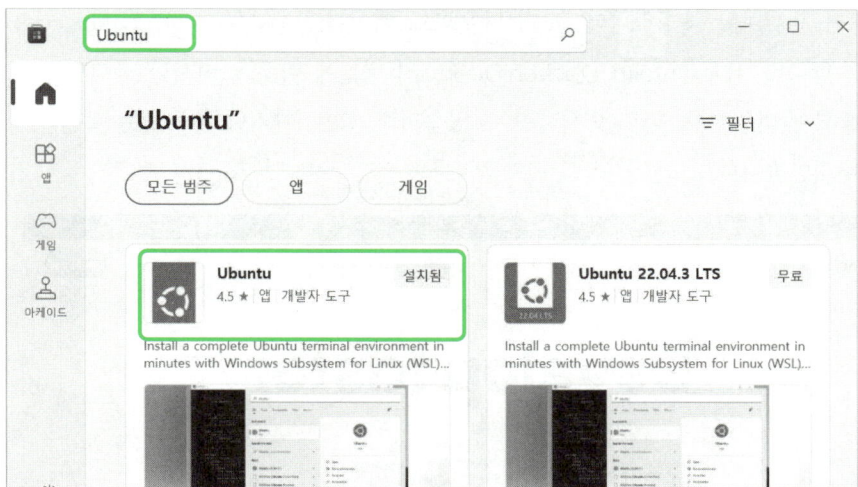

05 설치한 우분투를 실행합니다. 정상 실행되면 'Please create a default UNIX user account'라는 문구가 뜹니다. 사용자명과 비밀번호를 생성하라는 의미이니 윈도우 로컬 계정을 만드는 것처럼 간단하게 계정을 만들어 줍니다.

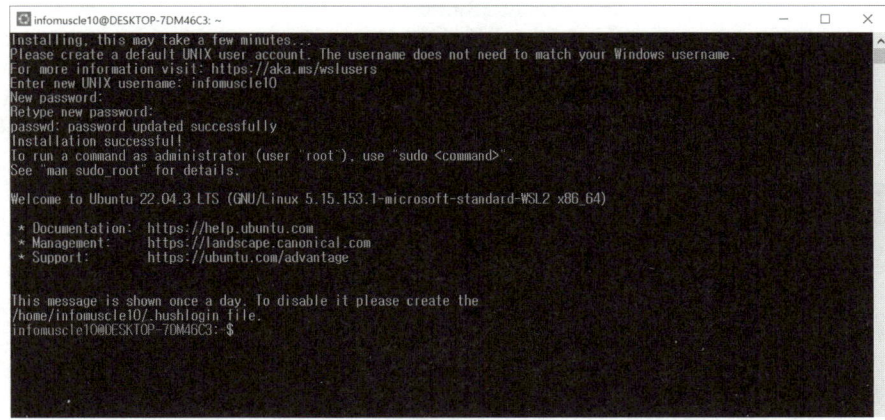

> 📄 **WslRegisterDistribution failed with error: 0x800701bc**
>
> 0x800701bc 오류가 발생하면 리눅스 커널 업데이트 패키지를 내려받은 후 설치합니다. 설치 후에도 오류가 발생하면 우분투를 재실행하거나 컴퓨터를 재부팅해야 합니다.
>
> • **리눅스 커널 업데이트 패키지:** https://wslstorestorage.blob.core.windows.net/wslblob/wsl_update_x64.msi

06 도커를 설치할 차례입니다. 도커 다운로드 페이지(https://www.docker.com)에 접속합니다. [Download Docker Desktop] 버튼에 마우스 커서를 올리면 프로세서 종류에 맞는 설치 파일을 선택할 수 있습니다. CPU 아키텍처에 맞는 버전을 클릭해 내려받습니다.

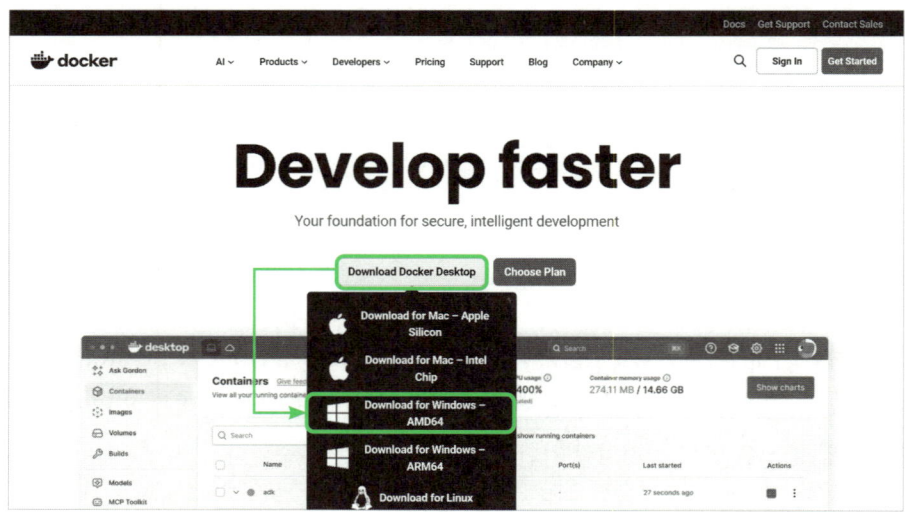

07 설치 파일을 실행하면 바로 설치가 진행됩니다. 다음처럼 도커 데스크톱이 실행되면 도커 설치까지 완료입니다.

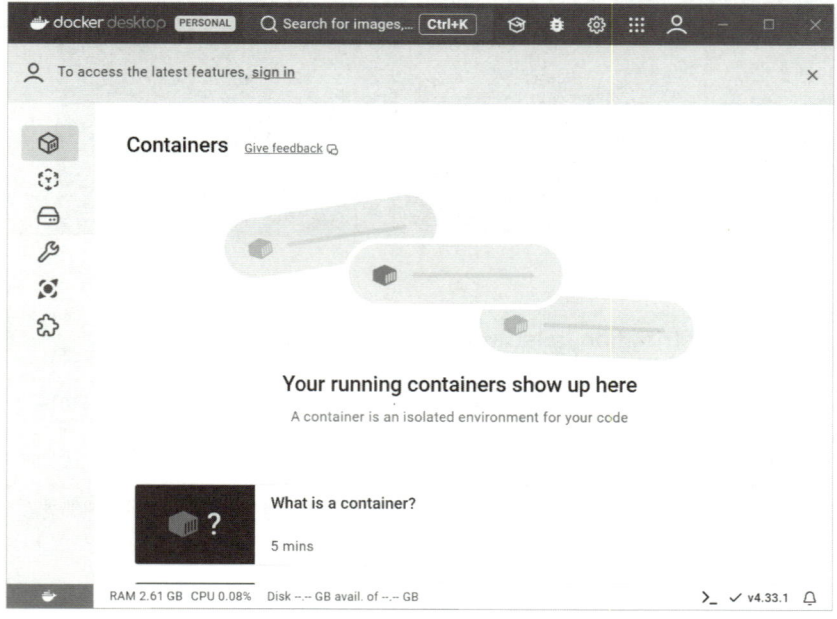

08 도커 설치 여부는 파워셸에서 docker version 명령어를 입력해 확인할 수도 있습니다.

```
Windows PowerShell                                                    ─  □  ×
PS C:\> docker version
Client:
 Version:           27.1.1
 API version:       1.46
 Go version:        go1.21.12
 Git commit:        6312585
 Built:             Tue Jul 23 19:57:57 2024
 OS/Arch:           windows/amd64
 Context:           desktop-linux

Server: Docker Desktop 4.33.1 (161083)
 Engine:
  Version:          27.1.1
  API version:      1.46 (minimum version 1.24)
  Go version:       go1.21.12
  Git commit:       cc13f95
  Built:            Tue Jul 23 19:57:19 2024
  OS/Arch:          linux/amd64
  Experimental:     false
 containerd:
  Version:          1.7.19
  GitCommit:        2bf793ef6dc9a18e00cb12efb64355c2c9d5eb41
 runc:
  Version:          1.7.19
  GitCommit:        v1.1.13-0-g58aa920
 docker-init:
  Version:          0.19.0
```

2-2-2 맥OS 개발 환경 설정하기

애플의 맥OS 사용자를 위한 개발 환경 설정 방법입니다. 윈도우 사용자라면 이번 내용은 건너뜁니다.

맥OS에서는 홈브루Homebrew라는 패키지 매니저를 사용합니다. 프로그램을 사이트에서 하나하나 내려받을 필요 없이 편리하게 원하는 프로그램을 설치할 수 있습니다. 터미널에 다음과 같이 명령어만 입력하면 됩니다.

```
brew install (--cask) {패키지명}
```

tip 괄호 안의 --cask 옵션은 GUI 프로그램을 설치할 때 사용합니다. 옵션을 사용할 때는 괄호 없이 입력하세요.

홈브루 설치하기

그럼 먼저 홈브루를 설치하겠습니다.

01 홈브루 웹사이트(https://brew.sh)에 접속합니다. 메인 페이지 'Install Homebrew' 항목에 있는 명령어를 복사합니다.

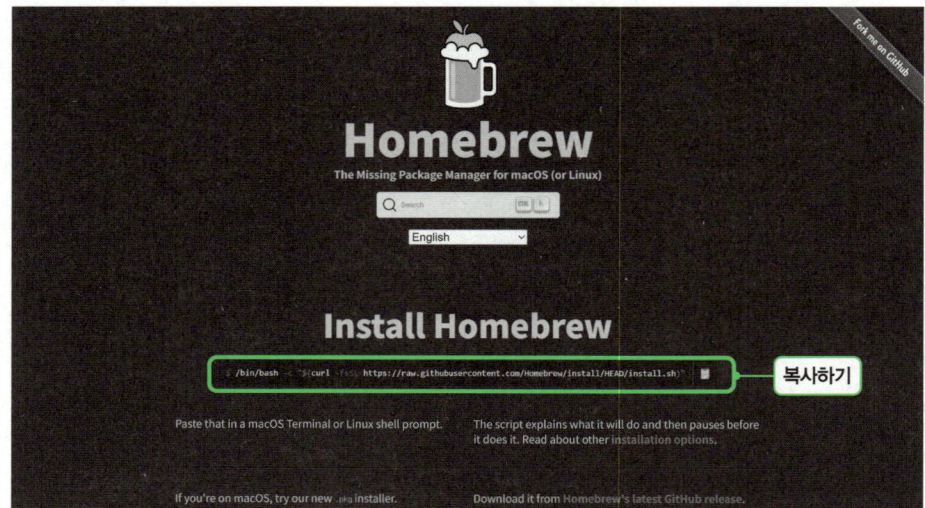

02 터미널을 열어 복사한 명령어를 실행합니다. 'Checking for `sudo` access (which may request your password)'라는 문구가 나오면 맥 로그인 패스워드를 입력한 후 Enter 키를 누르세요. 이때 입력하는 패스워드는 화면에 나타나지 않습니다.

```
/bin/bash -c "$(curl -fsSL https://raw.githubusercontent.com/Homebrew/
install/HEAD/install.sh)"
```

03 설치가 완료되어 명령어를 입력할 수 있을 때까지 기다립니다. `brew --version` 명령어를 실행하면 홈브루 버전을 확인할 수 있습니다.

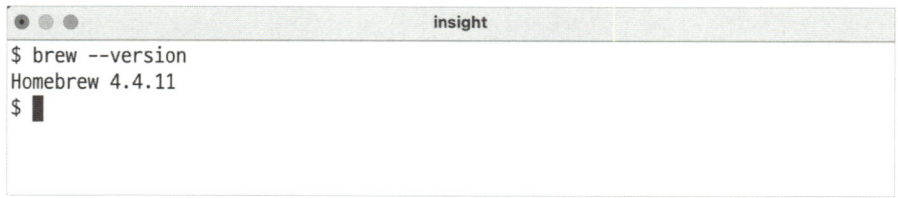

개발 환경 설치하기

홈브루가 설치되었으니 이제 프로젝트에 필요한 각 프로그램을 설치하겠습니다. 2-1절에서 살펴보았듯이 줄루, 인텔리제이, 깃, 디비버, 포스트맨, 도커를 사용합니다.

01 brew install --cask zulu@21 명령어를 실행해 줄루를 설치합니다.

```
brew install --cask zulu@21
```

02 설치가 완료되면 brew search zulu 명령어를 실행해 줄루가 설치되었는지 확인합니다. 다음 그림처럼 zulu@21에 체크 표시가 되어 있으면 정상 설치된 것입니다.

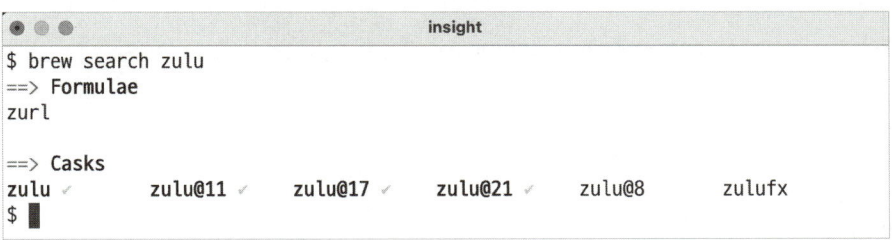

```
● ● ●                              insight
$ brew search zulu
==> Formulae
zurl

==> Casks
zulu ✓        zulu@11 ✓    zulu@17 ✓    zulu@21 ✓    zulu@8      zulufx
$ ▮
```

📋 brew list 명령어

홈브루를 통해 설치된 전체 패키지를 보고 싶다면 brew list 명령어를 실행해 확인할 수 있습니다. 이후에 설치할 프로그램들은 다음과 같은 방식으로 설치 여부를 확인해 보세요.

```
● ● ●                              insight
$ brew list --cask
adobe-acrobat-reader    google-chrome           send-anywhere
aldente                 iterm2                  slack
alfred                  jetbrains-toolbox       steam
alt-tab                 microsoft-auto-update   typora
asana                   microsoft-excel         unity-hub
dbeaver-community       microsoft-powerpoint    visual-studio-code
discord                 microsoft-word          zoom
docker                  namechanger             zulu
drawio                  notion                  zulu@11
dropbox                 postman                 zulu@17
flutter                 rectangle               zulu@21
$ ▮
```

03 인텔리제이, 깃, 디비버, 포스트맨, 도커도 각각 `brew install` 명령어를 사용해 설치합니다.

```
# 무료(커뮤니티) 버전
$ brew install --cask intellij-idea-ce

# 유료(또는 학생용) 버전
$ brew install --cask intellij-idea

# 깃
$ brew install git

# 디비버 커뮤니티
$ brew install --cask dbeaver-community

# 포스트맨
$ brew install --cask postman

# 도커
$ brew install --cask docker
```

지금까지 2-2절에서는 실습 프로젝트에 필요한 여러 프로그램을 설치했습니다. 이는 실무에서도 자주 사용하니 익숙해지는 것이 좋습니다. 비슷한 기능을 하는 대체 프로그램을 사용하고 있더라도, 오류를 만나는 상황을 줄이려면 실습하는 동안에는 같은 프로그램을 사용하길 바랍니다.

또한 개발 환경 설정은 사용 중인 컴퓨터의 환경 또는 프로그램 업데이트에 따라 책의 내용과 상이할 수 있습니다. 환경에 따른 차이를 줄이기 위해 모든 설정은 기본값을 사용했지만, 그럼에도 불구하고 발생하는 문제는 인터넷 검색을 해 보며 스스로 문제 해결 능력을 키우는 것도 좋습니다.

다음 3장에서는 실습 프로젝트에서 만들게 될 최종 결과물을 데모 사이트를 통해 미리 살펴보고, 실습 프로젝트의 뼈대가 될 데이터베이스 테이블을 설계하겠습니다. 먼저 테이블 설계 전 데이터베이스 개념을 알아보겠습니다. 이론을 확실히 이해한 후 테이블 설계를 진행합시다.

학습노트

- JDK란 자바 애플리케이션을 개발하고 실행하기 위한 도구와 라이브러리를 포함한 개발 키트입니다.

- 줄루 JDK는 아줄 시스템즈의 오픈 JDK로 다양한 플랫폼 호환성을 제공합니다.

- 인텔리제이 IDEA는 젯브레인에서 개발한 IDE입니다. 강력한 기능과 생산성을 제공합니다.

- 깃은 분산 버전 관리 시스템입니다. 소스 코드의 버전 관리를 효율적으로 수행할 수 있습니다.

- 디비버는 GUI 기반 DBMS 관리 도구입니다. 다양한 DBMS를 관리하고 쿼리를 실행할 수 있습니다.

- 포스트맨은 API 클라이언트 도구입니다. API 개발, 테스트, 디버깅을 효율적으로 수행할 수 있습니다.

- 도커는 컨테이너 기반 가상화 플랫폼입니다. 애플리케이션을 컨테이너로 패키징하여 일관된 환경에서 실행할 수 있게 합니다.

CHAPTER

03

프로젝트 설계하기

3장에서는 프로젝트를 설계합니다. 먼저 3-1절에서는 데모 사이트를 방문해 프로젝트 결과물을 먼저 살펴본 뒤, 실습에 사용할 가상 프로필을 준비합니다. 그리고 3-2절과 3-3절에서는 데이터베이스 필수 이론을 학습합니다. 마지막으로 3-4절에서는 실습 프로젝트의 데이터베이스 테이블을 설계해 다이어그램으로 구체화합니다.

3-1 프로젝트 미리보기

- 데모 사이트를 방문해 프로젝트의 결과물을 확인한다.
- 프로젝트에 사용할 가상 프로필을 준비한다.

데모 사이트(https://yongback.com)에 접속해 프로젝트 결과물을 미리 살펴보겠습니다. 실습 프로젝트에서 무엇을 만들지 이해하고, 그 결과물을 머릿속에 그려 보는 과정입니다. 또한 실습에 사용할 가상 프로필을 준비합니다. 가상 프로필로 프로젝트를 완성한 다음에 여러분의 프로필로 바꿔 보는 것도 좋습니다.

이 책의 최종 목표는 포트폴리오 사이트 제작입니다. 포트폴리오 사이트 방문자는 대부분 내가 지원하는 회사의 채용 담당자일 것입니다. 채용 담당자에게 나를 어필하기 위해서는 포트폴리오에 자기소개, 이력, 진행했던 프로젝트 내용이 보여야 합니다. 따라서 인덱스, 이력서, 프로젝트라고 이름 붙인 페이지를 만들고 각 내용을 채우는 과정을 실습하겠습니다.

화면과 경로 구조는 [그림 3-1]과 같습니다. 방문자가 도메인을 입력해 사이트에 방문하면 메인 화면인 인덱스 페이지가 나타납니다. 그리고 내부에 '/resume', '/projects' 경로와 연결된 버튼을 만들어 클릭하면 이력서 또는 프로젝트 페이지로 넘어갈 수 있습니다. 물론 도메인에 각 페이지 경로를 직접 입력해서 방문하는 것도 가능합니다.

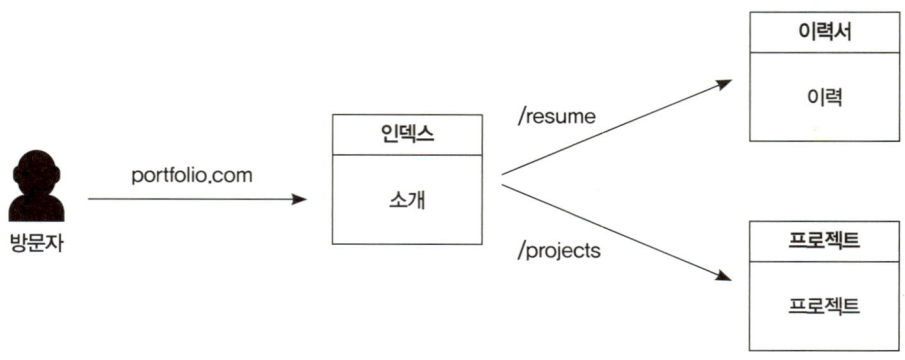

그림 3-1 방문자 기준 화면 구조

데모 사이트의 각 화면을 살펴보며 어떤 데이터가 필요할지, 어떻게 데이터를 관리하면 효율적일지 생각해 보세요. 가상 프로필의 구조에 맞춰 자신의 프로필을 미리 정리하는 것도 좋습니다.

3-1-1 인덱스 페이지

먼저 메인 화면인 인덱스index 페이지입니다. 프로필 사진, 간단한 자기소개, 깃허브 링크, SNS 링크를 보여 줍니다. 이 가운데 자기소개와 링크 정보를 데이터베이스에서 관리할 것입니다. 페이지 상단에는 내비게이션 바가 있어 각 페이지로 이동할 수 있습니다.

tip 도메인의 최상위 경로로 접속하면 보이는 화면을 인덱스 페이지라고 부릅니다.

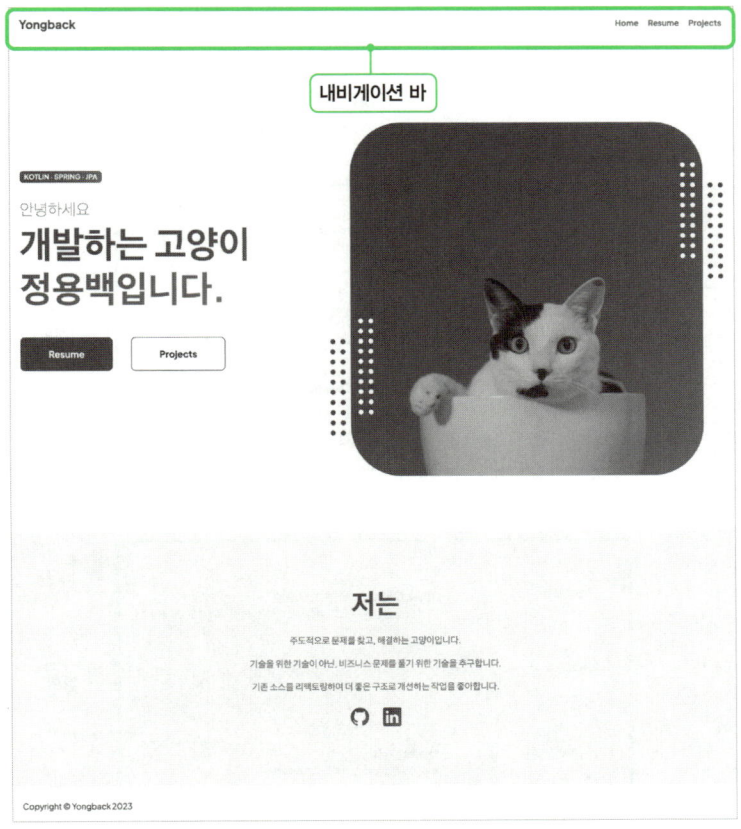

그림 3-2 인덱스 페이지 미리보기

3-1-2 이력서 페이지

데모 사이트 상단의 내비게이션 바에서 [Resume] 메뉴를 클릭하면 이력서resume 페이지로 이동합니다. 경로는 '/resume'입니다. 이력서 페이지에서는 경력, 학력, 자격증, 수상 내역, 기술 스택과 같은 정보를 보여 줍니다. 다만, 데이터베이스 구조를 단순화하기 위해 경력과 학력은 '경험'으로, 자격증이나 수상 내역은 '성취'로 통합해서 관리하겠습니다.

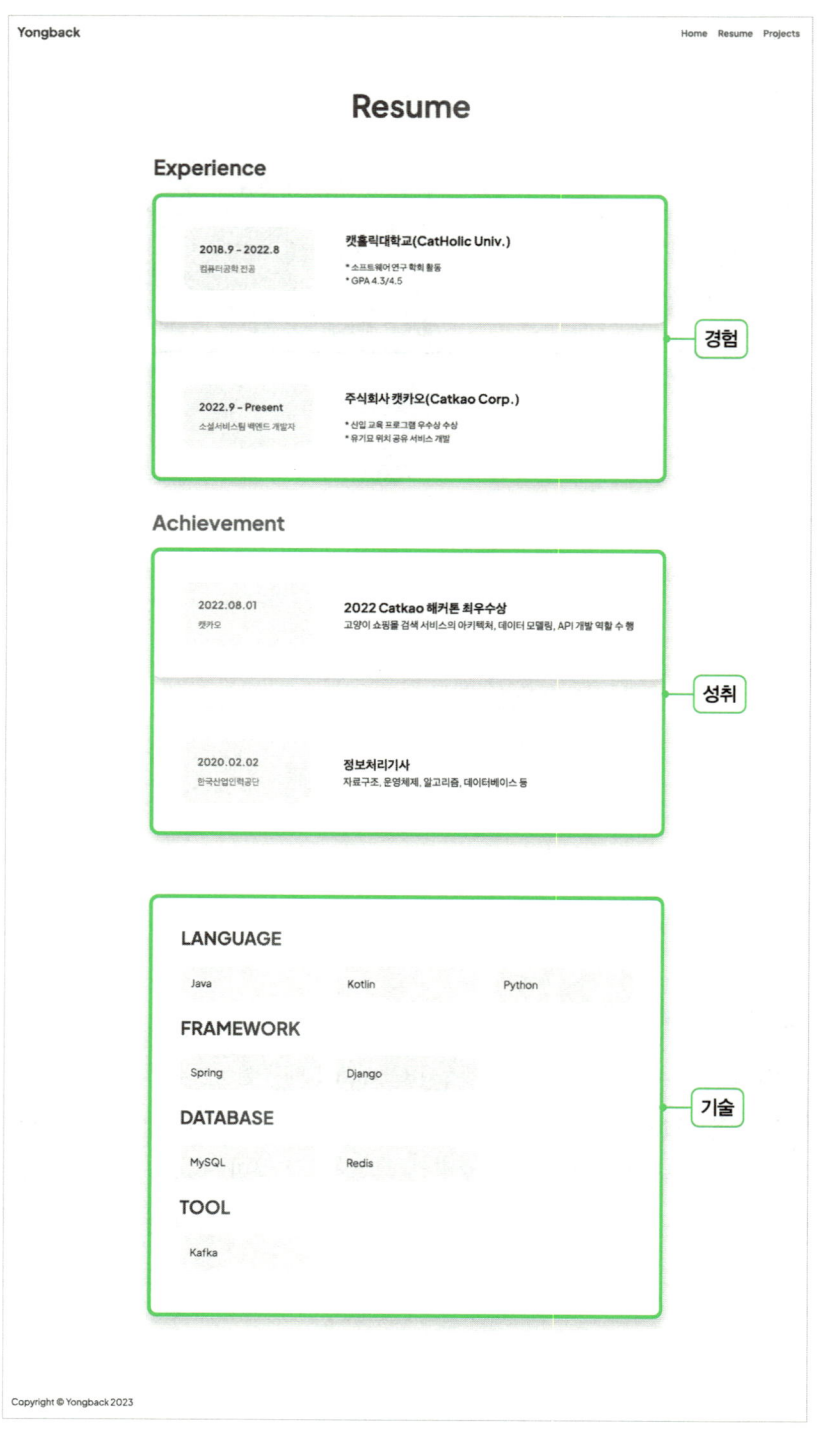

그림 3-3 이력서 페이지 미리보기

3-1-3 프로젝트 페이지

내비게이션 바에서 [Projects] 메뉴를 클릭해 프로젝트project 페이지로 이동합니다. 경로는 '/projects'입니다. 프로젝트 페이지에서는 진행한 프로젝트를 자세한 설명과 함께 보여 줍니다. 각 프로젝트명, 개요, 기간, 사용 기술, 링크는 물론, 프로젝트의 성과나 기여 내역도 여러 줄로 상세하게 작성합니다.

그림 3-4 프로젝트 페이지 미리보기

3-1-4 어드민 페이지

마지막으로 어드민admin 페이지입니다. 대부분의 서비스에는 운영자가 쉽게 관리할 수 있도록 어드민이 존재합니다. 실습 프로젝트에서도 어드민 페이지를 만들어 포트폴리오 사이트의 데이터를 관리하겠습니다. 경로는 '/admin'입니다.

tip 어드민은 관리자(administrator)의 줄임말로, 흔히 웹사이트 관리 기능을 제공하는 페이지를 어드민 페이지라고 합니다. 인가된 사용자만 접속할 수 있기 때문에 데모 사이트에서는 확인할 수 없습니다.

그림 3-5 어드민 데이터 관리 화면 미리보기

> **실습 프로젝트에 어드민 페이지가 필요한 이유**
>
> 사실 개인적으로 가볍게 운영하는 사이트라면 개발자가 직접 데이터베이스에 접속해 데이터를 관리해
> 도 무방합니다. 하지만 포트폴리오 사이트만으로는 데이터 조회 외의 기능을 개발하기 어렵기 때문에
> 이 책에서는 어드민 페이지를 개발하며 데이터 삽입, 수정, 삭제 방법을 익혀 보겠습니다.

어드민 페이지에는 내 사이트의 방문자 정보를 볼 수 있는 대시보드dashboard 기능이
있습니다. 사이트에 HTTP 요청이 발생할 때마다 HTTP 헤더 데이터를 저장하면,
저장된 데이터 개수는 사이트 방문 수가 됩니다. 또한 HTTP 헤더 데이터를 통해 사
용자의 간략한 정보도 확인할 수 있습니다.

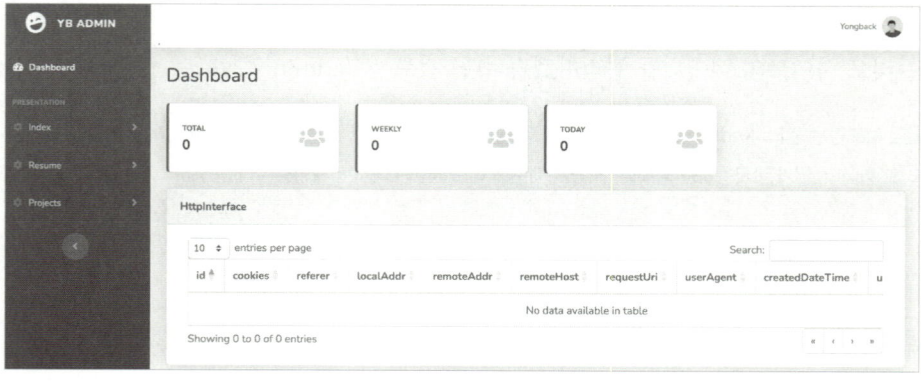

그림 3-6 어드민 대시보드 미리보기

3-1-5 가상 프로필 작성하기

포트폴리오 사이트에 들어갈 내용으로 프로필이 필요합니다. 이 책에서는 고양이 개발자 정용백의 가상 프로필을 준비했습니다. 내용은 [표 3-1]과 같습니다.

표 3-1 실습 프로젝트 가상 프로필

소개 (Introduction)	주도적으로 문제를 찾고, 해결하는 고양이입니다.	
	기술을 위한 기술이 아닌, 비즈니스 문제를 풀기 위한 기술을 추구합니다.	
	기존 소스를 리팩터링하여 더 좋은 구조로 개선하는 작업을 좋아합니다.	
링크 (Link)	Github	{깃허브 프로필 링크}
	Linkedin	{링크드인 프로필 링크}
경험 (Experience)	주식회사 캣카오(Catkao Corp.)	
	개요	소셜서비스팀 백엔드 개발자
	기간	2022.09. ~ 현재
	상세	유기묘 위치 공유 서비스 개발
		신입 교육 프로그램 우수상 수상
	캣홀릭대학교(CatHolic University)	
	개요	컴퓨터공학 전공
	기간	2018.09. ~ 2022.08.
	상세	GPA 4.3/4.5
		소프트웨어 연구 학회 활동
성취 (Achievement)	Catkao 해커톤 최우수상	
	주관	캣카오
	설명	고양이 쇼핑몰 검색 서비스의 아키텍처, 데이터 모델링, API 개발 역할 수행
	일자	2022.08.01.
	정보처리기사	
	주관	한국산업인력공단
	설명	자료구조, 운영체제, 알고리즘, 데이터베이스 등
	일자	2020.02.02.
기술 (Skill)	언어	Java, Kotlin, Python
	프레임워크	Spring, Django
	데이터베이스	MySQL, Redis
	툴	Kafka

프로젝트 (Project)	유기묘 발견 정보 공유 서비스 개선	
	설명	유기묘 위치의 실시간 공유, 임시보호까지 연결해 주는 서비스. 구글 맵스를 연동하여 유기묘 위치 정보를 직관적으로 파악할 수 있도록 하는 사용자 경험 개선 작업 진행
	기간	2022.09. ~ 2022.12.
	사용 기술	Kotlin, Spring, MySQL, Redis
	기여 내역	구글 맵스를 활용한 유기묘 발견 지역 정보 제공 API 개발
		Redis를 적용하여 인기 게시글의 조회 속도 1.5초 → 0.5초로 개선
	반려동물 홈 카메라 움직임 감지 분석 모듈	
	설명	카메라에서 서버로 전달되는 신호를 분석하여 움직임이 감지될 경우 클라이언트에 알림 발송 작업
	기간	2022.12. ~ 현재
	사용 기술	Python, Django, Kafka
	기여 내역	PIL(Pillow) 활용하여 이미지 분석 기능 개발
		알림 발송을 비동기 처리해 이미지 분석: 알림 발송 기능간 의존도 감소
		Github Repository({깃허브 리포지터리 링크})

tip 적절한 깃허브, 링크드인 링크가 없다면 아무 링크나 임시로 넣어도 됩니다.

이렇게 가상 프로필을 미리 제공하는 이유는 개발 경험이 없는 독자가 예상치 못한 오류를 만나는 것을 방지하고, 프로젝트를 개발하기도 전에 자신의 프로필을 작성하느라 지치는 상황을 방지하기 위함입니다. 가능하다면 제공된 가상 프로필로 실습을 끝까지 진행하는 것을 권장합니다.

tip 개발 경험이 있다면 이 책의 프로필 양식대로 자신의 프로필을 작성해 실습하고, 오류가 발생하면 직접 원인을 찾아 직접 해결하는 경험 또한 좋은 연습이 될 것입니다.

프로필 내용은 어드민 페이지에서 쉽게 바꿀 수 있습니다. 실습을 진행하며 틈틈이 자신의 프로필도 작성해 보세요. 실습 프로젝트를 끝마친 즉시 자신의 포트폴리오 사이트를 완성할 수 있습니다.

다음 3-2절과 3-3절에서는 데이터베이스 기초 이론을 살펴봅니다. 백엔드 프로젝트에서 데이터베이스는 건물의 기초 공사에 비유할 만큼 중요합니다. 3-4절에서 다룰 프로젝트의 테이블을 보기 전에 데이터베이스 이론을 살펴보면 테이블 설계를 더욱 쉽게 이해할 수 있을 것입니다.

3-2 데이터베이스 기초

- 관계형 데이터베이스의 개념을 이해한다.
- 행, 열, 테이블의 의미를 이해한다.
- 슈퍼 키, 후보 키, 기본 키, 자연 키, 인조 키, 외래 키의 의미를 이해한다.

이 책의 프로젝트를 실습하기 위한 데이터베이스 배경 지식을 다져 봅시다. 먼저 데이터베이스가 무엇인지, 어떤 종류가 있는지 알아봅니다. 그리고 학과와 학생의 데이터를 관리하는 예시를 통해 관계형 데이터베이스 개념을 배웁니다.

3-2-1 데이터베이스란

데이터베이스는 쉽게 말해 데이터의 집합을 의미합니다. 특정한 목적으로 사용하기 위해 체계적으로 관리하는 데이터 모음이라면 모두 데이터베이스라고 부를 수 있습니다. 예를 들어 엑셀에 표로 정리된 학생부, 입출금 내역도 데이터베이스입니다.

데이터베이스가 이론적으로 가져야 하는 특징을 구현한 응용 프로그램은 DBMS라고 합니다. 즉 **DBMS**는 데이터를 저장하고 관리할 수 있는 프로그램입니다.

tip 1장에서도 언급했듯이 실무에서 데이터베이스라고 하면 DBMS를 의미하는 경우가 많습니다.

데이터베이스는 크게 **관계형**과 **비관계형**으로 나눌 수 있습니다. **관계형 데이터베이스**relational database는 개체, 즉 데이터가 서로 관계를 맺고 관계를 나타낼 수 있는 가장 대중적인 데이터베이스 유형입니다. 이러한 데이터베이스를 관리하는 프로그램은 **RDBMS**Relational Database Management System라고 하며, 오라클과 MySQL이 대표적입니다. 실습 프로젝트 또한 MySQL을 사용합니다.

관계형 데이터베이스와 달리 데이터를 다양한 형식으로 저장하는 데이터베이스를 **비관계형 데이터베이스**라고 합니다. **NoSQL**Not Only SQL **데이터베이스**라고도 부릅니다. 데이터 저장 형식에 따라 키-값key-value형, 문서document형 등이 있습니다. 몽고

DB^{MongoDB}와 레디스^{Redis}가 대표적인 NoSQL입니다.

tip 몽고DB는 문서형 데이터베이스로 데이터를 비정형으로 저장할 수 있습니다.

tip 레디스는 키-값형 데이터베이스로 메모리를 사용하기 때문에 속도가 빨라 주로 캐시 용도로도 사용됩니다.

DBMS 종류는 매우 다양합니다. 또한 서로 공통된 특성이 있더라도 그 특성을 구현하는 내부 방식이 다릅니다. 이러한 이유로 웹 개발을 할 때는 각 DBMS의 차이점을 알고 목적에 적합한 DBMS를 선택할 수 있어야 합니다.

3-2-2 관계형 데이터베이스

관계형 데이터베이스는 데이터를 행과 열로 이루어진 표의 형태로 저장합니다. 각 **행**^{row}(이하 로우)은 한 개의 데이터, 각 **열**^{column}(이하 컬럼)은 데이터의 속성이며 이렇게 정의된 표를 **테이블**^{table}이라 부릅니다. 즉, 데이터를 행과 열로 구성된 테이블(관계) 형태로 저장하며, 테이블 간의 연결 관계를 정의할 수 있다는 의미에서 관계형 데이터베이스라고 부릅니다.

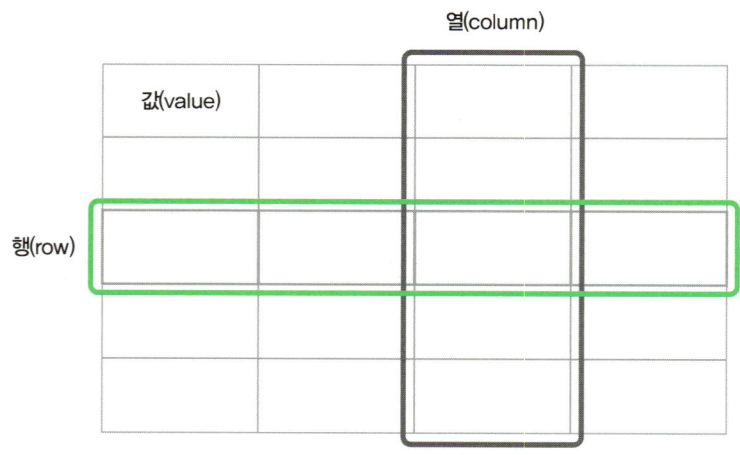

그림 3-7 관계형 데이터베이스 테이블

예시로 간단한 테이블을 살펴보겠습니다. [표 3-2] 테이블의 로우 하나는 학과를 가리키고, 컬럼인 학과 번호와 학과명은 학과 정보를 나타냅니다.

표 3-2 학과 테이블

학과 번호	학과명
1	경제학과
2	컴퓨터공학과
3	철학과

다음 [표 3-3]은 학생 테이블입니다. 로우 하나는 각 학생을 가리키고 컬럼인 학번, 학생명, 학과명은 학생 정보를 나타냅니다.

표 3-3 학생 테이블 (1)

학번	학생명	학과명
0001	홍길동	경제학과
0002	홍길순	경제학과
0003	박민수	컴퓨터공학과
0004	박철수	철학과
0005	박민수	철학과

만약 [표 3-3] 학생 테이블에서 특정한 학생, 즉 특정 로우를 가리키고 싶다면 어떻게 해야 할까요? 유일한 로우를 식별할 수 있는 컬럼의 조합을 사용하면 됩니다. 이러한 컬럼 조합은 **슈퍼 키**super key라고 부릅니다. 예를 들면 학번이 0001인 학생, 학번이 0003이고 학생명이 박민수인 학생, 학번이 0005이고 학생명이 박민수이고 학과명이 철학과인 학생 등이 있습니다. 다시 말해 한 개 이상의 컬럼값을 이용해서 특정한 로우를 식별할 수 있는 모든 컬럼 집합은 모두 슈퍼 키입니다.

물론 실생활에서는 특정인을 가리킬 때 이름을 사용하니 간단하게 학생명을 가리키면 된다고 생각할 수도 있습니다. 하지만 동명이인이 있다면 식별할 수 없습니다. 즉 학생명으로는 유일한 로우를 식별할 수 없다는 의미입니다. 예를 들어 학생명이 박민수인 로우는 컴퓨터공학과의 박민수인지 철학과의 박민수인지 특정할 수 없습니다.

tip 유일한 로우를 식별할 수 있는 성질을 유일성이라고 합니다.

그렇다면 학생명과 학과 번호를 조합하면 어떨까요? 컴퓨터공학과의 박민수와 철학과의 박민수를 구분할 수는 있습니다. 그러나 컴퓨터공학과나 철학과에 또 다른 박민수가 입학하지 않는다는 보장은 할 수 없습니다. 따라서 학생명과 학과 번호의 조합은 로우를 식별하기에 적합하지 않습니다. 학번까지 함께 사용해야 합니다. 그래야 학번이 0003인 컴퓨터공학과의 박민수와 학번이 0005인 철학과의 박민수를 구분할 수 있습니다.

> **tip** 학번+학생명+학과명과 같이 여러 개의 컬럼을 조합한 키는 복합 키(composite key)라고 부릅니다. 복합 키는 로우 식별과는 관계없이, 두 개 이상의 컬럼을 조합한 키를 지칭하는 말입니다.

사실 간단하게 학번만 사용해도 충분히 특정 로우를 식별할 수 있습니다. 학번은 각 개인에게 고유하게 부여되므로 다른 누구와 중복되지 않는 값이기 때문입니다. 로우를 식별하기 위해 학번, 학생명, 학과명을 모두 사용하는 것보다 학번만 사용하는 것이 효율적입니다. 이렇게 슈퍼 키 중 최소한의 컬럼만을 가지는 조합은 **후보 키**candidate key라고 부릅니다.

> **tip** 후보 키는 유일성을 유지하면서 최소한의 컬럼으로만 구성되어야 하는데, 이러한 성질을 최소성이라고 부릅니다.

후보 키는 여러 개일 수도 있습니다. 만약 학생 테이블에 주민등록번호 컬럼도 있다면 주민등록번호 중에 하나만 선택해서 사용해도 됩니다. 학번 하나만 사용하는 것과 마찬가지로 특정 학생을 식별할 수 있습니다. 주민등록번호가 중복되는 사람은 없기 때문입니다. 따라서 학번과 주민등록번호를 모두 후보 키라고 할 수 있습니다.

📋 자연 키와 인조 키

관계형 데이터베이스 설계는 현실의 대상을 개념화하고 대상의 관계를 구조화하는 작업입니다. 이때 개념화하려는 대상의 현실 속성을 나타내는 키를 자연 키(natural key)라고 부릅니다. 반대로 오직 기본 키의 기능을 하기 위해 인공으로 만든 키를 인조 키(artificial key)라고 부릅니다.

이 책의 학생 테이블에서 학번은 내부에서 오직 학생을 식별하기 위해 만들었기 때문에 인조 키입니다. 반면 주민등록번호는 외부에서 주어진 학생의 속성을 가져왔기 때문에 자연 키입니다.

데이터베이스를 설계하면 어떤 컬럼을 기본 키로 지정할지 반드시 고민해야 합니다. 기본 키로는 인조 키를 사용하는 것을 권장합니다. 자연 키는 시간이 지나며 제약이 생길 수 있기 때문입니다. 예를 들어 주민등록번호를 기본 키로 지정했는데, 어느 날 개인정보 보호법이 바뀌어서 테이블에 주민등록번호를 저장 못하는 일이 발생할 수도 있습니다. 반면에 인조 키를 사용하면 현실의 변화가 시스템에 미치는 영향을 최소화할 수 있습니다.

대신 식별에 사용할 수 있는 후보 키는 학번이나 주민등록번호 중 하나만 사용할 수 있습니다. 이렇게 후보 키 중 대표로 지정한 키를 **기본 키**Primary Key(이하 PK)라고 부릅니다. [표 3-3] 학생 테이블에서는 학번이 유일한 후보 키이기 때문에 학번이 PK입니다.

그런데 왜 이러한 형태의 데이터베이스를 관계형이라고 할까요? 이는 데이터 간 관계를 구체적으로 지정해 중복 데이터를 줄이고, 어느 한 테이블에 없는 데이터를 다른 테이블에서 찾아올 수 있기 때문입니다.

예를 들어 컴퓨터공학과가 소프트웨어학과로 이름이 바뀌었다고 가정해 보겠습니다. 시스템을 수정하려면 먼저 학과 테이블에서 학과명이 컴퓨터공학과인 로우를 찾아 값을 소프트웨어학과로 바꿔야 합니다. 여기서 끝이 아닙니다. 학생 테이블에서도 학과명이 컴퓨터공학과인 학생을 모두 찾아 소프트웨어학과로 바꿔야 합니다. 컴퓨터공학과 학생이 많을수록 변경 작업 비용은 늘어납니다.

그럼 [표 3-3]의 학생 테이블이 학과 테이블과 관계를 가지도록 테이블을 다시 만들어 보겠습니다. 바뀐 테이블은 학과명 대신 학과 번호 컬럼을 갖습니다. 여기서 학과 번호는 특정 학과 식별에 필요한 고유한 값이므로 학과명이나 다른 속성이 변해도 괜찮습니다. 따라서 학과 번호로 학과 테이블에 접근하면 값을 조회할 수 있습니다. 결과는 다음 [표 3-4]와 같습니다.

표 3-4 학생 테이블 (2)

학번	학생명	학과 번호
0001	홍길동	1
0002	홍길순	1
0003	박민수	2
0004	박철수	3
0005	박민수	3

[표 3-4]에서는 학과명이 변했다고 모든 학생 테이블의 학과명을 바꿀 필요가 없습니다. 학과와 관련된 정보는 오직 학과 테이블에만 존재합니다. 학생 테이블에는 학과와 연결되는 학과 번호만 있습니다. 특정 학생이 속한 학과명을 알고 싶을 때는 학과 번호를 학과 테이블에서 조회하면 됩니다.

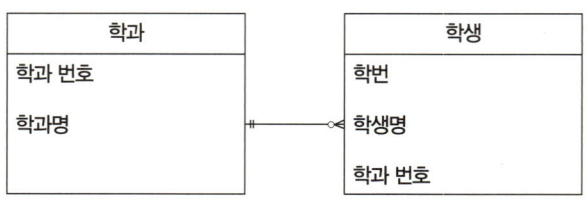

그림 3-8 학과-학생의 일대다 관계

> **tip** [그림 3-8]과 같은 그림 형태를 데이터베이스에서는 ERD(Entity Relationship Diagram)라고 부릅니다. ERD는 테이블의 내용과 관계를 한눈에 살펴볼 수 있는 다이어그램입니다. 자세한 내용은 '3-3-5 ERD 그려 보기'에서 학습합니다.

이제 학과 테이블과 학생 테이블 사이에는 관계가 생겼습니다. 학생 테이블의 학과 번호가 두 테이블을 연결하는 역할을 합니다. 학생 테이블 관점에서 보면 학과 번호는 외부에서 온 값이므로 **외래 키**foreign key(이하 FK)라고 부릅니다. 이때 하나의 학과에 여러 명의 학생이 속하기 때문에 학과와 학생은 **1:N** 또는 **일대다 관계**라고 표현합니다.

만약 학교에 복수 전공 제도가 있으면 어떨까요? 하나의 학과에 여러 학생이 속하기도 하지만, 한 명의 학생이 여러 학과에 속할 수도 있습니다. 이것을 **N:M** 또는 **다대다 관계**라고 표현합니다.

학과와 학생 테이블로 다대다 관계를 표현하는 것은 아쉽게도 불가능합니다. 하지만 다음 [그림 3-9]처럼 두 테이블 사이에 학생 전공이라는 **매핑 테이블**mapping table을 두면 문제를 해결할 수 있습니다.

> **tip** 매핑 테이블은 중간에서 두 테이블을 연결하는 테이블입니다. A 테이블의 특정 로우가 B 테이블의 어느 로우와 연결되는지 확인할 수 있어야 하고, 양 테이블의 PK를 저장함으로써 구현됩니다.

그림 3-9 학과-학생 전공-학생 테이블의 다대다 관계

학과와 학생을 다대다 관계로 바꾸기 위해 이번에는 [표 3-4]에서 학과 번호를 제거해 다음과 같이 [표 3-5]를 만듭니다.

표 3-5 학생 테이블 (3)

학번	학생명
0001	홍길동
0002	홍길순
0003	박민수
0004	박철수
0005	박민수

그리고 [표 3-6] 학생 전공 테이블을 새로 만듭니다. 이때 학생 전공 번호 컬럼은 학생 전공 테이블의 로우를 식별하기 위한 인조 키입니다. 학번과 학과 번호 컬럼으로는 어떤 학생이 어떤 학과에 속하는지 알 수 있습니다.

표 3-6 학생 전공 테이블

학생 전공 번호	학번	학과 번호
01	0001	1
02	0002	1
03	0003	2
04	0004	3
05	0005	3
06	0002	2

홍길순 학생이 복수 전공을 신청했습니다. 홍길순 학생이 속한 학과는 어떻게 알 수 있을까요? 제일 먼저 학생 테이블에서 홍길순 학생의 학번을 찾아야 합니다. 홍길순 학생의 학번은 0002입니다.

그다음 학생 전공 테이블에서 학번이 0002인 모든 로우를 찾습니다. 학생 전공 번호가 02, 06인 로우 두 개가 나옵니다. 해당 로우는 각각 학과 번호 1, 2를 갖습니다. 학과 테이블에서 학과 번호가 1 또는 2인 로우를 조회하면 홍길순 학생이 속한 학과명이 경제학과와 컴퓨터공학과임을 알 수 있습니다.

지금까지 관계형 데이터베이스의 기본 개념을 알아보며 학생 테이블의 구조를 두 번 바꿨습니다. 그러나 실제로 서비스를 운영할 때는 데이터베이스 구조를 바꾸는 것이 굉장히 어렵습니다. 서비스 규모가 클수록 작업량도 많고 예상 못한 장애가 발생하기 쉽기 때문입니다. 따라서 데이터베이스 설계는 본격적으로 서비스를 개발하기 전에 미래를 고려해 변경과 확장 가능성 있게 설계하는 것이 중요합니다.

3-3 트랜잭션

- 트랜잭션의 개념을 이해한다.
- 트랜잭션이 가져야 하는 특성인 ACID 속성을 이해한다.
- 동시에 여러 트랜잭션이 처리될 때 서로 영향도를 결정하는 트랜잭션 격리 수준을 이해한다.

데이터베이스 기초에서 조금 더 깊게 들어가 트랜잭션에 대해 살펴봅니다. 트랜잭션은 데이터베이스를 정확하고 안전하게 관리하기 위해 반드시 알아야 합니다. 또 5장에서 배울 JPA의 영속성 컨텍스트와도 밀접한 연관이 있어 이해하고 넘어가야 합니다.

3-3-1 트랜잭션이란

트랜잭션transaction은 데이터베이스에서 여러 개의 작업을 하나로 묶어 처리하는 논리적인 단위입니다. 이는 데이터의 일관성과 신뢰성을 유지하기 위해 반드시 필요한 핵심 개념입니다. 작업이 모두 성공했을 때만 반영되고, 하나라도 실패했을 때는 이전 상태로 복구되도록 보장하여 데이터 무결성을 유지합니다.

tip 무결성은 정확성, 신뢰성, 일관성 등이 보장되는 상태를 의미합니다.

트랜잭션의 중요성을 설명할 때 자주 사용되는 대표적인 예로 계좌이체가 있습니다. 계좌이체는 'A 계좌에서 B 계좌로 돈을 보내는 하나의 작업'처럼 보이지만, 실제로는 두 개의 독립적인 작업으로 구성됩니다.

데이터베이스 관점에서 첫 번째 작업은 'A 계좌의 잔액을 차감한다', 두 번째 작업은 'B 계좌의 잔액을 증가시킨다'입니다. 이 두 작업은 각각 독립적으로 실행될 수 있지만, 하나로 묶어야만 데이터의 무결성을 보장할 수 있습니다.

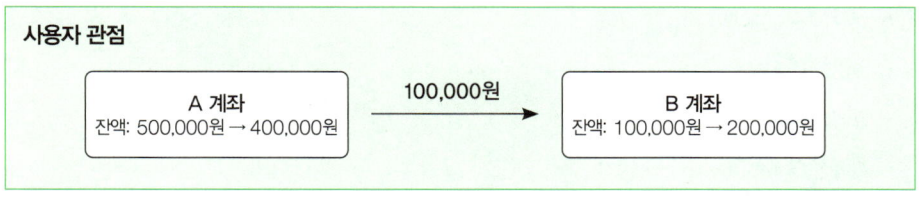

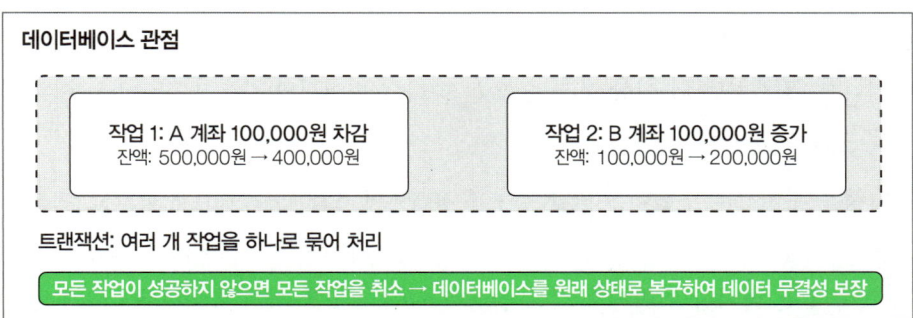

그림 3-10 계좌이체 시 데이터베이스 작업

만약 첫 번째 작업인 'A 계좌의 잔액 차감'이 성공적으로 실행되었지만 시스템 오류, 정전, 네트워크 문제 등으로 두 번째 작업인 'B 계좌의 잔액 증가'가 실행되지 않았다면 어떻게 될까요? 이 경우 A는 돈을 보냈다고 생각하지만, B는 돈을 받지 못하게 됩니다. 데이터의 무결성이 심각하게 깨진 상황입니다.

이런 문제를 방지하는 것이 바로 트랜잭션입니다. **트랜잭션은 모든 작업이 성공적으로 완료되지 않으면 모든 작업을 취소하여 데이터베이스를 원래 상태로 복구**합니다.

트랜잭션은 단순히 계좌이체뿐 아니라, 쇼핑몰 주문 처리, 항공권 예약, 재고 관리 등 다양한 시스템에서 중요한 역할을 합니다. 이를 통해 데이터베이스는 복잡한 작업들을 안전하고 일관되게 처리할 수 있으며, 사용자와 시스템 간의 신뢰를 유지하는 데 기여합니다. 트랜잭션은 데이터베이스 관리에서 없어서는 안 될 중요한 요소라고 할 수 있습니다.

3-3-2 트랜잭션의 ACID 속성

트랜잭션은 이론적으로 다음 네 가지 속성을 만족해야 합니다. 각 속성의 영어 단어 첫 글자를 따서 **ACID**라고 부릅니다.

- 원자성(**A**tomicity)

- 일관성(**C**onsistency)

- 고립성(**I**solation)

- 지속성(**D**urability)

원자성은 트랜잭션에 포함된 작업들은 모두 완료되거나, 모두 취소되어야 한다는 의미입니다. 원자처럼 더 이상 쪼갤 수 없는 하나의 덩어리와 같은 성질이라고 이해하면 좋습니다.

원자성을 구현하는 명령어는 **커밋**commit과 **롤백**rollback입니다. 여러 개의 SQL 쿼리가 모여 하나의 트랜잭션을 이룰 때, 각 쿼리가 실행되는 즉시 데이터베이스에 반영되지 않습니다. 마지막 쿼리까지 정상 실행됐을 때 커밋을 하여 데이터베이스에 영구히 반영합니다. 즉 여러 개의 쿼리가 하나의 작업으로서 데이터베이스에 반영되는 것입니다.

만약 특정 단계에서 쿼리가 실패했다면 이전 단계의 쿼리를 모두 취소하고 원래 상태로 복구할 필요가 있습니다. 이것을 롤백이라고 부릅니다. 오라클, MySQL의 경우 **언두 로그**undo log를 이용해 이전에 실행한 쿼리를 취소합니다.

> tip 언두 로그는 트랜잭션 중 변경된 데이터를 되돌리기 위한 정보를 저장하는 로그입니다.

일관성은 트랜잭션 이후에도 데이터베이스의 규칙이 유효해야 한다는 의미입니다. 계좌이체를 예로 들면 '계좌는 반드시 0보다 같거나 커야 한다'는 규칙이 있을 때, 계좌이체 후에 송금인의 계좌가 0보다 작아지면 일관성을 위반한다고 할 수 있습니다.

고립성은 트랜잭션의 실행 중에 다른 트랜잭션에 영향을 받거나 주어서는 안 된다는 의미입니다. 트랜잭션 격리 수준이라는 개념에 의해 정의되므로 자세한 내용은 '3-3-3 트랜잭션 격리 수준'에서 알아보겠습니다.

지속성은 트랜잭션이 성공적으로 종료된 후에 시스템 오류가 발생해도 영구적으로 유지되어야 한다는 의미입니다. 예를 들어 트랜잭션이 종료된 직후 갑작스러운 정전으로 시스템이 종료돼서 복구했을 때, 데이터 파일에 변경 사항이 반영되어 있지 않다면 지속성을 지키지 못한 것입니다. 이 경우 **리두 로그**redo log를 이용해 트랜잭션을 재시도할 수 있습니다.

> tip 리두 로그는 트랜잭션의 변경 내용을 저장해 장애 후 복구할 수 있도록 기록하는 로그입니다.

3-3-3 트랜잭션 격리 수준

실제 서비스 환경에서는 여러 사용자가 동시에 시스템을 사용하기 때문에 여러 트랜잭션이 동시에 실행됩니다. 따라서 트랜잭션들이 서로 간섭하지 않도록 격리 수준을 통해 동시성 문제를 제어합니다. **트랜잭션 격리 수준**transaction isolation level은 트랜잭션 간의 영향을 어느 정도까지 허용할 것인지를 정한 수준입니다. 트랜잭션 격리 수준이 높을수록 일관성이 보장됩니다. 하지만 그만큼 동시성이 떨어져 성능 측면에서 불리합니다. 따라서 각 격리 수준에서 발생할 수 있는 문제점이 구현하려는 로직에 영향을 주지 않는 정도에서 일관성을 낮추고 동시성을 높여서 성능을 확보할 수 있습니다.

트랜잭션 격리 수준은 다음 4단계가 있습니다. 아래로 갈수록 고립성이 높아집니다. 즉 일관성은 높아지고 동시성은 떨어집니다.

- READ UNCOMMITTED(커밋되지 않은 것도 읽기)
- READ COMMITED(커밋된 것만 읽기)
- REPEATABLE READ(반복 가능한 읽기)
- SERIALIZABLE(직렬화)

또한 트랜잭션 격리 수준은 특정한 문제의 발생 가능성에 따라 정의됩니다.

- **DIRTY READ(더티 리드)**: READ UNCOMMITTED에서 발생 가능합니다.
- **NON REPEATABLE READ(반복 불가능한 읽기)**: READ COMMITTED에서 발생 가능합니다.
- **PHANTOM READ(팬텀 리드)**: REPEATABLE READ에서 발생 가능합니다.

READ UNCOMMITTED

READ UNCOMMITTED는 다른 트랜잭션에서 아직 커밋하지 않은 변경 내용도 읽을 수 있는 가장 낮은 격리 수준입니다. 커밋되지 않았다는 것은 롤백 가능성이 있다는 것입니다. 조회해서 사용하면 데이터가 불일치하는 정합성 문제가 발생하기 쉽습니다. 이런 현상을 **DIRTY READ**라고 부릅니다.

학번이 1인 학생이 두 대의 컴퓨터에서 동시에 수강 신청을 한다고 가정합니다. 다음 [그림 3-11]을 보면 학생 테이블에는 수강 학점 컬럼이 있습니다.

수강 신청 작업은 3단계로 이루어집니다.

1. 현재 수강 학점을 조회해 수강 학점 변수에 저장합니다.
2. 수강 학점 변수에 3을 더합니다.
3. 수강 학점을 수강 학점 변수의 값으로 업데이트합니다.

작업 단계에 따른 각 트랜잭션은 다음 시나리오대로 진행됩니다.

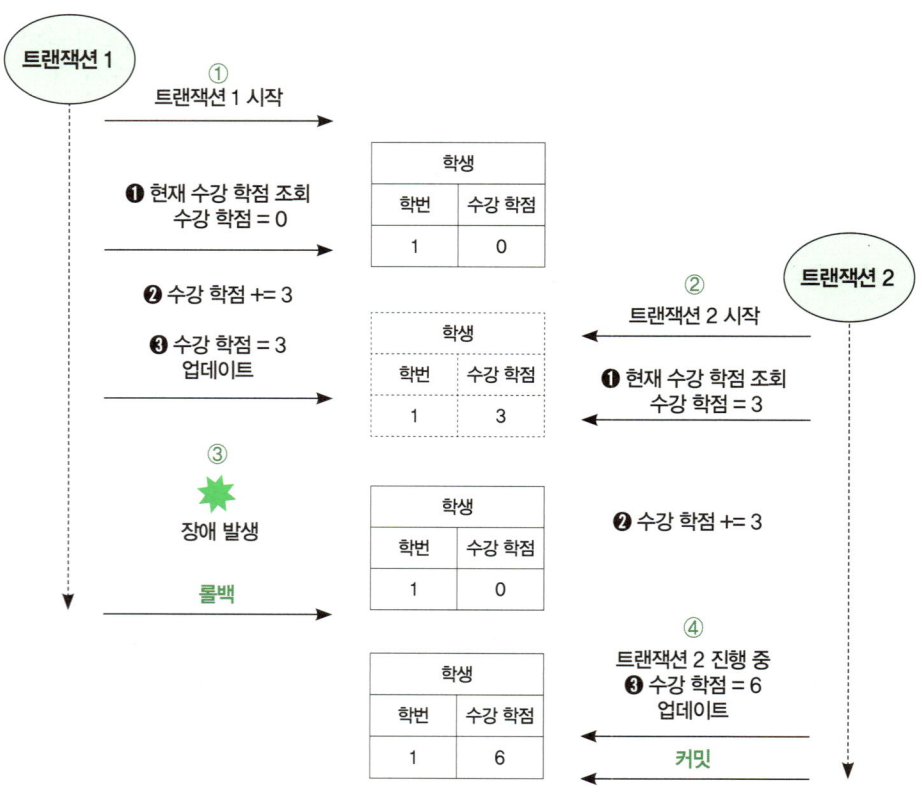

그림 3-11 READ UNCOMMITTED 격리 수준의 DIRTY READ 현상

① 트랜잭션 1이 시작됩니다. 현재 수강 학점인 0을 조회했고, 3을 더한 결괏값을 학생 테이블에 업데이트합니다(아직 커밋되지 않았기 때문에 테이블을 점선으로 그립니다).

② 트랜잭션 1이 수강 학점 3을 업데이트한 동시에 트랜잭션 2가 시작됩니다. 트랜잭션 2는 현재 수강 학점을 조회합니다. 커밋되지 않은 내용도 읽을 수 있기 때문에 수강 학점 3을 조회합니다.

③ 트랜잭션 2가 수강 학점 3을 조회한 후 아직 업데이트를 하기 전에 트랜잭션 1에서 모종의 이유로

장애가 발생해 더는 로직을 정상 수행할 수 없게 됐습니다. 트랜잭션 1은 커밋 대신 롤백을 하고 종료됩니다. 수강 학점을 0으로 복구합니다.

④ 그러나 트랜잭션 2는 여전히 진행 중이므로 수강 학점에 3을 업데이트한다는 로직대로 조회했던 수강 학점에 3을 더한 6을 업데이트하고 커밋합니다.

두 개의 트랜잭션 중 한 개만 성공했기 때문에 수강 학점의 결과는 3이어야 합니다. 하지만 커밋되지 않은, 즉 정상적으로 반영되지 않은 데이터를 읽었기 때문에 6이라는 잘못된 결과가 나옵니다.

READ COMMITTED

READ COMMITTED는 다른 트랜잭션에서 커밋을 완료한 데이터만 읽을 수 있는 격리 수준입니다. 구현하는 방법 중 하나는 언두^{undo} 영역이라는 곳에 로우를 백업하는 것입니다. 각 트랜잭션은 실행 시점에 커밋이 완료된 최신 버전을 언두 영역에서 읽어 옵니다.

> ### MVCC
>
> 하나의 로우를 여러 버전으로 관리하며 동시성 제어에 활용하는 것을 MVCC라고 합니다. 다중 버전 동시성 제어(Multi Version Concurrency Control)의 줄임말로, 로우가 변경될 때마다 새 버전을 만들어 여러 트랜잭션이 동시에 같은 로우를 읽거나 쓸 수 있도록 하는 기법입니다.
>
> 여러 트랜잭션이 동시에 로우에 접근할 때 일관성을 유지하는 전통적인 방법은 락(lock)입니다. 락은 한 트랜잭션이 로우에 접근 중일 때 다른 트랜잭션이 접근하지 못하도록 잠금을 걸어 두는 방법입니다. 이로 인해 속도가 느려지거나, 트랜잭션들이 서로가 점유 중인 자원을 기다리면서 교착 상태(deadlock)에 빠질 수 있다는 문제가 있습니다.
>
> MVCC는 동시성을 높이기 위해 데이터의 여러 버전을 관리하는 기법입니다. 쓰기 트랜잭션은 새 버전의 로우를 생성하고, 읽기 트랜잭션은 격리 수준에 따라 적절한 시점의 버전을 읽습니다. 이를 통해 읽기와 쓰기 트랜잭션 간의 충돌을 락 없이 처리할 수 있어 동시 처리 성능이 향상됩니다.
>
> 단 MVCC가 모든 충돌을 방지하는 것은 아닙니다. 두 개의 쓰기 트랜잭션이 동시에 같은 로우를 수정하는 경우 여전히 락이나 다른 충돌 감지 메커니즘이 필요합니다. 그럼에도 불구하고 MVCC는 읽기와 쓰기 트랜잭션의 충돌을 방지하면서 높은 동시성을 확보할 수 있는 효과적인 방법입니다.

READ COMMITTED에서는 DIRTY READ처럼 유효하지 않은 데이터를 읽는 문제는 발생하지 않습니다. 하지만 같은 데이터를 두 번 읽을 때 처음 읽은 데이터와 다음 읽은 데이터가 다를 수 있다는 문제가 있습니다. 두 번의 읽기 사이에 다른 트랜잭션이 해당 데이터를 변경 후에 커밋했을 수 있기 때문입니다. 이것을 **반복 불가능한 읽기**, 즉 **NON REPEATABLE READ**라고 부릅니다. [그림 3-12]를 보며 NON REPEATABLE READ 현상을 알아보겠습니다. 먼저 수강 신청 작업 단계를 다음과 같이 조금 수정합니다.

1. 현재 수강 학점을 조회해 수강 학점 변수에 저장합니다.
2. 수강 학점 변수에 3을 더합니다.
3. 수강 학점을 재조회해서 재조회 수강 학점 변수에 저장합니다.
4. 재조회 수강 학점 변수에 3을 더합니다.
5. 수강 학점 변수와 재조회 수강 학점 변수를 비교 검증합니다.
6. 두 값이 같다면 수강 학점 변수의 값으로 업데이트합니다.

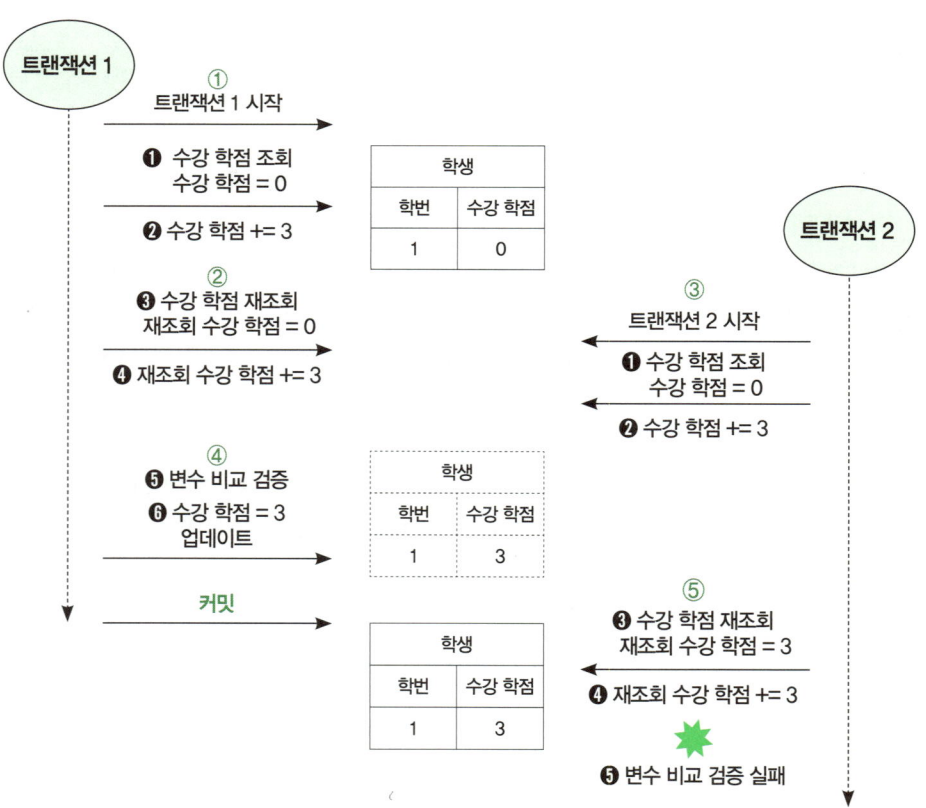

그림 3-12 READ COMMITTED 격리 수준의 NON REPEATABLE READ 현상

① 트랜잭션 1이 시작됩니다. 수강 학점을 조회하고, 수강 학점 변수에 0을 저장합니다. 그리고 3을 더합니다.

② 트랜잭션 1에서 검증을 위해 수강 학점을 재조회합니다. 기존과 같이 0이 조회되어 재조회 수강 학점 변수에는 0이 저장됩니다. 재조회 수강 학점 변수에도 3을 더합니다.

③ 트랜잭션 1이 수강 학점을 재조회하는 것과 동시에 트랜잭션 2가 시작됩니다. 아직 학생 테이블에 커밋된 내역이 없기 때문에 0을 조회해 수강 학점 변수에 저장합니다. 그리고 3을 더합니다.

④ 트랜잭션 1은 수강 학점과 재조회 수강 학점 변수의 값이 3으로 동일하기 때문에 검증을 통과합니다. 수강 학점을 3으로 업데이트하고 즉시 커밋합니다.

⑤ 트랜잭션 1이 커밋된 직후 트랜잭션 2가 수강 학점을 재조회합니다. 이번에는 트랜잭션 1이 커밋을 완료했기 때문에 업데이트된 3을 조회해 재조회 수강 학점 변수에 저장합니다. 그리고 3을 더합니다. 수강 학점은 3, 재조회 수강 학점은 6이기 때문에 검증에 실패합니다.

트랜잭션 2는 한 트랜잭션 안에서 같은 데이터 조회를 두 번 반복합니다. 커밋된 내역만 읽었음에도 처음 조회한 값과 두 번째 조회한 값이 다른 것을 알 수 있습니다.

REPEATABLE READ

REPEATABLE READ는 이름에서 알 수 있듯이 NON REPEATABLE READ를 해결한 격리 수준입니다. 이 격리 수준에서는 각 트랜잭션에 번호를 부여합니다. 트랜잭션은 현재 실행 중인 트랜잭션 중 가장 작은 번호보다 작은, 즉 트랜잭션이 시작하는 시점에 커밋이 완료된 내용만 읽을 수 있습니다. 자신이 실행되기 전에 커밋된 내용만 읽기 때문에 몇 번 읽어도 같은 내용을 읽습니다.

REPEATABLE READ에서는 PHANTOM READ 현상이 발생할 수 있습니다. 트랜잭션 안에서 여러 개의 데이터를 읽는 쿼리를 두 번 이상 실행했는데, 다른 트랜잭션의 삽입 또는 삭제 명령 때문에 두 번째 조회에서 기존에 없던 데이터가 생기거나 있던 데이터가 사라지는 현상입니다. 생기거나 사라진 데이터가 마치 유령과 같아서 PHANTOM READ라고 부릅니다.

그림 [그림 3-13]으로 PHANTOM READ 현상을 알아보겠습니다.

1. 트랜잭션 1은 학생명이 '홍'으로 시작하는 데이터를 두 번 읽습니다.
2. 트랜잭션 2는 학생명이 홍길순인 데이터를 추가합니다.

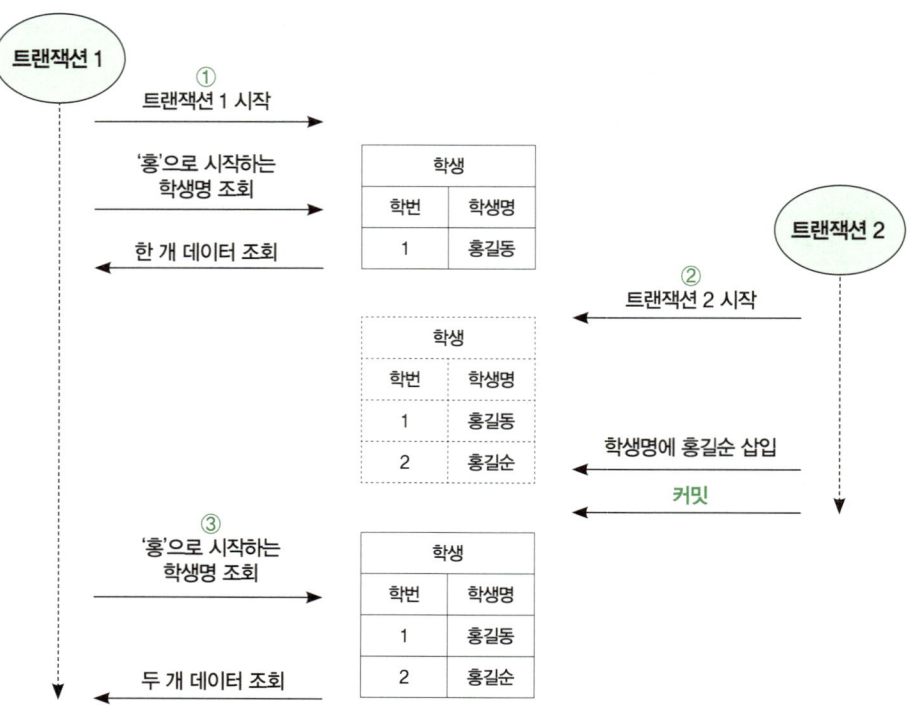

그림 3-13 REAPATABLE READ 격리 수준의 PHANTOM READ 현상

① 트랜잭션 1이 시작됩니다. 트랜잭션 1이 첫 번째 조회를 실행하고 한 개의 데이터를 읽습니다.

② 트랜잭션 1의 첫 번째 조회 직후 트랜잭션 2가 시작됩니다. 트랜잭션 2는 홍길순 학생의 데이터를 삽입하고, 즉시 커밋됩니다. 홍길순 학생의 데이터는 영구 반영됩니다.

③ 트랜잭션 1은 아직 종료되지 않았습니다. 트랜잭션 1이 두 번째 조회를 실행한 결과, 이번에는 두 개의 데이터가 조회됩니다. 트랜잭션 2가 커밋한 내용까지 읽을 수 있기 때문입니다.

결국 트랜잭션 1의 관점에서는 삽입 작업이 없었음에도 홍길순의 데이터가 갑자기 나타난 것입니다.

tip 트랜잭션 2가 트랜잭션 1보다 늦게 시작되었는데 커밋 내용이 트랜잭션 1에 영향을 주는 게 의아할 수 있습니다. 사실 PHANTOM READ는 아주 특수한 상황에서만 발생합니다. DBMS마다 발생 원인도 다르기 때문에 지금은 PHAONTOM READ가 어떠한 현상인지만 이해하고 넘어가도 충분합니다.

SERIALIZABLE

SERIALIZABLE 격리 수준은 모든 트랜잭션이 순차적으로 실행된 것처럼 보이도록 보장합니다. 동시성 문제를 완전히 차단하는 가장 엄격한 격리 수준이지만, 성능은 가장 떨어집니다. DBMS에 따라 조금 다르지만 대표적인 방법은 락을 이용하는 것입니다. 트랜잭션의 실행 순서가 보장되지 않을 때의 문제를 설명하기 위해 [그림 3-12]를 조금 수정해 [그림 3-14]의 시나리오를 만들었습니다.

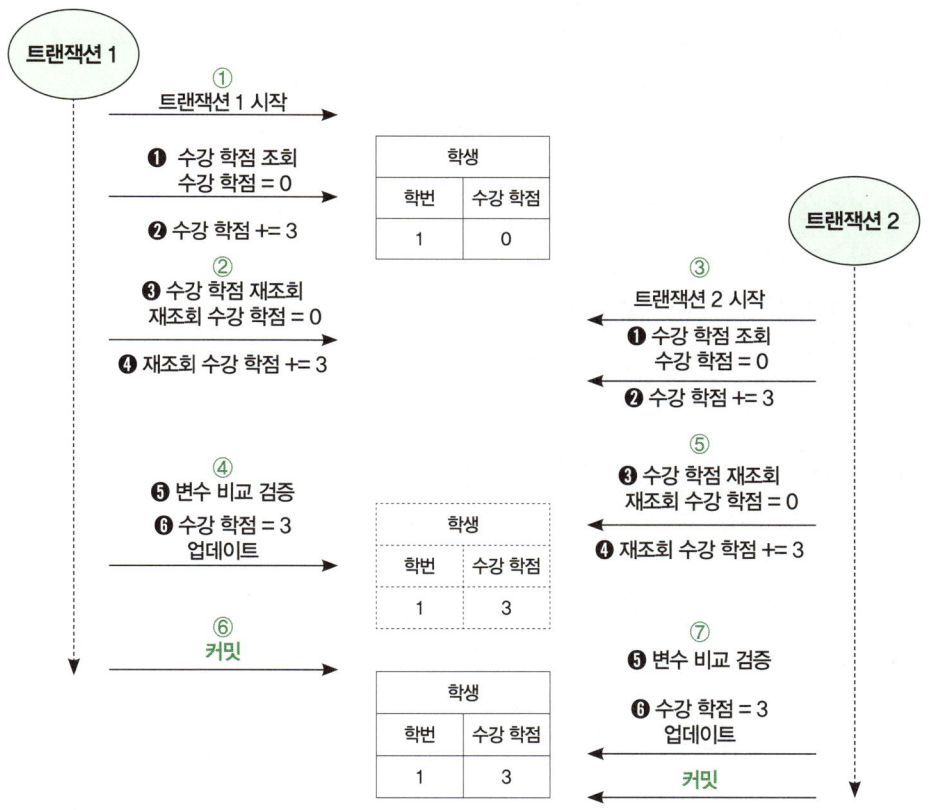

그림 3-14 READ COMMITTED, REPEATABLE READ 격리 수준의 동시성 문제

① 트랜잭션 1이 시작됩니다. 수강 학점을 조회하고, 수강 학점 변수에 0을 저장합니다. 그리고 3을 더합니다.

② 트랜잭션 1에서 검증을 위해 수강 학점을 재조회합니다. 기존과 같이 0이 조회되어 재조회 수강 학점 변수에는 0이 저장됩니다. 재조회 수강 학점 변수에도 3을 더합니다.

③ 트랜잭션 1이 수강 학점을 재조회하는 것과 동시에 트랜잭션 2가 시작됩니다. 아직 학생 테이블에

커밋된 내역이 없기 때문에 0을 조회해 수강 학점 변수에 저장합니다. 그리고 3을 더합니다.

④ 트랜잭션 1은 수강 학점과 재조회 수강 학점 변수의 값이 3으로 동일하기 때문에 검증을 통과합니다. 수강 학점을 3으로 업데이트합니다.

> **tip** 여기까지는 [그림 3-12] 의 시나리오와 똑같이 진행됩니다.

⑤ 트랜잭션 1이 변수를 비교 검증하는 것과 동시에 트랜잭션 2가 수강 학점을 재조회합니다. 아직 트랜잭션 1이 커밋을 완료하기 전입니다. 커밋된 내용만 읽을 수 있기 때문에 트랜잭션 2는 수강 학점에서 0을 재조회해 변수에 저장합니다. 그리고 3을 더합니다.

⑥ 트랜잭션 1이 변경 내역을 커밋합니다. 이제 수강 학점이 3으로 업데이트된 내역이 반영됩니다.

⑦ 트랜잭션 2는 트랜잭션 1의 영향을 받지 않고 이후 작업을 실행합니다. 변수 비교 검증은 정상 통과되고, 수강 학점을 3으로 업데이트한 후 커밋합니다.

논리적으로 두 개의 트랜잭션이 모두 성공했기 때문에 최종적으로 수강 학점은 6이 되어야 합니다. 하지만 결과는 3으로 정합성 문제가 발생합니다. 시나리오상 격리 수준은 READ COMMITTED였지만, 트랜잭션 2의 재조회 결과가 동일하다는 점에서 REPEATABLE READ 격리 수준에서도 같은 문제가 발생할 수 있습니다.

결국 정상적으로 수강 학점이 6이 되기 위해서는 한 트랜잭션이 완전히 종료된 다음 다른 트랜잭션이 실행되어야만 합니다. 이러한 일관성을 보장해 주는 수준이 SERIALIZABLE입니다.

지금까지 3-3절에서는 데이터베이스에서 트랜잭션의 개념, 트랜잭션이 가져야 하는 속성인 ACID, 그리고 트랜잭션 간에 영향을 주는 것을 방지하면서 좀 더 빠른 성능을 확보하기 위한 격리 수준을 살펴보았습니다. 트랜잭션은 데이터의 삽입, 수정, 삭제가 반복되더라도 정확한 결과를 보장하기 위해 반드시 알아야 하는 중요한 내용입니다. 그러나 지금 단계에서 명확하게 이해하기에는 어려운 내용이 맞습니다. 더 자세한 설명은 이 책의 범위를 벗어나므로 데이터베이스 관련 도서를 살펴보는 것을 추천합니다. 여기서는 각 개념을 구분하는 정도로 이해하는 것으로도 충분합니다.

다음 3-4절에서는 실습 프로젝트에서 실제로 활용할 테이블을 설계하겠습니다. 각 테이블이 어떤 컬럼을 갖고 있는지, 각 로우는 어떤 데이터를 나타내는지, 그리고 각 테이블은 어떤 관계를 갖고 있는지에 초점을 두고 읽어 봅시다.

3-4 프로젝트 데이터베이스 설계하기

- 프로젝트에서 사용하는 테이블을 설계한다.
- ERD를 통해 테이블 간의 관계를 파악한다.

3-4절에서는 프로젝트의 뼈대가 되는 테이블을 설계합니다. 먼저 페이지별로 필요한 테이블의 자세한 속성을 살펴봅니다. 그리고 ERD를 통해 각 테이블들이 다른 테이블과 어떻게 관계를 맺고 있는지 시각적으로 확인합니다.

3-4-1 인덱스 페이지 테이블

인덱스 페이지에서는 간단한 자기소개와 SNS 등의 링크를 보여 줍니다. 따라서 소개글을 저장하는 introduction 테이블과 링크를 저장하는 link 테이블이 필요합니다.

먼저 introduction 테이블의 속성은 [표 3-7]과 같습니다.

표 3-7 introduction 테이블

컬럼명	자료형	설명	특징
introduction_id	int	아이디	PK
content	varchar	소개	
is_active	bit	활성화 여부	
created_date_time	datetime	생성일시	
updated_date_time	datetime	수정일시	

tip int는 정수, varchar는 가변 문자열, bit은 참 또는 거짓, datetime은 날짜 및 시간을 의미하는 자료형입니다.

위 표는 introduction 테이블의 컬럼 구조입니다. 소개 글이 저장될 때는 한 개의 소개 글이 한 개의 로우로 저장됩니다. introduction_id 컬럼은 로우를 식별하는 PK입니다. 데이터베이스에 로우를 저장할 때 자동으로 만드는 인조 키이기도 합니다. content 컬럼은 소개 글 내용입니다. 그다음 is_active는 데이터의 표시 여부를 결정합니다. 만약 포트폴리오를 업데이트하며 소개 글을 새로 작성할 경우에는 기존 로우를 삭제하지 않고 비활성화하면 됩니다.

created_date_time과 updated_date_time은 메타데이터입니다. 데이터를 생성할 때마다 현재 시각을 생성일시, 수정일시에 넣습니다. 생성일시는 한번 저장된 후 바뀌면 안 됩니다. 수정일시는 로우의 변경이 있을 때마다 현재 시각으로 갱신됩니다.

tip 이후로도 아이디, 활성화 여부, 생성일시, 수정일시는 각 테이블에 기본으로 넣어 줍니다.

다음 [표 3-8]은 link 테이블의 속성입니다.

표 3-8 link 테이블

컬럼명	자료형	설명	특징
link_id	int	아이디	PK
name	varchar	링크명	
content	varchar	URL	
is_active	bit	활성화 여부	
created_date_time	datetime	생성일시	
updated_date_time	datetime	수정일시	

각 로우는 연결할 링크 하나에 해당합니다. name은 링크 이름입니다. content에는 URL을 넣습니다. 프런트엔드에서 URL 정보를 이용해 실제 링크를 생성합니다.

tip 링크 이름을 사용해 자동으로 부트스트랩 아이콘을 가져오기 때문에 원하는 아이콘의 이름과 일치하도록 저장해야 합니다.

3-4-2 이력서 페이지 테이블

이력서 페이지에서는 경력, 학력, 수상, 자격증, 기술 스택 등을 보여 줍니다. 경력과 학력을 묶어 경험이라는 이름으로 experience 테이블과 experience_detail 테이블을 만듭니다. 그리고 수상과 자격증을 묶어 성취라는 이름으로 achievement 테이블을 만듭니다. 기술 스택은 skill 테이블에서 관리합니다.

먼저 experience 테이블의 속성은 [표 3-9]와 같습니다.

표 3-9 experience 테이블

컬럼명	자료형	설명	특징
experience_id	int	아이디	PK
title	varchar	제목	
description	varchar	설명	

컬럼명	자료형	설명	특징
start_year	int	시작연도	
start_month	int	시작월	
end_year	int	종료연도	
end_month	int	종료월	
is_active	bit	활성화 여부	
created_date_time	datetime	생성일시	
updated_date_time	datetime	수정일시	

experience 테이블의 title에는 회사명, 학교명 등을 저장합니다. description은 해당 경험에 대한 한 줄 설명입니다. 경력 데이터라면 소속 팀이나 직무, 학력 데이터라면 전공 등의 내용을 넣을 수 있습니다. start_year, start_month, end_year, end_month는 해당 경험 시작과 종료 시기를 나타냅니다.

[표 3-10]의 experience_detail 테이블은 experience 테이블 로우의 상세한 내용을 담습니다.

표 3-10 experience_detail 테이블

컬럼명	자료형	설명	특징
experience_detail_id	int	아이디	PK
experience_id	int	experience 아이디	FK
content	varchar	설명	
is_active	bit	활성화 여부	
created_date_time	datetime	생성일시	
updated_date_time	datetime	수정일시	

설명 한 줄이 로우 한 개입니다. experience_id가 FK입니다. 해당 설명이 어떤 experience 로우와 연결되었는지 알 수 있습니다. content에는 경력과 학력을 상세히 설명한 내용을 넣습니다. 구체적인 업무 성과, 학점과 같은 내용을 넣습니다.

이어서 [표 3-11]은 achievement 테이블의 속성입니다.

표 3-11 achievement 테이블

컬럼명	자료형	설명	특징
achievement_id	int	아이디	PK
title	varchar	제목	
description	varchar	설명	
host	varchar	주관처	
achieved_date	date	취득일	
is_active	bit	활성화 여부	
created_date_time	datetime	생성일시	
updated_date_time	datetime	수정일시	

title은 수상명이나 자격증명 제목입니다. description은 해당 성취에 대한 간략한 설명입니다. host에는 상의 수여 기관이나 자격증의 발행처를 넣습니다. achieved_date에는 수상일, 발급일 등의 내용을 넣습니다.

다음 [표 3-12]는 다음은 skill 테이블의 속성입니다.

표 3-12 skill 테이블

컬럼명	자료형	설명	특징
skill_id	int	아이디	PK
name	varchar	이름	
skill_type	varchar	유형	LANGUAGE/FRAMEWORK/DATABASE/TOOL
is_active	bit	활성화 여부	
created_date_time	datetime	생성일시	
updated_date_time	datetime	수정일시	

name은 코틀린, MySQL 등 기술명입니다. skill_type에 언어, 프레임워크, 데이터베이스, 툴 등 기술 유형을 넣습니다. 기술 유형은 열거형을 이용해 정해진 값만 들어가도록 관리합니다.

3-4-3 프로젝트 페이지 테이블

프로젝트 페이지에서는 진행했던 프로젝트를 보여 줍니다. project 테이블에 각 프로젝트 개요를 저장하고, 자세한 설명은 project_detail 테이블에 한 줄씩 저장합니다.

프로젝트마다 어떤 기술을 사용했는지도 설명합니다. 사용 기술은 project_detail 테이블에 로우를 추가해 간단히 해결할 수도 있습니다. 하지만 다대다 관계의 학습 차원에서 project_skill 테이블이라는 매핑 테이블을 만들어 skill 테이블의 데이터를 불러오겠습니다. 이력서 페이지의 기술 스택과 프로젝트 페이지의 사용 기술이 일관성을 갖게 됩니다.

[표 3-13]에서 project 테이블의 속성을 살펴보겠습니다. experience 테이블과 유사한 구조입니다.

표 3-13 project 테이블

컬럼명	자료형	설명	특징
project_id	int	아이디	PK
name	varchar	프로젝트명	
description	varchar	설명	
start_year	int	시작연도	
start_month	int	시작월	
end_year	int	종료연도	
end_month	int	종료월	
is_active	bit	활성화 여부	
created_date_time	datetime	생성일시	
updated_date_time	datetime	수정일시	

name은 프로젝트명에 해당합니다. description은 프로젝트를 한 줄로 요약 설명하는 간략한 개요입니다. start_year, start_month, end_year, end_month는 프로젝트의 시작과 종료 시기를 나타냅니다.

[표 3-14]의 project_detail 테이블은 project 테이블의 로우와 연결된 상세한 설명입니다. 이력서 페이지 테이블에서 살펴본 experience - experience_detail 테이블의 관계와 동일합니다.

표 3-14 project_detail 테이블

컬럼명	자료형	설명	특징
project_detail_id	int	아이디	PK
project_id	int	project 아이디	FK
content	varchar	설명	
url	varchar	URL	
is_active	bit	활성화 여부	
created_date_time	datetime	생성일시	
updated_date_time	datetime	수정일시	

project_id는 project_detail과 project를 연결해 주는 FK입니다. content는 프로젝트의 상세 설명입니다. URL은 보여 줄 수 있는 프로젝트 링크가 있을 때 사용합니다. URL값이 있으면 링크를 생성합니다. [표 3-15]의 project_skill 테이블은 project 테이블과 이력서 페이지의 skill 테이블 중간에서 다대다 관계를 맺어 주는 매핑 테이블입니다.

표 3-15 project_skill 테이블

컬럼명	자료형	설명	특징
project_skill_id	int	아이디	PK
project_id	int	project 아이디	FK
skill_id	int	skill 아이디	FK
created_date_time	datetime	생성일시	
updated_date_time	datetime	수정일시	

project_skill 테이블로 하나의 프로젝트에서 여러 기술이 사용될 수 있고, 하나의 기술이 여러 프로젝트에서 사용될 수 있는 점을 표현했습니다. project_id와 skill_id가 FK입니다.

3-4-4 어드민 페이지 테이블

마지막으로 어드민 페이지의 테이블입니다. 접속 정보를 포트폴리오 사이트에 접속이 발생할 때마다 http_interface 테이블에 저장합니다. 이를 통해 내 사이트의 방문 횟수와 간단한 방문자 정보를 확인할 수 있습니다. 다음 [표 3-16]은 http_interface 테이블 속성입니다.

표 3-16 http_interface 테이블

컬럼명	자료형	설명	특징
http_interface_id	int	아이디	PK
cookies	varchar	쿠키	
referer	varchar	referer(HTTP 헤더)	
localAddr	varchar	localAddr(HTTP 헤더)	
remoteAddr	varchar	remoteAddr(HTTP 헤더)	
remoteHost	varchar	remoteHost(HTTP 헤더)	
requestUri	varchar	requestUri(HTTP 헤더)	
userAgent	varchar	userAgent(HTTP 헤더)	
created_date_time	datetime	생성일시	
updated_date_time	datetime	수정일시	

내 사이트의 방문 횟수는 로우의 개수로 알 수 있습니다. 간단한 방문자 정보는 HTTP 헤더의 정보를 저장해 얻을 수 있습니다.

3-4-5 ERD 그려 보기

지금까지는 프로젝트의 데이터베이스를 설계했습니다. 하지만 표와 글만으로는 데이터베이스의 전체적인 구조가 쉽게 그려지지 않습니다. 이번에는 **ERD**라는 다이어그램을 활용해 보겠습니다.

ERD는 **개체-관계 다이어그램**Entity-Relationship Diagram를 의미합니다. 여기서 개체(이하 엔티티)란 데이터베이스로 표현하려는 대상입니다. 학생 테이블에서는 학생이 엔티티입니다. 관계는 한 엔티티와 다른 엔티티 간의 연관성을 의미합니다. 앞서 '3-2-2 관계형 데이터베이스'에서 학생과 학과의 관계를 그림으로 살펴봤습니다. 정리하면

ERD는 엔티티와 관계를 한눈에 살펴보기 위한 표준화된 그림입니다.

따라서 ERD를 통해 각 테이블이 포함하는 컬럼, 각 컬럼의 자료형이나 특징을 확인할 수 있습니다. 테이블 간의 관계도 볼 수 있어 데이터베이스 구조를 쉽게 파악할 수 있습니다.

tip ERDCloud[1]라는 툴을 이용하면 무료로 ERD를 쉽게 그리고 관리할 수 있습니다.

[그림 3-15]는 실습 프로젝트의 ERD입니다. 지면 관계상 자료형, 설명, 특징, 일부 컬럼명은 생략했습니다. 각 테이블 관계에 중점을 두고 살펴봅시다.

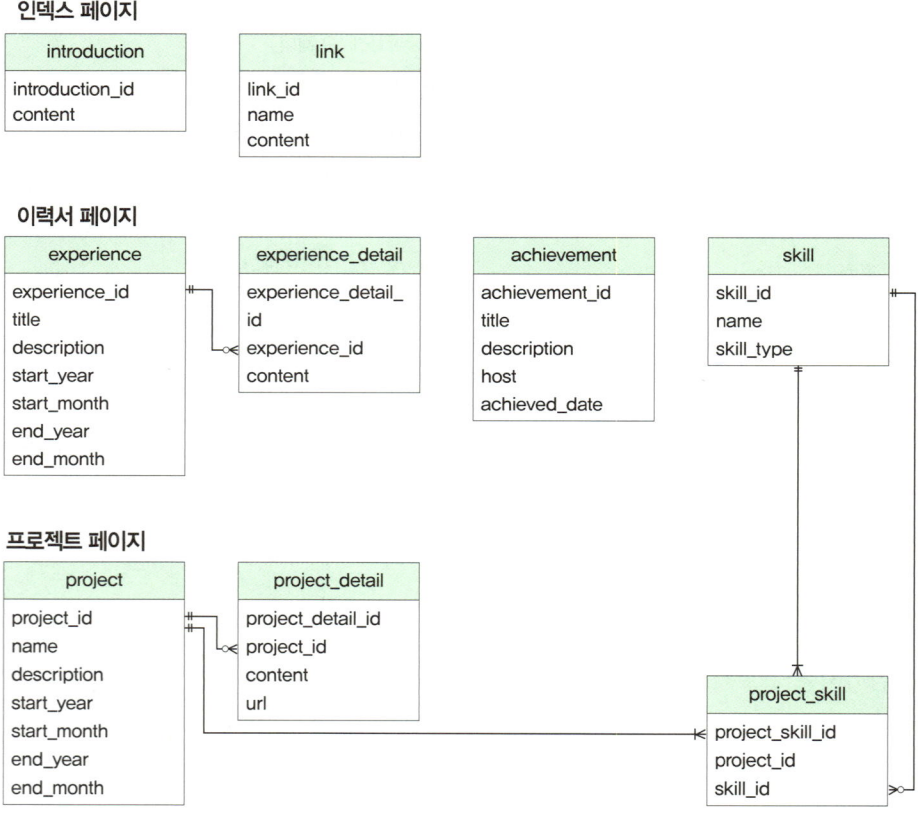

그림 3-15 프로젝트 ERD

---

1 ERDCloud: https://www.erdcloud.com

인덱스 페이지의 introduction, link 테이블과 이력서 페이지의 achievement 테이블은 다른 어떤 테이블과도 관계를 맺지 않습니다. 따라서 이 세 개의 테이블은 FK가 없고, 테이블을 연결하는 선도 없습니다.

이력서 페이지의 experience와 experience_detail 테이블은 일대다 관계입니다. 경험 하나당 상세한 경험 설명을 여러 줄 가질 수 있다는 의미입니다. 따라서 experience_detail 테이블의 experience_id는 experience 테이블과 연결됩니다.

프로젝트 페이지의 project와 project_detail 테이블도 마찬가지로 일대다 관계입니다. project_detail의 project_id로 연결됩니다.

프로젝트 페이지의 project 테이블과 이력서 페이지의 skill 테이블은 다대다 관계입니다. 각자 project_skill 테이블과 일대다 관계이면서 다대다 관계를 표현합니다. 이에 따라 project_skill 테이블은 project_id와 project_skill_id로 project와 skill 테이블을 연결해 주는 역할을 합니다.

지금까지 3-4절에서는 포트폴리오 사이트에서 사용하는 데이터를 체계적으로 관리할 테이블의 구조를 살펴보았습니다. 여기서는 각 테이블이 현실 세계의 특정한 개념을 표현하고 있다는 것에 주목하면 좋습니다. 테이블 설계 방법은 다양합니다. 중요한 것은 대상을 어떻게 표현하고 관리할지에 집중해 좀 더 사용성이 좋은 테이블을 만드는 것입니다.

이것으로 프로젝트 개발 전 준비는 마무리 되었습니다. 4장에서는 스프링 프로젝트를 생성하고, 깃허브 리포지터리에 저장하는 작업을 해보겠습니다.

학습노트

- 이 책의 실습 프로젝트는 인덱스 페이지, 이력서 페이지, 프로젝트 페이지, 어드민 페이지로 이루어 집니다.
- 관계형 데이터베이스는 데이터 간의 관계를 표현하는 대중적인 데이터베이스 유형입니다.
- 테이블은 행과 열로 이루어진 데이터 집합입니다.
- 후보 키는 유일한 데이터를 식별할 수 있는 컬럼의 최소 조합입니다.
- 기본 키(PK)는 후보 키 중 대표로 지정한 키입니다.
- 트랜잭션은 여러 개의 데이터베이스 작업을 하나로 묶어 주는 논리적인 단위입니다
- 트랜잭션은 원자성, 일관성, 고립성, 지속성을 가져야 합니다. 이를 트랜잭션의 ACID 속성이라고 합니다.
- 커밋은 트랜잭션의 변경 내역을 영구 반영하는 행위입니다.
- 롤백은 트랜잭션의 변경 내역을 원상 복구하는 행위입니다.
- 트랜잭션 격리 수준에는 READ UNCOMMITTED, READ COMMITTED, REPEATABLE READ, SERIALIZABLE이 있습니다.
- 트랜잭션 격리 수준이 올라갈수록 일관성은 높아지고 동시성은 떨어집니다.
- ERD는 테이블의 내용과 관계를 한눈에 살펴볼 수 있는 다이어그램입니다.

CHAPTER 04

프로젝트 시작하기

4장에서는 본격적으로 웹 개발을 시작합니다. 먼저 4-1절에서는 스프링 부트 프로젝트를 쉽고 빠르게 초기 설정합니다. 그리고 4-2절에서 깃을 이용해 프로젝트의 변경 사항을 추적할 수 있도록 설정하고, 원격 깃 저장소인 깃허브에 프로젝트를 저장하겠습니다.

4-1 스프링 부트 프로젝트 만들기

- 스프링 이니셜라이저를 이용해 프로젝트 초기 설정을 한다.
- 스프링 부트가 정상 동작하는지 확인한다.

앞서 웹 프레임워크는 웹 개발에 공통으로 필요한 기능을 미리 만들어 둔 도구 모음이라고 설명했습니다. 즉 스프링은 서버 애플리케이션을 만들기 위해 필요한 여러 자바 소스 코드들의 모음입니다.

스프링 프로젝트를 만드는 가장 기본 방법은 비어 있는 디렉터리에 필요한 스프링 소스 코드를 모두 붙여 넣는 것입니다. 이는 상당히 번거로운 작업입니다. 인터넷에서 필요한 소스 코드를 직접 일일이 찾아서 내려받고, 프로젝트 디렉터리에 붙여 넣고, 적절한 환경 변수나 경로를 설정해야 합니다. 이런 불편함을 줄이고 작업을 자동화하려는 노력에서 나온 결과가 바로 **스프링 부트**입니다.

스프링 부트 프로젝트는 스프링에서 공식 제공하는 스프링 이니셜라이저 사이트에서 설정할 수 있습니다. 약간의 클릭과 타이핑만으로도 요구 사항에 맞게 설정할 수 있고, 즉시 실행할 수 있는 프로젝트를 내려받을 수 있습니다.

4-1-1 스프링 이니셜라이저

스프링 이니셜라이저spring initializr(https://start.spring.io)에 접속하면 다음과 같은 화면을 볼 수 있습니다. 먼저 각 설정 항목을 소개합니다. 프로젝트를 직접 설정하고 생성하는 작업은 '4-1-2 포트폴리오 프로젝트 초기화하기'에서 진행하겠습니다.

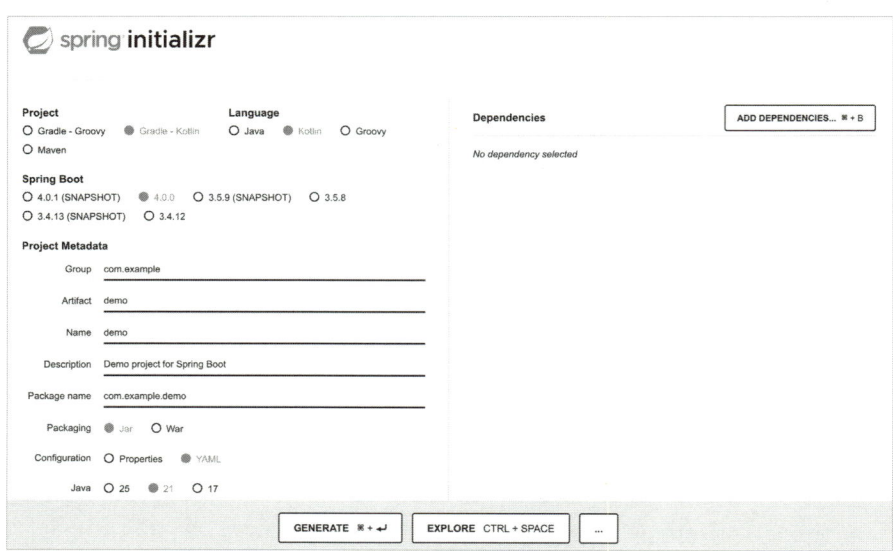

그림 4-1 스프링 이니셜라이저 기본 화면

Project

빌드 자동화 도구를 그레이들Gradle과 메이븐Maven 중에 선택합니다. 그레이들은 그루비Groovy 또는 코틀린 스크립트로, 메이븐은 XML 파일로 빌드 설정을 정의할 수 있습니다.

현재는 그레이들을 많이 사용하는 추세입니다. 스크립트가 XML에 비해 동적인 빌드를 정의하기 용이하고 가독성이 좋기 때문입니다. 또한 빌드할 때 캐시를 사용하므로 프로젝트 규모가 커질수록 메이븐보다 속도가 빠르다는 장점이 있습니다. 이 책에서도 그레이들을 사용합니다.

tip 그레이들은 빌드 스크립트로 그루비 또는 코틀린을 선택할 수 있습니다. 코틀린 스프링 부트 프로젝트에서는 그레이들 빌드 스크립트를 반드시 코틀린으로 작성해야 하는 것은 아닙니다. 다만 코틀린이 그루비에 비해 문법 제약이 강하고, IDE에서도 강력한 문법 검사를 지원합니다. 이 책의 실습 프로젝트에서도 코틀린을 사용하겠습니다.

빌드 자동화 도구는 애플리케이션의 컴파일, 테스트, 배포 과정을 자동으로 처리해 주는 소프트웨어입니다. 개발 속도와 품질을 높일 수 있어 현대 소프트웨어 개발에 있어 필수 도구입니다.

빌드 자동화 도구의 가장 중요한 기능은 의존성 관리입니다. 개발자가 필요한 소스 코드만 선택하고 불필요한 코드를 제거할 수 있습니다. 이는 프로젝트를 더 가볍고 효율적으로 만듭니다. 또한 필요한 라이브러리를 자동으로 내려받고 버전 충돌을 관리하여, 개발자가 의존성 문제에 신경 쓰지 않고 기능 구현에 집중할 수 있게 합니다.

또한 코드 품질 유지에도 중요한 역할을 합니다. 자동화된 테스트와 빌드를 통해 오류를 즉시 발견하고 수정할 수 있습니다. 덕분에 애플리케이션을 안정적으로 개발하고 빠르게 배포할 수 있습니다.

Language

프로젝트에서 사용할 언어를 선택합니다. JVM 기반인 자바, 코틀린, 그루비를 선택할 수 있습니다.

Spring Boot

스프링 부트 버전을 선택합니다.

Project Metadata

프로젝트의 메타데이터를 입력합니다.

- **Group**: 한 조직에서 여러 프로젝트를 개발할 때 프로젝트들을 묶어 주는 상위 개념입니다. 원하는 포트폴리오 도메인을 역순으로 입력합니다. 실무에서는 보통 회사의 도메인을 사용합니다. 예를 들어 구글에서 프로젝트를 만든다면 'com.google'을 입력할 것입니다.
- **Artifact**: 빌드 결과물의 이름입니다. 일반적으로 프로젝트 기능을 표현합니다. 지도 서비스라면 map, 결제 서비스라면 pay와 같이 지정할 수 있습니다.
- **Name**: 프로젝트의 이름입니다. 일반적으로 Artifact와 동일한 값을 사용합니다. Artifact를 수정하면 Name도 자동으로 수정됩니다. 물론 Artifact와 다르게 지정할 수도 있습니다.
- **Description**: 프로젝트에 대한 간단한 설명을 입력합니다.
- **Package name**: 상위 패키지의 이름입니다. 일반적으로 Group과 Artifact를 더합니다. 앞선 예시를 활용하면 'com.google.map', 'com.google.pay'와 같이 패키지명이 지정됩니다.
- **Packaging**: Jar와 War 중 패키징 방식을 선택합니다.

- **configuration**: 스프링 부트의 설정 파일 형식을 선택합니다. Properties는 키=값 형식이고, YAML은 계층 구조로 표현한다는 점이 다릅니다. 설정이 복잡할수록 YAML이 유리합니다.
- **Java**: 자바 버전을 선택합니다.

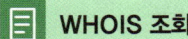 **WHOIS 조회**

원하는 도메인이 이미 사용 중일 수도 있습니다. 한국인터넷진흥원 후이즈(WHOIS) 서비스를 이용하면 도메인 사용 여부를 미리 조회할 수 있습니다. 후이즈에서 도메인을 검색했을 때 존재하는 도메인이라면 관련 정보가 나오고, 존재하지 않으면 다음 그림처럼 No match for domain이라는 문구를 볼 수 있습니다.

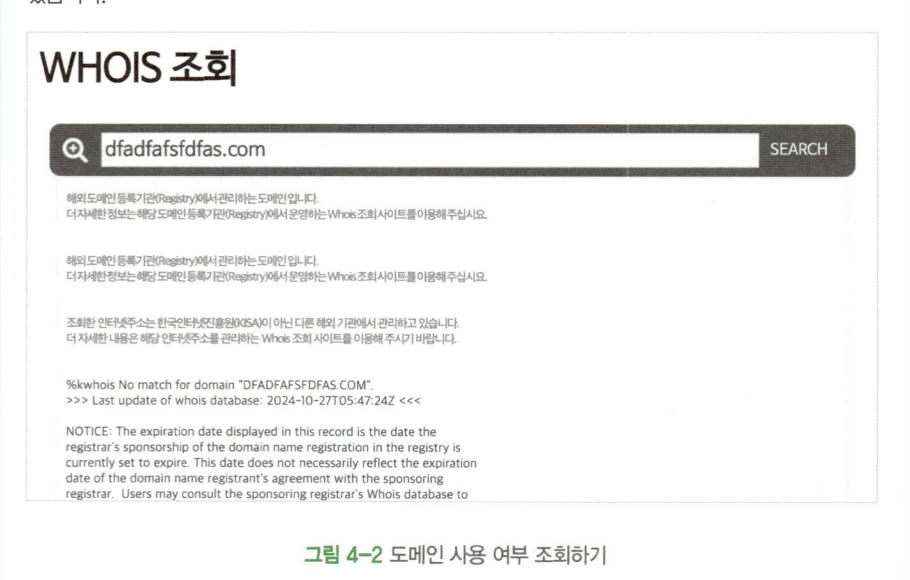

그림 4-2 도메인 사용 여부 조회하기

Dependencies

프로젝트의 의존성dependency을 선택합니다. 여기서 의존성이란 프로젝트가 사용하는 라이브러리를 의미합니다. 프로젝트에 필요한 기능만 적절히 선택합니다. 예를 들어 MySQL과 연결될 프로젝트라면 MySQL 드라이버를, PostgreSQL과 연결될 프로젝트라면 PostgreSQL 드라이버를 선택하면 됩니다.

tip 의존성이란 의존하는 대상, 의존 관계 등을 나타내는 말로 문맥에 따라 다양하게 사용됩니다. A가 B를 사용할 때 A가 B에 의존한다고 표현합니다.

메인 화면 오른쪽 상단의 [ADD DEPENDENCIES] 버튼을 클릭하면 목록이 나타납니다. 스크롤바로 목록을 내리거나 검색해서 의존성을 추가할 수 있습니다.

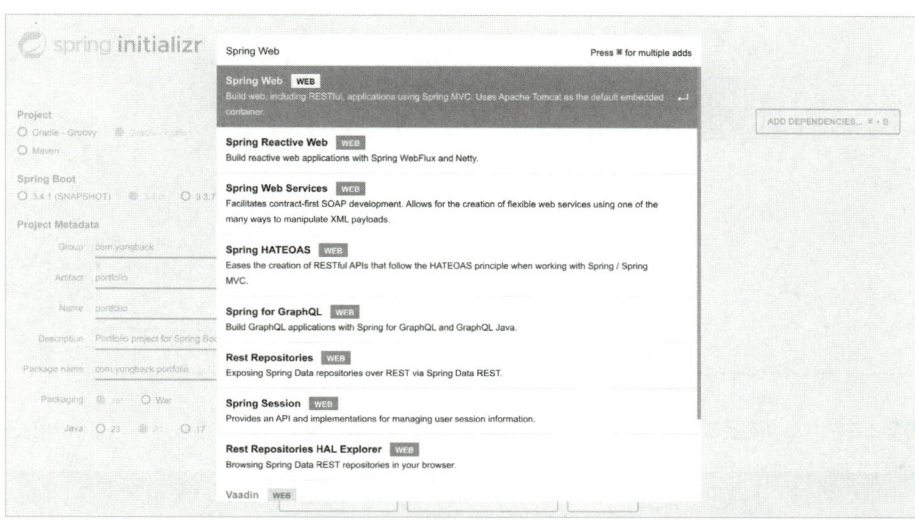

그림 4-3 의존성 검색하기

4-1-2 포트폴리오 프로젝트 초기화하기

이제 스프링 부트 초기 설정을 위해 [표 4-1]을 보고 각 항목에 동일하게 입력합니다.

Project Metadata의 Group 항목은 예제를 따라 해도 좋고, 원하는 도메인을 사용해도 됩니다. 하지만 Artifact와 Name 항목은 데모 코드와 쉽게 비교하기 위해 'portfolio'로 입력합니다. 또한 자바 버전은 반드시 '21'을 선택합니다. 다른 버전을 선택하면 예상치 못한 오류가 발생할 수 있습니다.

표 4-1 실습 프로젝트 초기 설정

Project	Gradle - Kotlin	
Spring Boot	4.0.0	
Project Metadata	Group	com.yongback
	Artifact	portfolio
	Name	portfolio
	Description	Portfolio project for Spring Boot
	Package name	com.yongback.portfolio

Project	Gradle - Kotlin	
	Packaging	Jar
	Configuration	YAML
	Java	21
Dependencies	Spring Web	
	Thymeleaf	
	Spring Data JPA	
	MySQL Driver	
	H2 Database	
	Validation	

tip 스프링 부트 버전은 SNAPSHOT, RC1 등은 시험용이므로 수식어가 붙지 않은 것 중 숫자가 가장 큰 버전을
선택합니다. 이 책에서는 4.0.0 버전을 사용했습니다.

설정을 완료한 화면은 다음과 같습니다. 페이지 하단의 [GENERATE] 버튼을 클릭해
압축 파일을 내려받습니다.

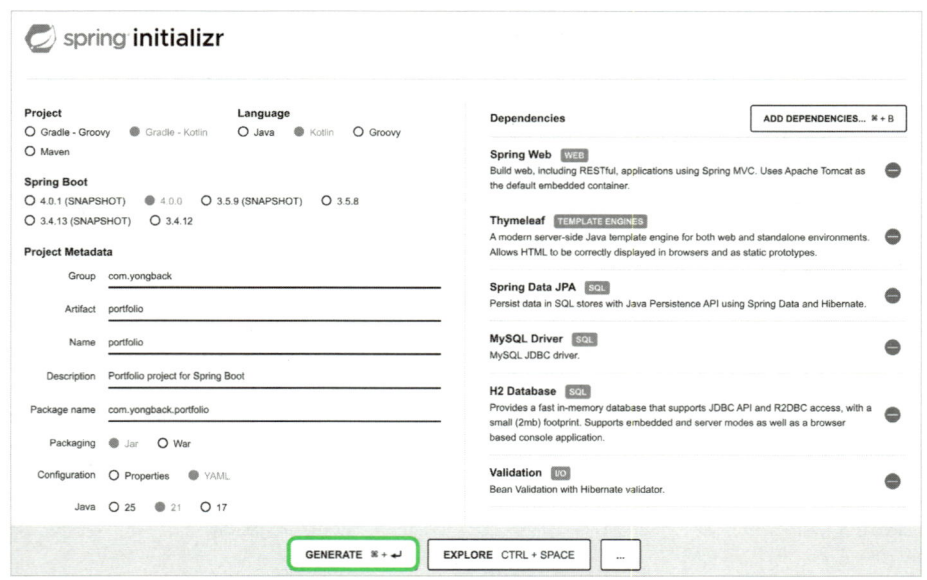

그림 4-4 스프링 이니셜라이저 설정 완료

내려받은 파일을 압축 해제한 후에 인텔리제이에서 실행해 보겠습니다.

01 인텔리제이를 실행한 후 [Open] 버튼을 클릭해 압축 해제한 폴더의 경로로 이동합니다.

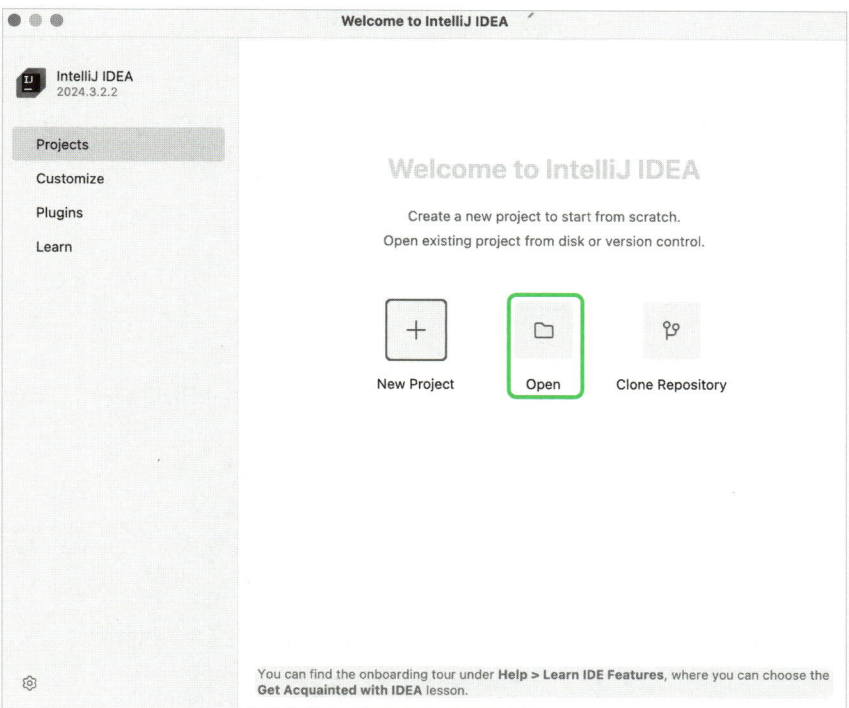

02 build.gradle.kts 파일을 더블 클릭해 파일을 엽니다.

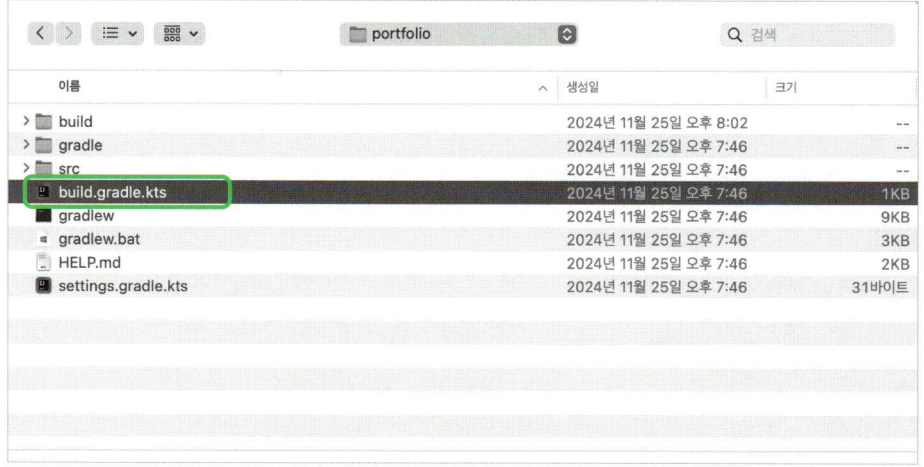

03 [Open Project] 팝업이 나타나면 [Open as Project] 버튼을 클릭합니다.

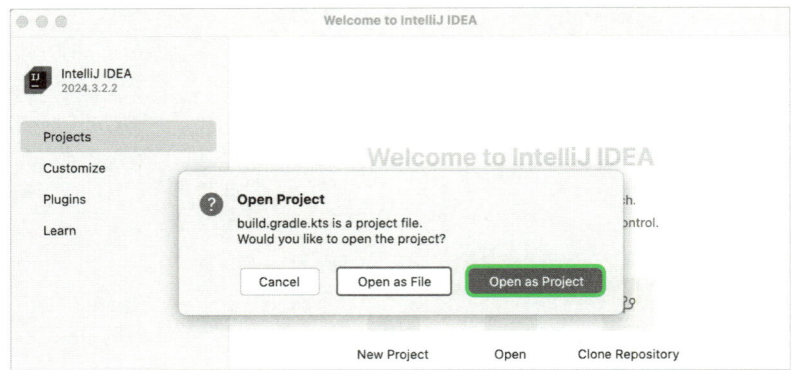

04 그럼 [Trust and Open Project 'portfolio'?]라는 팝업이 나타납니다. [Trust Project] 버튼을 클릭합니다.

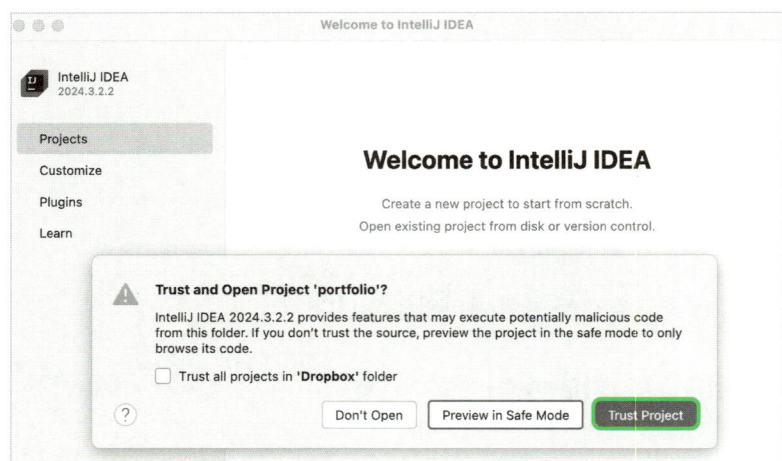

05 프로젝트가 열리면서 인텔리제이 최초 실행 화면이 나타나면 초기화 설정은 끝입니다.

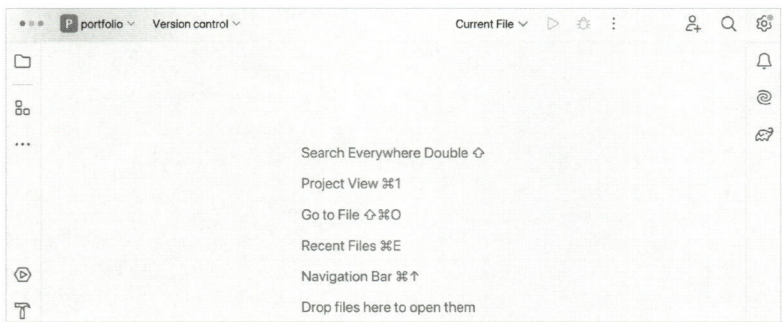

4-1-3 스프링 부트 실행하기

생성한 프로젝트가 제대로 실행되는지 확인해 봅시다.

01 인텔리제이 화면 왼쪽에 Project 윈도가 있습니다. 폴더 경로 'src/main/kotlin/{도메인명}/portfolio'에 있는 PortfolioApplication.kt 파일을 엽니다. 소스 코드의 main 메서드 왼쪽에 있는 초록색 실행 버튼[▶]을 클릭합니다. [Run 'Portfolio Application...']을 선택하면 프로젝트가 실행됩니다.

tip 이 책에서는 변수에 해당하는 부분은 중괄호({})로 표시합니다. 예를 들어 {도메인명}이라고 표시된 부분의 실제 폴더 경로는 'src/main/kotlin/com/yongback/portfolio'입니다. 즉 각자 Project Metadata 항목에 설정한 도메인명을 대응하면 됩니다.

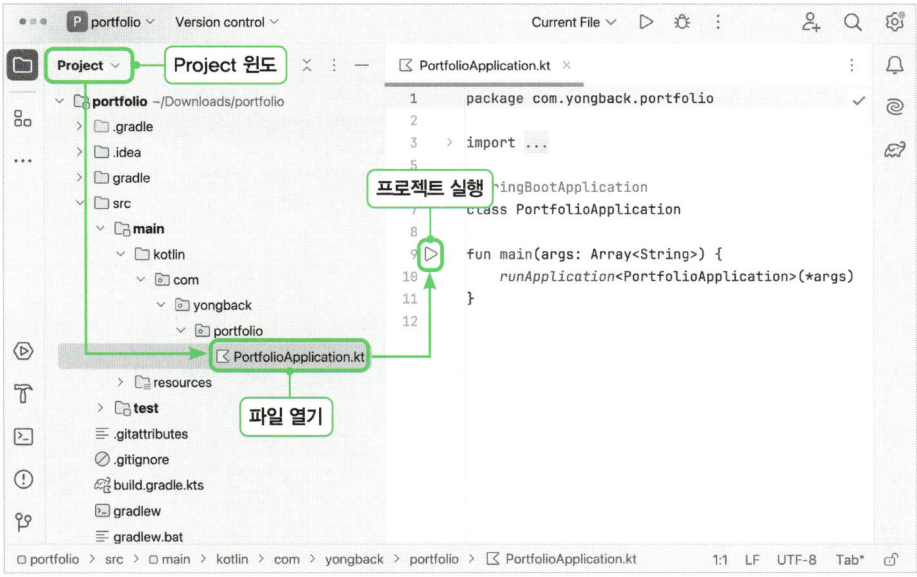

tip Project 윈도가 안 보이면 보이도록 설정합니다. 인텔리제이 가장 왼쪽의 툴 윈도 바에서 폴더 아이콘을 클릭합니다. 또는 상단 메뉴에서 [View] → [Tool Windows] → [Project]를 선택합니다. 윈도우 단축키는 [Ctrl] + [1], 맥OS 단축키는 [Cmd] + [1]입니다.

02 인텔리제이 하단에 Run 윈도가 열리며 프로젝트 로그가 출력됩니다. 로그 마지막에 'Started PortfolioApplicationKt in N seconds…' 문구가 확인되면 정상 실행된 것입니다.

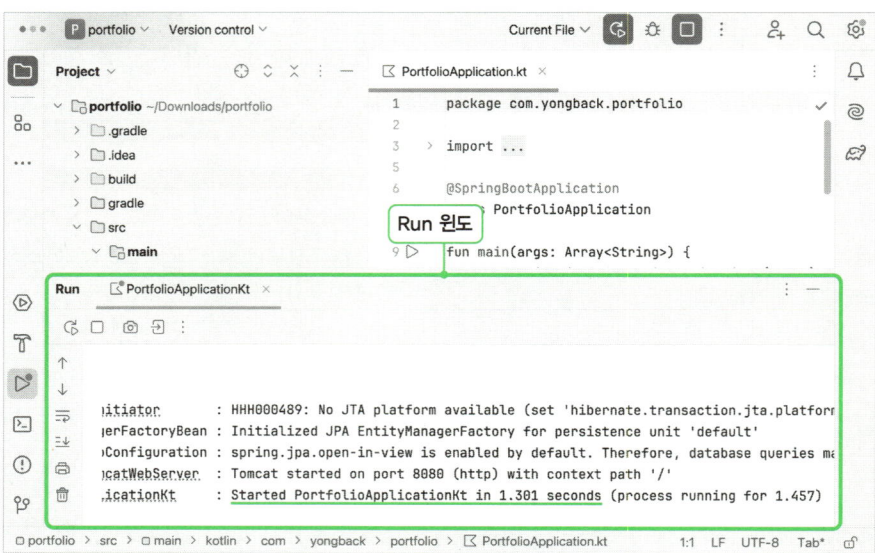

03 이제 웹 브라우저를 열어 주소창에 'localhost:8080'를 입력해 접속합니다. 그럼 화이트레이블 에러 페이지Whitelabel Error Page를 볼 수 있습니다. 이 화면은 스프링에서 따로 오류에 대한 페이지를 등록하지 않았을 때 보여 주는 기본 화면입니다.

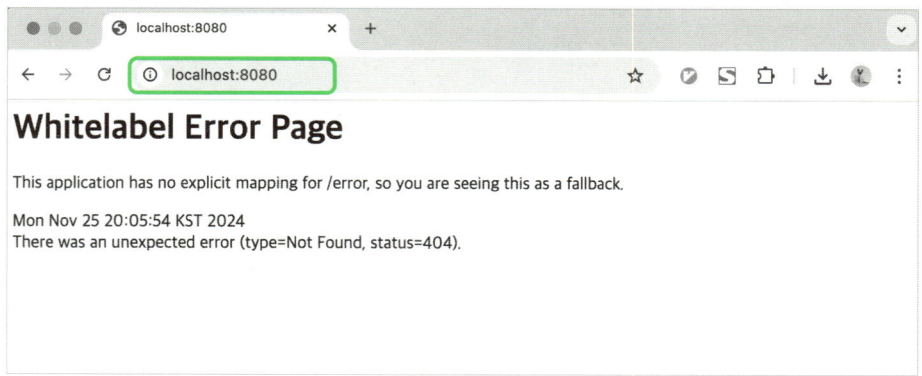

이번 실습에서 화이트레이블 에러 페이지가 나오는 이유는 다음과 같습니다.

웹 브라우저가 8080 포트에서 실행되는 애플리케이션의 루트 URL 경로로 요청을 보냅니다. 이 애플리케이션이 스프링으로 만든 서버입니다. 그러나 우리는 아직 해당 URL 경로에서 실행할 로직을 개발해서 프로젝트에 등록하지 않았습니다. 스프링은 해당 URL 경로를 찾지 못했기 때문에 404 응답 코드와 그에 맞는 오류 화면을 보여 주고 싶지만, 사전에 정의된 오류 화면 또한 찾을 수 없어 기본 오류 화면을 반환한 것입니다.

따라서 현재 단계에서 Whitelabel Error Page 화면은 로컬호스트의 8080 포트에서 스프링이 정상 실행되고 있다는 의미로 해석하면 됩니다. 앞으로 실습하면서 기본 오류 화면 대신 다른 화면을 노출해 보겠습니다.

여기서 주목할 점은 프로젝트를 생성한 뒤 아무 작업도 하지 않고 바로 실행했음에도 URL 경로를 찾고 그 결과에 맞는 응답을 반환했다는 것입니다. 스프링과 같은 웹 프레임워크에는 웹 개발에 기본으로 필요한 기능이 미리 만들어져 있다는 것을 알 수 있는 부분입니다. 덕분에 개발자는 만들고자 하는 서비스에 특화된 기능 개발에만 집중할 수 있기에 생산성을 더욱 올릴 수 있습니다.

04 이번에는 인텔리제이로 돌아가 상단 툴바의 빨간색 중지[■] 버튼을 클릭해 프로젝트를 종료합니다.

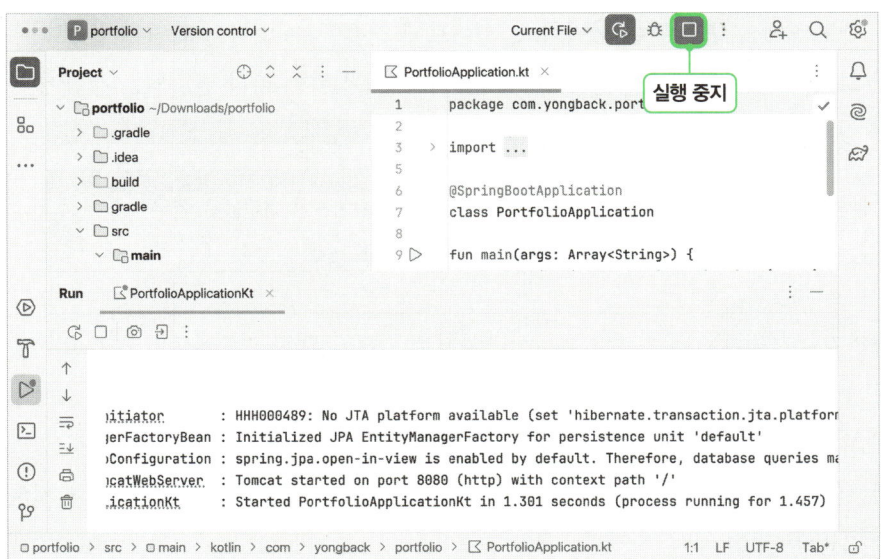

05 다시 웹 브라우저에서 'localhost:8080'에 접속합니다. 실행한 웹 브라우저가 크롬이라면 사이트에 연결할 수 없다는 화면이 나옵니다. 웹 브라우저가 로컬호스트의 8080 포트에 접속을 시도했지만, 해당 포트에서 실행되는 프로세스가 없기 때문에 연결을 하지 못했다는 의미입니다.

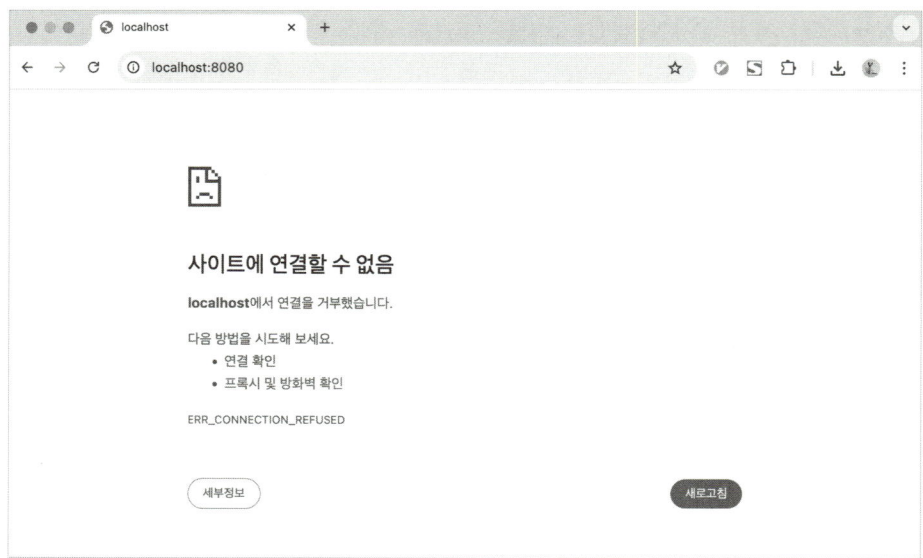

웹 브라우저에 따라 보이는 화면은 조금 다를 수 있습니다. 화이트레이블 에러 페이지는 스프링에서 내려 주는 화면이고, 사이트에 연결할 수 없다는 화면은 웹 브라우저가 보여 주는 화면이기 때문입니다. 다음 두 가지 상황에 따라 반환되는 결과에 차이가 있다는 점을 기억해 둡시다.

- 실행 중인 스프링이 요청을 받았지만 적절한 처리를 하지 못해 오류 응답을 준 경우
- 스프링이 실행 중이지 않아서 웹 브라우저가 오류 처리를 한 경우

지금까지 4-1절에서는 스프링 이니셜라이저로 스프링 부트 프로젝트의 초기 버전을 만들어 봤습니다. 그리고 프로젝트를 실행한 뒤 로컬호스트 8080 포트에서 스프링이 오류 응답을 주는 것을 확인하며 쉽고 빠르게 실행 가능한 웹 애플리케이션을 만들었습니다. 다음 절에서는 스프링 부트 프로젝트를 깃으로 관리할 수 있도록 깃허브에 올려 보겠습니다.

4-2 깃허브에 프로젝트 저장하기

- 깃의 개념과 기본적인 명령어를 이해한다.
- 실습 프로젝트를 깃에서 추적하도록 설정한다.
- 실습 프로젝트를 깃허브 리포지터리에 올린다.

깃과 깃허브는 유사한 분산 버전 관리 도구 중에서도 현대에 가장 대중적으로 사용하는 개발자의 필수 도구입니다.

깃은 소스 코드의 변경 사항을 추적할 수 있는 분산 버전 관리 도구입니다. 소스 코드의 변경을 저장하고, 변경 기록을 확인할 수 있습니다. 여러 사람이 하나의 프로젝트에서 각각 소스 코드를 변경하고 변경 사항을 통합하는 것도 가능합니다. **깃허브** GitHub는 깃으로 관리하는 소스 코드를 저장하고, 권한이 있는 사람들이 소스 코드를 내려받거나 올릴 수 있게 해주는 서비스입니다.

4-2절에서는 깃과 깃허브를 익히는 데 필요한 기본 용어와 명령어를 살펴보겠습니다. 그리고 앞서 생성한 스프링 부트 프로젝트를 깃허브 리포지터리에 올려보겠습니다.

⚠️ 이번 절 실습에는 깃허브 로그인이 필요합니다. 회원이 아니라면 깃허브 웹사이트(http://www.github.com)에서 회원 가입을 먼저 하고 실습을 진행하세요.

4-2-1 깃 용어와 명령어

지금부터 실습 프로젝트에 필요한 깃과 깃허브 핵심을 간단하게 짚어 보겠습니다. 기본으로 알아야 할 깃 용어와 명령어는 간단하게 표로 살펴봅시다.

표 4-1 깃 기본 용어

깃 용어	의미
커밋(commit)	현재 작업한 내용을 하나의 버전으로 반영(저장)하는 동작입니다.
롤백(rollback)	작업한 내용을 이전 버전으로 되돌리는 동작입니다.
브랜치 (branch)	하나의 프로젝트에서 독립적이고 병렬적인 버전의 개념입니다. 예를 들어 동일한 프로젝트에서 A와 B가 동시에 각각 개발을 하고 싶다면, 현재의 버전에서 A 브랜치와 B 브랜치를 생성해 작업한 뒤 커밋을 할 수 있습니다. 커밋이 진행되며 버전이 갈라지는 모습이 나뭇가지와 같아 브랜치라고 부릅니다.
머지(merge)	서로 다른 브랜치를 합치는 동작입니다. 예를 들어 A와 B가 각각 작업한 브랜치를 최종 버전으로 통합하는 것을 의미합니다.

깃 용어	의미
컨플릭트 (conflict)	동일한 파일의 수정이 두 브랜치에서 발생했을 때 어떤 수정본을 반영해야 할지 알 수 없는 상황입니다. 예를 들어 A와 B 브랜치에서 동일한 파일을 서로 다른 내용으로 수정했을 때 충돌이 발생한 상황을 의미합니다. 이러한 경우 파일의 최초 버전과 A와 B의 작업 내용을 비교해서 충돌이 해결된 버전을 만들어야 합니다.
리포지터리 (repository)	프로젝트의 파일과 변경 이력을 저장하는 장소입니다.
푸시(push)	로컬 리포지터리의 브랜치 커밋 내역을 원격 리포지터리에 올리는 동작입니다.
풀(pull)	원격 리포지터리에서 로컬 리포지터리로 현재 브랜치의 최신 버전을 가져와 업데이트하는 동작입니다.

표 4-2 깃 기본 명령어

깃 명령어	기능
git init	현재 디렉터리를 깃 리포지터리로 초기화합니다. 이때 생성되는 .git 디렉터리에서 프로젝트가 관리되므로 지우지 않도록 주의합니다.
git status	깃 프로젝트의 현재 상태를 확인합니다.
git add {대상}	프로젝트의 변경된 파일(새 파일, 수정, 삭제 등)을 다음 커밋 대상으로 지정합니다. 마침표(.)는 현재 디렉터리 기준 모든 변경사항을, 구체적 파일명은 개별 파일을 가리킵니다.
git commit -m "{커밋 메시지}"	추적 대상을 커밋합니다. 커밋 메시지를 입력해 커밋에 대한 설명을 기록할 수 있습니다.
git push	로컬 리포지터리의 커밋 중 원격 리포지터리에 없는 내역을 올립니다.
git pull	원격 리포지터리에서 현재 브랜치의 최신 버전을 가져와 업데이트합니다.
git clone {원격 리포지터리 주소}	원격 리포지터리에서 프로젝트를 내려받습니다.
git branch -M "{새 브랜치명}"	현재 브랜치의 이름을 변경합니다.
git remote add {별칭} {원격 리포지터리 주소}	현재 로컬 리포지터리에 원격 리포지터리를 등록하고, 이후 별칭으로 가리키도록 합니다.

tip 깃에서 '추적'한다는 것은 특정 파일의 변경 이력을 관리한다는 의미입니다.

4-2-2 깃 초기화하기

4-1절에서 생성한 프로젝트를 4단계에 걸쳐서 깃 리포지터리로 초기화해보겠습니다. 깃은 기본적으로 CLI에서 사용하도록 개발된 시스템입니다. 인텔리제이에서는 GUI로 깃 기능을 사용할 수 있지만, 개발하다 보면 CLI에도 익숙해져야 합니다. 이 책에서는 CLI로 깃을 초기화해보겠습니다.

1단계: git init 명령어로 깃 리포지터리 설정하기

인텔리제이 화면 가장 왼쪽의 툴 윈도 바에서 터미널 아이콘을 클릭하거나, 상단 메뉴에서 [View] → [Tool Windows] → [Terminal]을 선택해 터미널을 엽니다. 그다음 터미널에 `git init` 명령어를 입력해 실행합니다.

tip 인텔리제이 터미널을 여는 윈도우 단축키는 Alt + F12 , 맥OS 단축키는 Opt + F12 입니다.

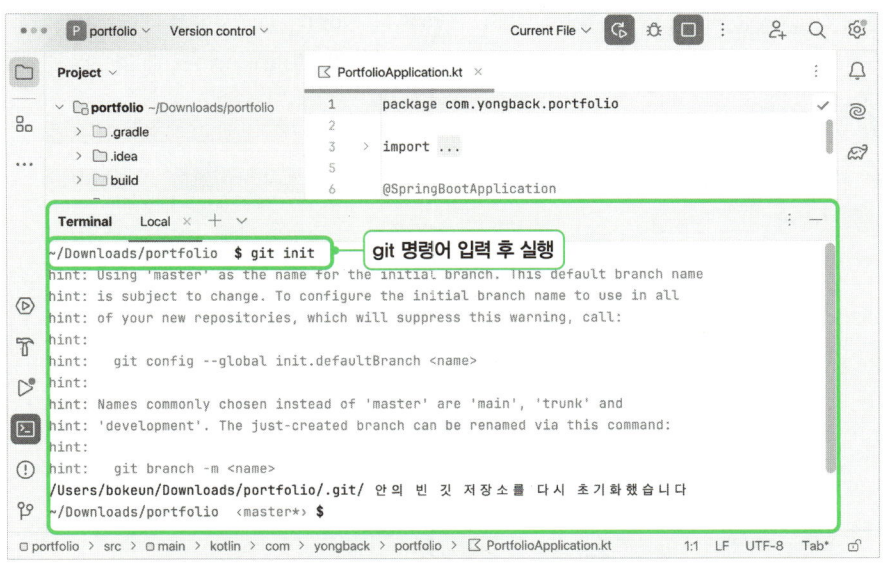

그림 4-5 터미널에서 깃 초기화하기

국문 또는 영문으로 '빈 깃 저장소를 다시 초기화했습니다'라는 문장이 보이면 제대로 실행된 것입니다.

이때 열려 있는 Project 윈도의 파일명을 확인해 보세요. PortfolioApplication.kt 파일을 비롯해 몇몇 파일 이름이 빨간색(인텔리제이 기본 테마 기준)으로 변한 것을 확인할 수 있습니다. 이 빨간색은 깃 리포지터리에서 상태 변경을 추적하지 않는 파일들을 의미합니다.

2단계: .gitignore로 파일을 추적 대상에서 제외하기

깃에서는 기본적으로 프로젝트 루트 디렉터리 이하에 있는 모든 파일을 추적 대상으로 지정할 수 있습니다. 하지만 추적이 필요 없는 파일도 있기 마련입니다. 예를 들어 OS마다 폴더 정보 관리를 위한 시스템 파일이 있을 수 있는데, 이런 파일들은 추적 대상으로 올릴 필요가 없거나 올려서는 안 됩니다.

추적 대상에서 제외할 파일은 .gitignore 파일에 대상 파일의 경로를 추가하면 됩니다. .gitignore 파일은 스프링 이니셜라이저로 프로젝트를 생성할 때 자동 생성됩니다. 인텔리제이의 Project 윈도를 확인해 보면 .gitignore 파일이 있는 것을 알 수 있습니다.

tip 만약 .gitignore 파일이 없다면 파일을 생성할 수 있습니다. Project 윈도에서 루트 디렉터리(portfolio)를 마우스 우클릭하면 팝업 메뉴가 나타납니다. [New] → [File]을 선택한 후 '.gitignore'를 입력해 파일을 생성합니다.

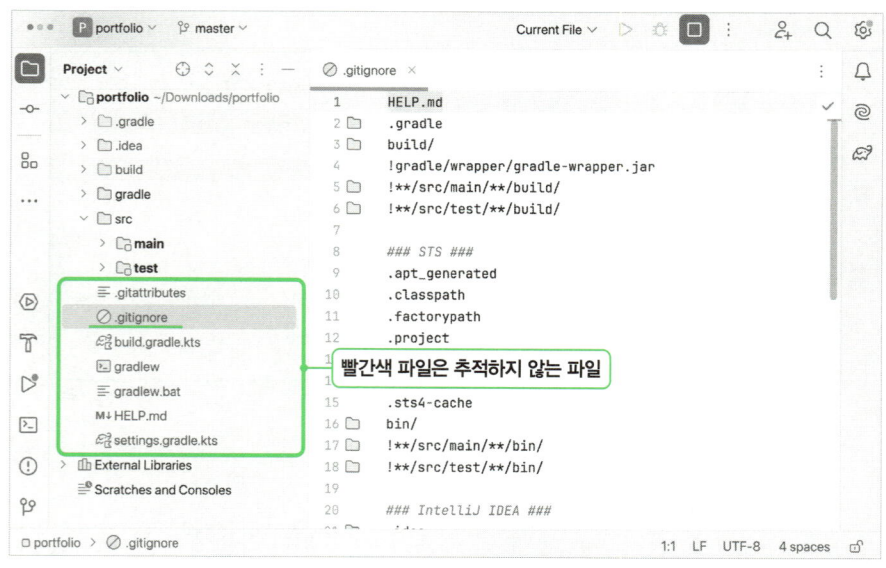

그림 4-6 .gitignore 파일 수정하기

이때 gitignore.io 웹사이트(https://www.toptal.com/developers/gitignore)를 활용하여 편리하게 제외 목록을 만들 수 있습니다. gitignore.io 웹사이트에 운영 체제, IDE, 프로그래밍 언어 등 사용하는 기술을 입력하면 내 프로젝트에 적절한 .gitignore 파일 내용을 만들 수 있습니다.

그럼 .gitignore 파일에 추적 대상에서 제외할 파일을 추가해 보겠습니다. 웹 브라우 저 열어 gitignore.io 사이트에 접속합니다. 'macOS', 'Windows', 'Linux', 'Intelli j+all', 'VisualStudioCode', 'Eclipse', 'Java', 'Kotlin', 'Git', 'Gradle'을 입력하고 [생 성] 버튼을 클릭합니다.

그림 4-7 gitignore.io

[그림 4-8]처럼 내용이 생성되면 전체 내용을 복사한 뒤 인텔리제이의 .gitignore 파 일 제일 하단에 붙여 넣습니다. 그럼 실수로 추적에서 제외해야 하는 파일이 추적 대 상으로 올라갈 일은 없습니다.

```
# Created by https://www.toptal.com/developers/gitignore/api/macos,windows,linux,intellij+all,visualstudiocode,eclipse,java,kotlin,git,gradle
# Edit at https://www.toptal.com/developers/gitignore?templates=macos,windows,linux,intellij+all,visualstudiocode,eclipse,java,kotlin,git,gradle

### Eclipse ###
.metadata
bin/
tmp/
*.tmp
*.bak
*.swp
*~.nib
local.properties
.settings/
.loadpath
.recommenders

# External tool builders
.externalToolBuilders/

# Locally stored "Eclipse launch configurations"
*.launch

# PyDev specific (Python IDE for Eclipse)
*.pydevproject

# CDT-specific (C/C++ Development Tooling)
.cproject

# CDT- autotools
.autotools

# Java annotation processor (APT)
.factorypath

# PDT-specific (PHP Development Tools)
.buildpath
```

그림 4-8 gitignore.io 생성 내용

그럼에도 여전히 빨간색으로 보이는 파일이 있을 것입니다. 해당 파일은 반대로 추적이 필요하므로 이번에는 파일을 추적 대상으로 등록해 보겠습니다.

3단계: git add 명령어로 추적 대상 등록하기

파일을 추적 대상으로 등록하는 것은 간단합니다. 터미널에서 `git add .` 명령어를 입력한 후 실행합니다. 마침표(.)는 현재 디렉토리와 하위 디렉토리의 모든 변경된 파일을 의미합니다. .gitignore에 등록된 파일을 제외한 모든 변경사항이 추적 대상으로 등록됩니다.

```
$ git add .
```

실행이 완료되어도 터미널에 특별히 로그가 출력되지 않지만 Project 윈도를 확인해 보면 이전에 빨간색이었던 파일이 초록색으로 바뀐 것을 확인할 수 있습니다. 이는 인텔리제이 기본 테마 기준, 초록색은 신규 생성된 파일이 추적 대상으로 등록되었으나 아직 커밋되지 않은 상태를 의미합니다. 이로써 명령어가 제대로 실행되었음을 알 수 있습니다.

깃 리포지터리의 추적 상태를 제대로 확인하고 싶다면 CLI에서 git status 명령어를 실행하면 됩니다. 현재 브랜치 이름, 커밋의 최신 상태 그리고 각 파일의 변경 사항 등을 확인할 수 있습니다.

```
$ git status
```

4단계: git commit 명령어로 첫 번째 커밋하기

이제 프로젝트의 첫 번째 커밋을 해보겠습니다. 지금까지 생성하고 추적 대상으로 등록한 파일들이 프로젝트의 '첫 번째 버전'으로 저장됩니다. `git commit -m "프로젝트 초기화"` 명령어를 입력합니다.

```
$ git commit -m "프로젝트 초기화"
```

git commit -m "프로젝트 초기화" 명령어에서 -m은 커밋 메시지 옵션입니다. 커밋 메시지란 해당 커밋의 작업 내용을 설명하는 글입니다. 형식은 자유지만 잘 작성한 커밋 메시지는 다른 사람이 작업 내용을 보고 훨씬 쉽게 이해할 수 있게 합니다.

이 책에서는 편의상 커밋 메시지를 간단하게 작성했지만, 커밋 메시지를 사소하게 생각해서는 안 됩니다. 커밋 메시지를 아무렇게나 작성하면 작업 내용을 이해하기 위해 해당 커밋에서 변경된 소스 코드를 일일이 살펴봐야 할 수도 있습니다. 제대로 된 커밋 메시지는 협업의 효율성을 매우 높일 수 있어 회사 또는 팀마다 커밋 메시지 컨벤션을 정할 정도이니, 커밋 메시지의 중요성을 꼭 기억해 둡시다.

4-2-3 깃허브에 프로젝트 올리기

깃 리포지터리로 초기화한 프로젝트는 작업 중인 컴퓨터에만 존재합니다. 프로젝트를 백업하거나, 여러 사람이 각자의 컴퓨터에서 이 프로젝트를 내려받아서 작업을 한 뒤 병합하려면 원격 리포지터리가 필요합니다. 이번에는 깃허브에서 원격 리포지터리를 만들고, 프로젝트를 올려보겠습니다.

1단계: 깃허브 리포지터리 만들기

이번 실습은 깃허브 웹사이트(https://www.github.com)에 로그인을 한 후 진행합니다.

01 깃허브 웹사이트 화면 오른쪽 상단을 보면 프로필 아이콘이 있습니다. 프로필 아이콘을 클릭한 후 [Profile] 메뉴를 클릭해 내 프로필 화면으로 이동합니다.

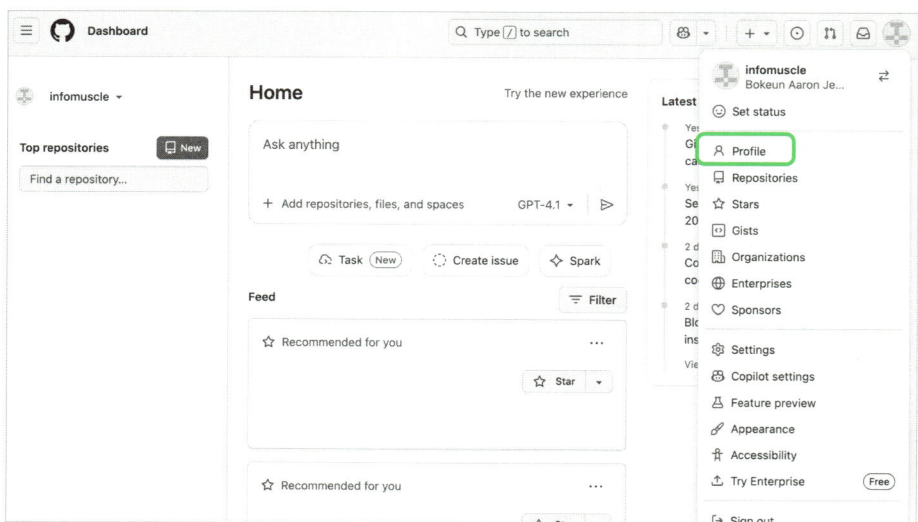

tip 웹 브라우저 주소창에 'https://github.com/{사용자명}'을 입력하면 깃허브 내 프로필에 바로 접속할 수 있습니다.

02 내 프로필 화면에서 [Repositories] 탭을 클릭해 리포지터리 화면으로 이동합니다. 그리고 [New] 버튼을 클릭해 새로운 리포지터리를 생성하겠습니다.

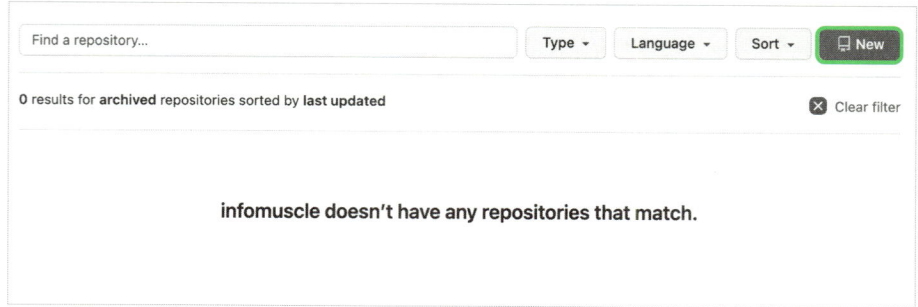

03 'Create a new repository' 화면에서 새로운 리포지터리에 대한 정보를 입력합니다. 이번 실습에서는 최소한의 정보만 입력하겠습니다.

- **Repository name**: portfolio
- **Choose visibility**: Private
- **그 외 설정**: 모두 기본값

정보를 입력한 후 제일 하단의 초록색 [Create repository] 버튼을 클릭하면 리포지터리 생성이 완료됩니다.

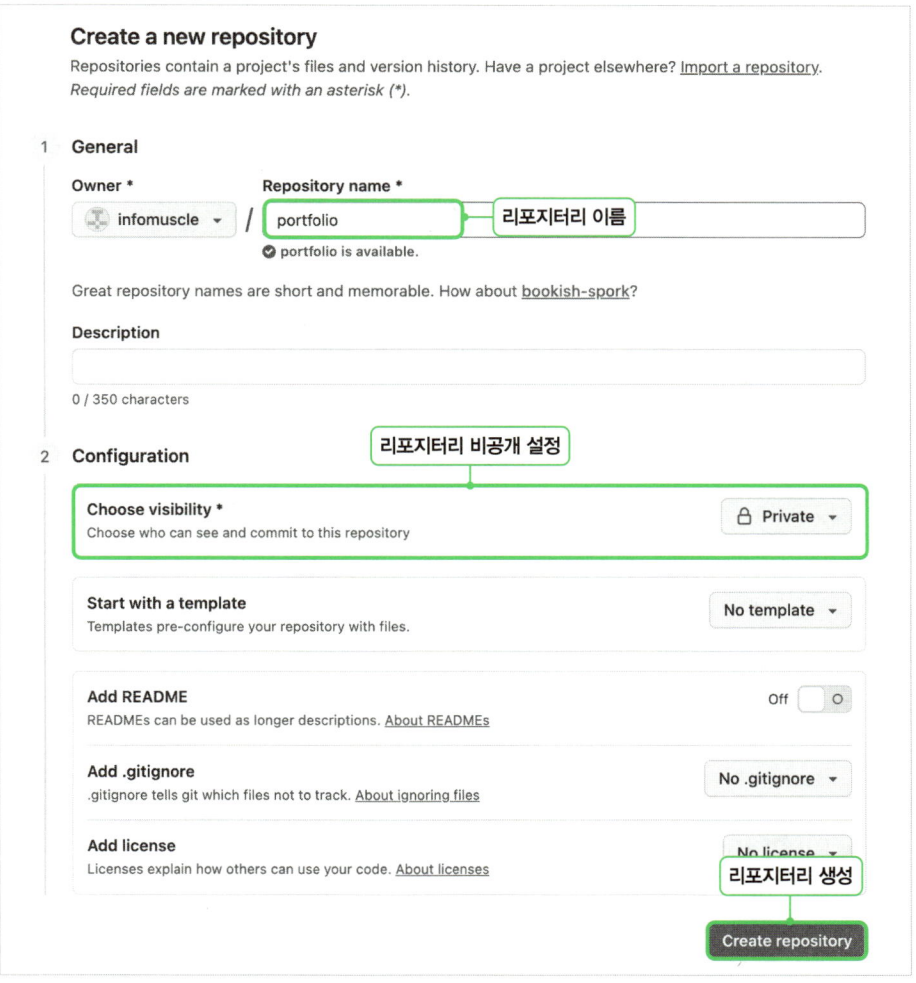

리포지터리 이름은 나의 다른 리포지터리와 이름이 중복되는 게 아니라면 괜찮습니다. 주의할 점은 리포지터리 공개를 설정하는 부분입니다. Public으로 할 경우 모든 소스 코드가 인터넷에 공개됩니다. 만약 프로젝트에 계정 접속 정보 등 기밀 정보가 올라간다면 해킹의 위험이 있습니다. 기밀 정보는 노출하지 않은 채 프로젝트를 공개 설정하는 방법이 있지만, 현재로서는 Private를 선택해 비공개하는 것을 권장합니다.

04 리포지터리 생성과 동시에 리포지터리 설정 방법이 설명된 화면으로 이동합니다. 원격 리포지터리 주소를 복사해 둡시다.

'...or create a new repository on the command line' 항목을 보면 `git init`, `git add`, `git commit` 명령어는 앞서 인텔리제이에서 진행한 내용입니다. 우리는 앞으로 `git branch`, `git remote add`, `git push`만 진행하면 됩니다.

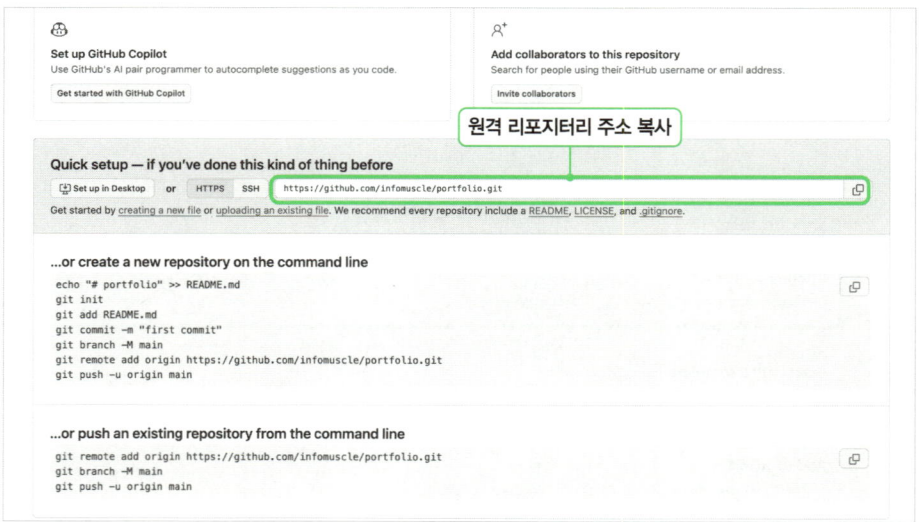

2단계: git branch 명령어로 브랜치 이름 바꾸기

기본 브랜치 이름이 master라면 main으로 바꾼 후 실습을 진행합니다. 만약 기본 브랜치 이름이 이미 main이라면 이 부분은 넘어가도 됩니다.

> 💡 브랜치 이름은 인텔리제이 터미널 설정에 따라 바로 보이기도 하지만, git status를 명령어를 실행해도 확인할 수 있습니다.

터미널에 `git branch -M main` 명령어를 입력합니다. 여기서 -M은 브랜치 이름을 변경하는 옵션입니다. -M 뒤에 단어가 하나만 올 경우 현재 브랜치의 이름을 해당 단어로 변경합니다. 명령어를 실행하면 로그가 따로 출력되지는 않습니다.

```
$ git branch -M main
```

3단계: git remote add 명령어로 원격 리포지터리 연결하기

그다음 현재 로컬 리포지터리를 원격 리포지터리와 연결합니다. 터미널에 `git remote add origin {원격 리포지터리 주소}.git`을 입력합니다.

tip 앞서 리포지터리를 생성한 직후 보이는 화면(106쪽)에서 복사한 원격 리포지터리 주소를 그대로 붙여 넣으면 더욱 편리합니다.

```
# ex) git remote add origin https://github.com/infomuscle/portfolio.git
$ git remote add origin {원격 리포지터리 주소}.git
```

명령어에서 origin은 해당 원격 리포지터리를 가리키는 별칭입니다. 매번 전체 주소를 입력할 수 없으니 origin이라는 키워드로 매핑하는 것입니다. 즉 해당 명령어는 '깃에 원격 저장소 {원격 저장소 주소}'를 origin이란 이름으로 등록 후 연결하라는 의미입니다.

4단계: git push 명령어로 프로젝트 푸시하기

마지막으로 main 브랜치를 origin 원격 리포지터리에 올립니다. `git push -u origin main` 명령어를 입력합니다. -u 옵션은 로컬 브랜치와 원격 브랜치의 추적 관계를 설정하는 것으로, 앞으로 이 원격 브랜치를 기본으로 사용하겠다는 의미입니다.

```
$ git push -u origin main
```

`git push` 명령어는 기본적으로 `git push {원격 리포지터리} {로컬 브랜치}` 형태로 사용합니다. 하지만 한 번 -u 옵션을 사용하면 이후로는 `git push` 명령어만 사용해도 됩니다. 추적 관계가 설정되어 있어 origin main이 자동으로 적용되며, main 브랜치를 origin 원격 리포지터리로 올릴 수 있습니다.

다시 깃허브 화면으로 돌아간 뒤 새로고침을 합니다. 106쪽 화면이 [그림 4-9]처럼 바뀐 것을 확인할 수 있습니다. 디렉터리와 파일 목록은 인텔리제이 프로젝트 탭에서 보이는 목록과 같습니다. 앞서 git commit 명령어에서 입력한 커밋 메시지 또한 확인할 수 있습니다.

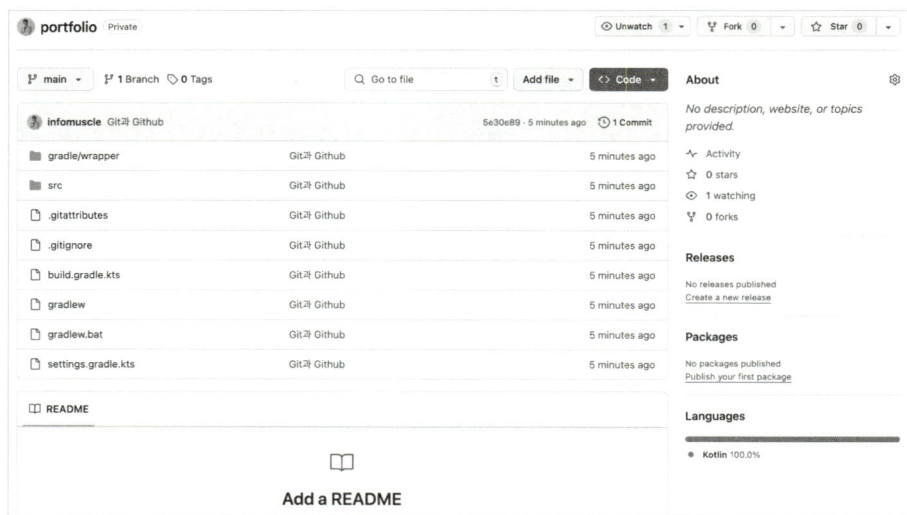

그림 4-9 깃허브 푸시 확인하기

지금까지 4-2절에서는 깃과 깃허브를 알아보고, 실습 프로젝트를 깃 리포지터리로 초기화해 깃허브에 올렸습니다. 5장부터는 드디어 프로젝트에 필요한 기능을 하나씩 개발합니다. 그리고 각 작업이 끝날 때마다 변경 사항을 커밋하고, 깃허브로 푸시하며 프로젝트 진행을 단계별로 관리, 추적해 보겠습니다.

- 스프링 이니셜라이저는 스프링 부트 기반으로 복잡한 스프링 프로젝트 설정을 쉽고 빠르게 할 수 있도록 한다.

- Whitelabel Error Page는 스프링에서 보여 주는 기본 오류 화면이다.

- 깃으로 프로젝트의 변경 사항을 추적하고 여러 사람이 동시에 작업할 수 있다.

- 깃허브로 프로젝트의 소스 코드를 여러 사람이 공유할 수 있다.

- git init 명령어는 프로젝트를 깃 리포지터리로 초기화한다.

- git add {대상} 명령어는 깃에서 추적할 대상을 추가한다.

- git status 명령어는 현재 프로젝트의 추적 상태를 확인할 수 있다.

- git commit 명령어는 추적 대상의 신규, 변경 사항을 저장한다.

- 커밋 메시지를 이용해 협업 시 다른 사람들이 작업의 내용을 쉽게 이해할 수 있도록 한다.

- git remote add 명령어는 로컬 리포지터리와 원격 리포지터리를 연결한다.

- git push 명령어는 로컬 리포지터리의 커밋을 원격 리포지터리에 반영한다.

5장을 학습하기 전에

5장부터는 본격적으로 실습 프로젝트를 진행합니다. 지면 관계상 코드 일부가 생략되어 있으므로 데모 프로젝트의 깃허브 리포지터리에서 전체 코드를 참고하며 학습을 진행하세요.

- https://github.com/infomuscle/portfolio-yongback

CHAPTER

05

도메인 개발하기

5장에서는 프로젝트의 기반이 될 도메인을 개발합니다. 먼저 자바 및 코틀린 애플리케이션과 데이터베이스를 연결하는 기술인 JPA를 학습하고, JPA를 이용해 데이터베이스 테이블을 객체로 표현하는 엔티티 클래스를 개발합니다. 마지막으로 스프링에서 JPA를 좀 더 쉽게 사용할 수 있도록 한 스프링 데이터 JPA를 이용해 데이터의 CRUD를 할 수 있는 기반 기능을 만듭니다.

5-1 JPA

- JPA의 역할과 장단점을 이해한다.
- JPA 영속성 컨텍스트의 개념을 학습한다.

도메인domain은 '프로그래밍으로 해결하려는 문제 영역'을 의미합니다. '비즈니스의 각 영역과 관련된 맥락'이라고도 할 수 있습니다. 예를 들어 커머스 개발에서는 주문, 상품, 배송과 같은 주요 비즈니스 관심사를 도메인이라고 부릅니다.

⚠ 1장에서 도메인 주소를 도메인이라 줄여서 부른 것과는 다른 개념임을 주의합니다.

3장에서는 관리할 정보를 introduction, project, skill 등의 테이블로 분류하고 각 테이블마다 포함해야 할 데이터는 컬럼으로 정의하는 등 데이터베이스 관점에서 문제 영역을 정의했다면, 이번에는 각 문제를 해결할 수 있는 기능을 개발하겠습니다.

실습 프로젝트의 핵심 문제 영역은 '포트폴리오로 구성할 이력과 경력의 관리'입니다. 서버 개발 관점에서 보면 데이터베이스에 접근해 요구사항에 맞게 데이터를 처리할 수 있어야 합니다. 즉, 포트폴리오 관리와 관련된 문제를 해결하려면 필요한 데이터를 조회, 삽입, 수정, 삭제할 수 있는 기능을 만들어야 합니다.

실습 프로젝트에서는 JPA를 이용해 데이터의 CRUD를 처리합니다. 자바/코틀린 애플리케이션에서 데이터베이스 작업을 돕는 대표적인 기술로는 JPA와 마이바티스 MyBatis가 있습니다.

두 기술의 직관적인 차이는 JPA는 개발자가 코드를 작성하면 라이브러리가 쿼리를 대신 작성해 주는 반면, 마이바티스는 개발자가 직접 쿼리를 작성해야 합니다. 이로 인해 일반적으로 JPA를 사용하는 것이 마이바티스를 사용하는 것보다 개발 속도가 빠르고 생산성이 좋다고 평가합니다. 실제로 JPA를 처음 사용해 보면 편리함을 느낄 수 있습니다.

하지만 개발자가 직접 작성하는 영역이 적다는 것은, 그만큼 내부에 숨겨진 동작 원리가 많다는 의미이기도 합니다. 그래서 JPA를 제대로 활용하려면 사용하기 전에 개념을 충분히 익혀야 합니다. 5-1절에서는 JPA 개요와 장단점 그리고 JPA에서 중요한 개념인 영속성 컨텍스트를 살펴보겠습니다.

5-1-1 JPA 개요와 장단점

JPAJava Persistence API는 자바 **ORM**Object Relational Mapping 기술의 표준 인터페이스의 모음입니다. 여기서 ORM은 객체-관계 매핑이라고 번역되는데, 객체지향 프로그래밍의 인스턴스와 관계형 데이터베이스의 테이블을 매핑해 주는 기술을 의미합니다. ORM을 사용하면 객체를 데이터베이스 테이블과 연결해 다루는 것만으로 데이터를 쉽게 조작할 수 있습니다. 이로 인해 애플리케이션과 데이터베이스의 결합도를 낮추고 코드의 유지보수성과 재사용성을 높일 수 있습니다.

JPA의 **장점**은 크게 세 가지가 있습니다.

첫째, 직접 쿼리를 작성하는 과정이 생략되어 생산성이 향상됩니다. 특히 스프링 데이터 JPA 를 사용해서 규칙에 맞게 메서드를 인터페이스에 정의해 주기만 해도 수백 자의 쿼리를 대신할 수 있습니다. 이 책에서도 5-3절에서는 직접 메서드를 정의하고, 5-4절에서 해당 메서드를 실행한 쿼리 로그를 확인해 보겠습니다.

둘째, 쿼리를 직접 작성하지 않기 때문에 구체적인 DBMS에 대한 의존성이 감소합니다. SQL 표준이 있지만 각 DBMS는 자체 문법과 기능도 제공합니다. 이는 동일한 메서드를 호출해도 연결된 DBMS가 오라클일 때와 MySQL일 때 서로 다른 쿼리를 작성하게 됩니다. JPA는 이러한 차이를 추상화합니다. 애플리케이션이 특정 DBMS에 종속되지 않고, 필요에 따라 DBMS를 교체하기가 수월해집니다.

셋째, 데이터를 객체지향적인 관점에서 접근할 수 있습니다. JPA를 사용한다는 전제하에 데이터베이스를 설계하면 자연스럽게 테이블 구조를 객체처럼 설계하도록 유도됩니다. 데이터를 객체로 간주하고 다루는 만큼 더 직관적이고 간결한 코드를 작성하기 쉽습니다.

물론 JPA에 장점만 있는 것은 아닙니다. 대표적으로 두 가지 **단점**이 있습니다.

첫째, JPA로 데이터베이스를 의도한 대로 다루기 위해선 충분한 학습이 필요합니다. JPA는 언뜻 쉽고 직관적으로 보입니다. 하지만 원래 개발자가 직접 애플리케이션과 데이터베이스의 연결을 관리해야 했던 영역을 추상화했습니다. 따라서 내부 동작 원리를 명확히 알고 사용하지 않으면 성능이 되려 악화되거나, 의도하지 않은 데이터 수정이 발생하는 등의 문제가 생길 수 있습니다.

둘째, 모든 데이터베이스 기능을 구현하기에 ORM만으로는 한계가 있습니다. 집계 쿼리, 동적 쿼리, 특정 DBMS의 고유 문법을 사용하는 쿼리 등은 지원되지 않을 수 있습니다. 따라서 이런 경우는 개발자가 직접 네이티브 쿼리를 작성해야 합니다.

그럼 이어서 JPA의 핵심인 엔티티와 영속성 컨텍스트가 무엇인지 알아보겠습니다.

5-1-2 엔티티

엔티티entity는 JPA에서 관리하는 자바 객체로, 데이터베이스의 테이블과 1:1 매핑됩니다. 기본적으로 엔티티 클래스의 이름은 테이블명과, 각 필드는 컬럼명과 일치하도록 정의합니다. 개별 엔티티 인스턴스는 테이블의 로우에 해당합니다.

> **tip** 필드는 클래스 내부에 선언된 변수로 멤버 변수라고도 부릅니다.

JPA는 관계형 데이터베이스를 대상으로 설계되었습니다. 관계형 데이터베이스라는 이름에서 유추할 수 있듯이 테이블 간의 관계를 정의해 주는 것이 중요합니다. JPA 엔티티에서는 클래스의 필드를 통해 객체 간의 관계를 표현합니다. 엔티티에 다른 엔티티 클래스를 자료형으로 갖는 필드를 정의해 주는 방식으로 연결합니다.

개발자는 직접 개별 쿼리를 작성하지 않고 엔티티를 다루는 것만으로 데이터베이스 작업을 할 수 있습니다. 연관 관계가 있는 엔티티를 호출하거나, 상태를 변경하기만

해도 자동으로 쿼리를 작성해 주어 데이터의 조회나 수정이 편리합니다. 그러나 종종 비효율적인 방식으로 데이터베이스를 다룰 수 있기 때문에 원리를 자세히 알고 JPA를 사용하는 것이 중요합니다.

5-1-3 영속성 컨텍스트

영속성 컨텍스트persistence context는 JPA에서 엔티티를 관리하는 핵심 개념으로, 엔티티 객체를 메모리에서 관리하는 일종의 임시 저장소입니다. JPA를 효과적으로 활용하려면 영속성 컨텍스트를 제대로 이해하는 것이 매우 중요합니다. 제대로 이해하지 못하고 JPA를 활용하는 경우 의도한대로 동작하지 않을 수도 있습니다.

tip 엔티티는 데이터베이스 테이블과 매핑되는 자바 객체입니다. 자세한 내용은 5-2절에서 살펴보겠습니다.

영속성 컨텍스트의 주요 기능과 특징으로는 1차 캐시, 더티 체킹, 쓰기 지연, 영속성 전이 등이 있습니다. 트랜잭션이 시작될 때 만들어지며, 트랜잭션이 종료되면 사라집니다.

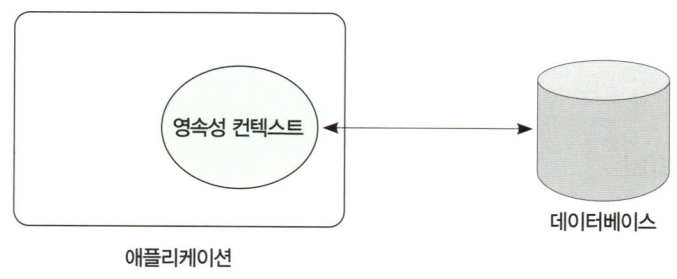

영속성 컨텍스트

애플리케이션

데이터베이스

그림 5-1 영속성 컨텍스트

1차 캐시

영속성 컨텍스트는 **1차 캐시**first-level cache라고 불리는 메모리 저장소를 제공합니다. 데이터베이스에서 조회한 데이터를 일시적으로 저장하는 역할을 하며, 이를 통해 성능을 최적화하고 데이터베이스 요청 수를 줄일 수 있습니다. 1차 캐시는 다음과 같은 방식으로 동작합니다.

① 데이터베이스에서 엔티티를 조회할 때 영속성 컨텍스트는 먼저 1차 캐시를 확인합니다.

② 1차 캐시에 해당 엔티티가 이미 존재하면 데이터베이스에 추가 쿼리를 보내지 않고 캐시에서 데이터를 반환합니다. 존재하지 않을 경우 데이터베이스에서 가져온 뒤 트랜잭션이 종료될 때까지 캐시에 저장합니다.

더티 체킹

더티 체킹dirty checking은 영속성 컨텍스트가 관리하는 엔티티의 변화를 감지하여 데이터베이스에 자동으로 반영하는 기능입니다. 트랜잭션 시작 후 데이터베이스에서 가져온 엔티티의 처음 상태(스냅숏snapshot)와 트랜잭션이 종료될 때 엔티티의 상태의 차이를 검사하고, 상태가 다르면 자동으로 업데이트 쿼리를 실행합니다. 개발자가 명시적으로 업데이트 쿼리를 작성하지 않아도 된다는 장점이 있습니다. 더티 체킹은 다음과 같이 이루어집니다.

① 엔티티를 영속성 컨텍스트로 불러온 후 해당 엔티티의 상태를 변경합니다.

② 트랜잭션이 종료될 때 변경된 내용을 확인하고, 변경이 있을 경우 업데이트 쿼리를 생성하여 데이터베이스에 반영합니다.

예를 들어 불러온 데이터를 업데이트하고 싶다면 엔티티 필드를 수정한 후 '저장' 기능을 하는 메서드를 호출하면 된다고 생각할 것입니다. 하지만 트랜잭션 안에서 엔티티를 조회한 뒤 필드를 수정만 하면 됩니다. 따로 저장 메서드를 호출하지 않아도 업데이트 쿼리 로그를 확인할 수 있습니다.

쓰기 지연

영속성 컨텍스트는 **쓰기 지연**write-behind 전략을 사용합니다. 애플리케이션 코드에서 데이터의 삽입, 수정, 삭제가 있을 때마다 데이터베이스에 반영하지 않습니다. 영속성 컨텍스트의 쓰기 지연 저장소에 모든 쓰기 쿼리를 모아 두었다가, 트랜잭션이 종료될 때 한꺼번에 반영하는 방식입니다. 데이터베이스 연결 횟수를 줄여 성능을 개선할 수 있습니다. 쓰기 지연 전략은 다음과 같이 작동합니다.

① 삽입, 수정, 삭제 쿼리를 즉시 실행하지 않고 영속성 컨텍스트 내부에 쿼리를 저장합니다.

② 트랜잭션이 커밋될 때 한 번에 실행하여 데이터베이스와의 상호작용을 최소화합니다.

트랜잭션의 첫 번째 단계에서 쓰기 작업을 하고, 두 번째 단계 작업 중 예외가 발생한다면 어떻게 될까요? 직관적으로 생각하면 데이터베이스에서 쓰기 쿼리가 먼저 실행되고, 예외가 발생했을 때 트랜잭션이 롤백되면서 쓰기 쿼리 결과가 복구되어야 할 것 같습니다.

하지만 JPA를 사용할 경우 이때 쓰기 쿼리 실행 로그를 볼 수 없습니다. 트랜잭션이 종료될 때 한 번에 보내기로 되어있는데, 중간에 트랜잭션이 실패해서 쓰기 쿼리를 보낼 필요가 없기 때문입니다.

엔티티 생명 주기와 상태

영속성 컨텍스트는 엔티티의 생명 주기를 관리합니다. 엔티티는 **비영속**, **영속**, **준영속**, **삭제**라는 네 가지 상태 중 하나에 속할 수 있습니다. 여기서 주목할 부분은 영속과 삭제 상태입니다. JPA 엔티티의 인스턴스라고 해서 모두 데이터베이스에 반영되는 것이 아니고, 영속성 컨텍스트에서 관리되는 경우에만 반영된다는 것을 알아야 합니다.

표 5-1 엔티티 생명 주기와 상태

상태	설명
비영속(new)	영속성 컨텍스트와 전혀 관계없는 상태입니다. 데이터베이스와 매핑되지 않았습니다.
영속(managed)	**영속성 컨텍스트에 의해 관리되는 상태입니다. 데이터베이스와 동기화됩니다.**
준영속(detached)	영속성 컨텍스트에서 분리된 상태입니다. 더 이상 관리되지 않지만 데이터베이스에는 여전히 존재합니다.
삭제(removed)	**영속성 컨텍스트에서 삭제된 상태입니다. 트랜잭션 커밋 시 데이터베이스에서도 삭제됩니다.**

영속성 전이

영속성 전이cascade는 특정 엔티티에 대한 작업이 연관된 다른 엔티티로 전이되는 것을 의미합니다. 예를 들어 부모 엔티티를 저장하면 연관된 자식 엔티티도 자동으로 저장될 수 있습니다. 영속성 전이의 주요 유형은 다음과 같습니다.

표 5-2 영속성 전이

유형	설명
PERSIST	엔티티를 영속화할 때 연관된 엔티티도 영속화합니다.
MERGE	엔티티를 병합할 때 연관된 엔티티도 병합합니다.
REMOVE	엔티티를 삭제할 때 연관된 엔티티도 삭제합니다.
REFRESH	엔티티를 새로고침을 할 때 연관된 엔티티도 새로고침을 합니다.

지금까지 JPA란 무엇인지 그리고 JPA에서 가장 중요한 개념인 영속성 컨텍스트의 특징을 알아보았습니다. JPA는 개발자 대신 쿼리를 작성하고 실행하는 과정을 관리해 주기 때문에 편리합니다. 하지만 개발자가 직접 눈으로 보기 어려운 영속성 컨텍스트라는 영역에서 해당 과정이 발생하는 만큼, 영속성 컨텍스트의 개념과 내부 원리에 대해 명확히 이해하고 사용해야 데이터베이스 처리 결과가 의도와 다른 상황이 발생하는 것을 방지할 수 있습니다.

5-2 엔티티 개발하기

- 데이터베이스 테이블 설계를 기반으로 엔티티 클래스 코드를 작성한다.
- @Id, @Column 등 엔티티의 특성을 정의하는 어노테이션을 이해한다.

5-2절에서는 3장에서 설계한 테이블에 대응하는 JPA 엔티티 클래스를 만들어 보겠습니다. 먼저 실습 프로젝트와 데이터베이스 연결을 설정합니다. 그리고 다른 엔티티와 연관 관계를 갖지 않는 엔티티 클래스의 코드를 작성한 후, 연관 관계를 갖는 엔티티 클래스의 코드를 작성하겠습니다.

5-2-1 데이터베이스 정보 설정하기

도메인 영역은 데이터베이스와 밀접한 관계를 갖습니다. 따라서 엔티티와 리포지터리 등 클래스를 작성하기 전에 데이터베이스 관련 정보를 설정하겠습니다.

포트폴리오 서비스를 실제로 운영할 때는 **MySQL**을 사용합니다. 하지만 개발 과정에서는 좀 더 간편한 **H2 데이터베이스**를 사용하겠습니다. 또한 각 환경에 따라 쉽게 설정을 가져올 수 있도록 **스프링 프로필** 기능을 사용하겠습니다.

데이터베이스 설정을 위한 yml 파일 만들기

먼저 개발 프로필인 application-default.yml 파일과 운영 프로필인 application-docker.yml 파일을 만듭니다. application-default 파일에는 개발 과정에서 사용할 설정, application-docker 파일에는 프로젝트를 도커 컨테이너로 실행할 때 사용할 설정을 입력하겠습니다. 스프링을 실행할 때 프로필을 지정하기만 하면 [그림 5-2]처럼 각각 다른 데이터베이스와 연결할 수 있습니다.

tip yml, yaml은 데이터를 구조적으로 표현하는 마크업 언어입니다. JSON과 목적은 유사하나, 훨씬 사람이 읽기 쉽고 직관적이라는 특성 때문에 주로 설정 파일로 사용됩니다.

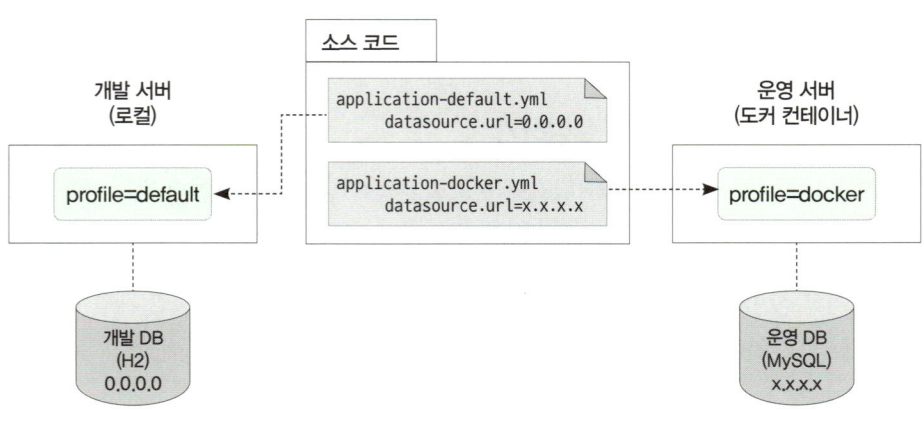

그림 5-2 스프링 프로필

01 인텔리제이의 프로젝트 탭을 열고 'src/main/resources' 디렉터리의 application .properties 파일을 삭제합니다. 그리고 resources 디렉터리를 마우스 우클릭하면 나타나는 팝업 메뉴에서 [New] → [File]을 선택해 새 파일을 만듭니다. [New File] 팝업이 나타나면 파일명을 application−default.yml로 입력 후 Enter 키를 누릅니다. 같은 방식으로 application−docker.yml 파일도 생성합니다.

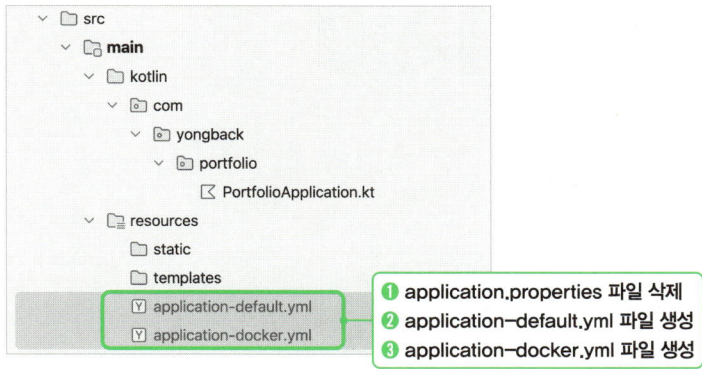

tip properties 파일과 yml 파일은 형식만 다를 뿐 같은 기능을 합니다. 하지만 yml이 설정을 계층으로 표현해 읽기 쉽기 때문에 실습 프로젝트에서는 yml을 사용합니다.

02 [코드 5−1]과 [코드 5−2]를 참고해 application−default.yml 파일과 application−docker.yml 파일을 작성합니다.

코드 5−1 application−default.yml

```
01  spring:
02    jpa:
03      database: h2                          # DBMS 종류
04      open-in-view: false                   # OSIV 사용 여부
05      show-sql: true                        # SQL 로깅 여부
06      hibernate:
07        ddl-auto: create                    # 자동 DDL 설정
08      properties:
09        hibernate:
10          format_sql: false                 # SQL 포맷 여부
11          # default_batch_fetch_size: 10    # BATCH_FETCH 크기 설정
12    datasource:
13      url: jdbc:h2:mem:portfolio            # 데이터소스 URL
14      username: sa                          # DBMS 로그인 사용자 이름
```

```
15       password:                        # DBMS 로그인 비밀번호
16       driver-class-name: org.h2.Driver  # JDBC 드라이버 이름
17     h2:
18       console:
19         enabled: true                  # H2 콘솔 사용 여부
20         path: /h2-console              # H2 콘솔 경로
```

코드 5-2 application-docker.yml

```
01 spring:
02   jpa:
03     database: mysql
04     open-in-view: false
05     show-sql: true
06     hibernate:                    ┐
07       ddl-auto: none              ┘  ──→ 운영 프로필에서는 JPA의 자동 DDL를 끕니다.
08     properties:
09       hibernate:
10         format_sql: false
11         # default_batch_fetch_size: 10
12   datasource:
13     url: jdbc:mysql://mysql:3306/portfolio
14     username: root
15     password: ENC(5Q0kblP/F+yDvz11YgjH+byOIIpu/AuA)
16     driver-class-name: com.mysql.cj.jdbc.Driver
```

[코드 5-1]과 [코드 5-2]의 주요 차이점은 **개발 프로필에서는 H2 데이터베이스를, 운영 프로필에서는 MySQL을 사용**한다는 것입니다. 따라서 spring.jpa 및 spring.datasource 하위에 각 DBMS에 맞는 URL, 로그인 정보, 드라이버 정보 등을 입력합니다.

JPA의 자동 DDL 생성 여부를 지정하기 위해 각 코드에는 `spring.jpa.hibernate.ddl-auto`를 설정합니다. **자동 DDL**Data Definition Language이란 엔티티 등 JPA 관련 코드 정보에 맞춰 DBMS로 DDL 명령을 실행하는 기능입니다. ddl-auto를 'create'로 설정하면 스프링이 실행될 때 JPA가 엔티티 정보를 보고 CREATE TABLE 명령을 실행합니다.

개발 과정에서 자동 DDL은 상당히 편리합니다. 하지만 실제 운영 중인 서비스에

서 자동 DDL을 사용하면 실수로 배포된 JPA 관련 코드 때문에 장애가 발생할 수 있습니다. 따라서 `ddl-auto` 설정을 개발 프로필에서는 `create`, 운영 프로필에서는 `none`으로 설정합니다.

추가로 운영 프로필에는 H2 데이터베이스 관련 설정을 추가합니다. `spring.h2.console.enabled`를 `true`로 설정하면 데이터를 볼 수 있는 콘솔이 활성화되고, `spring.h2.console.path`는 `/h2-console`과 같이 H2 콘솔의 경로를 지정할 수 있습니다.

H2 콘솔 실행하기

01 yml 파일을 모두 작성했다면 인텔리제이 상단의 [실행] 버튼을 클릭해 스프링 애플리케이션을 실행합니다. 로그에 'Started PortfolioApplicationKt...'와 같은 문구가 보이면 성공입니다.

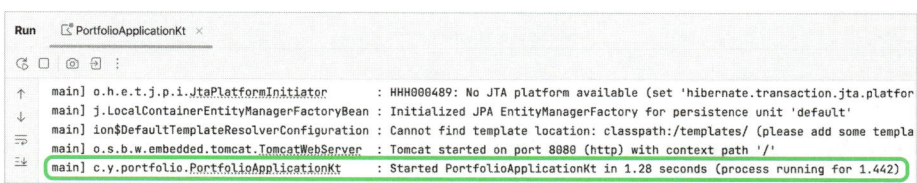

02 웹 브라우저를 열어 'localhost:8080/h2-console' 주소로 접속합니다. H2 콘솔 접속 화면에서 [Saved Settings] 항목은 [Generic H2 (Embedded)]으로 선택하고 [Driver Class]와 [JDBC URL] 항목의 정보를 application-default.yml 파일 설정과 맞춥니다. [Connect] 버튼을 클릭하면 콘솔에 접속됩니다.

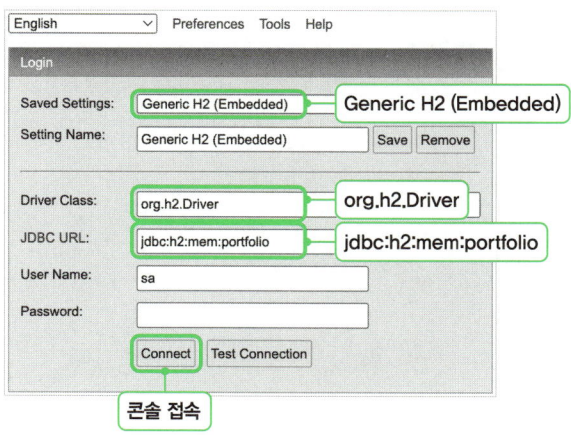

03 콘솔에 접속하면 아직 아무 테이블도 없습니다. 앞으로 엔티티를 만들면 애플리케이션을 실행할 때마다 자동 DDL이 동작하며 테이블이 생성됩니다. 이후 5-4절에서는 개발 과정의 편의를 위해 각 테이블에 자동으로 데이터가 삽입되는 기능도 만들어 보겠습니다.

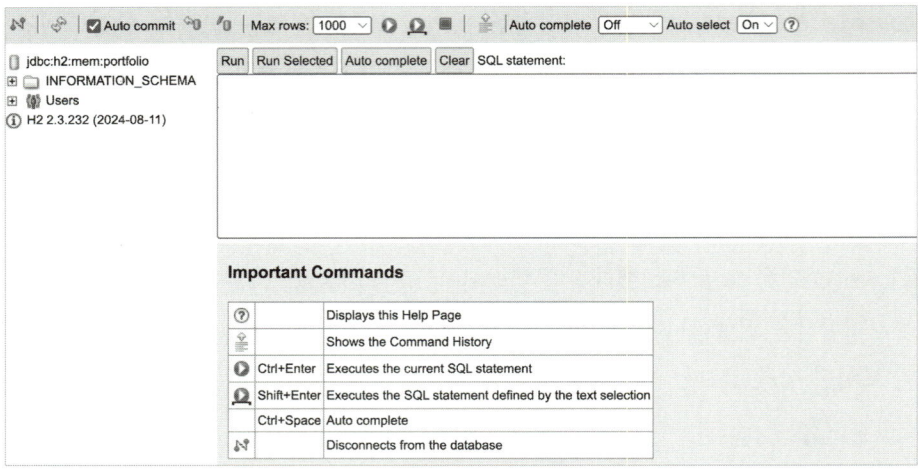

작업 내용 커밋하기

이제 여기까지의 작업 내역을 커밋합니다. 4장에서는 학습을 위해 터미널을 이용해 커밋했지만, 앞으로는 인텔리제이의 GUI를 활용해 편리하게 커밋하면 됩니다.

01 인텔리제이 상단 메뉴에서 [View] → [Tool Windows] → [Commit]을 선택하면 커밋 탭을 열 수 있습니다.

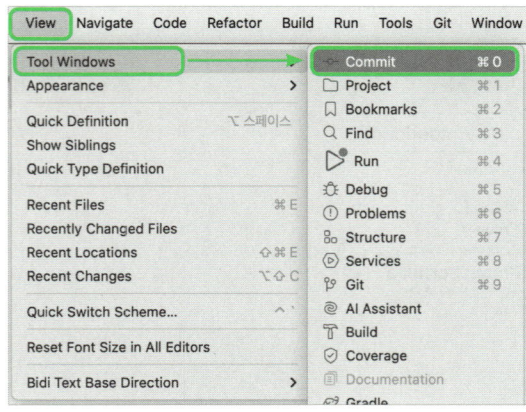

tip 커밋 탭을 여는 기본 윈도우 단축키는 Ctrl + 0 , 맥OS 단축키는 Cmd + 0 입니다.

02 커밋 탭 오른쪽의 Commit Message 영역은 커밋 메시지를 입력하는 곳입니다. 왼쪽에 변경된 파일의 체크박스가 모두 선택된 것을 확인한 후 '프로젝트 환경 세팅' 이라고 커밋 메시지를 입력합니다. 그다음 [Commit and Push] 버튼을 클릭합니다.

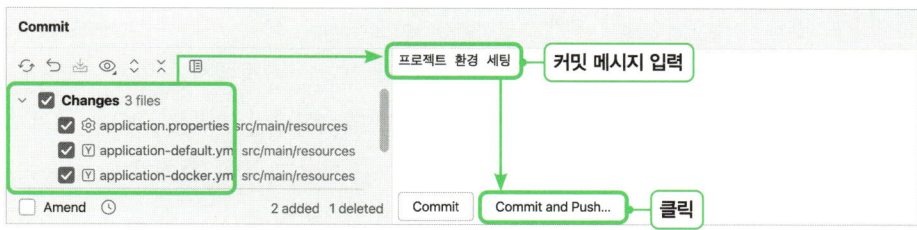

tip 인텔리제이 기본 테마에서 회색은 삭제된 내역, 초록색은 추가된 내역을 의미합니다.

03 [Push Commits to portfolio] 창이 열리면 [Push] 버튼을 클릭합니다. 그럼 커밋 내역이 깃허브 리포지터리에 반영됩니다.

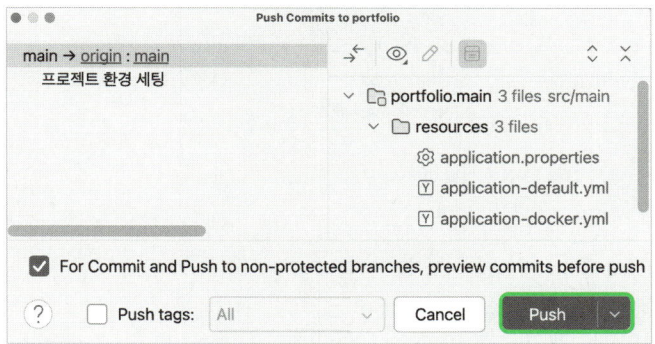

앞으로 실습 프로젝트를 진행하며 적절한 단위로 커밋해 작업 진행 상황을 저장하겠습니다. 이때 커밋 대상 파일과 커밋 메시지를 똑같이 지정해 주세요. 그래야 실습 중 오류가 발생했을 때 데모 프로젝트와 비교하며 문제를 찾기 편합니다. 푸시는 선택사항입니다.

5-2-2 BaseEntity 개발하기

BaseEntity 클래스는 모든 엔티티 클래스가 공통으로 사용하는 필드를 갖는 추상 클래스입니다. 앞서 3-4절에서 모든 테이블에 생성일시와 수정일시를 정의했습니다. BaseEntity 클래스는 이에 대응하는 createdDateTime과 updatedDateTime이라는 필드를 갖습니다.

예를 들어 Introduction, Link 등의 모든 엔티티는 BaseEntity 클래스를 상속하기 때문에 모든 엔티티에서 BaseEntity 클래스의 createdDateTime, updatedDateTime 필드를 공통으로 사용할 수 있습니다.

클래스를 만들기 전에 유사한 클래스를 묶어 줄 패키지를 만들겠습니다. 5장에서 만드는 도메인 영역은 모두 domain 패키지에 들어갑니다. 6~7장에서 만드는 프레젠테이션 영역은 presentation 패키지, 8~10장에서 만드는 어드민 영역은 admin 패키지에 만들 것입니다. 결과적으로 최상위 패키지는 [그림 5-3]과 같은 형태가 됩니다.

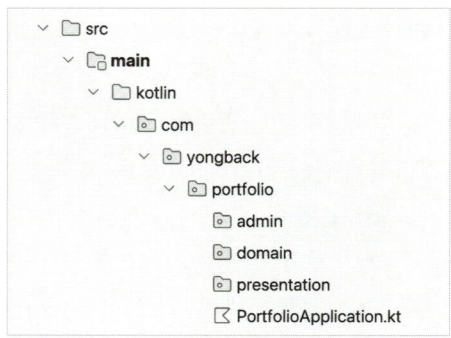

그림 5-3 최상위 패키지 구조

이번 장에서는 우선 domain 패키지만 만들어 봅시다.

01 'com/yongback/portfolio' 패키지를 마우스 우클릭한 뒤 [New] → [Package]를 선택합니다. [New Package] 팝업이 나타나면 'com.yongback.portfolio.domain'을 입력한 뒤 Enter 키를 누릅니다.

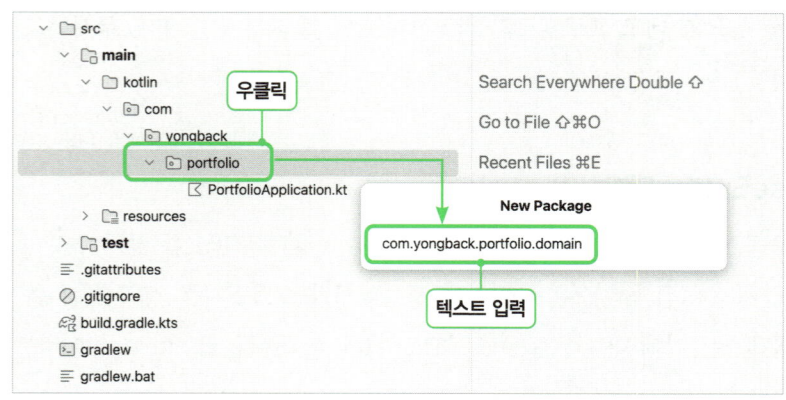

02 엔티티 클래스는 domain 패키지 하위에 entity 패키지를 만들어 모두 모아 두겠습니다. domain 패키지 하위에 entity 패키지를 만들고 entity 패키지를 마우스 우클릭해서 [New] → [Kotlin Class/File]을 선택합니다. [New Kotlin Class/File] 팝업이 나타나면 Class가 선택되어 있는 것을 확인한 뒤, 'BaseEntity'를 입력하고 Enter 키를 누릅니다.

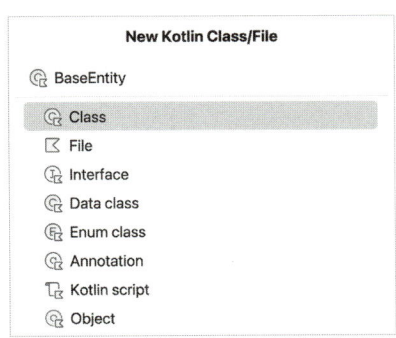

tip 만약 [Add File to Git] 팝업이 나타나면 [Add] 버튼을 클릭합니다. 생성한 파일을 깃 추적 대상으로 추가할지 묻는 팝업입니다.

03 BaseEntity.kt 파일이 만들어지면 BaseEntity 클래스를 작성합니다.

코드 5-3 domain/entity/BaseEntity.kt

```
01  package com.yongback.portfolio.domain.entity
02
03  // 생략
04
05  @MappedSuperclass ──────▶ ❶
06  abstract class BaseEntity { ──────▶ ❷
07
08      @CreatedDate ──────▶ ❸
09      @Column(nullable = false, updatable = false)
10      var createdDateTime: LocalDateTime = LocalDateTime.now() ──────▶ ❹
11
12      @LastModifiedDate ──────▶ ❺
13      @Column(nullable = false)
14      var updatedDateTime: LocalDateTime = LocalDateTime.now() ──────▶ ❻
15  }
```

tip 지면 관계상 예제 코드에서 두 줄 이상의 import 문은 생략합니다. 전체 코드는 데모 프로젝트 깃허브 리포지터리를 참고하세요.

코틀린에서 변수를 선언할 때 사용하는 키워드로, 변수의 불변성 여부를 결정합니다. val은 한번 초기화되면 변경할 수 없는 읽기 전용 변수(read-only)를 선언할 때 사용하고, var는 값을 변경할 수 있는 가변 변수(mutable)를 선언할 때 사용합니다. 즉 val은 자바의 final, var는 일반적인 변수 선언을 생각하면 됩니다.

이렇게 구분하는 이유는 안전한 프로그래밍 스타일을 지향하는 코틀린의 철학 때문입니다. 가능한 val을 우선 사용하고, 정말 필요한 경우에만 var를 써서 의도하지 않은 변경을 막는 것이 일반적인 컨벤션입니다.

❶ @MappedSuperClass 어노테이션은 이 클래스를 엔티티의 공통 필드를 정의하는 상위 클래스로 선언합니다. JPA가 엔티티를 생성할 때 상위 클래스에 @Mapped SuperClass 어노테이션이 있으면 상위 클래스의 필드를 엔티티에 매핑되는 테이블의 컬럼으로 생성합니다.

❷ abstract 예약어로 BaseEntity 클래스를 추상 클래스로 선언합니다. BaseEntity 클래스가 독립적인 인스턴스로 생성되는 것을 방지합니다.

❸ @CreatedDate 어노테이션과 ❺ @LastModifiedDate 어노테이션은 Spring Data JPA에서 생성일시와 수정일시를 자동으로 관리하기 위해 사용하는 어노테이션입니다. 엔티티를 생성하거나 수정할 때 각 필드에 현재 시간을 설정합니다.

각각 ❹ createdDateTime과 ❻ updatedDateTime 필드에 선언하며, 타입은 LocalDateTime, 기본값은 LocalDateTime.now()로 선언하여 클래스가 생성될 때 자동으로 현재 시간이 적용되도록 합니다.

📋 **프로퍼티**

이 책에서는 프로퍼티와 필드를 구분해서 사용하는 것이 오히려 독자에게 혼란을 줄 수 있다고 판단해 필드라는 용어로 통일하여 사용합니다. 다만 **구체적인 코틀린 코드상에 선언된 변수(필드)는 엄밀히 말해 필드 이상의 기능을 갖는 프로퍼티**라는 것은 알고 있어야 합니다.

코틀린에서 프로퍼티(property)란 클래스의 필드(field)와 접근자(getter/setter)를 합친 개념입니다. 자바에서는 필드와 getter/setter 메서드를 따로 작성해야 합니다. 하지만 코틀린에서는 var나 val 키워드로 선언만 하면 자동으로 필드와 접근자가 생성됩니다.

예를 들어 코틀린 클래스에 var name: String과 같이 선언하면 name 필드, getName( ), setName( ) 메서드가 생성됩니다. 만약 val name: String처럼 선언할 경우에는 읽기 전용 name 필드와 getName( ) 메서드만 생성됩니다. 수정이 필요 없기 때문입니다. 이처럼 코틀린의 프로퍼티는 단순한 필드 이상의 개념입니다.

각 필드에는 @Column 어노테이션이 붙습니다. 필드가 테이블의 컬럼에 해당함을 JPA에 명시적으로 알려 주는 역할을 합니다. 필드의 성격에 따라 @Column 어노테이션에 nullable 속성이나 updatable 속성을 추가로 설정합니다.

> ### @Column 어노테이션의 nullable 속성과 updatable 속성
>
> @Column 어노테이션의 **nullable**은 컬럼명을 지정하는 속성입니다. 기본값은 'true'입니다. 'false'는 컬럼이 null이어서는 안 된다는 것을 의미합니다. JPA가 데이터베이스에 데이터를 삽입, 수정할 때 필드값이 null이면 오류가 발생합니다.
>
> **updatable**은 엔티티를 수정할 때 컬럼값도 수정할지 여부를 결정하는 속성입니다. 기본값은 'true'입니다. 'false'는 컬럼값이 변경되어서는 안 된다는 것을 의미합니다. JPA에서 엔티티를 조회하고 값을 변경한 후 데이터베이스에 반영하려고 하면 오류가 발생합니다.
>
> 실습 프로젝트에서는 생성일시와 수정일시가 모두 필수이기 때문에 nullable은 'false'로 지정했습니다. 또 생성일시는 데이터가 한번 생성되고 나서는 바뀌어서는 안 되는 값이기 때문에 updatable을 'false'로 지정했습니다.

5-2-3 연관 관계가 없는 엔티티 개발하기

이번에는 다른 테이블과 연관 관계가 없는 테이블의 엔티티를 만들겠습니다. 관계를 고려할 필요 없이 테이블의 컬럼만 신경 쓰면 되기 때문에 훨씬 수월합니다. 이번에 만들 엔티티는 다음과 같습니다.

- Achievement 엔티티
- Introduction 엔티티
- Link 엔티티
- Skill 엔티티
- HttpInterface 엔티티

먼저 Achievement 클래스를 만들어 보겠습니다. entity 패키지에 Achievement.kt 파일을 만든 뒤 [코드 5-4]를 참고해 내용을 작성합니다.

코드 5-4 domain/entity/Achievement.kt

```
01  package com.yongback.portfolio.domain.entity
02
03  // 생략
04
05  @Entity ──────► ❶
06  class Achievement(
07      title: String,
08      description: String,
09      achievedDate: LocalDate?, ──────► ❷
10      host: String,
11      isActive: Boolean
12  ) : BaseEntity() { ──────► ❸
13
14      @Id ──────► ❹
15      @GeneratedValue(strategy = GenerationType.IDENTITY) ──────► ❺
16      @Column(name = "achievement_id") ──────► ❻
17      var id: Long? = null ──────► ❼
18
19      var title: String = title
20      var description: String = description
21      var achievedDate: LocalDate? = achievedDate
22      var host: String = host
23      var isActive: Boolean = isActive
24  }
```

Achievement 클래스 선언부 위에는 JPA 엔티티임을 명시하는 ❶ @Entity 어노테이션을 추가합니다. 그리고 ❷ **생성자** 파라미터로 title, description 등을 정의하여 ❸ BaseEntity 클래스를 **상속**합니다.

클래스 내부에는 각 필드를 정의하고, 생성자에서 받은 인자를 기본값으로 설정합니다. 여기서 주목해야 하는 부분은 id 필드의 ❹ @Id 어노테이션입니다. 해당 필드가 PK에 해당함을 JPA에 알려 줍니다.

또한 ❺ @GeneratedValue 어노테이션은 @Id 어노테이션과 함께 사용하며 **PK 생성**

전략을 정의합니다. 이때 strategy 속성의 GenerationType 유형으로 IDENTITY를 지정합니다. 실습 프로젝트 운영 환경에서는 MySQL을 사용하기 때문입니다.

MySQL은 자동 증가auto increment라는 기능을 제공하는데, 테이블에 데이터를 삽입할 때 PK로 사용되는 정수형 컬럼값을 자동으로 증가시킵니다. 따라서 자동 증가 기능을 사용한다는 것을 JPA에 명시적으로 알려 주어야 합니다.

📋 PK 생성 전략: GenerationType 유형

PK 생성 전략이란 데이터베이스에서 기본 키를 생성하는 방식을 의미합니다. GenerationType에는 **TABLE, SEQUENCE, IDENTITY, UUID, AUTO**가 있습니다. 각 전략의 특징은 다음 표와 같습니다.

표 5-3 GenerationType의 유형

유형	설명	주요 지원 DBMS
TABLE	키 생성을 위한 전용 테이블을 사용합니다.	모든 DBMS
SEQUENCE	DBMS의 시퀀스 오브젝트를 사용합니다.	오라클, PostgreSQL
IDENTITY	DBMS의 자동 증가 기능을 사용합니다.	MySQL, PostgreSQL
UUID	충돌 가능성이 극도로 낮은 128비트 식별자인 UUID를 사용합니다.	모든 DBMS
AUTO	연결된 DBMS의 특성에 따라 적절한 전략을 자동으로 지정합니다.	

그리고 [코드 5-3]에서 BaseEntity 클래스를 만들 때처럼 이번에도 ❻ @Column 어노테이션을 사용합니다. 단, 이번에 nullable, updatable 속성은 기본값을 사용하고 대신 name 속성을 정의합니다. name 속성을 이용하면 컬럼명을 변환하지 않고 그대로 명시할 수 있습니다. 필드명과 컬럼명이 일치하지 않을 때 사용하면 유용한 속성입니다.

기본적으로 JPA를 사용할 때는 컬럼명에 대응하도록 필드명을 정의합니다. 스네이크 케이스 방식의 컬럼명을 캐멜 케이스 방식의 필드명으로 변환하는 것이 기본 설정입니다.

tip 캐멜 케이스는 camelCase와 같은 표기 방식이고, 스네이크 케이스는 snake_case와 같은 표기 방식입니다.

그러나 achievement 테이블의 PK인 achievement_id를 achievementId로 변환해 필드명을 정의하면, 코틀린에서 사용할 때 achievement.achievementId와 같이 불 필요하게 길어집니다.

그래서 ❻ name 속성을 이용해 achievement_id와 대응한다는 것을 알려 주고, ❼ 필드명을 간략하게 id라고 정의합니다.

이어서 entity 패키지 안에 Introduction, Link 엔티티도 만듭니다. Achievement 엔티티와 큰 차이가 없으니 지면 관계상 코드는 생략합니다. 데모 프로젝트의 깃허 브 리포지터리를 참고해 각 클래스를 생성합니다.

- domain/entity/Introduction.kt
- domain/entity/Link.kt

이번에는 Skill 엔티티를 만들겠습니다. 그런데 skill 테이블은 project_skill 테이블 과 연관 관계가 있는데, 왜 연관 관계가 없는 엔티티로 분류했는지 의문이 생길 수 있습니다. 이는 객체의 관점에서 봤을 때 Skill 엔티티를 통해 ProjectSkill 엔티티를 참조할 일이 없기 때문입니다.

예를 들어 데모 사이트의 프로젝트 페이지(https://yongback.com/projects)를 보 면 각 프로젝트에 사용한 기술 목록을 볼 수 있습니다. 즉 프로젝트의 데이터가 기준 이 되고, 각 프로젝트에 매핑된 기술의 데이터를 가져오는 방식입니다.

이후 140쪽에서 Project 엔티티를 개발할 때 자세히 보겠지만, 객체의 관점에서 Project 엔티티를 먼저 가져오고 각 Project 엔티티가 ProjectSkill 엔티티의 리스트 를 갖는 구조입니다. 그리고 ProjectSkill 엔티티는 매핑된 Skill 엔티티를 갖습니다. 따라서 코드에서 각 개체에 접근할 때는 [그림 5-4]처럼 [Project] → [ProjectSkill] → [Skill]의 단계로 접근합니다.

그러나 각 기술이 기준이 되고 그 기술을 사용한 프로젝트를 가져오는 화면을 만들 지 않았습니다. 이력서 페이지의 기술 목록도 skill 테이블의 데이터만 가져왔을 뿐입 니다. 따라서 Skill 엔티티의 관점에서는 연결된 ProjectSkill과 Project 엔티티를 접 근할 일이 없습니다. 즉 [Project] → [Skill]의 방향으로는 연관 관계를 갖지만 [Skill] → [Project]의 방향으로는 연관 관계를 갖지 않기 때문에 연관 관계가 없는 엔티티 로 분류할 수 있습니다.

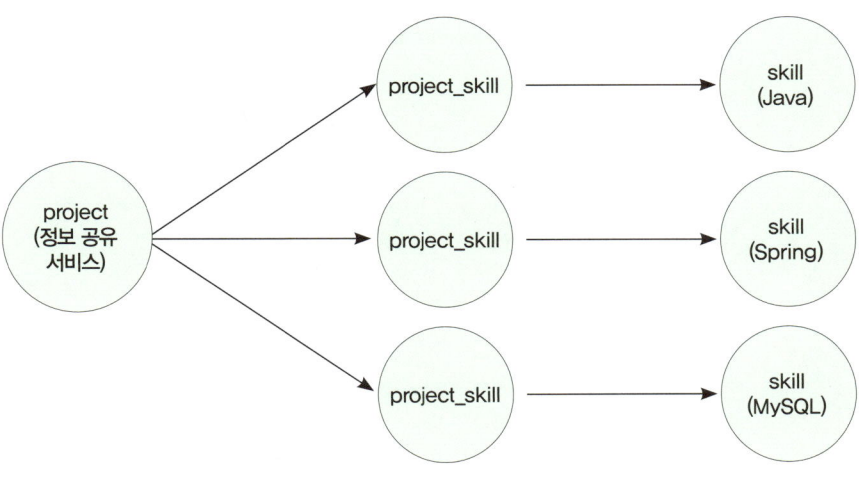

그림 5-4 엔티티 참조 방향

Skill 엔티티에서는 **열거형 클래스**enum class를 활용해 기술의 유형을 정의하겠습니다. 데모 사이트의 이력서 페이지(https://yongback.com/resume) 하단에서 확인할 수 있는 LANGUAGE, FRAMEWORK, DATABASE, TOOL이 바로 열거형으로 정의한 유형입니다. 따라서 먼저 SkillType이란 클래스를 만든 뒤, Skill 엔티티를 만들며 기술 유형에 해당하는 type 필드를 SkillType 자료형으로 지정해 주겠습니다.

📑 열거형 클래스

열거형 클래스는 서로 연관된 상수들의 집합을 정의해 상수를 객체처럼 다룰 수 있도록 합니다. 기술의 유형을 문자열 대신 열거형으로 정의하면 두 가지 장점이 있습니다.

첫째, 오타가 발생할 가능성이 줄어듭니다. 문자열은 사용자가 입력하는 어떤 값이든 들어갈 수 있습니다. 특정 값만 들어가도록 하고 싶다면 검증 로직을 별도로 추가해야 합니다. 하지만 열거형 클래스를 사용하면 사용자가 입력한 값에 대응하는 열거형 값이 없을 때 오류가 발생합니다.

둘째, 해당 필드에 들어갈 수 있는 값을 모아서 관리할 수 있습니다. 어떤 값을 넣을 수 있는지 개발자가 한눈에 확인할 수 있고, 필요에 따라 새로운 값을 넣거나 필요 없어진 값을 삭제할 수도 있습니다.

열거형 클래스는 엔티티와는 다른 패키지에서 관리합니다. domain 패키지 안에 constant 패키지를 만듭니다. 그리고 [그림 5-5]처럼 [New Kotlin Class/File] 팝업에서 Enum Class를 선택한 후 constant 패키지 안에 SkillType 클래스를 만듭니다.

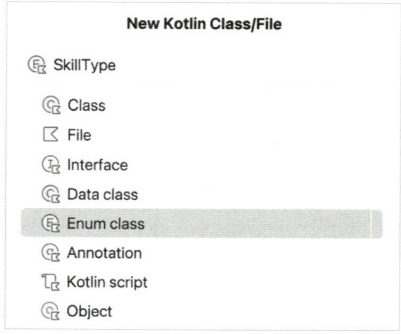

그림 5-5 SkillType 클래스 만들기

[코드 5-5]를 참고하여 SkillType 클래스의 내용을 작성합니다. 데모 사이트에서 본 것과 같이 LANGUAGE, FRAMEWORK, DATABASE, TOOL, 총 네 개의 열거형을 추가합니다.

코드 5-5 domain/constant/SkillType.kt

```
01  package com.yongback.portfolio.domain.constant
02
03  enum class SkillType {
04      LANGUAGE, FRAMEWORK, DATABASE, TOOL
05  }
```

그리고 다른 엔티티와 마찬가지로 Skill 엔티티를 domain 패키지의 entity 패키지 안에 생성합니다. [코드 5-6]을 참고하여 작성합니다.

코드 5-6 domain/entity/Skill.kt

```
01  package com.yongback.portfolio.domain.entity
02
03  // 생략
04
05  @Entity
06  class Skill(name: String, type: String, isActive: Boolean) : BaseEntity() {  ➜ ❶
07
08      @Id
09      @GeneratedValue(strategy = GenerationType.IDENTITY)
10      @Column(name = "skill_id")
11      var id: Long? = null
```

```
12
13      var name: String = name
14
15      @Column(name = "skill_type")
16      @Enumerated(value = EnumType.STRING)
17      var type: SkillType = SkillType.valueOf(type) ────▶ ❷
18
19      var isActive: Boolean = isActive
20  }
```

❶ Skill 엔티티 생성자의 type 파라미터는 문자열로 정의합니다. 그리고 ❷ type 필드에는 type 인자를 이용해 SkillType.valueOf(type)을 기본값으로 넣어 줍니다. 즉 'LANGUAGE', 'FRAMEWORK' 등의 문자열을 생성자에 지정해 엔티티를 만들면, 문자열과 이름이 일치하는 SkillType의 열거형을 찾아 type 필드에 넣어 줍니다. 만약 일치하는 열거형이 없다면 오류가 발생합니다.

type 필드에는 @Enumerated 어노테이션도 선언되어 있는데, JPA에서 열거형 클래스를 필드의 자료형으로 지정할 때 사용합니다. 이때 JPA는 value 속성에 정의된 EnumType에 맞춰 컬럼값을 설정합니다.

> ### 📋 @Enumerated 어노테이션의 EnumType
>
> EnumType에는 **ORDINAL**과 **STRING**이 있습니다. ORDINAL이 기본값이며 열거형에 나열된 순서대로 번호를 매겨 값을 정의합니다. 예를 들어 SkillType의 유형이 LANGUAGE, FRAMEWORK, DATABASE, TOOL이라고 할 때 각각 1, 2, 3, 4의 값을 데이터베이스에 저장합니다. 하지만 이 방법은 두 가지 문제가 있습니다.
>
> 첫째, 순서가 변경되면 치명적입니다. SkillType을 LANGUAGE, FRAMEWORK, DATABASE, TOOL 순서로 정의해서 운영 중이었다고 가정해 보겠습니다. 만약 어떤 개발자가 실수로 코드의 순서를 TOOL, DATABASE, FRAMEWORK, LANGUAGE로 바꿨다면 어떻게 될까요? 기존 데이터에서는 LANGUAGE 타입이 데이터베이스에 1로 저장되어 있지만, 데이터에 새로 추가될 때는 4로 저장됩니다. 하지만 그렇다고 기존에 1로 저장된 데이터가 모두 4로 바뀌지 않습니다. 즉 어떤 데이터를 조회했을 때 SkillType이 1이면 이것이 LANGUAGE인지 TOOL인지 구분할 수가 없게 됩니다.
>
> 둘째, 순서가 변경되지 않았더라도 데이터베이스에 값이 1, 2, 3, 4로 들어가 있으면 데이터베이스만 조회할 때 어떤 의미인지 직관적으로 알 수 없습니다. 별도로 매핑 표나 소스 코드를 같이 열어 놓고 봐야 어떤 값이 어떤 의미인지 알 수 있습니다.

따라서 @Enumerated를 사용할 때는 대부분 EnumType을 STRING으로 지정하는 것이 좋습니다. 예를 들어 SkillType 유형이 데이터베이스에 LANGUAGE, FRAMEWORK, DATABASE, TOOL의 값으로 저장됩니다. 그럼 값 자체가 변하지 않기 때문에 열거형의 순서가 바뀌어도 문제가 없습니다. 또 데이터베이스만 조회할 때에도 의미 있는 단어가 저장되기 때문에 훨씬 직관적입니다.

연관 관계가 없는 엔티티 중 마지막으로 HttpInterface 엔티티를 만들겠습니다. HttpInterface는 사용자의 접속 정보를 의미합니다. HttpServletRequest를 기본 생성자의 파라미터로 받은 뒤, 쿠키, 주소, 요청 URI 정보 등을 가져와 엔티티를 생성합니다. [코드 5-7]을 참고하여 작성합니다.

코드 5-7 domain/entity/HttpInterface.kt

```kotlin
01  package com.yongback.portfolio.domain.entity
02
03  // 생략
04
05  @Entity
06  class HttpInterface(httpServletRequest: HttpServletRequest) :
    ➡BaseEntity() {
07
08      @Id
09      @GeneratedValue(strategy = GenerationType.IDENTITY)
10      @Column(name = "http_interface_id")
11      var id: Long? = null
12
13      var cookies: String? = httpServletRequest.cookies
14                              ?.map { "${it.name}:${it.value}" }
15                              ?.toString()
16
17      var referer: String? = httpServletRequest.getHeader("referer")
18      var localAddr: String? = httpServletRequest.localAddr
19      var remoteAddr: String? = httpServletRequest.remoteAddr
20      var remoteHost: String? = httpServletRequest.remoteHost
21      var requestUri: String? = httpServletRequest.requestURI
22      var userAgent: String? = httpServletRequest.getHeader("user-agent")
23  }
```

여기까지 완료했다면 인텔리제이 커밋 탭을 열어 추가한 클래스들이 모두 선택되어 있는지 확인한 후 변경 사항을 모두 커밋합니다.

> ### ⬦ 커밋과 푸시
>
> - **커밋 대상**: BaseEntity.kt, Achievement.kt, Introduction.kt, Link.kt, SkillType.kt, Skill.kt, HttpInterface.kt
> - **커밋 메시지**: 엔티티 개발 – 연관 관계 없음

tip 커밋을 하기 전에는 항상 프로젝트를 빌드, 실행시켜 오류가 없는지 확인합니다.

5-2-4 연관 관계가 있는 엔티티 개발하기

이번에는 연관 관계가 있는 엔티티를 만들겠습니다. Experience와 Experience Detail 엔티티가 일대다 관계, Project와 ProjectDetail 엔티티가 일대다 관계, Project와 ProjectSkill 엔티티도 일대다 관계를 갖습니다. 따라서 이번에 만들 엔티티는 다음과 같습니다.

- ExperienceDetail 엔티티
- Experience 엔티티
- ProjectDetail 엔티티
- ProjectSkill 엔티티
- Project 엔티티

먼저 [코드 5-8]을 참고하여 ExperienceDetail 엔티티를 작성합니다.

코드 5-8 domain/entity/ExperienceDetail.kt

```
01  package com.yongback.portfolio.domain.entity
02
03  import jakarta.persistence.*
04
05  @Entity
06  class ExperienceDetail(content: String, isActive: Boolean) :
    ➥ BaseEntity() {
07
```

```
08      @Id
09      @GeneratedValue(strategy = GenerationType.IDENTITY)
10      @Column(name = "experience_detail_id")
11      var id: Long? = null
12
13      var content: String = content
14      var isActive: Boolean = isActive
15
16      fun update(content: String, isActive: Boolean) {  ──────▶ ❶
17          this.content = content
18          this.isActive = isActive
19      }
20  }
```

ExperienceDetail 엔티티에서는 다른 어떤 엔티티도 참조하지 않습니다. 즉 연관 관계는 [Experience] → [ExperienceDetail]의 방향으로 맺어진다는 것을 유추할 수 있습니다. 참고로 ❶ update() 메서드는 경험 상세 설명을 수정할 때 호출됩니다.

다음으로 [코드 5-9]를 참고하여 Experience 엔티티를 작성합니다.

코드 5-9 domain/entity/Experience.kt

```
01  package com.yongback.portfolio.domain.entity
02
03  import jakarta.persistence.*
04
05  @Entity
06  class Experience(
07      title: String,
08      description: String,
09      startYear: Int,
10      startMonth: Int,
11      endYear: Int?,
12      endMonth: Int?,
13      isActive: Boolean
14  ) : BaseEntity() {
15
16      @Id
17      @GeneratedValue(strategy = GenerationType.IDENTITY)
```

```kotlin
18          @Column(name = "experience_id")
19          var id: Long? = null
20
21          var title: String = title
22          var description: String = description
23          var startYear: Int = startYear
24          var startMonth: Int = startMonth
25          var endYear: Int? = endYear
26          var endMonth: Int? = endMonth
27          var isActive: Boolean = isActive
28
29          @OneToMany( ──────▶ ❶
30              targetEntity = ExperienceDetail::class,
31              fetch = FetchType.LAZY,
32              cascade = [CascadeType.ALL]
33          )
34          @JoinColumn(name = "experience_id") ──────▶ ❷
35          var details: MutableList<ExperienceDetail> = mutableListOf() ──────▶ ❸
36
37          fun getEndYearMonth(): String { ──────▶ ❹
38              if (endYear == null || endMonth == null) {
39                  return "Present"
40              }
41
42              return "${endYear}.${endMonth}"
43          }
44
45          fun update( ──────▶ ❺
46              title: String,
47              description: String,
48              startYear: Int,
49              startMonth: Int,
50              endYear: Int?,
51              endMonth: Int?,
52              isActive: Boolean
53          ) {
54              this.title = title
55              this.description = description
56              this.startYear = startYear
57              this.startMonth = startMonth
```

```
58          this.endYear = endYear
59          this.endMonth = endMonth
60          this.isActive = isActive
61      }
62
63      fun addDetails(details: MutableList<ExperienceDetail>?) {
64                              ┗━━━━▶ ❻
65          if (details != null) {
66              this.details.addAll(details)
67          }
68      }
69  }
```

다른 엔티티와 구조는 비슷합니다. 클래스를 선언한 다음 @id 어노테이션으로 기본 키 설정하고, 컬럼명에 대응하는 필드명을 작성합니다. 주목할 부분은 연관 관계를 설정하는 부분입니다. 하나씩 살펴봅시다. ❶ @OneToMany 어노테이션은 설명할 내용이 많기 때문에 잠시 후에 다시 살펴보겠습니다.

❷ @JoinColumn 어노테이션은 조인 기준이 되는 외래 키를 지정합니다. name 속성에 experience_id를 넣으면 양 테이블의 experience_id 컬럼으로 조인을 실행합니다. 이때 ❸ details 필드는 List<ExperienceDetail> 자료형으로 선언합니다. 즉 일대다 관계에서 Experience가 '일', ExperienceDetail이 '다'에 해당하는 연관 관계를 갖고 있음을 나타냅니다.

그리고 메서드를 작성합니다. ❹ getEndYearMonth() 메서드는 경험의 종료 시점을 문자열로 가져오는 로직을 캡슐화한 메서드입니다. 종료연도, 종료월을 null로 두면 현재 진행 중인 경험으로 간주해 'Present'라는 문자열을 반환합니다. ❺ update() 메서드는 Experience 엔티티를 수정하며, ❻ addDetails() 메서드는 Experience Detail 리스트에 요소를 추가합니다.

그림 ❶ @OneToMany 어노테이션을 살펴보겠습니다. @OneToMany 어노테이션이 붙은 필드는 **엔티티와 일대다 관계**를 가집니다. targetEntity, fetch, cascade 속성을 지정합니다.

targetEntity는 대상 엔티티의 클래스를 정의합니다. 이 속성이 없어도 필드의 자료형을 보고 JPA가 유추할 수는 있습니다. 하지만 실습 프로젝트에서는 확실하게

ExperienceDetail 클래스를 명시하겠습니다.

fetch는 FetchType을 정의합니다. FetchType에는 EAGER와 LAZY 두 유형이 있습니다. **EAGER는 즉시 로딩, LAZY는 지연 로딩이라고 부릅니다.**

즉시 로딩 방식은 Experience 엔티티를 조회하는 순간, 연결된 ExperienceDetail도 모두 조회합니다. 다시 말해 JPA에서 Experience 엔티티를 조회하는 SELECT 문을 실행하는 동시에 ExperienceDetail 엔티티를 조회하는 SELECT 문도 같이 실행해 details 필드에 실제 객체를 세팅합니다.

지연 로딩은 기본적으로 Experience 엔티티를 조회하는 SELECT 문만 실행합니다. 그리고 details 필드에는 일종의 가짜 객체인 프록시 객체를 세팅합니다. 애플리케이션 실행 중 details 필드를 호출하게 될 때 ExperienceDetail 엔티티를 조회하는 SELECT 문을 실행해 실제 객체를 가져옵니다. 즉 연관된 엔티티를 실제로 사용할 때에만 데이터베이스에 접근합니다.

문제는 즉시 로딩은 성능 저하를 유발하기 쉽습니다. 예를 들어 `select * from experience`와 같은 쿼리로 모든 Experience 엔티티를 조회했다고 해보겠습니다. 그럼 연관된 ExperienceDetail을 사용하지 않더라도 각 Experience와 연관된 ExperienceDetail을 조회하기 위해 `select * from experience_detail where experience_id = {id}`와 같은 쿼리를 추가로 실행합니다.

Experience의 개수가 여러 개면 이 쿼리가 그 개수만큼 추가로 실행됩니다. 즉 조회된 Experience 엔티티가 100개라면 처음에 Experience 엔티티를 조회하는 쿼리가 1회 그리고 각 Experience 엔티티의 아이디로 연관된 ExperienceDetail 엔티티를 조회하는 쿼리가 100회 실행됩니다.

이것이 바로 JPA의 **N+1 문제**입니다. SQL에 익숙한 독자라면 이런 문제는 조인을 통해 한 번의 쿼리로 줄일 수 있다는 것을 알 것입니다. JPA에서는 **페치 조인**^{Fetch Join} 기능을 이용해 해결할 수 있습니다.

tip N+1 문제의 해결법은 '5-4-2 리포지터리 성능 개선하기'에서 다시 알아보겠습니다.

마지막으로 **cascade** 속성의 CascadeType은 **영속성 전이**를 설정합니다. CascadeType.ALL로 지정해 Experience 엔티티의 모든 영속성 상태 변경이 ExperienceDetail 엔티티까지 전파되도록 합니다. 즉 Experience 엔티티가 삽입되면

ExperienceDetail 엔티티도 삽입되고, Experience 엔티티가 삭제되면 ExperienceDetail 엔티티도 삭제됩니다.

이번에는 ProjectDetail과 ProjectSkill 엔티티를 작성합니다. 전체 코드는 데모 프로젝트의 깃허브 리포지터리를 참고합니다.

- domain/entity/ProjectDetail.kt
- domain/entity/ProjectSkill.kt

ProjectDetail 엔티티는 ExperienceDetail 엔티티와 유사합니다. ProjectSkill 엔티티 또한 @OneToMany 어노테이션 대신 @ManyToOne 어노테이션이 있을 뿐, 각 속성은 큰 차이가 없습니다. 다만 ProjectSkill 엔티티가 Project 엔티티를 참조하는데 아직 Project 엔티티를 만들지 않았기 때문에 ProjectSkill 엔티티에서는 오류가 발생합니다.

이어서 Project 엔티티를 작성합니다. 대체로 Experience 엔티티와 비슷하지만, Project 엔티티도 ProjectSkill 엔티티를 참조한다는 특징이 있습니다. 양방향 연관 관계이기 때문에 skills 필드의 @OneToMany 어노테이션 속성에 mappedBy를 사용하겠습니다.

```kotlin
01  package com.yongback.portfolio.domain.entity
02
03  import jakarta.persistence.*
04
05  @Entity
06  class Project(
07      name: String,
08      description: String,
09      startYear: Int,
10      startMonth: Int,
11      endYear: Int?,
12      endMonth: Int?,
13      isActive: Boolean
14  ) : BaseEntity() {
15
16      @Id
17      @GeneratedValue(strategy = GenerationType.IDENTITY)
18      @Column(name = "project_id")
19      var id: Long? = null
20
21      var name: String = name
22      var description: String = description
23      var startYear: Int = startYear
24      var startMonth: Int = startMonth
25      var endYear: Int? = endYear
26      var endMonth: Int? = endMonth
27      var isActive: Boolean = isActive
28
29      @OneToMany(
30          targetEntity = ProjectDetail::class,
31          fetch = FetchType.LAZY,
32          cascade = [CascadeType.ALL]
33      )
34      @JoinColumn(name = "project_id")
35      var details: MutableList<ProjectDetail> = mutableListOf()
36
37      @OneToMany(
38          mappedBy = "project",                    ➊
```

```kotlin
39              fetch = FetchType.LAZY,
40              cascade = [CascadeType.ALL]
41          )
42          var skills: MutableList<ProjectSkill> = mutableListOf()  ──▶ ❷
43
44          fun getEndYearMonth(): String {
45              if (endYear == null || endMonth == null) {
46                  return "Present"
47              }
48
49              return "${endYear}.${endMonth}"
50          }
51
52          fun update(
53              name: String,
54              description: String,
55              startYear: Int,
56              startMonth: Int,
57              endYear: Int?,
58              endMonth: Int?,
59              isActive: Boolean
60          ) {
61              this.name = name
62              this.description = description
63              this.startYear = startYear
64              this.startMonth = startMonth
65              this.endYear = endYear
66              this.endMonth = endMonth
67              this.isActive = isActive
68          }
69
70          fun addDetails(details: MutableList<ProjectDetail>?) {
71              if (details != null) {
72                  this.details.addAll(details)
73              }
74          }
75      }
```

❶ mappedBy는 엔티티가 양방향으로 연관 관계를 가질 때 사용할 수 있는 속성입니다.

ProjectSkill 엔티티와 Project 엔티티 두 엔티티가 양방향으로 연관 관계를 갖고 있으므로 연관 관계를 갖는 상대방 쪽의 어떤 필드와 매핑이 되는지를 지정해 줍니다.

이때 ❷ skills 필드는 매핑을 위해 ProjectSkill 엔티티의 project 필드를 참조합니다. project 필드에는 @JoinColumn 어노테이션으로 project_id를 외래 키로 지정했기 때문에, Project 엔티티는 이 정보를 이용해 연관된 ProjectSkill 엔티티를 조회할 수 있습니다.

마지막으로 총 다섯 개의 엔티티 클래스를 모두 만들었다면 커밋합니다.

🔗 커밋과 푸시

- **커밋 대상**: Experience.kt, ExperienceDetail.kt, Project.kt, ProjectDetail.kt, ProjectSkill.kt
- **커밋 메시지**: 엔티티 개발 – 연관 관계 있음

이제 프로젝트의 가장 근간이 되는 엔티티는 모두 만들었습니다. 이어지는 5-3절에서는 엔티티를 이용해 데이터베이스에 CRUD를 실행할 스프링 데이터 JPA 리포지터리를 만들어 보겠습니다.

5-3 리포지터리 개발하기

- 스프링 데이터 JPA 리포지터리를 상속한 인터페이스를 만든다.
- 정의된 인터페이스를 기반으로 스프링 데이터 JPA가 구현체를 만들어 주는 것을 이해한다.

스프링 데이터 JPA가 제공하는 기능을 이용해 리포지터리를 만들어 보겠습니다. 앞서 만든 엔티티는 데이터베이스의 테이블을 설계한 것처럼 객체를 정의했을 뿐입니다. 애플리케이션은 테이블에 CRUD를 할 수 있어야 효용성을 갖습니다.

스프링 데이터 JPA 리포지터리(이하 **JPA 리포지터리**)는 인터페이스를 선언하기만 해도 기본 CRUD 기능을 갖춘 리포지터리 객체를 자동으로 만들어 줍니다. 또 직접 쿼리를 작성할 필요가 없습니다. 메서드명을 규칙대로만 정의하기만 해도 엔티티에 맞춰 쿼리를 생성하는 **쿼리 메서드**query method 기능을 제공합니다.

5-3-1 스프링 부트 데이터 JPA로 CRUD하기

JPA 리포지터리는 각 엔티티에 일대일 대응하게 만드는 것이 원칙입니다. 5-2절에서 총 10개의 엔티티를 만들었으니 10개의 리포지터리를 만들 수 있습니다. 하지만 실습 프로젝트에서 ExperienceDetail과 ProjectDetail 엔티티는 직접 처리하지 않고, 연관 관계를 가진 Experience와 Project를 통해 처리할 계획입니다. 따라서 이번 절에서는 다음 여덟 개의 리포지터리만 만들겠습니다.

- Achievement 리포지터리
- Introduction 리포지터리
- Link 리포지터리
- Experience 리포지터리
- Project 리포지터리
- Skill 리포지터리
- ProjectSkill 리포지터리
- HttpInterface 리포지터리

그럼 Achievement 리포지터리의 인터페이스를 만들어 봅시다. 리포지터리를 만들기 전에 domain 패키지 하위에 repository 패키지를 생성합니다. 그리고 그 안에 AchievementRepository란 이름으로 코틀린 파일을 추가합니다. 이때 [그림 5-6]처럼 Interface가 선택되도록 합니다.

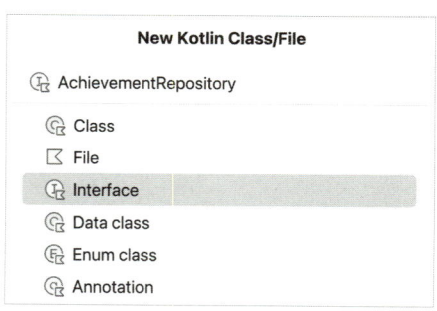

그림 5-6 AchievementRepository 인터페이스 만들기

[코드 5-11]을 참고해 Achievement 리포지터리의 인터페이스 내용을 작성해 보겠습니다.

코드 5-11 domain/repository/AchievementRepository.kt

```
01  package com.yongback.portfolio.domain.repository
02
03  // 생략
04
```

```
05   interface AchievementRepository : JpaRepository<Achievement, Long> {  → ①
06
07       // select * from achievement where is_active = :isActive
08       fun findAllByIsActive(isActive: Boolean): List<Achievement>  ——→ ②
09   }
```

Achievement 리포지터리는 ① JpaRepository 인터페이스를 상속하며 제네릭^{generic}으로 엔티티와 PK의 자료형을 지정합니다. 즉 Achievement 엔티티에 대한 리포지터리로 선언하고, id 필드는 Long 자료형임을 알려 줍니다. 이렇게 선언하는 것만으로도 데이터베이스에서 achievement 테이블을 조회, 삽입, 수정, 삭제할 수 있습니다.

하지만 실습 프로젝트에는 추가 기능이 필요합니다. 예를 들어 achievement 테이블의 데이터 중 화면에 표시할 데이터만, 즉 is_active 컬럼이 true인 데이터만 조회하는 쿼리를 만들고 싶다면 어떻게 할까요? 가장 간편한 방법은 **쿼리 메서드** 기능을 사용하는 것입니다.

② findAllByIsAcitve() 메서드를 정의합니다. 파라미터로 boolean 자료형의 isActive를 받고, Achivement 엔티티의 리스트를 반환합니다. 이렇게 인터페이스에 메서드를 정의하면 해당 메서드를 호출할 때 JPA에서 쿼리를 만들어 실행합니다. "is_active 컬럼값이 파라미터로 받은 isActive의 값과 일치하는 모든 achievement 데이터를 조회하라"라는 의미입니다. 이때 연결된 DBMS에 따라 JPA가 생성하는 구체적인 쿼리는 다를 수 있습니다.

> tip 인텔리제이 유료 버전은 JpaRepository를 상속하는 인터페이스에 메서드를 작성하면 자동으로 사용 가능한 쿼리 메서드 문법을 제안하는 기능이 있습니다. 하지만 이 책에서 사용하는 커뮤니티 버전은 그런 기능을 제공하지 않습니다. 책의 코드만 따라해도 실습에는 문제가 없지만, 쿼리 메서드 기능을 좀 더 자세히 알고 싶다면 스프링 데이터 JPA 문서[1]를 참고하기 바랍니다.

이제 나머지 리포지터리 인터페이스도 만듭니다. 데모 프로젝트의 깃허브 리포지터리를 참고하여 다음 코드를 작성합니다.

- domain/repository/IntroductionRepository.kt
- domain/repository/LinkRepository.kt

---

1 스프링 데이터 JPA 문서: https://docs.spring.io/spring-data/jpa/reference/jpa/query-methods.html

- domain/repository/ExperienceRepository.kt

- domain/repository/ProjectRepository.kt

Achievement 리포지터리와 큰 차이가 없으므로 자세한 설명은 생략하겠습니다.

다음으로 [코드 5-12]를 참고해 Skill 리포지터리의 인터페이스 내용을 작성합니다.

코드 5-12 domain/repository/SkillRepository.kt

```
01  package com.yongback.portfolio.domain.repository
02
03  // 생략
04
05  interface SkillRepository : JpaRepository<Skill, Long> {
06
07      // select * from skill where is_active = :isActive
08      fun findAllByIsActive(isActive: Boolean): List<Skill>
09
10      // select * from skill where lower(name) = lower(:name) and
    ➥ skill_type = :type
11      fun findByNameIgnoreCaseAndType(name: String, type: SkillType):
    ➥ Optional<Skill> ────────➤ ❶
12  }
```

다른 코드와 비슷해 보이지만 기존에 작성한 리포지터리 인터페이스와 달리
❶ findByNameIgnoreCaseAndType() 메서드를 사용합니다. 바로 위에 적힌 주석
처럼 '대소문자 관계없이 name이 일치하고, type이 일치하는 skill 데이터를 찾아달
라'는 쿼리를 생성하는 메서드입니다. **옵셔널**optional 타입을 반환합니다.

📋 **옵셔널 타입**

옵셔널은 자바에서 null을 안전하게 사용하기 위한 타입입니다. 코틀린에서는 null을 안전하게 사용하
도록 하는 다른 문법도 지원합니다. 코틀린 문법은 ?, !와 같은 기호 중심이지만, 옵셔널은 메서드 이름
으로 의미를 보다 명확하게 전달하기 때문에 이 책에서는 옵셔널을 사용했습니다.

주의할 점은 쿼리 실행 결괏값의 개수가 두 개 이상이 나올 수 있다면 옵셔널을 사용하면 안 됩니다. 예
를 들어 같은 유형 내에서 이름이 같은 기술은 없지만, 만약 결과가 두 개 이상이면 옵셔널에 Skill의 리
스트를 담을 수 없기 때문에 오류가 발생합니다. 따라서 결과가 두 개 이상이 나올 수 있다면 리스트,
한 개 이하로 나와야 한다면 옵셔널로 선언하도록 합니다.

그다음 [코드 5-13]을 참고해 ProjectSkill 리포지터리의 인터페이스 내용을 작성합니다.

코드 5-13 domain/repository/ProjectSkillRepository.kt

```
01  package com.yongback.portfolio.domain.repository
02
03  // 생략
04
05  interface ProjectSkillRepository : JpaRepository<ProjectSkill, Long> {
06
07      // select * from project_skill where project_id = :projectId and
    ➡ skill_id = :skillId
08      fun findByProjectIdAndSkillId(projectId: Long, skillId: Long):
    ➡ Optional<ProjectSkill>
09  }
```

여기까지 잘 이해하며 왔다면 `findByProjectIdAndSkillId()` 메서드 기능도 유추할 수 있을 것입니다. project_id와 skill_id 컬럼이 projectId, skillId 인자와 일치하는 데이터를 찾습니다.

마지막으로 [코드 5-14]를 참고해 HttpInterface 리포지터리의 인터페이스 내용을 작성합니다.

코드 5-14 domain/repository/HttpInterfaceRepository.kt

```
01  package com.yongback.portfolio.domain.repository
02
03  // 생략
04
05  interface HttpInterfaceRepository : JpaRepository<HttpInterface, Long> {
06
07      // select count(*) from http_interface where create_date_time between
    ➡ :start and :end
08      fun countAllByCreatedDateTimeBetween(start: LocalDateTime, end:
    ➡ LocalDateTime): Long
09  }
```

countAllByCreatedDateTimeBetween() 메서드 또한 충분히 유추할 수 있을 것입니다. created_date_time, 즉 생성일시 컬럼값이 start와 end 인자 사이에 있는 데이터 개수를 세서 반환하는 기능입니다. 대시보드에서 일간 방문자 수, 주간 방문자 수 등을 보여줄 때 사용할 예정입니다.

이제 리포지터리 인터페이스 작성은 모두 마쳤습니다. 마지막으로 커밋합니다.

⚇ 커밋과 푸시

- **커밋 대상**: AchievementRepository.kt, ExperienceRepository.kt, HttpInterfaceRepository.kt, IntroductionRepository.kt, LinkRepository.kt, ProjectRepository.kt, ProjectSkillRepository.kt, SkillRepository.kt
- **커밋 메시지**: 리포지터리 개발

이것으로 실습 프로젝트에서 필요한 데이터 접근 기능은 모두 만들었습니다. 코드 양은 적지만, 직접 타이핑을 하지 않았을 뿐 기본 데이터 처리 기능은 모두 JPA 리포지터리에서 구현해 줍니다. 이처럼 스프링 데이터 JPA를 사용하면 필요한 쿼리를 모두 직접 작성하는 단순 작업을 줄일 수 있다는 큰 장점이 있습니다.

물론 스프링 데이터 JPA에 장점만 있는 것은 아닙니다. 특히 쿼리 메서드 기능을 사용하면 개발자가 직접 섬세한 쿼리를 작성하기 어렵고, JPA에서 자동으로 만들어 주는 쿼리만을 써야 한다는 단점이 있습니다. 이 경우 앞서 139쪽에서 언급한 N+1 문제처럼 성능상에서 불리한 상황이 발생하기 쉽습니다.

이어지는 5-4절에서는 테스트 코드를 작성하여 JPA 리포지터리에서 직접 구현한 기능과 직접 구현하지 않은 기능이 모두 정상으로 동작하는지 확인해 보겠습니다. 그리고 N+1 문제를 쿼리 로그로 직접 확인하고 성능 개선 방법을 알아보고, 앞으로 개발 과정의 편의성을 위해 스프링을 실행할 때 자동으로 테스트 데이터를 넣어 주는 기능을 만들겠습니다.

5-4 테스트 코드, 성능 개선, 테스트 데이터 초기화하기

- 리포지터리의 테스트 코드를 작성 후 JPA 리포지터리의 실제 동작을 확인한다.
- N+1 문제를 해결하는 방법 중 페치 조인 사용, 배치 사이즈 설정을 실습한다.
- @PostConstruct 어노테이션을 사용해 테스트 데이터를 초기화하는 기능을 개발한다.

5-3절까지 작업한 결과물로도 애플리케이션은 정상 동작합니다. 하지만 학습을 위해 정말 리포지터리가 쿼리를 실행하는지 확인을 할 필요가 있습니다.

또한 실습 프로젝트의 최종 목적은 여러분이 직접 자신의 사이트를 운영하며 지속 개선해 나가는 것입니다. 특히 실제 서비스에선 수정한 코드를 예상하지 못한 오류가 자주 발생하기 때문에 운영 환경에 배포하기 전에는 테스트가 필수입니다.

이 두 가지 목적을 위해 이번 절에서는 리포지터리의 테스트 코드를 작성해 보겠습니다. 테스트 코드는 프로젝트의 각 기능들을 실행시킨 뒤 그 결과를 검증하는 과정을 자동화합니다. 자동화하면 소스 코드를 더 자주 수정하고 자주 배포할 수 있게 하는 이점이 있습니다.

앞으로 실습을 진행하며 기능을 만든 뒤에는 스프링 부트에서 제공하는 테스트 라이브러리를 이용하여 테스트 코드를 작성하겠습니다. 그리고 개발 과정의 편의성을 위해 스프링을 실행할 때마다 기본 테스트 데이터를 자동으로 초기화하는 기능을 만드는 것으로 5장을 마무리하겠습니다.

5-4-1 리포지터리 테스트하기

테스트 코드의 목적은 각 기능이 의도한 대로 동작하는지 빠르게 검증하는 것입니다. 따라서 이번 테스트 코드로 5-3절에서 작성한 JPA 리포지터리 기능을 정말로 사용할 수 있는지 로그를 통해 직접 확인해 보겠습니다.

Experience 리포지터리 테스트 코드 작성하기

그럼 리포지터리의 테스트 코드를 작성해 봅시다. 'src/test/kotlin/com/yongback/portfolio' 디렉터리의 domain 패키지 안에 repository 패키지를 만듭니다. 최종 경로는 'src/test/kotlin/com/yongback/portfolio/domain/repository'입니다.

repository 패키지에 ExperienceRepositoryTest.kt 파일을 생성한 뒤 [코드 5-15]
를 참고해 내용을 작성합니다.

코드 5-15 domain/repository/ExperienceRepositoryTest.kt

```
01  package com.yongback.portfolio.domain.repository
02
03  // 생략
04
05  @DataJpaTest ──────▶ ❶
06  @TestInstance(TestInstance.Lifecycle.PER_CLASS) ──────▶ ❷
07  class ExperienceRepositoryTest(
08      @Autowired val experienceRepository: ExperienceRepository ──────▶ ❸
09  ) {
10
11      val DATA_SIZE = 10 ──────▶ ❹
12
13      // 더미 객체 생성
14      private fun createExperience(n: Int): Experience { ──────▶ ❺
15          val experience = Experience(
16              title = "${n}",
17              description = "테스트 설명 ${n}",
18              startYear = 2023,
19              startMonth = 9,
20              endYear = 2023,
21              endMonth = 9,
22              isActive = true
23          )
24
25          val details = mutableListOf<ExperienceDetail>()
26          for (i in 1..n) {
27              val experienceDetail = ExperienceDetail(
28                  content = "테스트 ${i}",
29                  isActive = true
30              )
31              details.add(experienceDetail)
32          }
33          experience.addDetails(details)
34
35          return experience
```

```
36        }
37        ├──► [코드 5-16]에서 이어서 작성합니다.
38  }
```

스프링 부트 프로젝트를 만들면 JUnit, Mockito와 같은 테스트 관련 기능이 기본으로 포함됩니다. 따라서 의존성을 별도로 추가할 필요 없이 다양한 종류의 테스트 코드를 작성할 수 있습니다.

먼저 테스트 코드에서는 클래스 상단에 ❶ @DataJpaTest 어노테이션을 추가합니다. @DataJpaTest는 스프링 부트에서 제공하는 어노테이션입니다. 엔티티, 리포지터리 계층 그리고 데이터 접근 로직을 검증할 때 활용됩니다. @DataJpaTest 어노테이션을 사용하면 JPA 리포지터리 등 데이터 관련 테스트에 필요한 기능만을 초기화해 줍니다.

tip 비슷한 기능으로 @SpringBootTest가 있습니다. 실제로 애플리케이션을 실행하는 것처럼 스프링의 모든 기능을 초기화한 뒤 테스트를 진행합니다. 초기화할 기능이 많은 만큼 테스트 코드의 실행까지 시간이 더욱 오래 걸립니다. @SpringBootTest는 이후 컨트롤러 테스트 코드를 작성할 때 사용해 보겠습니다.

다음으로 ❷ @TestInstance 어노테이션을 추가하고 TestInstance.LifeCycle. PER_CLASS를 속성값으로 넣습니다. 여기서 PER_CLASS는 테스트 인스턴스의 생명 주기를 클래스 단위로 변경합니다.

원칙적으로 각 테스트 코드의 각 메서드는 다른 메서드와 독립적인 것이 좋습니다. 그래서 JUnit에서 테스트 인스턴스 생명 주기의 기본값은 PER_METHOD, 즉 메서드 단위입니다. 이 경우 [그림 5-7]과 같이 매번 새로운 테스트 클래스의 인스턴스를 생성한 뒤에 메서드를 실행합니다.

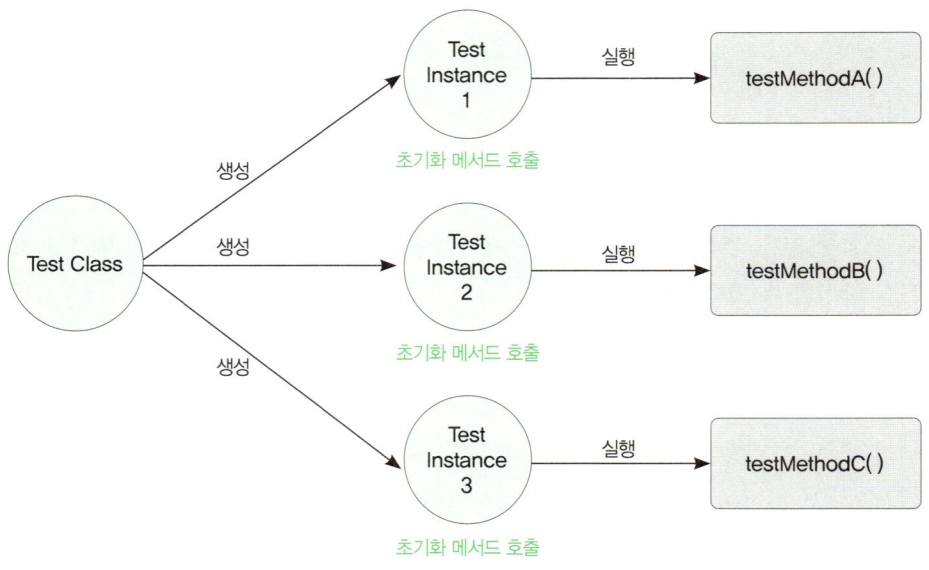

그림 5-7 PER_METHOD

그러나 리포지터리 테스트에서는 전체 테스트 메서드를 실행하기 전에 딱 한 번만 데이터 초기화 메서드를 실행하려고 합니다. 만약 생명 주기를 메서드 단위로 하면 각 메서드를 실행하기 위해 매번 인스턴스를 생성하고, 각 인스턴스에서 매번 초기화 메서드를 실행할 수밖에 없습니다. 그래서 생명 주기를 클래스 단위로 하여 한 번만 인스턴스를 생성한 뒤, 한 번만 초기화 메서드를 실행해서 인스턴스가 각 테스트 메서드를 실행하게 해야 합니다.

tip 테스트 전 한 번만 실행되는 메서드는 계속해서 [코드 5-16]에서 살펴봅니다.

이를 정리하면 [그림 5-8]과 같습니다. 테스트 인스턴스를 한 번만 생성한 뒤에 해당 인스턴스의 각 메서드를 호출합니다. 이때 초기화 메서드는 인스턴스 생성 시점에 한 번만 호출됩니다.

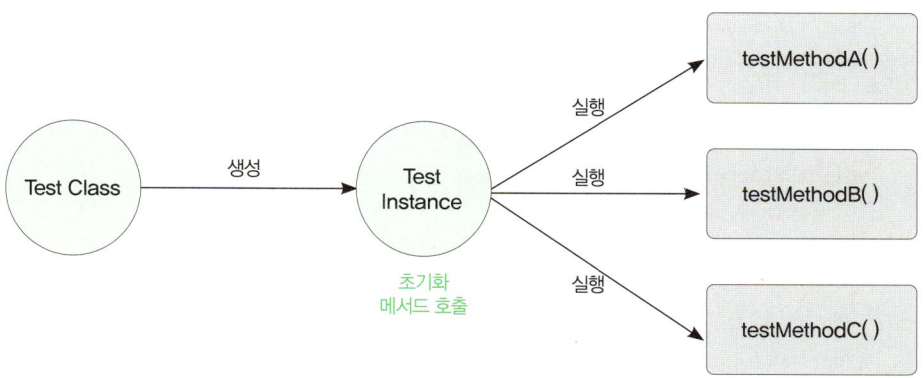

그림 5-8 PER_CLASS

다음으로 기본 생성자를 이용해 테스트의 대상이 되는 ExperienceRepository 빈을 주입받습니다. 따라서 JUnit 프레임워크에서 주입할 빈을 판단할 때 사용하기 위해 ❸ @Autowired 어노테이션을 붙입니다.

❹ DATA_SIZE 멤버 변수는 테스트 데이터를 초기화할 때 그리고 전체 조회 기능을 검증할 때 사용합니다. DATA_SIZE의 크기만큼 데이터를 추가하고, 조회한 리스트의 크기가 DATA_SIZE와 일치하는지 확인합니다.

❺ createExperience() 메서드는 Experience와 ExperienceDetail 엔티티를 생성하는 메서드입니다. 먼저 Experience 엔티티를 만들고, 인자로 받은 정수 n개 만큼 ExperienceDetail 엔티티를 만들어 details에 추가합니다. 엔티티 구별을 쉽게 하기 위해 title 등 일부 필드에 생성 순서대로 번호를 매겼습니다.

이번에는 createExperience() 메서드 아래에 [코드 5-16]을 참고해 beforeAll() 메서드를 작성하겠습니다. Experience와 ExperienceDetail 엔티티를 생성한 뒤 저장하는 데이터 초기화 메서드입니다.

코드 5-16 domain/repository/ExperienceRepositoryTest.kt

```
// 생략

// 테스트 데이터 초기화
@BeforeAll ⟶ ❶
fun beforeAll() { ⟶ ❷
    println("----- 데이터 초기화 이전 조회 시작 -----")
    val beforeInitialize = experienceRepository.findAll()
```

```
        assertThat(beforeInitialize).hasSize(0)
        println("----- 데이터 초기화 이전 조회 종료 -----")

        println("----- 테스트 데이터 초기화 시작 -----")
        val experiences = mutableListOf<Experience>()
        for (i in 1..DATA_SIZE) {
            val experience = createExperience(i)
            experiences.add(experience)
        }
        experienceRepository.saveAll(experiences)
        println("----- 테스트 데이터 초기화 종료 -----")
    }
}
```
├───▶ [코드 5-17]에서 이어서 작성합니다.

---

❶ @BeforeAll 어노테이션은 이 메서드가 다른 모든 테스트 메서드를 실행하기 전에 한 번만 실행되어야 한다는 것을 의미합니다. 그래서 앞서 [코드 5-15]에서 테스트 인스턴스의 생명 주기를 클래스 단위로 설정한 것입니다. 하나의 인스턴스에서 모든 테스트 메서드가 실행되고, 첫 번째 테스트 메서드 실행 전 @BeforeAll 어노테이션이 붙은 메서드가 단 한 번 실행됩니다.

❷ beforeAll() 메서드의 흐름을 따라가 보겠습니다. 먼저 ExperienceRepository 의 findAll() 메서드를 실행합니다. 이때 findAll()은 직접 정의하지 않은 메서드이지만 스프링 데이터 JPA가 제대로 설정되었다면 정상 실행되어야 합니다. 또한 데이터 초기화 이전에는 아무 데이터도 없어야 하기 때문에 ❸ assertThat() 메서드를 이용해 조회한 리스트의 크기가 0임을 검증합니다.

tip org.assertj.core.api.Assertions의 assertThat() 메서드를 사용합니다.

그다음 엔티티를 만들어 저장하는 데이터 초기화 작업을 진행합니다. 먼저 DATA_SIZE만큼 Experience 엔티티를 만듭니다. 그리고 ExperienceRepsoitory의 ❹ saveAll() 메서드를 호출해 엔티티를 저장합니다. saveAll()은 엔티티의 리스트를 인자로 받아 저장하는 기능을 합니다.

이어서 beforeAll() 메서드 아래에 [코드 5-17]을 참고해 테스트 메서드를 작성합니다.

```kotlin
// 생략

@Test
fun testFindAll() {           ➊
    println("----- findAll 테스트 시작 -----")
    val experiences = experienceRepository.findAll()
    assertThat(experiences).hasSize(DATA_SIZE)
    println("experiences.size: ${experiences.size}")

    for (experience in experiences) {
        assertThat(experience.details).hasSize(experience.title.toInt())
        println("experience.details.size: ${experience.details.size}")
    }
    println("----- findAll 테스트 종료 -----")
}

@Test
fun testFindAllByIsActive() {           ➋
    println("----- findAllByIsActive 테스트 시작 -----")
    val experiences = experienceRepository.findAllByIsActive(true)
    assertThat(experiences).hasSize(DATA_SIZE)
    println("experiences.size: ${experiences.size}")

    for (experience in experiences) {
        assertThat(experience.details).hasSize(experience.title.toInt())
        println("experience.details.size: ${experience.details.size}")
    }
    println("----- findAllByIsActive 테스트 종료 -----")
}
```

➊ testFindAll() 메서드, ➋ testFindAllByIsActive() 메서드, 총 두 개의 테스트 메서드를 작성합니다. 각 테스트 메서드에는 @Test 어노테이션으로 실행할 대상임을 알려 줍니다.

두 메서드의 로직은 기본적으로 동일합니다. findAll() 또는 findAllByIsActive() 메서드를 호출한 뒤에 조회한 Experience 엔티티의 개수가 DATA_SIZE와 같은지 검증합니다. 그리고 각 Experience 엔티티의 ExperienceDetail 개수와

createExperience( ) 메서드로 데이터를 만들 때 넣어 준 n과 같은지 검증합니다. 이 때 n값은 Experience 엔티티의 title에 넣어 준 값을 이용했습니다.

Experience 리포지터리 테스트 코드 실행하기

이제 작성한 테스트 코드를 실행해 봅시다. 만약 5-3절에서 작성한 JPA 리포지터리가 정상 동작하지 않는다면 테스트 코드는 실패합니다.

인텔리제이에서 테스트 코드를 실행하려면 [그림 5-9]처럼 테스트 클래스 옆의 초록색 [실행] 버튼을 클릭한 뒤 [Run 'ExperienceRepository'...] 버튼을 클릭합니다. 그러면 클래스의 모든 메서드가 실행됩니다. 특정 메서드만 실행하고 싶다면 @Test 어노테이션이 붙은 테스트 메서드 옆의 버튼을 클릭하면 됩니다.

```
11
12      @DataJpaTest
13      @TestInstance(TestInstance.Lifecycle.PER_CLASS)
14 ▷▷   class ExperienceRepositoryTest(
15          @Autowired val experienceRepository: ExperienceRepository
실행 버튼  ) {
17
18          val DATA_SIZE = 10
```

그림 5-9 인텔리제이 테스트 실행 버튼

ExperienceRepositoryTest 클래스를 실행한 결과는 다음 [그림 5-10]과 같습니다. 왼쪽의 탭을 보면 Test Results 하위에 ExperienceRepositoryTest 클래스가 있고, 그 하위에 각 테스트 메서드가 있습니다. 초록색 체크 표시는 테스트가 통과됐다는 의미입니다.

tip 만약 Test Results 하위에 결과가 안 보인다면, 도구 모음의 Show Passed 버튼(체크 표시)을 선택하세요.

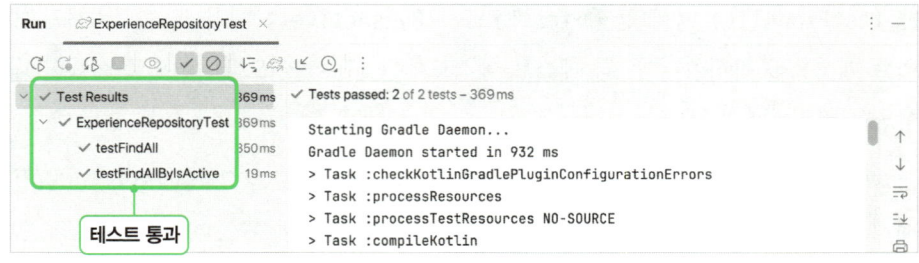

그림 5-10 ExperienceRepositoryTest 실행 결과(성공)

만약 테스트 중 오류가 발생했거나 assertThat() 메서드에서 검증에 실패했다면 [그림 5-11]과 같이 실패한 클래스와 메서드가 노란색 X 표시로 보입니다. 각 메서드를 선택한 뒤 로그를 보며 문제가 발생한 부분을 확인한 뒤 고치도록 합니다.

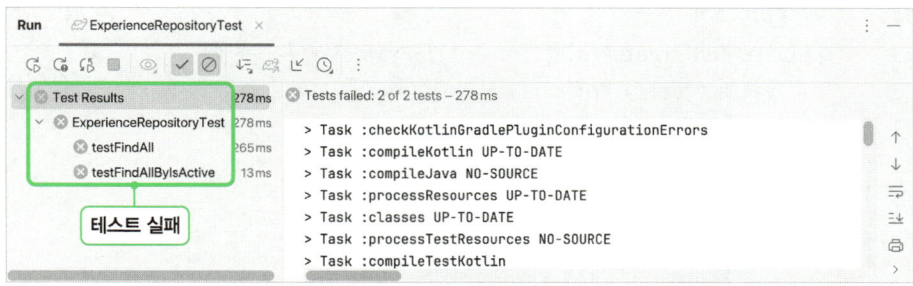

그림 5-11 ExperienceRepositoryTest 실행 결과(실패)

Project 리포지터리 테스트 코드 작성하기

이번에는 Project 리포지터리를 테스트해 봅시다. 전체 흐름은 ExperienceRepositoryTest 코드 내용과 같습니다.

하지만 Project 엔티티는 ProjectSkill, Skill 엔티티와도 연관 관계를 가지기 때문에 Skill 엔티티를 먼저 생성해 저장할 필요가 있습니다. 저장된 Skill 엔티티를 꺼내 와서 Project와 Skill 엔티티를 연결하는 ProjectSkil 엔티티를 생성한 후, Project 엔티티의 skills 필드에 추가하는 작업을 합니다.

[코드 5-18]을 참고해 ProjectRepositoryTest 클래스와 createProject() 메서드를 작성합니다.

코드 5-18 domain/repository/ProjectRepositoryTest.kt

```
01  package com.yongback.portfolio.domain.repository
02
03  // 생략
04
05  @DataJpaTest
06  @TestInstance(TestInstance.Lifecycle.PER_CLASS)
07  class ProjectRepositoryTest(
08      @Autowired val projectRepository: ProjectRepository,
```

```kotlin
09          @Autowired val skillRepository: SkillRepository
10  ) {
11
12      val DATA_SIZE = 10
13
14      // 더미 객체 생성
15      private fun createProject(n: Int): Project {  ──────▶ ❶
16          val project = Project(
17              name = "${n}",
18              description = "테스트 설명 ${n}",
19              startYear = 2023,
20              startMonth = 9,
21              endYear = 2023,
22              endMonth = 9,
23              isActive = true
24          )
25
26          val details = mutableListOf<ProjectDetail>()
27          for (i in 1..n) {
28              val projectDetail = ProjectDetail(
29                  content = "테스트 ${i}",
30                  url = null,
31                  isActive = true
32              )
33              details.add(projectDetail)
34          }
35          project.addDetails(details)
36
37          val skills = skillRepository.findAll()
38          val skillsUsedInProject = skills.subList(0, n)
39          for (skill in skillsUsedInProject) {
40  ❷          val projectSkill = ProjectSkill(project = project, skill = skill)
41              project.skills.add(projectSkill)
42          }
43
44          return project
45      }
46      ├────▶ [코드 5-19]에서 이어서 작성합니다.
47  }
```

Project와 Skill 엔티티를 연결하는 로직은 ❶ createProject() 메서드 ❷ 후반부에 있습니다. Skill 리포지터리로 전체 Skill 엔티티를 조회한 후 인자로 받은 n만큼 리스트를 자르고, 각 Skill과 Project 엔티티를 이어 주는 ProjectSkill 엔티티를 생성하여 Project 엔티티의 skills 필드에 추가하는 작업입니다.

Skill 리포지터리에서 Skill 엔티티를 조회하기 위해서는 데이터를 먼저 세팅해 두어야 합니다. [코드 5-19]를 참고해 beforeAll() 메서드를 작성합니다.

코드 5-19 domain/repository/ProjectRepositoryTest.kt

```kotlin
// 생략
@BeforeAll
fun beforeAll() {        ❶
    println("----- 스킬 데이터 초기화 시작 -----")
    val skills = mutableListOf<Skill>()
    for (i in 1..DATA_SIZE) {
        val skillTypes = SkillType.values()
        val skill = Skill(
            name = "테스트 ${i}",
            type = skillTypes[i % skillTypes.size].name,
            isActive = true
        )
        skills.add(skill)
    }
    skillRepository.saveAll(skills)
    println("----- 스킬 데이터 초기화 종료 -----")

    println("----- 데이터 초기화 이전 조회 시작 -----")
    val beforeInsert = projectRepository.findAll()
    assertThat(beforeInsert).hasSize(0)
    println("----- 데이터 초기화 이전 조회 종료 -----")

    println("----- 테스트 데이터 초기화 시작 -----")
    val projects = mutableListOf<Project>()
    for (i in 1..DATA_SIZE) {
        val project = createProject(i)        ❷
        projects.add(project)
    }
    projectRepository.saveAll(projects)
```

```
    println("----- 테스트 데이터 초기화 종료 -----")
}
```

─────▶ [코드 5-20]에서 이어서 작성합니다.

❶ beforeAll() 메서드 초반부에서 **DATA_SIZE**만큼 더미 스킬 엔티티를 생성한 후 Skill 리포지터리의 **saveAll()** 메서드를 호출해 저장합니다. 이후 후반부에서 ❷ **createProject()** 메서드를 호출하는 시점에서는 Skill 엔티티를 조회해 Project 엔티티와 연결됩니다.

마지막으로 [코드 5-20]을 작성해 Project 리포지터리가 데이터를 잘 조회하는지 테스트합니다.

코드 5-20 domain/repository/ProjectRepositoryTest.kt

```
// 생략

@Test
fun testFindAll() {
    println("----- findAll 테스트 시작 -----")
    val projects = projectRepository.findAll()
    assertThat(projects).hasSize(DATA_SIZE)
    println("projects.size: ${projects.size}")

    for (project in projects) {
        assertThat(project.details).hasSize(project.name.toInt())
        println("project.details.size: ${project.details.size}")

        assertThat(project.skills).hasSize(project.name.toInt())
        println("project.skills.size: ${project.skills.size}")
    }
    println("----- findAll 테스트 종료 -----")
}

@Test
fun testFindAllByIsActive() {
    println("----- findAllByIsActive 테스트 시작 -----")
    val projects = projectRepository.findAllByIsActive(true)
    assertThat(projects).hasSize(DATA_SIZE)
    println("projects.size: ${projects.size}")
```

```
    for (project in projects) {
        assertThat(project.details).hasSize(project.name.toInt())
        println("project.details.size: ${project.details.size}")

        assertThat(project.skills).hasSize(project.name.toInt())
        println("project.skills.size: ${project.skills.size}")
    }
    println("----- findAllByIsActive 테스트 종료 -----")
}
```

코드를 실행해 테스트를 통과하는지 확인해 봅시다. Project 리포지터리 테스트도 통과했다면 작업 내역을 커밋합니다.

◁ 커밋과 푸시

- **커밋 대상**: ExperienceRepositoryTest.kt, ProjectRepositoryTest.kt
- **커밋 메시지**: 리포지터리 테스트 코드 작성

5-4-2 리포지터리 성능 개선하기

테스트 코드를 작성해 JPA 리포지터리가 정상적으로 '기능'하는 것은 확인했습니다. 하지만 '성능'상으로는 개선할 점이 남아있습니다. 다음 그림은 [코드 5-16] ExperienceRepositoryTest의 testFindAll() 테스트 메서드를 실행한 로그입니다. 작성한 테스트 메서드를 참고하며 각 로그가 코드의 어떤 지점에서 출력되었나 이해하며 따라가 봅시다.

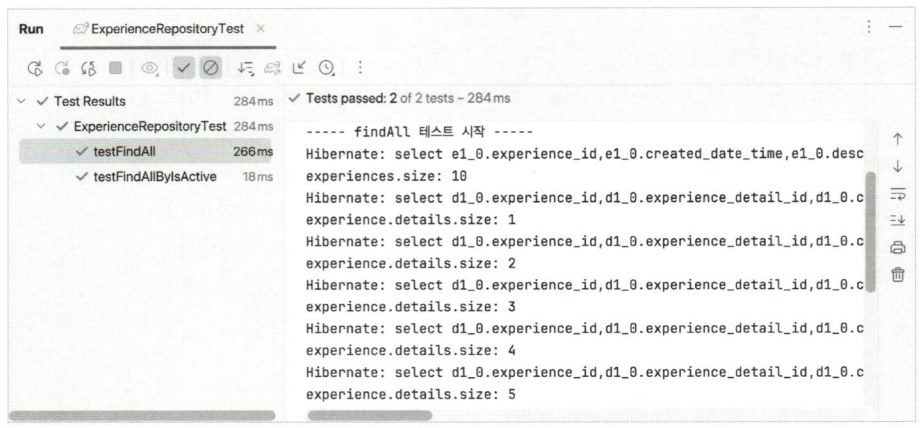

그림 5-12 ExperienceRepsitoryTest의 testFindAll( ) 실행 로그(LAZY)

먼저 작성한 'findAll 테스트 시작' 문구가 출력됩니다. 그다음 줄은 `select * from experience` 형식의 쿼리로, findAll( ) 메서드를 호출할 때 실행한 쿼리가 출력되었음을 알 수 있습니다. 쿼리를 실행한 뒤 전체 엔티티 개수는 experiences.size: {데이터 개수}의 형식으로 출력됩니다.

테스트 메서드는 그다음에 조회한 각 Experience 엔티티를 순회하며 각 details 리스트의 크기를 검증하고 출력합니다. [그림 5-12]에서 experience.size: 10의 아래 부분에 해당합니다. 쿼리는 `select * from experience_detail where experience_id = ?` 형식입니다. 즉 Experience 엔티티와 연결된 모든 Experience Detail 엔티티를 조회하는 쿼리입니다.

Experience 엔티티를 1부터 10까지 순회하며 1회 Experience의 ExperienceDetail을 조회한 뒤 개수를 출력하고, 2회 Experience의 ExperienceDetail을 조회한 뒤 개수를 출력하는 식의 과정을 10회 반복합니다. 여기서는 열 개의 Experience 엔티티를 조회했으므로 처음의 Experience 엔티티 조회 쿼리 1회, 그리고 연결된 ExperienceDetail의 엔티티 조회 쿼리 10회로 총 11회의 쿼리가 실행되었습니다. 만약 엔티티가 100개라면 101회, 1000개라면 1001회 쿼리가 실행됩니다.

그러나 이와 같은 방식은 N+1 문제를 야기한다고 했습니다. 데이터베이스의 부담이 가중되기 때문에 이 문제를 해결하려면 같은 기능을 하면서도 쿼리가 한 번만 실행되게 해야 합니다.

N+1 문제를 개선할 수 있는 방법으로는 **페치 조인** 사용, **엔티티 그래프**entity graph 사용, **배치 사이즈** 설정 등이 있습니다. 실습 프로젝트에서는 페치 조인을 사용하여 findAll ByIsActive() 메서드를 개선하고, 배치 사이즈를 설정하여 findAll() 메서드를 개선해 보겠습니다. 또한 testFindAllByIsActive() 메서드도 동일한 방식으로 로그가 출력된 것을 미리 확인해 둡니다.

FetchType 동작 방식 확인하기

testFindAll()의 로그를 이용해 139쪽에서 살펴본 FetchType의 Eager와 Lazy의 차이도 확인해 볼 수 있습니다. Experience 클래스의 details 필드에서 @OneToMany 어노테이션의 fetch 속성을 FetchType.EAGER로 변경합니다.

그리고 testFindAll() 테스트 메서드를 실행하면 다음 그림처럼 11개의 쿼리가 모두 실행된 뒤에 엔티티 리스트의 개수가 출력이 됩니다. 즉 처음 findAll()을 모두 조회할 때 연관된 모든 엔티티를 조회하는 쿼리를 모두 실행해 데이터를 가져온 것입니다.

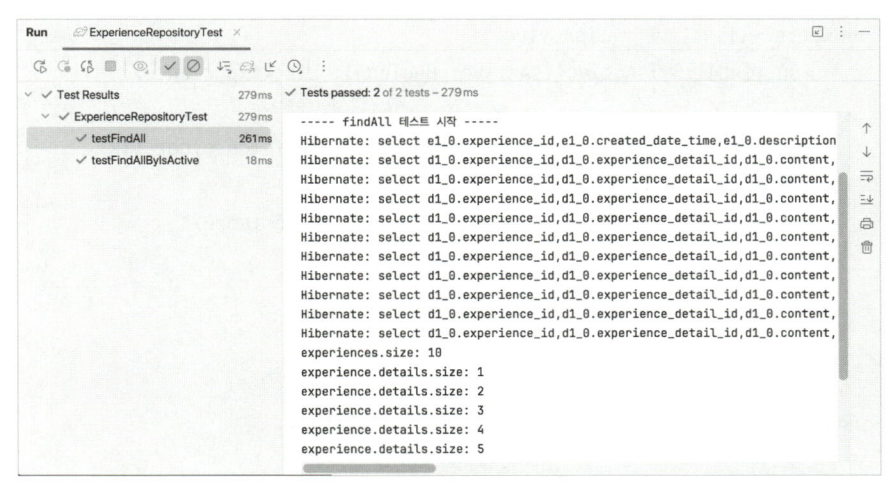

그림 5-13 FetchType이 EAGER인 경우

반면 FetchType.LAZY일 때는 'experience.details'와 같이 실제로 데이터를 사용하기 위해 호출하는 시점에 쿼리를 실행하기 때문에 앞서 [그림 5-12]와 같은 형태로 로그가 출력됩니다.

페치 조인 사용하여 개선하기

페치 조인이란 JPQL Java Persistence Query Language에서 제공하는 문법적 기능입니다. 페치 조인을 사용한 쿼리를 직접 작성한 후 findAllByIsActive() 메서드가 해당 쿼리를 실행하도록 직접 지정합니다. [코드 5-21]과 [코드 5-22]를 참고하여 ExperienceRepository와 ProjectRepository 클래스를 수정합니다.

tip JPQL은 JPA에서 사용하는 객체지향적 쿼리 언어입니다.

코드 5-21 ExperienceRepository.kt

```
01  package com.yongback.portfolio.domain.repository
02
03  // 생략
04
05  interface ExperienceRepository : JpaRepository<Experience, Long> {
06
07      @Query("select e from Experience e left join fetch e.details
    ➥ where e.isActive = :isActive")
08      fun findAllByIsActive(isActive: Boolean): List<Experience>
09
10      @Query("select e from Experience e left join fetch e.details
    ➥ where e.id = :id")
11      override fun findById(id: Long): Optional<Experience>
12  }
```

코드 5-22 ProjectRepository.kt

```
01  package com.yongback.portfolio.domain.repository
02
03  // 생략
04
05  interface ProjectRepository : JpaRepository<Project, Long> {
06
07      @Query("select p from Project p left join fetch p.skills s left join
    ➥ fetch s.skill where p.isActive = :isActive")
08      fun findAllByIsActive(isActive: Boolean): List<Project>
09
10      @Query("select p from Project p left join fetch p.details where p.id
    ➥ = :id")
```

```
11          override fun findById(id: Long): Optional<Project>
12  }
```

각 코드의 @Query 어노테이션은 JPA 리포지터리의 메서드가 실행할 쿼리를 직접 정의할 때 사용합니다. 쿼리 메서드보다 @Query 어노테이션으로 직접 정의한 쿼리가 우선순위를 갖습니다.

JPQL은 테이블이 아닌 객체를 대상으로 질의하는 쿼리 언어입니다. SQL에 익숙하다면 쿼리를 이해할 수 있을 것입니다. 예를 들어 [코드 5-21] 10행의 Experience는 테이블이 아닌 엔티티를 가리킵니다. select e from Experience e는 엔티티에 e라는 별칭을 지정해 e 엔티티를 가져오라는 의미입니다.

이어지는 left join fetch e.details 구문은 e 엔티티를 조회하며 e가 갖는 details의 엔티티를 한 번에 조회하라는 의미입니다. 여기서 left join은 SQL의 LEFT OUTER JOIN과 같습니다. 조인의 대상이 없어도 Experience 엔티티를 가져옵니다. 그리고 fetch가 바로 엔티티를 '한 번에' 조회하는 역할을 합니다.

또한 각 코드의 findById()는 JPA 리포지터리 인터페이스에 정의된 메서드입니다. 이후 개발 과정에서 사용할 메서드인데, 성능을 위해 페치 조인을 사용해야 하기 때문에 미리 오버라이드했습니다.

이제 ExperienceRepositoryTest를 다시 실행합니다. testFindAllByIsActive() 메서드의 로그를 확인해 보면 [그림 5-14]와 같이 최초 한 번만 쿼리가 실행되는 것을 볼 수 있습니다. 해당 쿼리를 읽어 보면 left join experience_detail과 같은 조인 절을 확인할 수 있습니다.

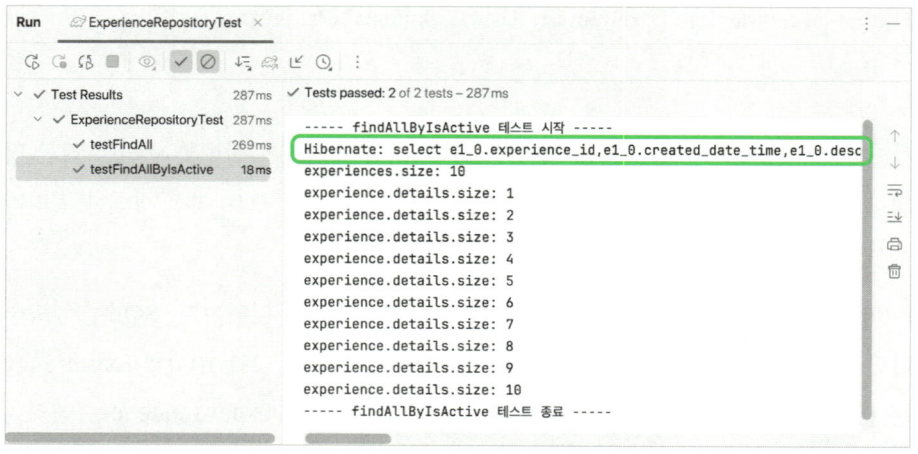

그림 5-14 페치 조인 적용 로그

testFindAll() 로그와도 차이를 비교해 보세요. 또 findAll() 메서드의 @Query 어노테이션을 주석 처리해 보기도 하고, left join fetch를 left join으로 바꾸어 보면서 testFindAllByIsActive() 로그가 어떻게 변하는지도 확인해 보며 페치 조인을 익혀 봅시다.

배치 사이즈 설정하여 개선하기

findAll() 메서드는 여전히 N+1 문제가 발생합니다. findById() 메서드를 오버라이드한 것처럼 findAll() 메서드도 오버라이드할 수 있습니다. 하지만 실습에서는 배치 사이즈를 변경하는 방법을 사용해 보겠습니다. **배치 사이즈**는 연관된 엔티티를 가져올 때 한 번에 몇 개씩 가져올지 지정하는 것을 말합니다.

필요한 코드는 119쪽에서 미리 작성해 두었습니다. application-default.yml, application-docker.yml 파일을 열어 주석 처리한 spring.jpa.properties.hibernate.default_batch_size를 활성화합니다. 값은 10으로 설정해 두었습니다.

ExperienceRepositoryTest를 다시 실행하면 [그림 5-15]처럼 select 쿼리가 두 개로 줄어든 것을 확인할 수 있습니다. 첫 번째는 Experience 엔티티를 조회하는 쿼리이고, 두 번째는 ExperienceDetail을 조회하는 쿼리입니다. 두 번째 쿼리를 보면 `experience_id in (?, ?, ?)`와 같이 IN 절을 사용한 것을 알 수 있을 것입니다.

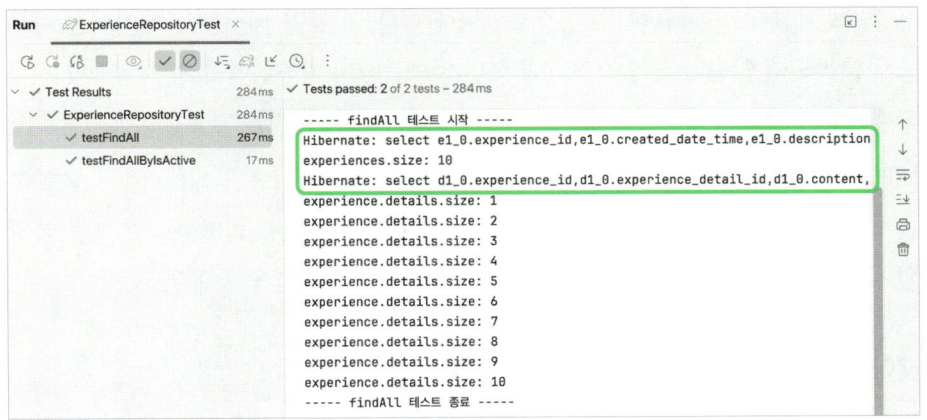

그림 5-15 배치 사이즈 적용 로그

즉, 배치 사이즈란 IN 절의 크기를 조정하는 옵션입니다. 배치 사이즈가 10이었고, 조회한 Experience 엔티티도 열 개였기 때문에 한 번의 ExperienceDetail 조회 쿼리만으로도 모든 데이터를 가져올 수 있었습니다. 배치 사이즈를 3 또는 5로 바꿔 보면 ExperienceDetail 쿼리가 네 번(=10/3+1) 또는 두 번(=10/5) 실행되는 것을 확인할 수 있습니다.

지금까지 작업한 내역을 커밋합니다.

> **커밋과 푸시**
>
> • **커밋 대상**: ExperienceRepository.kt, ProjectRepository.kt, application-default.yml, application-docker.yml
> • **커밋 메시지**: 리포지터리 성능 개선

5-4-3 DataInitializer 클래스 개발하기

실습 프로젝트에서는 인메모리 H2 데이터베이스를 사용합니다. 메모리에 데이터베이스를 올리기 때문에 스프링 애플리케이션이 실행될 때 생성되고, 종료될 때 사라집니다. 즉 매번 애플리케이션을 껐다 켤 때마다 데이터베이스가 리셋됩니다.

앞서 application-default.yml의 ddl-auto를 create로 설정했기 때문에 테이블은

애플리케이션이 실행되면서 자동으로 생성됩니다. 하지만 테이블의 데이터는 자동으로 추가되지 않습니다. 앞으로 개발하면서 애플리케이션을 여러 번 재실행할 텐데 그때마다 수동으로 데이터를 넣는 것은 번거로운 작업입니다.

그래서 실습 프로젝트에서는 스프링이 실행될 때마다 테이블의 데이터를 초기화하는 DataInitializer 클래스를 만듭니다. 스프링 프로필이 default일 때, 즉 개발 환경일 때는 항상 실행되며 미리 세팅한 데이터를 삽입하는 역할을 합니다.

테이블 데이터를 초기화하는 클래스 작성하기

다시 'src/main/com/yongback/porfolio/domain' 디렉터리로 이동합니다. 그리고 DataInitializer.kt 파일을 만든 후 [코드 5-23]을 참고해 initializeData() 메서드를 작성합니다.

코드 5-23 domain/DataInitializer.kt

```
01  package com.yongback.portfolio.domain
02
03  // 생략
04
05  @Component ━━━▶ ❶
06  @Profile(value = ["default"]) ━━━▶ ❷
07  class DataInitializer(
08      private val achievementRepository: AchievementRepository,
09      private val experienceRepository: ExperienceRepository,
10      private val introductionRepository: IntroductionRepository,
11      private val linkRepository: LinkRepository,
12      private val projectRepository: ProjectRepository,
13      private val skillRepository: SkillRepository
14  ) {
15
16      val log = LoggerFactory.getLogger(DataInitializer::class.java)
17
18      @PostConstruct ━━━▶ ❸
19      fun initializeData() {
20
21          log.info("스프링이 실행되었습니다. 테스트 데이터를 초기화합니다.")
22
23          // achievement 초기화
```

```
24          val achievements = mutableListOf<Achievement>(
25              Achievement(
26                  title = "2022 Catkao 해커톤 최우수상",
27                  description = "고양이 쇼핑몰 검색 서비스의 아키텍처, " +
28                          "데이터 모델링, API 개발 역할 수행",
29                  host = "캣카오",
30                  achievedDate = LocalDate.of(2022, 8, 1),
31                  isActive = true
32              ),
33              Achievement(
34                  title = "정보처리기사",
35                  description = "자료구조, 운영체제, 알고리즘, 데이터베이스 등",
36                  host = "한국산업인력공단",
37                  achievedDate = LocalDate.of(2020, 2, 2),
38                  isActive = true
39              )
40          )
41          achievementRepository.saveAll(achievements)
42      }
43  }
```

클래스 최상단에는 ❶ @Component 어노테이션을 작성합니다. 스프링 빈으로 관리할 클래스라는 것을 알려 주는 역할을 합니다. 스프링이 실행될 때 @Component 어노테이션이 붙은 클래스를 모두 스캔한 뒤에 인스턴스로 생성해 스프링 빈으로 등록합니다.

특정 스프링 프로필에서만 클래스를 빈으로 등록하기 위해 ❷ @Profile을 사용합니다. DataInitializer 클래스는 운영 환경에서 사용되어서는 안 됩니다. 따라서 @Profile 어노테이션의 value 속성에 default값을 지정해 주어 개발 환경에서만 데이터가 초기화되도록 합니다.

기본 생성자에는 5-3절에서 만든 리포지터리가 파라미터로 선언되어 있습니다. JPA 리포지터리는 자동으로 스프링 빈으로 관리됩니다. 이로써 생성자 방식으로 각 리포지터리의 의존성이 DataInitializer에 주입됩니다.

그리고 스프링 빈이 초기화된 직후 실행해야 하는 메서드를 지정하기 위해 ❸ @PostConstruct 어노테이션을 사용합니다. 스프링 애플리케이션이 실행될 때 @Compo nent가 붙은 모든 클래스를 찾아 인스턴스를 생성해 빈으로 생성하고, 각 빈에 의존성을 주입합니다. 그 이후 @PostConstruct가 붙은 메서드를 찾아 1회 호출합니다. 따라서 initializeData() 메서드는 스프링의 모든 기능을 사용할 수 있는 상태에서 실행됩니다.

initializeData() 메서드의 로직 자체는 단순합니다. 정리하면 3장에서 살펴본 가상 프로필에 맞춰 엔티티를 생성한 뒤, saveAll() 메서드를 호출해 저장하는 기능을 합니다.

<table>
<tr><td>📄 JPA 리포지터리가 제공하는 기본 메서드 확인하기</td></tr>
</table>

saveAll() 메서드는 JPA 리포지터리가 자체적으로 구현한 기능입니다. 인텔리제이에서 코드를 작성할 때 initializeData() 메서드 안에 'achievementRepository'를 입력하고 마침표를 찍으면 호출 가능한 다른 메서드도 확인할 수 있습니다. 대표적으로 save(), saveAll(), find(), findById(), delete(), deleteAll(), count() 메서드 등이 있습니다.

그림 5-16 JPA 리포지터리가 기본 제공하는 대표적인 메서드

[코드 5-23]에서는 Achievement 엔티티만 우선 생성했습니다. 이제 나머지 엔티티도 생성합니다. [코드 5-23] DataInitializer.kt에 이어서 작성하면 됩니다. 로직은 크게 다르지 않으므로 데모 프로젝트의 깃허브 리포지터리에서 domain/DataInitializer.kt를 참고해 작성합니다.

DataInitializer 클래스를 모두 작성한 후 애플리케이션을 실행하면 이전에 비해 많은 로그가 출력됩니다. 해당 로그는 INSERT 문과 UPDATE 문으로 테스트 데이터를 초기화하는 쿼리입니다.

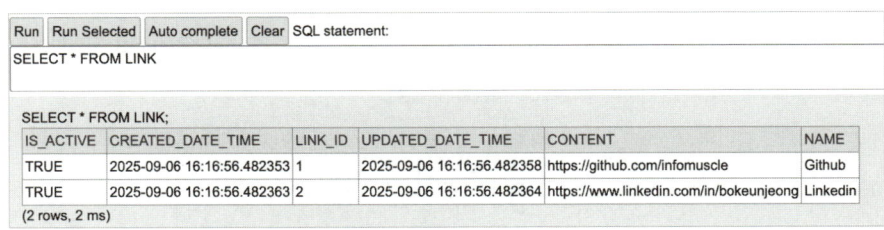

그림 5-17 데이터 초기화 로그

H2 콘솔에서 데이터 초기화 확인하기

그럼 실제로 데이터가 제대로 들어갔는지 확인해 봅시다. 웹 브라우저로 H2 콘솔에 접속합니다. 데이터를 조회하는 SELECT 문을 실행하면 [그림 5-18]처럼 데이터가 들어간 것을 확인할 수 있습니다.

그림 5-18 데이터 초기화 확인

이로써 인메모리 H2 데이터베이스가 매번 사라지더라도 개발 환경에서는 매번 다시 테이블을 만들고 데이터를 추가할 수 있게 됐습니다.

작업한 내역을 커밋하고 5장을 마무리하겠습니다.

지금까지 실습 프로젝트의 가장 기반인 도메인 영역을 개발해 보았습니다. 프로젝트에서 데이터베이스 구조는 토대가 되기 때문에 쉽게 변경할 수 없습니다. 도메인 영역은 이러한 데이터베이스와 상호작용을 하기 때문에 핵심 CRUD에 집중하는 것이 좋습니다. 실제로 유연한 애플리케이션을 만드는 방법 중 하나가 사용자를 위한 기능은 기본 도메인 기능을 조합하고 활용해서 만드는 것임을 기억하세요.

✏️ 학습노트

- JPA는 자바 ORM의 표준 인터페이스이다.
- ORM은 객체와 테이블을 매핑하여 데이터를 자동으로 변환, 처리하는 기술이다.
- JPA를 사용하면 개발 속도 향상, DBMS 종속 제거, 객체지향적 설계 유도 등의 이점이 있다.
- 영속성 컨텍스트는 JPA에서 엔티티를 관리하는 메모리 저장소이다.
- 영속성 컨텍스트는 1차 캐시, 더티 체킹, 쓰기 지연 등 특성으로 성능과 편의상 이점이 있다.
- 영속성 전이 설정으로 특정 엔티티와 연관된 엔티티들의 영속성을 같이 변경할 수 있다.
- 엔티티는 데이터베이스의 테이블에 대응하는 객체이다.
- 엔티티의 PK를 만들 때는 @GeneratedValue 어노테이션에 GenerationType으로 전략을 지정한다.
- 엔티티 클래스에는 연관된 엔티티를 필드로 지정할 수 있다.
- 연관된 엔티티 필드는 @OneToMany, @ManyToOne 등 어노테이션으로 관계를 표현한다.
- JPA 리포지터리 인터페이스 상속만으로 기본 CRUD 기능이 있는 구현체를 만들 수 있다.
- 쿼리 메서드를 이용해 비즈니스에 필요한 CRUD도 구현할 수 있다.
- N+1 문제는 페치 조인, 엔티티 그래프, 배치 사이즈 등으로 개선할 수 있다.
- 페치 조인은 연관된 엔티티를 한 번에 조인하여 가져오는 JPQL 문법이다.
- 배치 사이즈를 설정해 연관된 엔티티를 조회할 때 IN 절로 여러 개를 묶어 조회할 수 있다.
- @PostConstruct 어노테이션으로 스프링 실행 직후 동작할 메서드를 지정할 수 있다.

CHAPTER 06

백엔드 개발하기: 프레젠테이션 레이어

6장에서는 도메인 레이어 기능을 활용하여 프레젠테이션 레이어의 백엔드를 개발합니다. 프레젠테이션 레이어의 주요 컴포넌트는 비즈니스 로직을 처리하는 서비스, 그리고 사용자와 인터페이스를 담당하는 컨트롤러입니다. 그 외 컴포넌트로는 사용자에게 노출할 데이터를 담는 DTO와 사용자가 접속할 때마다 요청 정보를 추출해 저장하는 인터셉터가 있습니다.

6-1 DTO 개발하기

- DTO의 의미와 사용하는 목적을 이해한다.
- 프레젠테이션 레이어에서 사용할 DTO를 개발한다.

먼저 서비스에서 사용되는 DTO를 개발해 봅시다. **DTO**^{Data Transfer Object}는 애플리케이션의 각 레이어 간 데이터를 전송하기 위한 객체입니다. 특정 레이어에서 다른 레이어로 데이터를 전달할 때 데이터를 담는 통이라고 이해해도 좋습니다.

DTO를 사용하는 주요 목적은 다음과 같습니다.

- 불필요한 데이터 노출을 방지
- 전달하는 데이터의 양을 줄여 성능 최적화
- 계층 간 의존성을 최소화

예를 들어 회원 관리 화면에서 사용자 정보를 조회한다면 애플리케이션이 데이터베이스에 접근해 사용자 테이블에서 모든 컬럼 정보를 가져온 후 사용자 엔티티의 각 필드에 세팅합니다. 그런데 사용자 테이블에는 비밀번호나 개인정보처럼 노출되면 안 되는 데이터도 있습니다. 엔티티를 그대로 회원 관리 화면에 돌려 주면 보안 문제가 발생합니다.

이 문제는 DTO 객체를 따로 만들어 해결할 수 있습니다. 회원 관리 화면에 응답할 데이터만 담는 것입니다. 먼저 회원 관리 화면 DTO를 별도로 만들어 화면에 필요한 데이터 필드만 정의합니다. 그리고 서버는 엔티티에서 필요한 데이터만 선별해 DTO에 세팅한 뒤 DTO를 응답합니다. 이 방법으로 보안을 한층 강화할 뿐만 아니라 주고받는 데이터의 양을 줄여 네트워크 비용을 최적화할 수 있습니다.

DTO는 화면의 요구사항이 바뀌며 새로운 형식으로 데이터 전달이 필요하거나, 엔티티의 데이터를 여러 화면에 반환해야 할 때에도 유용합니다. 각 요구사항에 맞는 DTO를 추가한 뒤 엔티티에서 필요한 데이터를 세팅해 주기만 하면 됩니다. 만약 엔티티를 여러 화면에서 공통으로 사용하도록 둔다면, 한 화면의 변경된 요구사항 때문에 다른 화면이 영향을 받을 수도 있습니다. 하지만 각 화면이 독립된 DTO를 사용하게 함으로써 의존성을 유연하게 만들 수 있습니다.

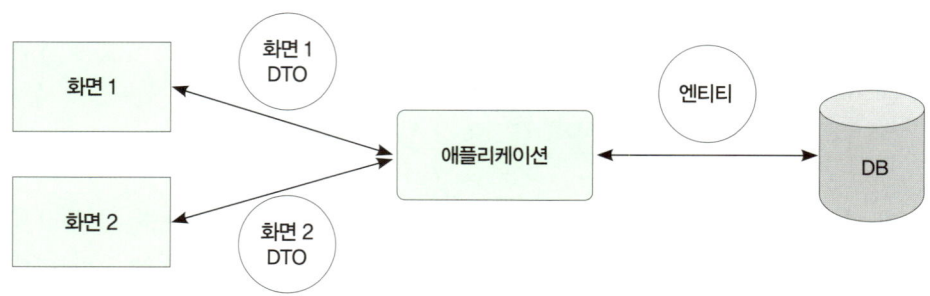

그림 6-1 DTO를 이용한 의존성 분리

6-1-1 인덱스 페이지 DTO 개발하기

각 화면에서 사용할 DTO를 만들어 보겠습니다. 인덱스 페이지는 introduction 테이블과 link 테이블에서 조회한 데이터를 사용합니다. Introduction 엔티티를 IntroductionDTO로, Link 엔티티를 LinkDTO로 변환해 화면에 응답하겠습니다.

DTO는 별도의 패키지에 따로 모읍니다. domain 패키지와 같은 위치에 presentation 패키지를 만들고, 그 안에 dto 패키지를 만듭니다. dto 패키지에는 Introduction DTO.kt 파일을 만듭니다. 이때 [그림 6-2]처럼 Data class를 선택합니다.

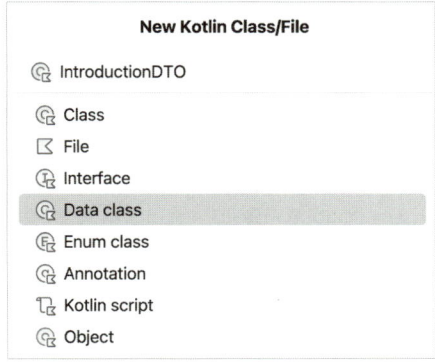

그림 6-2 IntroductionDTO 데이터 클래스 만들기

IntroductionDTO.kt 파일을 만들어 [코드 6-1]을 참고해 내용을 작성합니다.

코드 6-1 presentation/dto/IntroductionDTO.kt

```
01  package com.yongback.portfolio.presentation.dto
02
03  import com.yongback.portfolio.domain.entity.Introduction
04
05  data class IntroductionDTO(          ──▶ ❶ 주 생성자
06      val content: String
07  ) {
08      constructor(introduction: Introduction) : this(  ──▶ ❷ 부 생성자
09          content = introduction.content
10      )
11  }
```

Introduction 엔티티의 아이디나 활성화 여부, 생성일시, 수정일시 등은 인덱스 페이지에서 필요한 내용이 아닙니다. 소개글만 노출하면 되므로 IntroductionDTO 클래스에 content 필드만 남깁니다. ❶ 주 생성자를 보면 **content**가 파라미터이자 동시에 필드로 선언되어 있습니다. 그리고 편의를 위해 Introduction 엔티티를 인자로 받아 content값을 세팅하는 간단한 ❷ 부 생성자를 추가합니다.

> **tip** IntroductionDTO 예제에는 필드가 하나밖에 없지만, 실무에서는 엔티티를 DTO로 변환할 때 굉장히 많은 필드를 세팅해야 할 때가 많습니다. 이때는 서비스 로직에서 엔티티의 값을 하나씩 생성자 파라미터에 넣어 줘도 괜찮습니다. 하지만 서비스 로직 코드를 간결하게 만들려면 엔티티를 받는 생성자를 별도로 선언한 뒤에 값 세팅을 생성자 로직 내부로 캡슐화하는 것도 좋은 방법입니다.

클래스 선언부의 data는 코틀린의 **데이터 클래스**data class를 지정할 때 사용합니다. 데
이터 클래스는 데이터 저장이 목적입니다. 다시 말해 일반 클래스와 달리 데이터를
다룰 때 유용한 코드를 자동으로 생성해 주는 편리한 기능을 제공합니다. 예를 들어
객체의 내용을 비교하는 equals( ) 메서드, 객체를 해시 키로 사용할 수 있게 해주는
hashCode( ) 메서드, 객체의 내용을 문자열로 표현하는 toString( ) 메서드 등을 데
이터 처리에 유용하게 오버라이드합니다.

Quiz 임의의 코틀린 클래스를 두 개 만듭니다. 하나를 데이터 클래스로 선언한 후 각각 println( ) 메서드로
출력해 보세요. 어떤 차이가 있나요?

또 데이터를 담는 것이 주 목적이므로 최소 하나의 파라미터를 가진 주 생성자를 반
드시 정의해야 합니다. 이때 파라미터는 val 또는 var로 선언하여 필드를 하나 이상
선언해야 합니다.

IntroductionDTO 코드 작성을 완료했다면 같은 방식으로 LinkDTO.kt 파일을 만
들어 [코드 6-2]를 참고해 내용을 작성합니다. Link 엔티티에서 데이터를 가져와 각
필드에 세팅한다는 점에서 IntroductionDTO와 큰 차이는 없습니다.

코드 6-2 presentation/dto/LinkDTO.kt

```
01   package com.yongback.portfolio.presentation.dto
02
03   import com.yongback.portfolio.domain.entity.Link
04
05   data class LinkDTO(
06       val name: String,
07       val content: String
08   ) {
```

```
09      constructor(link: Link) : this(
10          name = link.name.lowercase(),
11          content = link.content
12      )
13  }
```

name 필드는 프런트엔드를 개발할 때 링크 유형에 맞는 부트스트랩 아이콘을 자동으로 가져오기 위해 사용합니다. 이때 사용할 부트스트랩 아이콘의 이름과 맞추기 위해 lowercase() 메서드를 호출해 소문자로 바꾼 뒤 세팅합니다. content 필드에는 URL이 들어갑니다.

6-1-2 이력서 페이지 DTO 개발하기

이번에는 이력서 페이지에서 사용할 DTO를 만들어 보겠습니다. 이력서 페이지에서는 경력/학력, 수상/자격증 그리고 기술 스택을 보여 줍니다. experience, achievement, skill 테이블에서 조회한 엔티티를 각각 ExperienceDTO, AchievementDTO 그리고 SkillDTO로 변환한 뒤에 ResumeDTO라는 하나의 통에 담아 화면에 전달하겠습니다.

SkillDTO.kt 파일부터 만들겠습니다. [코드 6-3]을 참고해 내용을 작성합니다.

코드 6-3 presentation/dto/SkillDTO.kt

```
01  package com.yongback.portfolio.presentation.dto
02
03  import com.yongback.portfolio.domain.entity.Skill
04
05  data class SkillDTO(
06      val name: String,
07      val type: String
08  ) {
09      constructor(skill: Skill) : this(
10          name = skill.name,
11          type = skill.type.name
12      )
13  }
```

SkillDTO도 앞서 작성한 DTO와 큰 차이는 없습니다. 다만 Skill 엔티티에는 기술의 유형인 type 필드를 열거형인 SkillType으로 선언했기 때문에 인자로 받은 skill의 type에서 name을 호출해 문자열로 변환한 값을 세팅합니다.

이어서 ExperienceDTO.kt, AchievementDTO.kt 파일을 만들고 [코드 6-4]와 [코드 6-5]를 참고해 내용을 작성합니다. 이번에는 다양한 코드 스타일을 살펴보기 위해 별도로 부 생성자를 선언하지 않고, 이어서 ResumeDTO를 생성할 때 주 생성자를 이용해 파라미터에 인자를 하나씩 넣어 주겠습니다.

코드 6-4 presentation/dto/ExperienceDTO.kt

```
01  package com.yongback.portfolio.presentation.dto
02
03  data class ExperienceDTO(
04      val title: String,
05      val description: String,
06      val startYearMonth: String?,
07      val endYearMonth: String?,
08      val details: List<String>
09  )
```

코드 6-5 presentation/dto/AchievementDTO.kt

```
01  package com.yongback.portfolio.presentation.dto
02
03  data class AchievementDTO(
04      val title: String,
05      val description: String,
06      val host: String,
07      val achievedDate: String?
08  )
```

여기까지 작성했다면 이력서 페이지에 최종 전달될 ResumeDTO를 만듭니다. 코틀린 파일을 만들고 [코드 6-6]을 참고해 내용을 작성합니다.

코드 6-6 presentation/dto/ResumeDTO.kt

```
01  package com.yongback.portfolio.presentation.dto
02
```

```
03  // 생략
04
05  class ResumeDTO(          ➡ ❶
06      experiences: List<Experience>,
07      achievements: List<Achievement>,
08      skills: List<Skill>
09  ) {
10
11      var experiences: List<ExperienceDTO> = experiences.map {
12          ExperienceDTO(
13              title = it.title,
14              description = it.description,
15              startYearMonth = "${it.startYear}.${it.startMonth}",    ➡ ❷
16              endYearMonth = it.getEndYearMonth(),    ➡ ❸
17              details = it.details.filter { it.isActive }.map { it.
    ➡ content }    ➡ ❹
18          )
19      }
20
21      var achievements: List<AchievementDTO> = achievements.map {
22          AchievementDTO(
23              title = it.title,
24              description = it.description,
25              host = it.host,
26              achievedDate = it.achievedDate
27                  ?.format(DateTimeFormatter.ISO_LOCAL_DATE)    ➡ ❺
28                  ?.replace("-", ".")
29          )
30      }
31
32      var skills: List<SkillDTO> = skills.map { SkillDTO(it) }    ➡ ❻
33
34  }
```

이번 ❶ ResumeDTO는 데이터 클래스가 아닌 일반 클래스로 선언합니다. 또한 주 생
성자로 각 엔티티의 리스트를 받지만 val 또는 var를 붙여 필드로 선언하지 않습니
다. 대신에 클래스 내부에 var experiences: List<ExperienceDTO>와 같이 각 엔
티티를 변환한 DTO의 리스트를 선언합니다. 그리고 인자로 받은 엔티티를 코틀린

의 컬렉션 API가 제공하는 확장 함수인 map{} 함수를 이용해 DTO로 변환합니다.

> ### 📋 컬렉션 API
>
> 코틀린의 컬렉션 API는 데이터를 효율적으로 관리하고 조작할 수 있는 확장 함수를 제공합니다. 확장
> 함수(extension function)는 기존 클래스를 상속하거나 원본 코드를 수정하지 않고도 새로운 기능을
> 추가할 수 있게 해주는 코틀린의 기능입니다. 컬렉션 API를 사용하면 List, Set, Map과 같은 컬렉션 자
> 료형을 처리하는 코드를 함수형 프로그래밍 스타일로 간결하고 직관적으로 작성할 수 있습니다. 자주
> 사용하는 컬렉션 함수로는 컬렉션의 각 객체를 다른 객체로 변환하는 map{}, 조건에 맞는 객체만 필터
> 링하는 filter{}, 특정 기준으로 그룹화하는 groupBy{} 등이 있습니다.

그리고 데이터베이스의 각 엔티티 리스트로 DTO 리스트를 생성합니다.

먼저 Experience 엔티티의 startYear, startMonth 필드를 'YYYY.MM'의 형태로
변환해 ExperienceDTO의 ❷ startYearMonth 필드에 세팅합니다.

❸ endYearMonth 필드에는 Experience 엔티티에서 getEndYearMonth() 메서드
를 호출한 결과를 세팅합니다. 참고로 getEndYearMonth()는 '5-2-4 연관 관계
가 있는 엔티티 개발하기'에서 만들었습니다. endYear 또는 endMonth가 null이면
'Present', 아니면 'YYYY.MM' 형태의 값을 반환합니다.

그리고 Experience 엔티티의 ExperienceDetail의 리스트를 가져와 컬렉션 API의
filter를 이용해 활성화된 엔티티만을 남긴 다음, map을 이용해 content만 가져와 문
자열의 리스트로 변환한 결과를 details 필드에 세팅합니다.

> tip 만약 Experience 엔티티를 조회할 때 페치 조인을 사용하지 않고 FetchType이 LAZY였다면, it.details가
> 호출될 때 JPA에서 ExperienceDetail 조회 쿼리를 실행합니다. 이 조회 쿼리는 인자로 받은 Experience 엔티
> 티 리스트의 크기만큼 여러 번 실행됩니다.

다음으로 Achievement 엔티티를 DTO 리스트로 변환합니다. 주목할 부분은 ❺
achievedDate 필드입니다. LocalDate로 선언된 achievedDate를 문자열로 변환해
AchievementDTO에 세팅합니다. format() 메서드를 이용해 ISO_LOCAL_DATE 형
식의 문자열(YYYY-MM-DD)로 변환합니다. 그리고 replace() 메서드로 'YYYY.
MM.DD' 형태로 다시 변환합니다. 각 메서드를 호출할 때는 널 세이프null safe 연산
자인 '?.'를 이용해 안전하게 호출합니다. 그럼 엔티티의 achievedDate 필드가 null

이어도 NullPointerException이 발생하는 대신 null이 반환됩니다.

❻ SkillDTO를 생성할 때는 엔티티를 받는 부 생성자를 사용했기 때문에 코드가 비교적 간결합니다. 앞의 방식과 비교했을 때 어떤 방식이 특별히 우위에 있는 것은 아닙니다. ExperienceDTO처럼 파라미터에 각 인자를 하나씩 넣는 방식은 어떤 데이터가 어떻게 세팅되는지 한눈에 볼 수 있다는 장점이 있습니다. 반면 SkillDTO처럼 엔티티를 통째로 넣는 방식은 생성자 내부에서 값을 세팅할 때 캡슐화로 코드의 가독성을 높이고 각 객체의 책임과 역할을 분리할 수 있다는 장점이 있습니다.

다양한 코드 스타일 중 어떤 것을 선택할지는 팀의 컨벤션이나 개발 중인 프로젝트의 특성 등 다양한 요소를 고려해 결정하면 됩니다. 실습 프로젝트에서는 가능한 다양한 예시를 보여주는 것에 중점을 두었습니다.

6-1-3 프로젝트 페이지 DTO 개발하기

마지막으로 프로젝트 페이지에서 사용할 ProjectDTO와 ProjectDetailDTO를 만들겠습니다. 각각 코틀린 파일을 만든 후 [코드 6-7]을 참고해 내용을 작성합니다.

코드 6-7 presentation/dto/ProjectDetailDTO.kt

```
01  package com.yongback.portfolio.presentation.dto
02
03  import com.yongback.portfolio.domain.entity.ProjectDetail
04
05  data class ProjectDetailDTO(
06      val content: String,
07      val url: String?
08  ) {
09      constructor(projectDetail: ProjectDetail) : this(
10          content = projectDetail.content,
11          url = projectDetail.url
12      )
13  }
```

ProjectDetailDTO는 각 프로젝트의 상세 설명 한 줄에 해당합니다. [코드 6-4]에서 ExperienceDTO를 정의할 때 ExperienceDetail 엔티티를 ExperienceDetailDTO로 변환하지 않고 content 필드값만 가져온 것과는 차이가 있습니다. 프로젝트와 관련된 웹사이트나 깃허브 리포지터리 등을 보여 주고 싶을 때 링크를 연결할 것이기 때문입니다. content 필드값은 화면에 줄글로 보여지고, url 필드가 비어 있지 않다면 해당 줄에 링크를 걸도록 프런트엔드에서 작업할 예정입니다.

그다음 [코드 6-8]을 참고해 ProjectDTO를 작성합니다. ProjectDTO는 ExperienceDTO와 유사합니다. 하지만 details를 문자열의 리스트가 아닌 ProjectDetailDTO의 리스트로 변환한다는 것과 SkillDTO를 재사용한다는 차이가 있습니다.

코드 6-8 presentation/dto/ProjectDTO.kt

```
01  package com.yongback.portfolio.presentation.dto
02
03  import com.yongback.portfolio.domain.entity.Project
04
05  data class ProjectDTO(
06      val name: String,
07      val description: String,
08      val startYearMonth: String,
09      val endYearMonth: String?,
10      val details: List<ProjectDetailDTO>,
11      val skills: List<SkillDTO>?
12  ) {
13      constructor(project: Project) : this(
14          name = project.name,
15          description = project.description,
16          startYearMonth = "${project.startYear}.${project.startMonth}",
17          endYearMonth = project.getEndYearMonth(),
18          details = project.details.filter { it.isActive }.map {
      ➡ ProjectDetailDTO(it) },
19          skills = project.skills.map { it.skill }.filter { it.isActive
      ➡ }.map { SkillDTO(it) }
20      )
21  }
```

코드를 간단하게 살펴보면 엔티티로 받은 project의 skills 필드는 ProjectSkill 엔티티 리스트를 가져오는 코드입니다. map{} 함수를 이용해 각 ProjectSkill 엔티티를 Skill 엔티티로 변환하고, filter{} 함수로 활성화된 Skill 엔티티만 남겨서 SkillDTO

로 변환합니다. 그동안 작성한 코드를 잘 이해하며 따라왔다면 skills 필드 세팅 로직을 어렵지 않게 이해할 수 있습니다.

작업한 내용을 커밋하고 6-1절을 마무리합니다.

⬩< 커밋과 푸시

- **커밋 대상**: IntroductionDTO.kt, LinkDTO.kt, SkillDTO.kt, ExperienceDTO.kt, AchievementDTO.kt, ResumeDTO.kt, ProjectDetailDTO.kt, ProjectDTO.kt
- **커밋 메시지**: DTO 개발

지금까지 프레젠테이션 레이어에서 사용할 DTO 클래스들을 만들었습니다. DTO는 직접 프런트엔드로 전달되는 객체입니다. 이를 통해 엔티티가 노출되는 것을 막고, 엔티티를 클라이언트의 요구사항에 맞게 다양한 형태로 변환해 전달할 수 있습니다.

6-2절에서는 도메인 레이어의 JPA 리포지터리를 묶어 프레젠테이션에 특화된 데이터 처리 기능을 담당할 리포지터리를 만듭니다. 그리고 이 리포지터리를 이용해 실습 프로젝트의 주요 로직을 담당할 서비스를 구현하겠습니다.

6-2 서비스 개발하기

- 프레젠테이션 레이어와 JPA 리포지터리의 단일 연결점이 될 프레젠테이션 리포지터리를 개발한다.
- 포트폴리오에서 보여 줄 엔티티를 조회해 DTO로 변환하는 프레젠테이션 서비스를 개발한다.
- Mockito 라이브러리를 이용해 프레젠테이션 서비스의 단위 테스트를 작성한다.

6-2절의 주요 목표는 프레젠테이션 레이어의 핵심 로직을 담당할 서비스를 구현하는 것입니다. 앞으로 이를 프레젠테이션 서비스라고 부르겠습니다. 또한 실습 프로젝트는 일반 사용자에게 데이터 삽입, 수정, 삭제 등을 허락하지 않기 때문에 프레젠테이션 레이어의 모든 기능은 데이터베이스에 접근해 조건에 맞는 데이터를 조회합니다. 이를 위해 도메인 레이어의 JPA 리포지터리를 활용하겠습니다.

프레젠테이션 서비스에서 직접 JPA 리포지터리에 의존해 기능을 구현하는 것도 나쁜 방법은 아닙니다. 다만 지금은 프레젠테이션 레이어의 서비스가 하나지만, 프로젝트

규모가 커지면 다른 서비스도 추가될 수 있습니다. 이때 각 서비스가 각 JPA 리포지터리에 직접 의존하면 특정 JPA 리포지터리에 변경이 생길 때마다 연관된 모든 서비스를 수정해야 합니다. [그림 6-3]처럼 서비스가 많아지면 많아질수록 JPA 리포지터리 변경의 영향도는 커집니다.

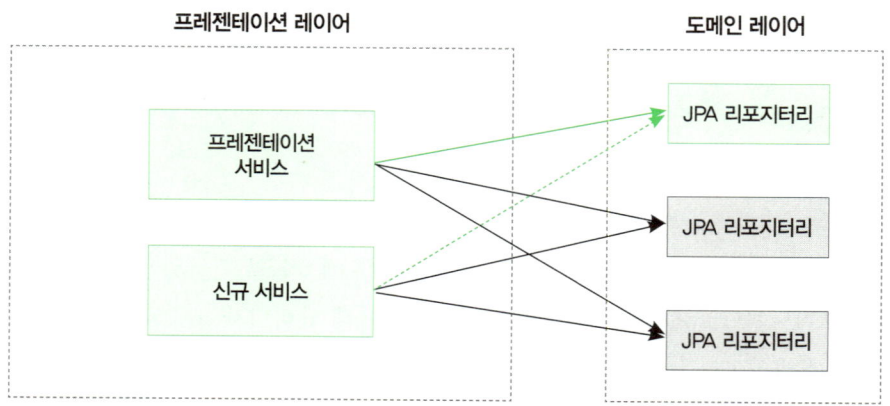

그림 6-3 레이어 간 의존성 분산

그래서 실습 프로젝트에서는 [그림 6-4]처럼 프레젠테이션 서비스와 JPA 리포지터리 사이에 프레젠테이션 리포지터리라는 중간 계층을 두겠습니다. 앞으로 추가되는 신규 서비스들도 프레젠테이션 리포지터리에만 의존한다면, JPA 리포지터리 변화에 의한 영향을 프레젠테이션 리포지터리 단일 지점으로 관리할 수 있습니다.

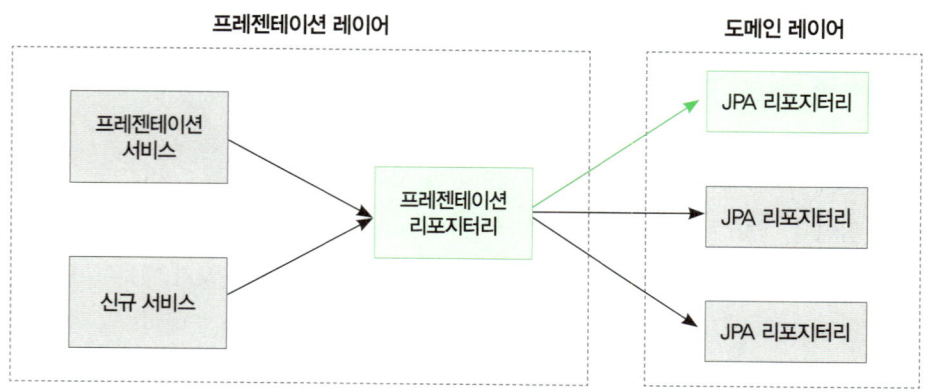

그림 6-4 레이어 간 의존성 집중

프레젠테이션 리포지터리는 프레젠테이션 레이어에서 필요로 하는 모든 데이터 처리 기능을 담당합니다. 여러 JPA 리포지터리의 메서드를 조합해 프레젠테이션 레이어에서 공통으로 사용하는 기능을 제공할 수도 있습니다. JPA 리포지터리에 의존하는 유일한 프레젠테이션 레이어 객체이기 때문에 변화에 대응하기도 수월합니다.

6-2-1 프레젠테이션 리포지터리 개발하기

그럼 프레젠테이션 리포지터리부터 만들어 보겠습니다. presentation 패키지 하위에 repository 패키지를 만들고, PresentationRepository.kt 파일을 생성합니다. 그리고 [코드 6-9]를 참고해 내용을 작성합니다.

코드 6-9 presentation/repository/PresentationRepository.kt

```
01  package com.yongback.portfolio.presentation.repository
02
03  // 생략
04
05  @Repository ──────▶ ❶
06  class PresentationRepository(
07      private val achievementRepository: AchievementRepository,
08      private val experienceRepository: ExperienceRepository,
09      private val introductionRepository: IntroductionRepository,    ──────▶ ❷
10      private val linkRepository: LinkRepository,
11      private val projectRepository: ProjectRepository,
12      private val skillRepository: SkillRepository
13  ) {
14
15      fun getActiveAchievements(): List<Achievement> {
16          return achievementRepository.findAllByIsActive(true)
17      }
18
19      fun getActiveExperiences(): List<Experience> {
20          return experienceRepository.findAllByIsActive(true)
21      }
22
23      fun getActiveIntroductions(): List<Introduction> {
24          return introductionRepository.findAllByIsActive(true)
25      }
26
```

```
27      fun getActiveLinks(): List<Link> {
28          return linkRepository.findAllByIsActive(true)
29      }
30
31      fun getActiveProjects(): List<Project> {
32          return projectRepository.findAllByIsActive(true)
33      }
34
35      fun getActiveSkills(): List<Skill> {
36          return skillRepository.findAllByIsActive(true)
37      }
38  }
```

❶ @Repository 어노테이션은 스프링에서 빈으로 등록할 클래스로 지정하는 어노테이션입니다. 앞서 5장에서는 @Component 어노테이션이 같은 기능을 한다고 배웠습니다. 그럼 두 어노테이션은 어떤 차이가 있을까요?

기능 차이는 없습니다. 단지 @Repository 어노테이션은 이 클래스가 데이터에 접근하는 리포지터리 역할을 한다는 것을 개발자가 알 수 있도록 명시할 뿐입니다. 클래스의 역할을 명시함으로써 전체 애플리케이션의 구조를 정의하고 이해하는 데에 도움을 줍니다.

다시 [코드 6-9]를 살펴보면 ❷ 주 생성자는 생성자를 이용해 JPA 리포지터리 여섯 개의 의존성을 주입받습니다. 이로써 프레젠테이션 리포지터리는 프레젠테이션 레이어와 도메인 레이어의 단일 연결점이 됩니다. 이후에 서비스가 여러 개 추가되더라도 각 서비스가 각 JPA 리포지터리에 의존할 필요 없이 프레젠테이션 리포지터리에만 의존하도록 합니다.

이후로 여섯 개의 메서드를 유사한 형식으로 반복 구현합니다. 엔티티별 JPA 리포지터리의 findAllByIsActive() 메서드에 인자로 true를 넣어 활성화된 모든 엔티티를 조회해 오는 메서드입니다. 메서드명은 '활성화된 엔티티 리스트를 가져오라'는 의미를 명확하게 전달할 수 있도록 지정하고, 파라미터는 최소화합니다. 이제 프레젠테이션 서비스에서는 복잡한 조회 조건을 직접 세팅해 사용할 필요 없이 현재 레이어에 최적화된 데이터 조회 기능을 사용할 수 있습니다.

@Repository 어노테이션 소스 코드 확인하기

@Repository 어노테이션의 소스 코드는 @Repository 어노테이션을 마우스 우클릭한 뒤 팝업 메뉴에서 [Go To] → [Declaration or Usages]를 선택합니다. 또는 키보드 커서를 어노테이션에 맞춘 뒤 윈도우 단축키 Ctrl + B , 맥OS 단축키 Cmd + B 를 누르면 확인할 수 있습니다.

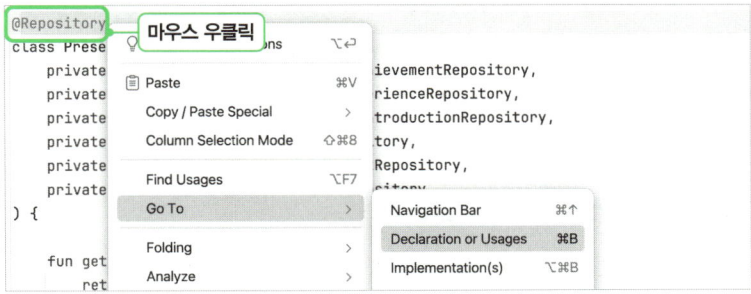

그림 6-5 @Repository 어노테이션 소스 코드 확인하기

소스 코드를 보면 다음과 같이 @Repository 어노테이션 내부에 @Component 어노테이션이 포함되어 있는 것이 확인할 수 있습니다. 즉 @Repository 어노테이션은 @Component 어노테이션을 한 번 감싼 뒤 컴포넌트의 역할을 명시합니다.

```
package org.springframework.stereotype;

// 생략

@Target({ElementType.TYPE})
@Retention(RetentionPolicy.RUNTIME)
@Documented
@Component ──────▶ @Repository 어노테이션 내부에 @Component 어노테이션 포함
public @interface Repository {
    @AliasFor(
        annotation = Component.class
    )
    String value() default "";
}
```

다음으로 서비스를 개발하기전에 프레젠테이션 리포지터리를 개발한 내용을 커밋합니다.

6-2-2 프레젠테이션 서비스 개발하기

프레젠테이션 서비스를 개발할 차례입니다. presentation 패키지 하위에 service 패키지를 만든 뒤, PresentationService.kt 파일을 생성합니다. [코드 6-10]을 참고해 내용을 작성합니다.

코드 6-10 presentation/service/PresentationService.kt

```
01  package com.yongback.portfolio.presentation.service
02
03  // 생략
04
05  @Service ——▶ ❶
06  class PresentationService(
07      private val presentationRepository: PresentationRepository
08  ) {
09
10      @Transactional(readOnly = true) ——▶ ❷
11      fun getIntroductions(): List<IntroductionDTO> {
12          val introductions = presentationRepository.getActiveIntroductions()
13
14          return introductions.map { IntroductionDTO(it) }
15      }
16
17      @Transactional(readOnly = true) ——▶ ❷
18      fun getLinks(): List<LinkDTO> {
19          val links = presentationRepository.getActiveLinks()
20
21          return links.map { LinkDTO(it) }
```

```
22      }
23
24      @Transactional(readOnly = true) ──────▶ ❷
25      fun getResume(): ResumeDTO {
26
27          val experiences = presentationRepository.getActiveExperiences()
28          val achievements = presentationRepository.getActiveAchievements()
29          val skills = presentationRepository.getActiveSkills()
30
31          return ResumeDTO(
32              experiences = experiences,
33              achievements = achievements,
34              skills = skills
35          )
36      }
37
38      @Transactional(readOnly = true) ──────▶ ❷
39      fun getProjects(): List<ProjectDTO> {
40          val projects = presentationRepository.getActiveProjects()
41
42          return projects.map { ProjectDTO(it) }
43      }
44  }
```

❶ @Service 어노테이션은 [코드 6-9]에서 살펴본 @Repository 어노테이션과 비슷합니다. 내부에 @Component 어노테이션이 선언되어 스프링 빈 등록 대상을 지정하는 기능을 하되, 이 클래스가 서비스로서의 역할을 한다고 명시합니다.

생성자 주입 방식을 이용해 PresentationRepository를 주입받습니다. 만약 프레젠테이션 리포지터리를 만들지 않았다면 모든 JPA 리포지터리를 주입받아야 했을 것입니다. 또 프레젠테이션 서비스의 모든 메서드에서 주입받은 JPA 리포지터리를 직접 활용해 기능을 구현해야 하므로 로직 복잡도 또한 올라갔을 것입니다. 그러나 데이터 접근 로직을 프레젠테이션 리포지터리로 위임한 덕분에 프레젠테이션 서비스의 코드를 비교적 간결하게 유지할 수 있습니다.

프레젠테이션 서비스에는 ❷ 총 네 개의 메서드를 구현합니다. 각 메서드는 리포지터리를 이용해 활성화된 엔티티를 조회한 뒤, DTO로 변환해 반환합니다. 메서드명과 반환 자료형을 통해 인덱스 페이지에서는 getIntroductions()와 getLinks()를, 이력서 페이지에서는 getResume()를, 프로젝트 페이지에서는 getProjects()를 이용한다는 것을 알 수 있습니다.

이때 각 메서드에 @Transactional 어노테이션을 선언하는 것이 중요합니다. @Transactional은 트랜잭션을 활성화할 때 사용하는 스프링 제공 어노테이션입니다. 메서드나 클래스에서 선언할 수 있으며, 선언된 범위 내의 메서드가 시작될 때 트랜잭션을 열고, 종료될 때 트랜잭션을 닫습니다. 메서드가 끝까지 정상 실행되면, 해당 메서드에서 처리한 데이터베이스 작업은 커밋됩니다. 만약 중간에 예외가 발생하면 메서드의 데이터베이스 작업 내역은 롤백됩니다.

@Transactional 어노테이션에 readOnly 속성은 true로 설정합니다. 기본값은 false이며, true로 지정하면 메서드가 읽기 전용으로 설정됩니다. 다른 개발자에게 조회 기능만 한다는 것을 알려 줄 수도 있고, DBMS에 따라 읽기 전용으로 트랜잭션을 열 수도 있습니다. 그럼 DBMS는 CUD 기능이 실행되면 오류를 발생시키거나 언두 로그, 리두 로그 생성을 최소화해 성능을 최적화합니다.

JPA에서도 추가적인 성능 최적화가 있습니다. 5장에서 JPA가 영속성 컨텍스트에 엔티티를 가져온 최초 상태와 트랜잭션 종료 시점의 상태를 비교해 자동 업데이트하는 더티 체킹을 배웠습니다. 읽기 전용 메서드는 더티 체킹을 생략합니다. 또 DBMS까지 가지 않고 애플리케이션 레벨에서도 CUD 기능이 시도되면 예외가 발생합니다. 따라서 의도치 않은 데이터 변경을 방지할 수 있습니다.

프레젠테이션 서비스 개발을 완료했다면 작업 내역을 커밋합니다.

커밋과 푸시

- **커밋 대상**: PresentationService.kt
- **커밋 메시지**: 서비스 개발

Checked Exception vs. Unchecked Exception

@Transactional 어노테이션이 선언된 메서드가 실행 중 예외가 발생했다고 해서 항상 롤백되는 것은 아닙니다. 기본값으로는 Unchecked Exception이라고 부르는 예외가 발생했을 때만 롤백됩니다.

먼저 자바에서 문제 상황을 구분하는 구조를 이해할 필요가 있습니다. 흔히 개발 과정에서 오류와 예외를 명확히 구분하지 않고 사용하는 경우가 많지만, 엄밀히 말해 차이가 있습니다. 오류(Error)는 애플리케이션의 코드로 복구 불가능한 심각한 오류이고, 예외(Exception)는 애플리케이션 코드로 복구 가능한 오류입니다.

다음 그림을 보면 이해하기 더욱 수월할 것입니다. 모든 문제 상황의 상위 클래스는 Throwable 클래스이고, Error 클래스와 Exception 클래스는 Throwable 클래스를 상속합니다.

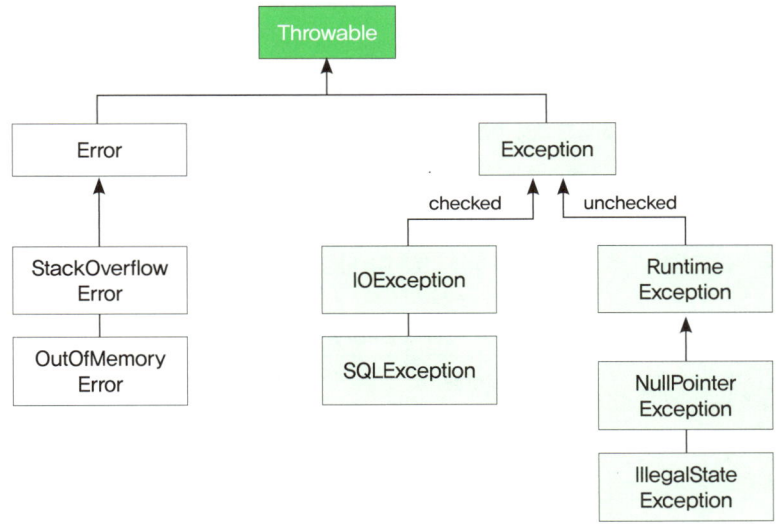

그림 6-6 자바의 문제 처리 클래스 구조

Error 클래스의 하위 클래스로는 StackOverflowError, OutOfMemoryError와 같이 JVM의 스택이나 힙에서 발생한 문제 등이 있습니다. 문제가 발생하면 애플리케이션을 계속 실행하기 어렵기 때문에 개발자가 대응할 방법도 마땅치 않습니다.

반면 Exception 클래스는 비교적 가벼운 문제라고 할 수 있습니다. 문제가 발생해도 애플리케이션 자체는 계속 실행될 수 있기 때문에 별도의 예외 처리 로직을 구현하면 됩니다.

Exception 클래스는 다시 Checked와 Unchecked로 나뉘며, 구분하는 기준은 '예외 처리의 강제 여부'입니다. Checked는 컴파일 단계에서 예외의 처리 여부를 미리 '체크'합니다. 해당 예외를 던지는 메서드를 사용하는 메서드는 try-catch로 처리 로직을 구현하거나, throws로 명시하지 않으면 컴파일이 실패합니다. 반면 Unchecked는 컴파일 단계에서 미리 확인하지 않으며, 실행 중에 발생 가능합니다.

즉, Checked와 Unchecked를 구분하는 직관적인 기준은 실행 중에 발생 가능한 예외입니다. RuntimeException과 그 하위 클래스들은 Unchecked이고, 그 외 모든 예외는 Checked입니다.

물론 이러한 롤백 기준은 기본값일 뿐, 개발자의 필요에 따라 얼마든지 변경 가능합니다. @Transactional 어노테이션의 rollbackFor, noRollbackFor 속성을 이용해 Checked라도 롤백되도록 설정하거나, Unchecked라도 롤백되지 않도록 설정할 수 있습니다.

📋 AOP와 프록시

@Transactional 어노테이션은 어떻게 데이터베이스 트랜잭션을 시작하고 종료할까요? 이를 이해하기 위해서는 AOP(Aspect Oriented Programming)와 프록시(Proxy) 패턴을 알아야 합니다.

AOP는 공통적인 부가 기능을 비즈니스 로직에서 분리하여 애플리케이션의 구조를 개선하고 코드 중복을 줄이는 프로그래밍 패러다임입니다. 예를 들어 여러 클래스나 메서드에서 로깅이나 트랜잭션 같은 처리가 공통으로 필요하다고 해보겠습니다. 이런 기능을 메서드 내부에 직접 넣으면 중복 코드가 발생하고, 각 메서드의 고유 기능과 공통 기능이 혼재되는 문제가 생깁니다.

이때 사용할 수 있는 방법 중 하나가 프록시 패턴입니다. 실제 객체를 감싸는 프록시 객체를 만든 후, 실제 객체 대신 프록시 객체가 호출되도록 하는 것입니다. 다음 그림을 보며 흐름을 이해해 보겠습니다.

그림 6-7 프록시 패턴

Service 클래스의 do() 메서드에는 @Transactional 어노테이션이 붙어 있습니다. 스프링은 Service 클래스를 빈으로 등록하며 @Transactional 어노테이션을 확인하고 그 프록시 객체도 함께 만듭니다. 프록시 객체는 서비스를 상속합니다. 또한 프록시 객체는 @Transactional 어노테이션이 붙은 do() 메서드를 오버라이드하고, 실제 서비스 객체에 의존합니다. 오버라이드한 do() 메서드는 실제 do() 메서드를 호출하기 전 트랜잭션을 시작하고, 호출된 후에는 커밋합니다. 예외가 발생하면 롤백합니다.

다음으로 스프링은 Controller의 인스턴스를 생성하며, 앞서 만든 Service 인스턴스를 주입합니다. 그런데 주입되는 것은 실제 Service의 인스턴스가 아니고, 프록시 객체입니다. 즉 Controller에서 Service의 do( ) 메서드를 호출할 때 코드 상으로는 개발자가 구현한 Service의 인스턴스가 호출되는 것처럼 보이겠지만, 실제로 호출되는 것은 스프링에서 만든 프록시 객체입니다.

이처럼 프록시 객체에서 호출할 수 없다는 원리 때문에 @Transactional 어노테이션이 붙은 메서드는 private으로 선언할 수 없습니다. 또 프록시 객체를 거치지 않아 트랜잭션 관련 로직이 호출되지 않기 때문에 메서드가 같은 클래스의 다른 메서드에서 호출될 때 트랜잭션이 적용되지 않습니다.

6-2-3 프레젠테이션 서비스 테스트하기

프레젠테이션 서비스가 제대로 기능하는지 확인하는 테스트 코드를 작성해 보겠습니다. 5장에서 JPA 리포지터리의 테스트는 @DataJpaTest 어노테이션으로 JPA 관련 빈을 세팅한 뒤 실제 빈을 호출해 데이터베이스와 상호 작용하는지 확인했습니다. 이러한 방식은 데이터 계층만을 검증하는 경량화된 통합 테스트라고 할 수 있습니다.

tip 특정 계층만을 검증하는 경량화된 통합 테스트는 슬라이스 테스트(slice test)라고 부르기도 합니다.

프레젠테이션 서비스 테스트는 Mockito 라이브러리를 활용해 단위 테스트로 작성해 보겠습니다. 순서는 다음과 같습니다.

① 프레젠테이션 서비스가 의존하는 다른 객체들을 모킹(mocking)합니다.
② 프레젠테이션 서비스를 호출한 결과가 예상과 일치하는지 검증합니다.

tip 모킹이란 테스트 대상이 의존하는 외부 요소를 테스트 목적으로 만든 모의 객체(mock)로 대체하는 것을 의미합니다.

모킹의 장점은 테스트 대상의 의존성을 격리해 테스트 대상에만 집중할 수 있다는 것입니다. 의존 객체는 예상한 동작을 한다고 가정하기 때문에 테스트 대상의 동작에만 관심을 가집니다. 따라서 의존 객체 때문에 발생할 수 있는 예기치 않은 테스트 실패를 방지할 수 있습니다. 또 스프링 빈 생성 등의 과정이 생략되기 때문에 테스트 속도도 빠릅니다.

의존 클래스의 모든 동작을 일일이 정의해야 하기 때문에 테스트 코드 작성에 시간이 걸린다는 단점도 있습니다. 하지만 특정 클래스나 메서드가 다른 여러 클래스에게 과하게 의존하는 것에 주의하며 코드를 작성하도록 유도하는 긍정적인 효과도 있습니다. 즉 단위 테스트를 고려하며 개발하면 코드의 결합도는 낮추고, 응집도는 높이는 코드를 작성하기 좋습니다.

그럼 이제 테스트 코드를 작성해 보겠습니다. JPA 리포지터리 테스트 코드를 작성했던 것처럼 'src/test/kotlin' 디렉터리 하위에 프레젠테이션 서비스와 같은 경로 형태로 'com/yongback/portfolio/presentation/service' 순으로 패키지를 만든 뒤 PresentationServiceTest.kt 파일을 만듭니다.

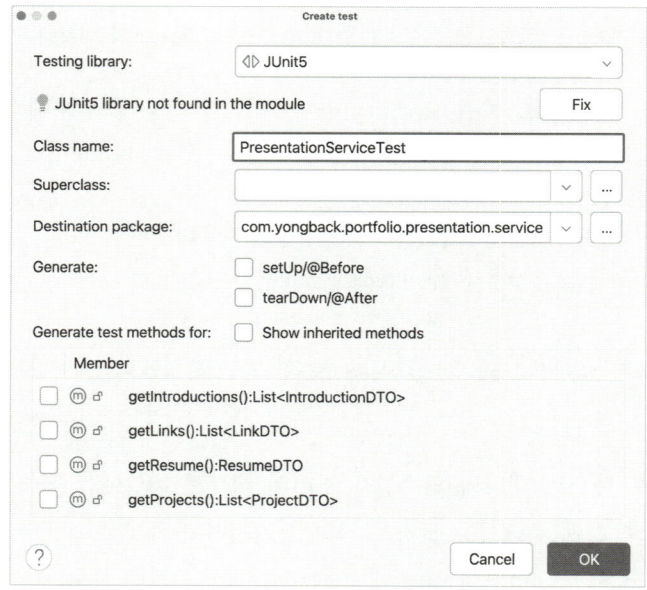

그림 6-8 인텔리제이에서 테스트 클래스 자동 생성하기

테스트 라이브러리, 클래스명, 패키지 경로, 테스트 메서드 등을 설정할 수 있습니다. 이 책에서는 기본값을 사용하겠습니다. 테스트 라이브러리, 클래스명, 패키지 경로가 다음 목록과 일치하는지 확인한 후 [OK] 버튼을 클릭합니다.

다음 [코드 6-11]을 참고해 PresentationServiceTest.kt 파일 내용을 작성합니다.

코드 6-11 presentation/service/PresentationServiceTest.kt

```
01  package com.yongback.portfolio.presentation.service
02
03  // 생략
04
05  @ExtendWith(MockitoExtension::class) ─────▶ ❶
06  class PresentationServiceTest {
07
08      @InjectMocks ─────▶ ❷
09      lateinit var presentationService: PresentationService
10
11      @Mock ─────▶ ❸
12      lateinit var presentationRepository: PresentationRepository
13
14      val DATA_SIZE = 9
15
16      @Test
17      fun testGetIntroductions() { ─────▶ ❹
18
19          // given
20          val introductions = mutableListOf<Introduction>()
21          for (i in 1..DATA_SIZE) { // 1, 3, 5, 7, 9 -> false / 2, 4, 6, 8
    -> true
22              val introduction = Introduction(content = "${i}", isActive =
    i % 2 == 0)
23              introductions.add(introduction)
24          }
25
26          val activeIntroductions = introductions.filter { introduction ->
```

```
27              introduction.isActive
28          } // 4
29
30          Mockito.`when`(presentationRepository.getActiveIntroductions())
31              .thenReturn(activeIntroductions)
32
33          // when
34          val introductionDTOs = presentationService.getIntroductions()
35
36          // then
37          assertThat(introductionDTOs).hasSize(DATA_SIZE / 2)
38          for (introductionDTO in introductionDTOs) {
39              assertThat(introductionDTO.content.toInt()).isEven()
40          }
41      }
42  ├──────▶ [코드 6-12]에서 이어서 작성합니다.
43  }
```

Mockito 라이브러리를 사용하기 위해 ❶ @ExtendWith 어노테이션을 선언합니다. @ExtendWith 어노테이션은 JUnit5에서 테스트 실행 중 추가 기능을 제공합니다. MockitoExtension::class를 넣어 Mockito 라이브러리의 @Mock, @Inject Mocks 등의 어노테이션을 사용할 수 있습니다.

클래스 내부에 PresentationService와 PresenationRepository를 필드로 선언합니다. 각 필드에서는 Mockito에서 모킹할 객체를 관리하고, 테스트 대상 객체에 주입하기 위해 ❷ @InjectMocks와 ❸ @Mock 어노테이션을 선언합니다.

@InjectMocks 어노테이션은 테스트 대상 객체를 생성하기 위해 사용합니다. 여기에 @Mock 어노테이션으로 생성한 모의 객체를 주입합니다. 모든 의존 객체의 인스턴스를 생성하여 테스트 대상 객체의 의존성 주입 방법에 따라 의존 객체 인스턴스를 주입해 테스트 대상 객체 인스턴스를 생성하는 방식입니다.

@Mock 어노테이션은 테스트 대상 객체가 의존하는 객체를 모의 객체로 생성하기 위해 사용합니다. 모의 객체는 Mockito 라이브러리가 제공하는 메서드를 이용해서 특정 기능을 호출할 때 특정 결과를 반환하도록 개발자가 직접 정의할 수 있습니다. 또 모의 객체의 특정 메서드가 호출되었는지, 몇 번 호출되었는지 등을 검증하는 기

능도 제공합니다.

PresentationServiceTest 클래스에서 테스트 대상은 프레젠테이션 서비스로, 생성자에서 프레젠테이션 리포지터리를 주입받습니다. Mockito 라이브러리를 이용한 단위 테스트 작성 방법을 정리하면 다음과 같습니다.

1. Mockito는 @Mock 어노테이션이 붙은 프레젠테이션 리포지터리의 모의 객체를 먼저 생성합니다. 생성된 모의 객체는 Mockito가 관리합니다.

2. @InjectMocks가 붙은 프레젠테이션 서비스의 생성자에 프레젠테이션 리포지터리의 모의 객체를 주입하여 프레젠테이션 서비스 인스턴스를 생성합니다.

3. 앞서 생성한 프레젠테이션 서비스 인스턴스를 테스트 클래스 필드에 주입합니다. 이로써 개발자가 직접 인스턴스를 생성하지 않고도 테스트 대상 객체를 사용할 수 있습니다.

초기화를 미루는 예약어 lateinit

코드 [6–11] 코드의 필드 선언에는 lateinit 예약어를 사용합니다. lateinit은 필드를 즉시 초기화하지 않고, 나중에 초기화할 수 있도록 합니다. 주로 Not Null 타입에서 사용되며 var로 선언된 변수에서만 사용할 수 있습니다.

초기화를 미루는 이유는 의존성을 주입할 때 필드 주입 방식을 사용하기 때문입니다. 지금까지는 의존성을 주입할 때 생성자 주입 방식을 사용했습니다. 그러나 테스트 클래스에서는 생성자를 이용한 의존성 주입을 지원하지 않습니다. 따라서 필드 주입 방식을 사용할 수밖에 없습니다.

코틀린은 Not Null로 선언된 필드가 있다면 인스턴스가 생성될 때 null이 아니도록 초깃값을 반드시 지정해야 합니다. 그런데 필드 주입 방식은 일단 인스턴스를 생성한 다음에 필드에 의존 객체를 주입합니다. 따라서 컴파일 오류가 발생하지 않게 하고, 나중에 초기화하겠다는 의미를 명시하기 위해 lateinit을 사용합니다.

참고로 lateinit 선언 변수를 초기화되지 않은 상태에서 접근하면 UninitializedPropertyAccess Exception 오류가 발생합니다.

이어서 프레젠테이션 서비스의 getIntroductions( ) 메서드를 테스트하는 ❹ test GetIntroductions() 메서드를 정의합니다. 내부 로직은 given, when, then의 세 영역으로 나눌 수 있습니다.

- **given 영역**: getIntroductions( ) 메서드 내부에서 의존하는 메서드, 즉 프레젠테이션 리포지터리의 getActiveIntroductions( ) 메서드의 동작을 모킹합니다.

- **when 영역**: 테스트 대상인 프레젠테이션 서비스의 getIntroductions() 메서드를 호출합니다.
- **then 영역**: 호출한 결과를 검증합니다.

given 영역은 DATA_SIZE 크기만큼 Introduction 엔티티의 리스트부터 만듭니다. content에는 1부터 시작하는 인덱스를 문자열로, isActive는 인덱스가 짝수면 true, 홀수면 false를, isActive가 true인 것만 activeIntroductions 변수에 할당합니다. 마지막으로 Mockito의 when 메서드를 사용해 getActiveIntroductions() 메서드가 activeIntroductions를 반환하도록 모킹합니다.

when 영역에서는 프레젠테이션 서비스의 getIntroductions() 메서드의 호출 결과를 introductionDTOs 변수에 저장합니다. 프레젠테이션 서비스에는 Mockito에서 만든 의존 객체의 모의 인스턴스가 주입되어 있기 때문에 getIntroductions() 메서드 내부는 given 영역에서 정의한대로 동작합니다.

then 영역에서는 반환된 introductionDTOs를 검증합니다. 인덱스가 짝수인 것만 필터링했으니 리스트의 크기는 DATA_SIZE에서 2로 나누고 나머지를 버린 정수입니다. 모든 데이터의 content값은 짝수여야 합니다.

> **목 given-when-then 패턴**
>
> given-when-then은 테스트 코드를 작성할 때 자주 사용하는 패턴입니다. 테스트의 각 단계를 명확히 구분하여 테스트의 가독성을 높이고 의도를 명확히 합니다.
>
> - given은 테스트의 조건을 의미합니다. 입력 조건이나 모의 객체의 동작 등을 사전 정의합니다.
> - when은 테스트의 실행을 의미합니다. 테스트 대상 메서드를 실제 호출하고 그 결과를 저장합니다.
> - then은 테스트의 검증을 의미합니다. given의 조건에 따른 when의 실행 결과가 예상과 일치하는지를 확인합니다.

이어서 [코드 6-12]처럼 testGetIntroductions() 메서드 아래에 testGetLinks() 메서드를 작성합니다.

```kotlin
// 생략

@Test
fun testGetLinks() {

    // given
    val links = mutableListOf<Link>()
    for (i in 1..DATA_SIZE) {
        val link = Link(name = "${i}", content = "${i}", isActive = i % 2 != 0)
        links.add(link)
    }

    val activeLinks = links.filter { link ->
        link.isActive
    }

    Mockito.`when`(presentationRepository.getActiveLinks())
        .thenReturn(activeLinks)

    // when
    val linkDTOs = presentationService.getLinks()

    // then
    var expectedSize = DATA_SIZE / 2
    if (DATA_SIZE % 2 != 0) {
        expectedSize += 1
    }
    assertThat(linkDTOs).hasSize(expectedSize)
    for (linkDTO in linkDTOs) {
        assertThat(linkDTO.content.toInt()).isOdd()
    }
}
```

testGetLinks() 메서드도 given-when-then 패턴입니다. 다만 Link 엔티티를 생성할 때 인덱스가 홀수인 것의 isActive를 true로 한다는 차이가 있습니다. 홀수가 true일 경우 DATA_SIZE의 홀짝 여부에 따라 필터링된 리스트의 크기가 변합니다. 그래서 then 영역에도 DATA_SIZE가 홀수이면 예상 크기에 1을 더하도록 합니다.

이로써 DATA_SIZE를 임의로 수정해도 테스트 메서드는 항상 성공합니다.

Quiz 예제를 참고해 testGetResume( )와 testGetProjects( ) 메서드도 직접 작성해 보세요.

이제 테스트 코드를 직접 실행해 결과를 확인합니다. 리포지터리 테스트를 실행했던 것처럼 클래스 선언부 왼쪽의 초록색 실행 버튼을 클릭한 다음 [Run 'Presentation ServiceTest…'] 버튼을 클릭합니다. [그림 6-9]처럼 모든 테스트가 성공했다면 커밋합니다.

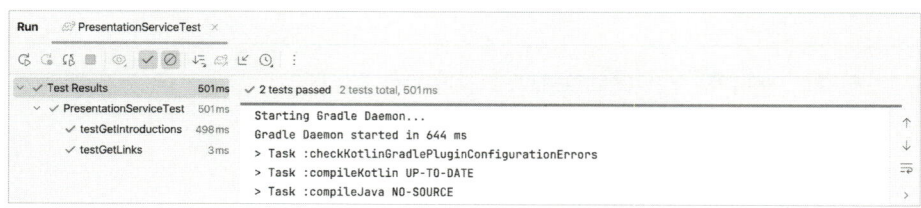

그림 6-9 PresentationServiceTest 실행 결과

🔗 커밋과 푸시

- **커밋 대상**: PresentationServiceTest.kt
- **커밋 메시지**: 서비스 테스트 코드 작성

지금까지 JPA 리포지터리를 프레젠테이션 레이어에서 편하게 이용할 수 있도록 감싼 프레젠테이션 리포지터리와 프레젠테이션 레이어의 핵심 로직인 프레젠테이션 서비스, 그리고 프레젠테이션 서비스의 테스트 코드를 작성했습니다. 6-3절에서는 서비스와 사용자를 이어 주는 역할을 하는 컨트롤러를 만들어 보겠습니다.

6-3 컨트롤러 개발하기

- 정의된 뷰 템플릿을 찾아 반환하는 뷰 컨트롤러를 개발한다.
- 데이터를 반환하는 API 컨트롤러를 개발한다.

6-3절에서는 사용자의 요청을 받고 서비스를 호출해 그 결과를 응답하는 컨트롤러를 만들겠습니다. 스프링에서는 컨트롤러를 두 가지 유형으로 나눌 수 있습니다.

먼저 **뷰 렌더링을 하는 컨트롤러**입니다. 1장의 MVC 패턴에서 설명한 컨트롤러를 떠올려 보세요. 사용자의 요청을 받아 로직을 처리한 다음, 데이터를 모델에 담을 수 있습니다. 컨트롤러 메서드에서는 뷰 템플릿의 경로를 문자열로 반환합니다. 그럼 스프링에서 해당 뷰 템플릿을 찾아 모델의 데이터와 결합하여 사용자에게 최종 응답합니다.

다음으로 **데이터 응답을 하는 컨트롤러**입니다. 컨트롤러 메서드가 응답한 결과는 사용자에게 문자열로 직접 전달됩니다. 객체를 반환하면 객체를 특정한 형식의 문자열로 변환하도록 지정할 수도 있습니다. 주로 JSON 형식을 사용하기 때문에 스프링 부트는 기본적으로 객체를 JSON 문자열로 변환합니다. 필요에 따라 XML 등 다른 형태로 지정하거나, 개발자가 직접 변환 로직을 개발할 수도 있습니다.

> **tip** 이 책에서는 뷰 렌더링을 하는 컨트롤러를 '뷰 컨트롤러', 데이터 응답을 하는 컨트롤러를 'API 컨트롤러'라고 기능에 따라 구분해 부르겠습니다.

뷰 컨트롤러는 **서버 사이드 렌더링**Server Side Rendering(이하 SSR)에 사용됩니다. SSR은 서버에서 HTML을 생성해서 클라이언트에 전달하는 방식입니다. 클라이언트, 즉 웹 브라우저는 서버에서 응답한 HTML을 그대로 화면에 그립니다.

API 컨트롤러는 **클라이언트 사이드 렌더링**Client Side Rendering(이하 CSR) 또는 서버 간의 통신에 사용됩니다. CSR은 서버에서 자바스크립트와 데이터만을 받아서 클라이언트에서 자바스크립트를 이용해 화면을 직접 그리는 방식입니다. 화면을 갱신할 때는 서버에서 새 데이터만 받아서 처음에 받은 자바스크립트를 이용해 화면을 다시 그립니다.

프레젠테이션 레이어에서는 학습을 위해 두 유형의 컨트롤러를 모두 개발해 보겠지만, 최종적으로 SSR을 채택해 뷰 컨트롤러만을 사용합니다. CSR은 리액트나 뷰JS 등 별도의 클라이언트 기술이 필요하기 때문입니다. 하지만 최근의 백엔드 개발에서는 API를 개발하는 경우가 많기 때문에 API 컨트롤러도 개발해 보고, 테스트 코드까지 작성해 보겠습니다.

6-3-1 프레젠테이션 뷰 컨트롤러 개발하기

뷰 컨트롤러를 만들기 위해 presentation 패키지 하위에 controller 패키지를 만듭니다. 그리고 PresentationViewController.kt 파일을 만듭니다. [코드 6-13]을 참고해 내용을 작성합니다.

코드 6-13 presentation/controller/PresentationViewController.kt

```
01  package com.yongback.portfolio.presentation.controller
02
03  // 생략
04
05  @Controller ──────▶ ❶
06  class PresentationViewController(
07      private val presentationService: PresentationService
08  ) {
09
10      @GetMapping("/test")
11      fun test(): String {
12          return "test"
13      }
14
15      @GetMapping("/") ──────▶ ❷
16      fun index(model: Model): String {
17
18          val introductions = presentationService.getIntroductions()
19          model.addAttribute("introductions", introductions)
20
21          val links = presentationService.getLinks()
22          model.addAttribute("links", links)
23
24          return "presentation/index"
25      }
26
27      @GetMapping("/resume")
```

```
28        fun resume(model: Model): String {
29
30            val resume = presentationService.getResume()
31            model.addAttribute("resume", resume)
32            model.addAttribute("skillTypes", SkillType.values())
33
34            return "presentation/resume"
35        }
36
37        @GetMapping("/projects")
38        fun projects(model: Model): String {
39
40            val projects = presentationService.getProjects()
41            model.addAttribute("projects", projects)
42
43            return "presentation/projects"
44        }
45    }
```

❶ @Controller 어노테이션을 선언하여 클래스를 스프링 빈 생성 대상으로 지정합니다. 컨트롤러 역할임을 알려 주는 것입니다. 6-2절에서 살펴본 @Repository, @Service 어노테이션과 유사합니다. @Controller 어노테이션을 열어 보면 마찬가지로 @Component 어노테이션이 포함되어 있습니다.

❷ @GetMapping 어노테이션은 메서드에 선언합니다. 해당 메서드가 HTTP GET 요청을 처리하도록 지정합니다. 이때 속성에는 엔드포인트가 될 URL을 정의합니다. 엔드포인트endpoint는 서버가 외부 요청과 접하는 지점, 즉 가장 끝점을 의미합니다. HTTP API에서는 URL을 의미합니다.

tip @GetMapping 외에 HTTP 메서드 유형별로 @PostMapping, @PutMapping, @DeleteMapping 등도 있습니다.

엔드포인트의 URL은 도메인 주소와 결합됩니다. 여기서는 네 개의 URL을 정의합니다. 도메인 주소가 'yongback.com'이라면, 각각의 메서드는 다음 경로로 연결됩니다.

- /test → yongback.com/test
- / → yongback.com

- /resume → yongback.com/resume

- /projects → yongback.com/projects

각 메서드의 기능은 단순합니다. 프레젠테이션 서비스의 메서드를 호출한 후에 그 결과를 모델에 속성으로 넣는 방식입니다. 이때 `model.addAttribute(key, value)`를 이용해 value, 즉 넣어 준 데이터를 뷰에서는 key를 이용해 꺼내올 수 있습니다.

tip 스프링 컨트롤러에서 모델을 사용하고 싶을 경우 메서드에 Model 자료형의 파라미터를 추가합니다.

주목할 점은 반환값이 문자열이라는 것입니다. 뷰 컨트롤러 메서드의 반환 문자열은 뷰의 경로입니다. 컨트롤러가 문자열을 반환하면 **뷰 리졸버**^{view resolver}라는 컴포넌트가 해당 경로에서 뷰 템플릿 파일을 찾습니다. 그리고 모델의 데이터와 뷰 템플릿을 결합하여 최종으로 사용자에게 응답합니다.

뷰 렌더링을 직접 확인해 보겠습니다. 먼저 응답할 뷰 템플릿 파일이 필요합니다. 스프링 부트에서 뷰 템플릿의 기본 경로는 'src/main/resources/templates'입니다. 처음 프로젝트를 생성할 때부터 빈 디렉터리로 만들어져 있지만, 없다면 해당 경로에 디렉터리를 만듭니다. 그리고 디렉터리를 마우스 우클릭하면 나타나는 팝업 메뉴에서 [New] → [File]을 선택해, test.html 파일을 생성합니다.

[코드 6-14]를 참고해 내용을 작성합니다. 뷰 렌더링을 위한 간단한 HTML 파일입니다.

코드 6-14 templates/test.html

```
01  <!DOCTYPE html>
02  <html lang="ko">
03    <head>
04      <meta charset="UTF-8">
05      <title>포트폴리오</title>
06    </head>
07    <body>
08      <p>안녕하세요.</p>
09    </body>
10  </html>
```

이제 애플리케이션을 실행하고, 웹 브라우저에서 'localhost:8080/test' 경로에 접속하면 [그림 6-10]과 같은 화면을 확인할 수 있습니다. 〈head〉 태그 내부 〈title〉 태그의 내용이 탭 제목으로 표시됩니다. 그리고 〈body〉 태그 내부 〈p〉 태그의 내용이 화면에 표시됩니다.

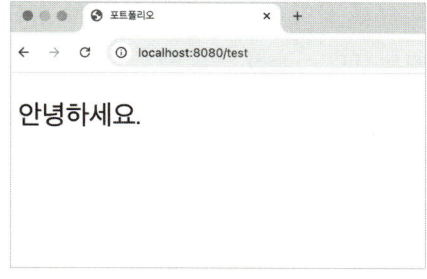

그림 6-10 /test 경로 접속 화면

뷰 렌더링의 전체 흐름을 정리하면 다음과 같습니다.

① 애플리케이션이 실행될 때 뷰 컨트롤러를 스프링 빈으로 등록합니다.

② @GetMapping의 각 경로를 엔드포인트로 등록합니다.

③ 웹 브라우저에서 '/test' 경로로 접속하면 스프링에서 해당 경로에 등록된 test( ) 메서드를 실행합니다.

④ test( ) 메서드는 즉시 'test'라는 경로를 반환합니다.

⑤ 뷰 리졸버에서는 '/src/main/resources/templates' 디렉터리 하위의 'test.html' 파일을 찾아 사용자에게 응답합니다.

⑥ 웹 브라우저는 응답 받은 HTML의 내용을 화면에 그립니다.

이번에는 'localhost:8080'으로 접속해 보겠습니다. 그럼 [그림 6-11]처럼 화이트레이블 에러 페이지가 보일 것입니다. 하지만 자세히 보면 4장에서 봤던 화면과는 다릅니다. 4장에서는 HTTP 응답 코드가 404였다면, 이번에는 500입니다. 어떻게 된 일일까요?

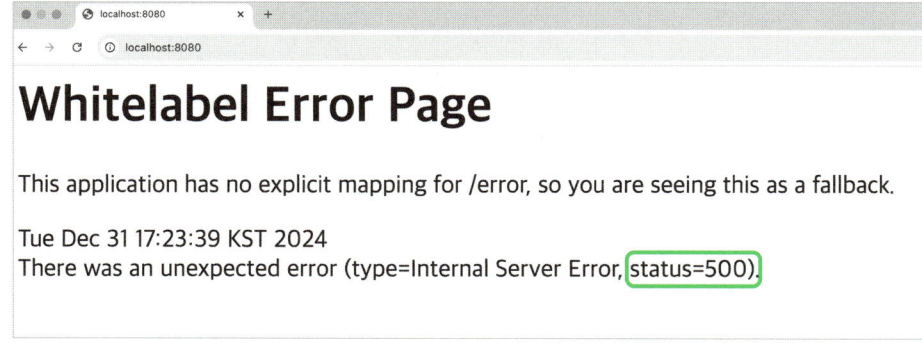

그림 6-11 인덱스 경로 접속 화면

이렇게 차이가 나는 이유는 바로 엔드포인트에 있습니다. 4장에서는 어떠한 엔드포인트도 등록하지 않았기 때문에 4장에서 루트 URL인 '/' 경로로 접속했을 때는 경로를 찾을 수 없다는 의미의 [404 Not Found]를 응답했습니다.

이번에는 '/' 경로에서 실행할 index( ) 메서드를 등록했기 때문에 경로의 엔드포인트를 찾아 메서드를 실행할 수는 있습니다. 그러나 메서드가 응답하는 'presentation/index'에 해당하는 파일을 만들지 않았습니다.

그래서 뷰 리졸버가 뷰 템플릿을 찾지 못했고, 이것을 서버 내부 오류로 간주해 [500 Internal Server Error]로 응답한 것입니다. [그림 6-12]와 같이 'Error resolving template [presentation/index], template might not exist or might not be accessible...' 로그를 확인할 수 있습니다.

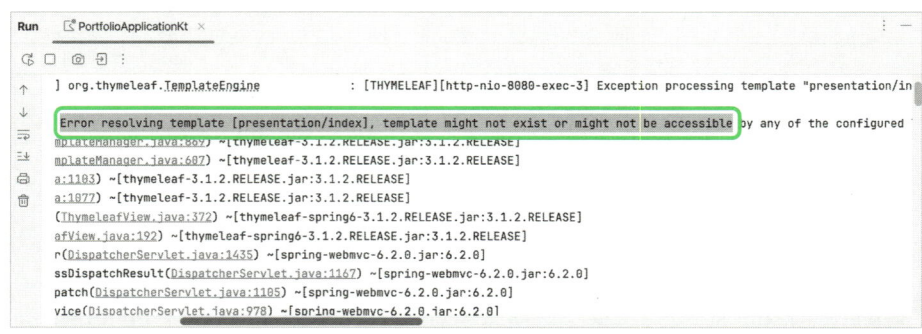

그림 6-12 error resolving template 로그

여기서는 컨트롤러가 어떤 흐름을 거쳐 뷰를 응답하는지만 이해하고, 각 화면의 뷰 템플릿 파일은 7장에서 만들겠습니다.

6-3-2 프레젠테이션 API 컨트롤러 개발하기

다음으로 API 컨트롤러를 만듭니다. controller 패키지 하위에 PresentationApiController.kt 파일을 만들어 [코드 6-15]를 참고해 내용을 작성합니다.

코드 6-15 presentation/controller/PresentationApiController.kt

```
01  package com.yongback.portfolio.presentation.controller
02
03  // 생략
```

```kotlin
04
05  @RestController ────► ❶
06  @RequestMapping("/api") ────► ❷
07  class PresentationApiController(
08      private val presentationService: PresentationService
09  ) {
10
11      @GetMapping("/test")
12      fun test(): String {
13          return "OK"
14      }
15
16      @GetMapping("/v1/introductions")
17      fun getIntroductions(): List<IntroductionDTO> {
18          return presentationService.getIntroductions()
19      }
20
21      @GetMapping("/v1/links")
22      fun getLinks(): List<LinkDTO> {
23          return presentationService.getLinks()
24      }
25
26      @GetMapping("/v1/resume")
27      fun getResume(): ResumeDTO {
28          return presentationService.getResume()
29      }
30
31      @GetMapping("/v1/projects")
32      fun getProjects(): List<ProjectDTO> {
33          return presentationService.getProjects()
34      }
35  }
```

뷰 컨트롤러와의 차이점은 @Controller 어노테이션 대신 ❶ @RestContoller 어노
테이션을 사용한다는 것입니다. @RestController 어노테이션은 @Controller 어노
테이션을 한 번 감싸, 간편하게 API 컨트롤러를 선언하기 위해 사용합니다.

@RestController 어노테이션 소스 코드를 열어 보면 다음과 같습니다.

```
package org.springframework.web.bind.annotation;

// 생략

@Target({ElementType.TYPE})
@Retention(RetentionPolicy.RUNTIME)
@Documented
@Controller
@ResponseBody
public @interface RestController {
    @AliasFor(
        annotation = Controller.class
    )
    String value() default "";
}
```

내부에 @Controller와 @ResponseBody 어노테이션이 선언되어 있습니다. 여기서 @ResponseBody 어노테이션은 컨트롤러 메서드의 반환값이 뷰 리졸버를 거치지 않고 응답하게 하는 역할을 합니다. 반환값이 문자열이면 그대로 응답하고, 객체이면 **HTTP 메시지 컨버터**HTTP message converter를 거쳐 JSON, XML 등으로 변환된 뒤 응답합니다.

@RestController 어노테이션 대신 @Controller 어노테이션을 클래스 선언부에 붙여서 필요한 메서드에만 @ResponseBody 어노테이션을 붙여 사용할 수도 있습니다. @ResponseBody 어노테이션을 클래스 선언부에 붙이면 클래스 내부의 모든 메서드에 적용됩니다. 그러나 @RestController를 사용하면 두 어노테이션을 한 줄로 합쳐 사용할 수 있으니 코드가 간결해집니다. 또 컨트롤러를 기능에 따라 분류해 효과적으로 관리할 수 있습니다.

다시 [코드 6-15]로 돌아가 ❷ @RequestMapping 어노테이션은 URL과 컨트롤러 메서드를 매핑할 때 사용합니다. @GetMapping 어노테이션이 바로 @RequestMapping을 감싼 어노테이션입니다. @GetMapping 어노테이션의 소스 코드를 열어 보면 @RequestMapping(method={Request-Method.GET})이 선언된 것을 알 수 있습니다.

```
package org.springframework.web.bind.annotation;

// 생략

@Target({ElementType.METHOD})
@Retention(RetentionPolicy.RUNTIME)
@Documented
@RequestMapping(
    method = {RequestMethod.GET}
)
public @interface GetMapping {
    @AliasFor(
        annotation = RequestMapping.class
    )
    String name() default "";

    // 생략
}
```

@RequestMapping 어노테이션을 클래스 선언부에 붙이면 하위 모든 메서드에 적용됩니다. 클래스에 정의된 URL은 메서드 URL 앞에 결합됩니다. 예를 들어 test() 메서드는 최종 URL이 '/api/test'로 선언됩니다. 클래스 단위로 API를 분류할 때 유용합니다.

이처럼 API 컨트롤러의 메서드 내부는 뷰 컨트롤러보다 단순합니다. 모델에 데이터를 넣는 과정 없이 조회한 결과를 바로 반환합니다. CSR 방식을 사용한다면 응답 받은 데이터를 기반으로 클라이언트에서 직접 화면을 그립니다.

그럼 이제 API 컨트롤러의 동작을 확인해 보겠습니다. GET 요청밖에 없기 때문에 웹 브라우저에서 호출해도 좋지만, 이번에는 포스트맨을 사용하겠습니다.

애플리케이션을 실행하여 포스트맨을 실행합니다. [그림 6-13]과 같은 화면이 보이면 왼쪽 상단의 [+] 아이콘이나, 화면 중앙의 'Create a new request' 영역의 [HTTP] 아이콘을 클릭합니다.

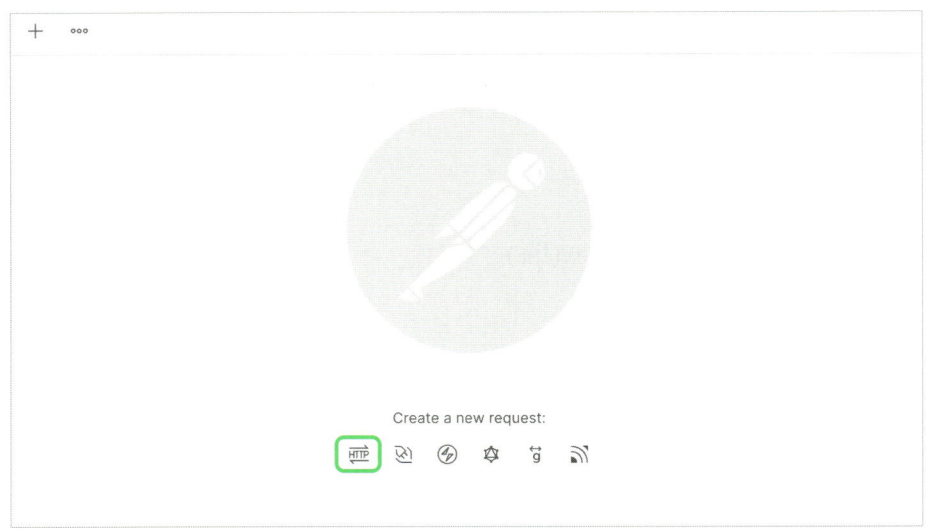

그림 6-13 포스트맨 새 HTTP 요청 생성

새 탭이 열리면 요청 메서드는 GET, URL은 'http://localhost:8080/api/test'를 입력한 후 [Send] 버튼을 클릭합니다. 화면 하단 응답 영역에 메서드에서 반환한 'OK'가 표시되면 성공입니다.

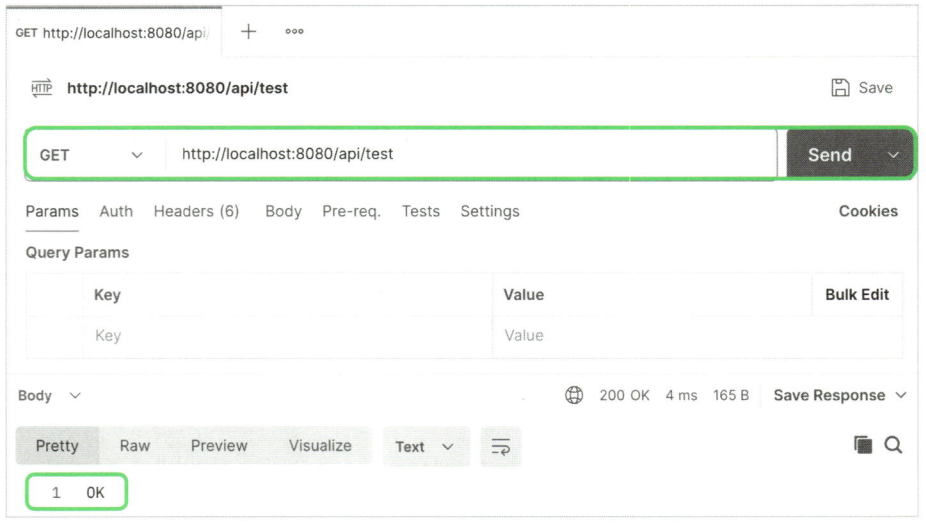

그림 6-14 포스트맨 test 요청 화면

'/api/v1/introductions', 'api/v1/links' 등의 경로도 호출하면 DataInitializer에서 넣어 준 각 데이터들이 JSON 형태로 표시되는 것을 확인할 수 있습니다. '/test' 경로도 호출해 보세요. HTML 원문도 확인할 수 있습니다. API 응답에 이상이 없다면 지금까지 만든 내용을 커밋합니다.

⦿ 커밋과 푸시

- **커밋 대상**: PresentationViewController.kt, PresentationApiController.kt, test.html
- **커밋 메시지**: 컨트롤러 개발

▤ CSR 방식에서의 API 설계 방법

프레젠테이션 API 컨트롤러에서 인덱스 페이지에서 사용하는 Introduction과 Link 조회는 별도의 API로 분리했습니다. 반면 이력서 페이지에서 사용하는 Experience, Achievement, Skill은 하나의 API에서 조회합니다. 이 둘은 어떤 차이가 있을까요?

먼저 UI 컴포지트 패턴(composite pattern)을 적용할 때 차이가 발생합니다. UI 컴포지트는 화면의 구성 요소를 모듈화해서 독립적인 컴포넌트로 나누는 방법입니다. 이때 각 컴포넌트는 독립적으로 의존하는 API를 호출해서 데이터를 가져와 화면을 그립니다. 만약 한 화면을 소개와 링크 컴포넌트로 나누면, Introduction이나 Link 조회 중 한 컴포넌트에서 장애가 발생했을 때 문제가 되는 컴포넌트는 그리지 않고 나머지 컴포넌트만 그립니다. 그럼 사용자의 입장에선 장애가 발생하지 않은 것처럼 느낄 것입니다.

반면 Experience, Achievement, Skill처럼 하나의 API에서 모든 데이터를 조회할 경우, 셋 중 하나에서 장애가 발생하면 API 자체가 정상 작동하지 않습니다. 데이터를 받을 수 없기 때문에 화면도 그릴수 없습니다. API 내부에서 예외 처리를 하더라도 각 기능별로 독립된 컴포넌트를 구성하는 것에 비해복잡합니다.

지연 로딩을 적용할 때도 차이가 납니다. 지연 로딩은 초기 접속 때 모든 데이터를 다 가져오는 대신, 화면에서 실제로 필요로 하는 시점에 데이터를 가져오는 방식입니다. 여러 데이터를 하나의 API에서하면 특정 데이터만 추가로 할 때에도 불필요한 다른 데이터까지 모두 가져와야 하기 때문에 비효율적입니다.

이처럼 API 설계는 사용자 경험과 시스템 안정성, 효율성 측면에 중요한 영향을 미칩니다. 비즈니스 요구사항과 클라이언트와의 상호작용 방식, 데이터의 특성 등 다양한 요소를 고려하여 전략적으로 API를설계해야 합니다.

6-3-3 프레젠테이션 API 컨트롤러 테스트하기

컨트롤러를 만들었으니 테스트 코드를 작성할 차례입니다. 실습 프로젝트에서는 API 컨트롤러의 테스트 코드만 작성하겠습니다. 뷰 컨트롤러는 최종 응답 결과가 HTML 이므로 성공 케이스를 작성하려면 뷰 템플릿 개발까지 완료해야 하기 때문입니다.

또 서버 개발의 관점에서 테스트의 주요 검증 대상은 데이터입니다. 그런데 두 컨트롤러는 같은 서비스를 다룹니다. 단지 결과 데이터를 직접 응답하는지, 모델에 넣는지 정도의 차이만 있습니다. 따라서 실습 프로젝트에서는 API 컨트롤러만 테스트해도 충분히 학습 목표를 달성할 수 있습니다.

그럼 'src/test/kotlin' 디렉터리 하위에 'com/yongback/portfolio/presentation/controller' 패키지를 만듭니다. 그리고 PresentationApiControllerTest.kt 파일을 만든 후 [코드 6-16]을 참고해 내용을 작성합니다.

tip 에디터에서 PresentationApiController.kt 파일을 열고, 마우스 우클릭하면 나타나는 팝업 메뉴에서 [Generate] → [Test...]를 선택해 자동 생성 기능을 사용해도 좋습니다.

코드 6-16 presentation/controller/PresentionApiControllerTest.kt

```
01  package com.yongback.portfolio.presentation.controller
02
03  // 생략
04
05  @SpringBootTest ─────▶ ❶
06  @AutoConfigureMockMvc ─────▶ ❷
07  @DisplayName("[API 컨트롤러 테스트]") ─────▶ ❸
08  class PresentationApiControllerTest( ─────▶ ❹
09      @Autowired private val mockMvc: MockMvc
10  ) {
11
12      @Test
13      @DisplayName("Introductions 조회")
14      fun testGetIntroductions() { ─────▶ ❺
15          // given
16          val uri = "/api/v1/introductions"
17
18          // when
19          val mvcResult = performGet(uri)
```

```
20          val contentAsString = mvcResult.response.getContentAsString(
    ➡ StandardCharsets.UTF_8)
21          val jsonArray = JSONArray(contentAsString)
22
23      // then
24      assertThat(jsonArray.length()).isPositive()
25  }
26
27  private fun performGet(uri: String): MvcResult {    ———▶ ❻
28      return mockMvc
29          .perform(MockMvcRequestBuilders.get(uri))
30          .andDo(MockMvcResultHandlers.print())
31          .andReturn()
32  }
33 }
```

스프링 부트 애플리케이션의 통합 테스트를 위해 ❶ @SpringBootTest 어노테이션을 선언합니다. 실제로 애플리케이션을 실행하는 것처럼 빈 등록 등 스프링의 모든 설정을 완료한 후에 테스트를 진행합니다. 즉 @SpringBootTest 어노테이션을 사용하면 실제 애플리케이션의 동작을 확인할 수 있습니다. 하지만 애플리케이션의 규모가 커지면 그만큼 테스트 실행 속도가 느려진다는 단점이 있습니다.

❷ @AutoConfigureMockMvc 어노테이션은 MockMvc를 자동 설정한 후 주입합니다. MockMvc는 스프링에서 제공하는 테스트 도구입니다. 서블릿 컨테이너를 실제로 실행하지 않고 애플리케이션의 HTTP 요청 및 응답 흐름을 테스트할 수 있게 합니다. 실제로 웹 서버를 실행하지 않아도 애플리케이션으로 요청하고 응답을 받을 수 있고 컨트롤러, 인터셉터 등의 스프링 MVC 컴포넌트를 테스트할 수 있습니다.

📋 서블릿과 서블릿 컨테이너

서블릿은 자바로 작성된 서버 컴포넌트입니다. 클라이언트에서 보낸 HTTP 요청을 처리하고 응답을 반환하는 역할을 합니다.

서블릿 컨테이너는 이러한 서블릿을 실행하고 관리하는 자바 기반의 서버 환경입니다. 클라이언트 요청을 받아 서블릿에 전달하고, 서블릿의 응답을 클라이언트로 반환하는 역할을 합니다. 대표적인 서블릿 컨테이너로 톰캣(Tomcat), 제티(Jetty) 등이 있습니다.

❸ @DisplayName 어노테이션을 선언해 테스트 클래스나 메서드에 표시할 이름을 지정합니다. 6-2절에서 실행한 리포지터리나 서비스 테스트에서는 클래스명과 메서드명을 표시합니다. 컨트롤러 테스트에서는 테스트 클래스와 메서드에 한글명을 지정해 읽기 쉽게 직관적으로 테스트의 목적을 표현합니다.

❹ PresentationApiControllerTest는 생성자에서 MockMvc를 주입받습니다. 이 MockMvc 객체를 설정하고, 생성하고 주입하는 과정은 ❷ @AutoConfigureMock Mvc 어노테이션으로 자동화됩니다. 테스트 메서드에서는 MockMvc 인스턴스를 이용해 각 API를 호출하고, 결과를 받을 수 있습니다.

❺ testGetIntroductions() 메서드는 먼저 given 영역에서는 URL만 조건으로 주어집니다. 그리고 when 영역에서는 마지막에 작성할 performGet() 메서드로 해당 URL을 호출합니다. 문자열로 받은 응답 바디는 JSON 배열로 변환합니다. 마지막으로 then 영역에서는 JSON 배열이 0보다 큰지 검증합니다.

그리고 테스트 메서드를 작성합니다. ❻ performGet() 메서드는 mockMvc 객체를 이용해 각 테스트 메서드에서 공통으로 사용하는 GET 호출을 처리합니다. perform() 메서드에서 인자로 받은 URL를 GET 호출하고, andDo() 메서드에서 요청 및 응답 결과를 출력합니다. 마지막으로 andReturn() 메서드로 응답 결과를 반환합니다.

tip MockMvc는 andExpect( ) 메서드를 이용해 응답 코드나 바디를 검증하는 기능도 제공합니다. 실습 프로젝트에서는 then 영역에서 응답 바디만 검증하기 위해 즉시 반환하도록 했습니다.

다른 API의 테스트 메서드도 작성합니다. [코드 6-17]을 참고해 testGetIntroductions() 메서드와 performGet() 메서드 사이에 testGetLinks(), testGetResume(), testGetProjects() 메서드를 작성합니다.

코드 6-17 presentation/controller/PresentionApiControllerTest.kt

```
// 생략

@Test ⟶ 여기부터 [코드 6-16]에서 작성한 testGetLinks() 메서드 아래에 작성합니다.
@DisplayName("Links 조회")
fun testGetLinks() {
    // given
    val uri = "/api/v1/links"
```

```kotlin
    // when
    val mvcResult = performGet(uri)
    val contentAsString = mvcResult.response.getContentAsString
➥ (StandardCharsets.UTF_8)
     val jsonArray = JSONArray(contentAsString)

    // then
    assertThat(jsonArray.length()).isPositive()
}

@Test
@DisplayName("Resume 조회")
fun testGetResume() {
    // given
    val uri = "/api/v1/resume"

    // when
    val mvcResult = performGet(uri)
    val contentAsString = mvcResult.response.getContentAsString
➥ (StandardCharsets.UTF_8)
    val jsonObject = JSONObject(contentAsString) ⟶ ❶

    // then
    assertThat(jsonObject.optJSONArray("experiences").length()).
➥ isPositive() ⟶ ❷
    assertThat(jsonObject.optJSONArray("achievements").length()).
➥ isPositive()
    assertThat(jsonObject.optJSONArray("skills").length()).isPositive()
}

@Test
@DisplayName("Projects 조회")
fun testGetProjects() {
    // given
    val uri = "/api/v1/projects"

    // when
    val mvcResult = performGet(uri)
```

```
    val contentAsString = mvcResult.response.getContentAsString
➡ (StandardCharsets.UTF_8)
    val jsonArray = JSONArray(contentAsString)

    // then
    assertThat(jsonArray.length()).isPositive()
}

// 생략
```

testGetLinks(), testGetResume(), testGetProjects() 메서드도 testGetIntro
ductions() 메서드와 거의 유사합니다. 다만 testGetResume() 메서드만 ❶ 응답
결과를 JSON 객체로 변환하고, JSON 객체에서 ❷ experiences, achievements,
skills JSON 배열을 가져와 검증한다는 차이가 있습니다.

테스트 코드 작성을 완료했다면 실행해 봅니다. 모든 테스트를 통과한다면 작업 내
역을 커밋합니다.

⤳ 커밋과 푸시

- **커밋 대상**: PresentationApiControllerTest.kt
- **커밋 메시지**: 컨트롤러 테스트 코드 작성

지금까지 6-3절에서는 프레젠테이션 컨트롤러를 만들고, API 컨트롤러의 테스트 코
드를 작성했습니다. 이제 각 컨트롤러 메서드가 렌더링할 뷰 템플릿 파일만 만들면
사용자는 포트폴리오 사이트를 이용할 수 있습니다.

실습 프로젝트에서는 사용자 접속 정보를 http_interface 테이블에 저장하는 기능도
만듭니다. 이때 HttpInterface 리포지터리를 각 컨트롤러 메서드마다 호출하도록 구
현할 수도 있지만, 모든 컨트롤러 메서드에서 사용하는 기능인 만큼 공통 기능으로
구현하는 것이 편리합니다. 6-4절에서는 컨트롤러 호출 전후로 동작하는 공통 기능
을 정의할 인터셉터를 개발해 보겠습니다.

6-4 인터셉터 개발하기

- HTTP 요청 정보를 저장하는 프레젠테이션 인터셉터를 개발한다.
- 프레젠테이션 인터셉터를 등록한다.

6-4절에서는 사용자가 각 화면에 접속할 때마다 HTTP 요청 정보를 데이터베이스에 저장하는 기능을 구현해 보겠습니다. 이 기능은 프레젠테이션 컨트롤러의 모든 메서드에서 필요합니다. 가장 직관적인 방법은 프레젠테이션 컨트롤러에서 Http Interface 리포지터리를 주입받고, 각 메서드 내부에서 동일하게 엔티티 생성과 저장 기능을 구현하는 것입니다.

하지만 동일한 코드를 여러 번 작성하는 것은 그렇게 좋은 방법은 아닙니다. 한 컨트롤러 클래스 내부에서는 private 메서드로 어느 정도 중복을 줄일 수 있지만, private 메서드 호출 자체는 모든 메서드에 중복될 수밖에 없습니다. 예를 들어 컨트롤러 클래스가 여러 개일 경우 컨트롤러마다 동일한 private 메서드가 중복됩니다. 컨트롤러 클래스나 메서드가 계속 추가될 때마다 동일 코드를 계속 추가해야 하는데, 개발자의 실수로 해당 코드가 누락될 가능성도 있습니다.

이런 다양한 문제를 해결하기 위해 스프링에서는 인터셉터라는 기능을 제공합니다. 개별 컨트롤러와 메서드의 책임을 고유한 기능에만 한정하고, 공통 기능은 별도의 컴포넌트에 책임을 부여할 수 있습니다. 이어서 인터셉터의 개념과 처리 흐름을 알아보고, HTTP 요청 정보 저장 기능을 구현한 인터페이스를 개발해 보겠습니다.

6-4-1 인터셉터란

인터셉터interceptor는 HTTP 요청과 응답을 가로채서 특정 작업을 수행할 수 있는 스프링 기능입니다. 여러 컨트롤러에서 공통으로 처리해야 하는 작업이 있을 때 사용합니다. 예를 들어 요청이 컨트롤러로 넘어오기 전에 데이터의 유효성을 검증하거나, 컨트롤러에서 처리한 결과를 클라이언트에 응답하기 전 공통 응답 포맷으로 변환하기 위해 사용할 수 있습니다.

인터셉터를 만들기 위해선 HandlerInterceptor 인터페이스를 구현해야 합니다. HandlerInterceptor 인터페이스에는 preHandle(), postHandle(), afterCompletion() 메서드가 선언되어 있습니다. 목적에 따라 필요한 메서드를 구현하면 됩니다.

다음은 스프링에서 제공하는 HandlerInterceptor 코드입니다. 먼저 각 메서드를 살펴보겠습니다.

tip 윈도우에서 단축키 `Ctrl` + `N`, 맥OS에서 `Cmd` + `O` 키를 누른 뒤 HandlerInterceptor를 입력하면 클래스를 검색할 수 있습니다. 조회가 안 되면 같은 단축키를 한 번 더 누르면 검색 범위가 라이브러리까지 확장됩니다.

코드 HandlerInterceptor 인터페이스

```
package org.springframework.web.servlet;

// 생략

public interface HandlerInterceptor {
    default boolean preHandle(          ➊
        HttpServletRequest request,
        HttpServletResponse response,
        Object handler
    ) throws Exception {
        return true;
    }

    default void postHandle(            ➋
        HttpServletRequest request,
        HttpServletResponse response,
        Object handler,
        @Nullable ModelAndView modelAndView
    ) throws Exception {
    }

    default void afterCompletion(       ➌
        HttpServletRequest request,
        HttpServletResponse response,
        Object handler,
        @Nullable Exception ex
    ) throws Exception {
    }
}
```

① `preHandle()` 메서드는 요청이 컨트롤러 메서드로 넘어가기 전에 호출됩니다. HttpServletRequest, HttpServletResponse 객체를 인자로 받아 목적에 맞게 사용할 수 있습니다. Object로 선언된 handler 파라미터에는 요청을 처리하는 객체가 인자로 넘어옵니다. 일반적으로 컨트롤러 메서드의 정보를 담고 있는 HandlerMethod 객체가 넘어옵니다. 호출되는 컨트롤러 정보를 로그로 남기거나, 특정 컨트롤러 메서드에만 예외 처리를 하는 식으로 사용할 수 있습니다.

preHandle() 메서드가 정상적으로 처리됐다면 true를 반환해야 요청이 다음 흐름으로 넘어갑니다. 만약 요청 데이터의 형식에 오류가 있어서 요청 처리를 중단하고 싶을 경우에는 false를 반환합니다.

② `postHandle()` 메서드는 컨트롤러 메서드가 정상적으로 종료된 후 뷰 렌더링 실행 이전에 호출됩니다. ModelAndView 객체를 인자로 받을 수 있습니다. 모델에 공통 데이터를 추가하거나, 반환할 뷰를 조작하기 위해 사용합니다. 만약 컨트롤러 메서드 처리 중 예외가 발생하면 postHandle() 메서드는 호출되지 않습니다.

③ `afterCompletion()` 메서드는 요청의 모든 처리가 종료된 후 클라이언트에 응답되기 직전 호출됩니다. 뷰 렌더링이 완료된 후 호출되기 때문에 ModelAndView 객체는 받지 않습니다. 대신 Exception 객체를 받는데, 예외 발생 여부와 관계없이 항상 호출되기 때문입니다. 응답 공통 처리의 목적에 따라 postHandle(), afterCompletion() 메서드를 적절히 구현할 필요가 있습니다.

📋 인터셉터 vs. 필터

인터셉터와 유사한 기능을 하는 **필터**(filter)라는 개념이 있습니다. 인터셉터와 필터 모두 요청과 응답의 흐름을 가로채 중간에서 처리하기 위해 사용되지만, 동작 범위와 목적이 다릅니다.

필터는 서블릿 컨테이너 레벨에서 동작합니다. 즉 스프링으로 요청이 넘어오기 전에 실행됩니다. 서블릿 컨테이너에서 필터를 거친 요청은 스프링으로 전달됩니다. 스프링이 전달받은 요청을 컨트롤러로 넘기기 전에 인터셉터가 동작합니다. 이러한 구조는 다음 그림과 같습니다. 요청은 필터 → 인터셉터 순으로, 응답은 인터셉터 → 필터 순으로 처리됩니다.

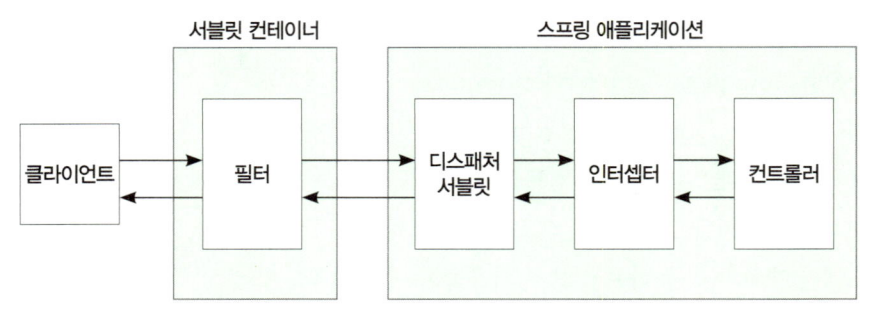

그림 6-15 인터셉터와 필터 동작 구조

이러한 특징 때문에 필터는 스프링과 관계없이 일반적인 처리에 사용되고, 인터셉터는 스프링이나 비즈니스 로직과 밀접한 작업에 사용됩니다. 예를 들어 악성 스크립트를 막기 위한 인코딩은 모든 요청에 항상 필요하며 스프링과 관계없기 때문에 필터를 사용하면 좋습니다. 반면 실습 프로젝트처럼 JPA를 사용해 데이터를 저장하는 기능은 인터셉터를 사용해야 합니다.

6-4-2 인터셉터 개발하기

그럼 HandlerInterceptor를 구현해서 HTTP 요청 정보를 저장할 프레젠테이션 인터셉터를 만들겠습니다. presentation 패키지 하위에 interceptor 패키지를 만듭니다. 그 안에 PresentationInterceptor.kt 파일을 만든 다음 [코드 6-18]을 참고해 내용을 작성합니다.

코드 6-18 presentation/interceptor/PresentationInterceptor.kt

```
01  package com.yongback.portfolio.presentation.interceptor
02
03  // 생략
04
05  @Component ─────▶ ❶
06  class PresentationInterceptor(
07      private val httpInterfaceRepository: HttpInterfaceRepository
08  ) : HandlerInterceptor { ─────▶ ❷
09
10      override fun afterCompletion( ─────▶ ❸
11          request: HttpServletRequest,
12          response: HttpServletResponse,
```

```
13          handler: Any,
14          ex: Exception?
15      ) {
16          val httpInterface = HttpInterface(request)
17          httpInterfaceRepository.save(httpInterface)
18      }
19  }
```

프레젠테이션 인터셉터에는 ❶ `@Component` 어노테이션을 사용합니다. 스프링 빈으로 등록해야 하지만 리포지터리, 서비스, 컨트롤러 어디에도 해당하지 않기 때문입니다. 생성자에서 `httpInterfaceRepository`를 주입받아 요청이 들어올 때마다 HttpInterface 엔티티를 생성 후 저장합니다.

또한 ❷ `HandlerInterceptor`를 구현해 목적에 따라 HandlerInterceptor에 선언된 메서드 중 필요한 메서드를 선택해 오버라이드합니다.

실습 프로젝트에서는 ❸ `afterCompletion()` 메서드만 구현합니다. 이로써 컨트롤러 메서드 호출이 완료된 후, 예외 발생 여부에 관계없이 항상 HttpInterface 엔티티를 생성해 저장합니다. HttpInterface 엔티티는 HttpServlertRequest 객체를 인자로 받아 쿠키, IP 주소, 사용자 정보 등을 세팅합니다.

실습 프로젝트에서는 구현하지 않았지만, 예외가 발생할 때 Exception 객체에서 예외 메시지 등을 추출해 HttpInterface 엔티티에 세팅할 수도 있습니다. 그럼 웹사이트에 접속할 때 어떤 오류가 발생했는지, 전체 요청 중 오류 발생률은 어느 정도인지 등을 추적할 수 있습니다.

6-4-3 인터셉터 등록하기

프레젠테이션 인터셉터를 구현했으니 스프링에 등록하겠습니다. 인터셉터 또한 목적에 맞게 여러 클래스로 분리해 개발하는 것이 좋습니다. 스프링은 등록된 인터셉터를 모두 호출한 뒤 컨트롤러로 요청을 넘깁니다.

interceptor 패키지에 PresentationInterceptorConfiguration.kt 파일을 만듭니다. [코드 6-19]를 참고해 프레젠테이션 인터셉터를 등록하는 코드를 작성합니다.

```kotlin
01  package com.yongback.portfolio.presentation.interceptor
02
03  // 생략
04
05  @Configuration ──────▶ ❶
06  class PresentationInterceptorConfiguration(
07      private val presentationInterceptor: PresentationInterceptor
08  ) : WebMvcConfigurer { ──────▶ ❷
09
10      override fun addInterceptors(registry: InterceptorRegistry) {
11          registry.addInterceptor(presentationInterceptor)
12              .addPathPatterns("/**") ──────▶ ❸
13              .excludePathPatterns( ──────▶ ❹
14                  "/assets/**", "/css/**", "/js/**", "/admin/**",
15                  "/h2**", "/favicon.ico", "/error"
16              )
17      }
18  }
```

❶ **@Configuration** 어노테이션은 스프링의 설정을 정의하는 클래스를 지정할 때 사용합니다. 내부를 열어보면 @Controller 어노테이션 등과 마찬가지로 @Component 어노테이션이 선언되어 있습니다. 이로써 프레젠테이션 인터셉터를 빈으로 주입받을 수 있습니다.

tip @Configuration 어노테이션이 붙은 클래스에서 메서드에 @Bean 어노테이션을 붙이면, 이 메서드가 반환하는 객체가 스프링 빈으로 등록됩니다.

그리고 ❷ **WebMvcConfigurer** 인터페이스를 구현합니다. 스프링의 MVC 관련 설정을 커스터마이징하기 위한 인터페이스입니다. 요청 전후 처리를 담당하는 인터셉터를 포함해서 요청 및 응답 메시지를 변환하는 메시지 컨버터, 뷰 파일의 경로나 확장자를 변환하는 뷰 리졸버 등을 설정할 수 있습니다.

tip 지금까지 기본 설정으로 API 컨트롤러가 JSON 형식으로 응답을 반환하고, 뷰 컨트롤러가 'src/main/resources/templates'에서 html 파일을 찾는 것을 확인했습니다. 그런데 응답을 XML이나 다른 형식으로 바꾸고 싶거나, 뷰 파일의 경로와 확장자를 받고 싶을 수도 있습니다. 그럴 때는 별도의 메시지 컨버터나 뷰 리졸버를 구현한 뒤 WebMvcConfigurer에서 등록합니다. 물론 XML 변환이나 확장자 변환처럼 자주 사용되는 기능은 application.yml이나 어노테이션의 속성을 이용해 더 쉽게 사용할 수도 있습니다.

여기에서는 WebMvcConfigurer 인터페이스에 선언된 메서드 중 `addIntercep tors()` 메서드를 오버라이드해 인터셉터를 등록합니다. 또한 인자로 넘어온 `registry` 객체에 주입받은 프레젠테이션 인터셉터를 추가합니다. `addPathPatterns()` 메서드와 `excludePathPatterns()` 메서드를 추가로 호출하면 어떤 URL 경로에서 인터셉터를 실행할지, 또 어떤 경로에서 제외할지를 지정할 수 있습니다.

그다음 ❸ `addPathPatterns()` 메서드에 `"/**"` 문자열을 인자로 넘기면 루트 URL 하위의 모든 경로에서 인터셉터가 동작합니다.

tip `**`는 모든 경로를 의미하는 와일드카드 패턴입니다.

그런데 이 경우는 '모든' 경로에 대해 인터셉터가 동작합니다. 여기에는 직접 개발한 컨트롤러의 경로뿐만 아니라, H2 콘솔의 경로나 이미지, CSS 등 정적 리소스에 대한 경로도 포함되어 있습니다. 즉 관리자가 H2 콘솔에 접속할 때도 HTTP 요청 정보가 저장되는데, 실습 프로젝트에서 필요로 하는 정보가 아닙니다.

또 사용자가 페이지에 한 번만 접속해도 내부적으로 이미지 등 정적 리소스를 가져 오는 경로가 호출되어 결과적으로 한 개 이상의 요청 정보가 저장됩니다. 이 역시 필요하지 않은 데이터일 뿐 아니라 동일 요청에 중복 데이터가 쌓입니다.

이런 문제를 해결하기 위해 ❹ `excludePathPatterns()` 메서드에 인자로 `"/assets/**"`, `"/css/**"`, `"/js/**"` 등의 문자열을 넣습니다. 해당 경로를 호출할 때는 인터셉터가 동작하지 않기 때문에 컨트롤러 경로에 대한 요청 정보만 저장됩니다.

tip `excludePathPatterns( )`를 사용하는 대신 모든 컨트롤러의 URL 경로에 공통 접두사를 붙이는 방법도 있습니다. 예를 들어 모든 API 컨트롤러는 "/api", 모든 뷰 컨트롤러는 "/view"로 시작하게 규칙을 정하여 addPathPatterns( )에 "/api/**", "/view/**" 문자열을 인자로 넣습니다.

인터셉터가 잘 동작하는지 확인해 보겠습니다. 애플리케이션을 실행하여 H2 콘솔에 접속합니다. 바로 http_interface 테이블을 조회하면 아직 아무 데이터도 없습니다. 그런데 'localhost:8080', 'localhost:8080/test' 등 경로에 접속해 본 후 다시 http_interface를 조회하면 [그림 6-16]처럼 데이터가 생깁니다. 아직 뷰 템플릿 개발이 안 돼서 오류가 발생한 경우에도 요청 정보는 저장됩니다.

| Run | Run Selected | Auto complete | Clear | SQL statement: |

SELECT * FROM HTTP_INTERFACE

SELECT * FROM HTTP_INTERFACE;					
CREATED_DATE_TIME	HTTP_INTERFACE_ID	UPDATED_DATE_TIME	COOKIES	LOCAL_ADDR	REFERER
2025-09-07 21:43:58.502657	1	2025-09-07 21:43:58.502666	[JSESSIONID:0CD964C34B6956FC15D02EFD406E4031]	0:0:0:0:0:0:0:1	null
2025-09-07 21:44:00.527624	2	2025-09-07 21:44:00.527646	[JSESSIONID:0CD964C34B6956FC15D02EFD406E4031]	0:0:0:0:0:0:0:1	null
2025-09-07 21:44:05.080883	3	2025-09-07 21:44:05.080897	[JSESSIONID:0CD964C34B6956FC15D02EFD406E4031]	0:0:0:0:0:0:0:1	null

그림 6-16 http_interface 테이블 조회

http_inferface 데이터가 정상적으로 추가되는 것을 확인했다면 작업한 내용을 커밋합니다.

⌁ 커밋과 푸시

- **커밋 대상**: PresentationInterceptor.kt, PresentationInterceptorConfiguration.kt
- **커밋 메시지**: 인터셉터 개발

지금까지 프레젠테이션 인터셉터를 이용해 HTTP 요청 정보 저장 기능이 공통 처리되도록 했습니다. 클라이언트에서 애플리케이션의 모든 URL을 호출할 때마다 요청 정보가 저장됩니다. 그리고 전체 요청의 횟수는 이 웹사이트의 방문 횟수가 됩니다.

현재 방식은 같은 사용자가 같은 페이지에서 짧은 시간에 열 번 새로고침을 할 경우 데이터가 열 번 쌓입니다. 사실 대부분의 웹사이트에서는 조회수 등을 관리할 때 이런 경우를 중복이라고 보고 집계하지 않습니다. 하지만 중복을 제외하기 위해선 보다 복잡한 개발이 필요하고, 이 책의 범위를 넘어가므로 지금은 스프링에서 요청과 응답이 어떤 흐름을 거쳐 처리하는지 이해하는 것에 집중하겠습니다.

6장에서는 사용자가 웹사이트에 접속하면 호출될 데이터 저장, 가공, 반환 처리를 하는 리포지터리, 서비스, 컨트롤러를 만들었습니다. 또 모든 요청의 공통 처리를 하는 인터셉터를 만들어 보았습니다. 컨트롤러 – 서비스 – 리포지터리의 구조는 스프링 개발을 할 때 빈번하게 사용하는 레이어드 아키텍처입니다. 앞으로 자주 사용하므로 잘 이해하고 넘어가기 바랍니다. 7장에서는 컨트롤러에서 모델에 넣어 준 데이터를 가져와 보여 주는 뷰 템플릿을 만들어 보겠습니다.

- DTO는 애플리케이션의 각 레이어 간에 데이터를 전송하기 위한 객체입니다.

- DTO를 사용하면 데이터 보안, 네트워크 최적화, 계층 간 의존도 감소 등의 장점이 있습니다.

- @Repository, @Service, @Controller 어노테이션은 스프링 빈의 역할을 명시합니다.

- @Transactional 메서드는 기본적으로 Unchecked 익셉션이 발생했을 때 롤백합니다.

- @Transactional 어노테이션은 AOP와 프록시를 활용해 메서드에 트랜잭션을 적용합니다.

- 단위 테스트는 모킹으로 테스트 대상 클래스의 동작에만 집중합니다.

- 스프링에서 Mockito 라이브러리를 이용하면 간편하게 모킹할 수 있습니다.

- @Controller를 이용해 뷰를 사용자에게 반환하는 컨트롤러를 만들 수 있습니다.

- 뷰 컨트롤러의 반환값은 뷰 리졸버에서 뷰 템플릿을 찾을 때 사용됩니다.

- @RestController를 이용해 데이터를 사용자에게 반환하는 컨트롤러를 만들 수 있습니다.

- @RestController의 반환값은 그대로, 또는 메시지 컨버터를 거쳐 변환된 뒤 응답됩니다.

- 인터셉터를 이용하여 요청과 응답의 흐름에 개입해 공통 작업을 처리를 할 수 있습니다.

CHAPTER

07

프런트엔드 개발하기: 프레젠테이션 레이어

7장에서는 스프링의 템플릿 엔진 중 하나인 타임리프를 이용해 프레젠테이션 레이어의 프런트엔드를 개발합니다. 7-1절에서는 무료 부트스트랩 템플릿을 가져옵니다. 그리고 7-2절에서 스프링 공식 지원 템플릿 엔진인 타임리프를 사용해, 백엔드에서 모델로 내려 준 데이터를 화면과 결합시킵니다.

7-1 부트스트랩 템플릿 가져오기

- 부트스트랩의 개념과 장점을 이해한다.
- 실습 프로젝트에 사용할 부트스트랩 템플릿을 내려받는다.

7-1절에서는 부트스트랩이 무엇인지 알아보고 실습 프로젝트에서 사용할 무료 부트스트랩 템플릿을 내려받습니다. 그리고 템플릿을 실습 프로젝트로 가져와 프런트엔드 개발 작업을 준비하겠습니다.

7-1-1 부트스트랩이란

부트스트랩Bootstrap은 트위터Twitter에서 개발한 오픈 소스 CSS, 자바스크립트 프레임워크입니다. 보통 프런트엔드 개발에 사용하는 디자인 속성, 버튼, 내비게이션, 카드 등의 UI 요소와 동적 기능을 미리 만들어 모아 놓은 도구 모음입니다.

그림 7-1 부트스트랩 로고

부트스트랩은 PC, 태블릿, 모바일의 다양한 화면 크기에 최적화된 반응형 디자인을 고려해 만들어졌기 때문에 모든 프런트엔드 코드를 하나하나 작성할 필요 없습니다. 부트스트랩 요소들을 불러오는 것만으로도 준수한 디자인의 웹사이트를 만들 수 있습니다. 또한 인터넷에서 다른 사람이 만들어 놓은 유/무료 템플릿을 쉽게 찾을 수 있어 프런트엔드 개발자 도움이 없어도 기본 화면을 간편하게 구현할 수 있습니다.

이 책의 실습 프로젝트에서도 부트스트랩 템플릿을 사용합니다. 단, **템플릿을 가져올 때는 라이선스를 확인하고 준수하는 것이 중요합니다.** 소스 코드가 공개되어 있다고 가져다 쓸 수 있는 것은 아닙니다. 별도의 라이선스 문서를 확인한 뒤 저작권자가 요구하는 사항들을 지켜야 합니다.

7-1-2 템플릿 내려받기

실습 프로젝트에서는 Start Bootstrap 웹사이트에서 제공하는 'Personal' 템플릿을 활용합니다. 무료이고 MIT 라이선스이기 때문에 수정, 배포, 상업적 이용, 개인적 이용이 자유롭습니다. 대신에 라이선스 및 저작권을 반드시 고지해야 합니다.

01 Start Bootstrap 웹사이트(https://startbootstrap.com)에 접속합니다. 그리고 메인 화면 상단의 내비게이션에서 [Themes] → [Portfolio & Resume] 메뉴를 선택합니다.

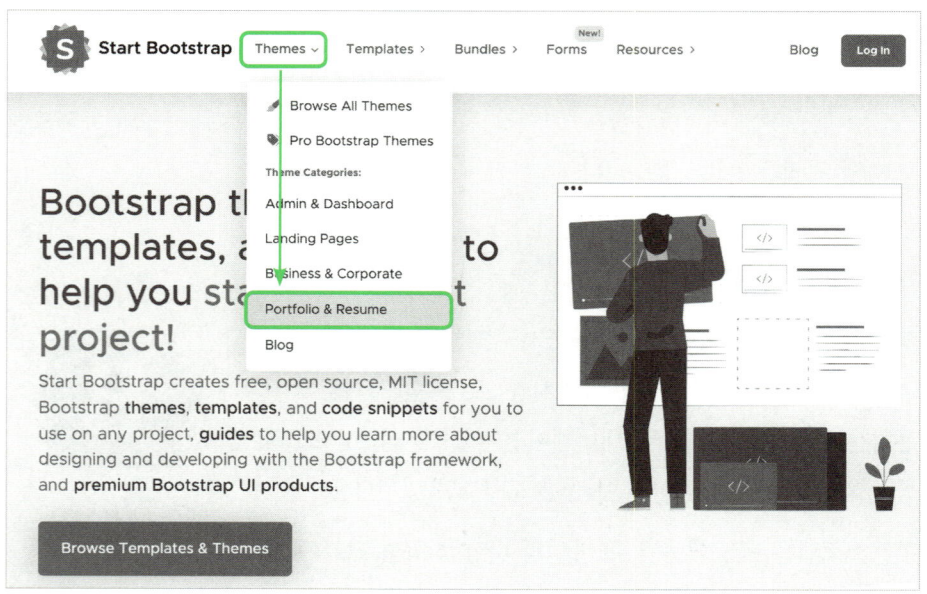

02 Portfolio & Resume 화면으로 바뀌면 'Personal' 템플릿을 찾아 클릭합니다.

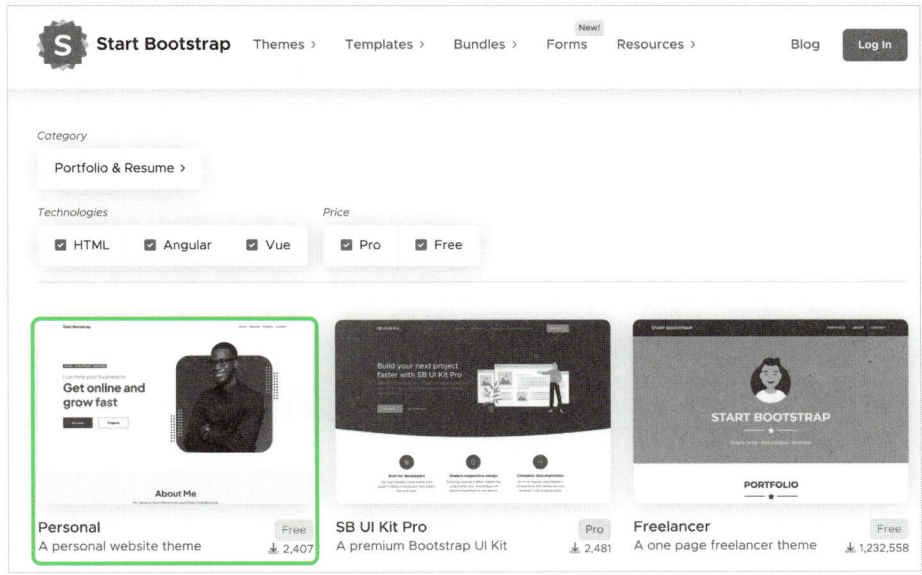

03 'Personal' 템플릿 정보 화면에서 중요한 것은 화면 오른쪽 [Free Download] 버튼 아래에서 확인할 수 있는 라이선스 정보입니다. License 항목의 [MIT License] 문구를 클릭하면 깃허브 리포지터리에서 라이선스 전문을 확인할 수 있습니다. [Live Preview] 버튼은 실제 화면이 어떻게 구성되어 있는지 미리보기를 할 수 있습니다. 템플릿 구성을 파악했다면 [Free Download] 버튼을 클릭해 템플릿을 내려받습니다.

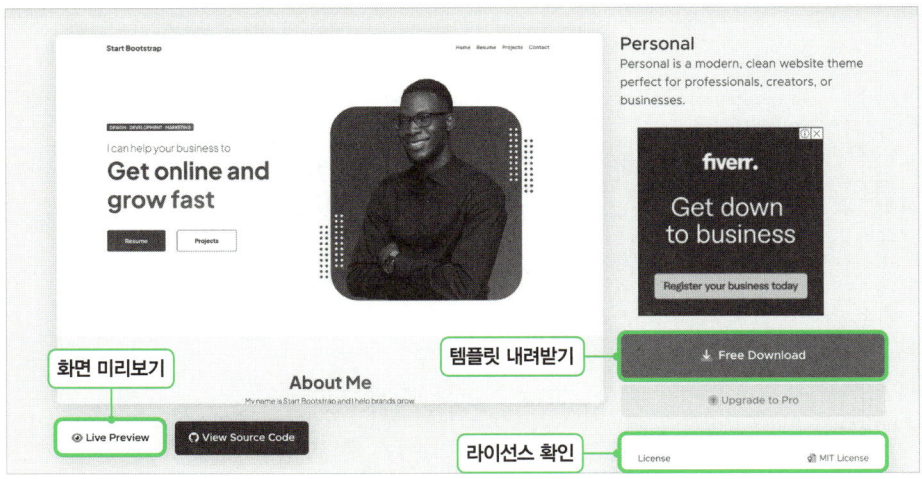

📋 MIT 라이선스

MIT 라이선스는 가장 자유로운 오픈소스 라이선스 중 하나입니다. MIT 라이선스를 적용한 소프트웨어
는 누구나 자유롭게 사용, 수정, 배포할 수 있습니다. 단 원저작권과 라이선스 전문을 고지해야 하며 사
용에 따른 책임은 사용자에게 있습니다.

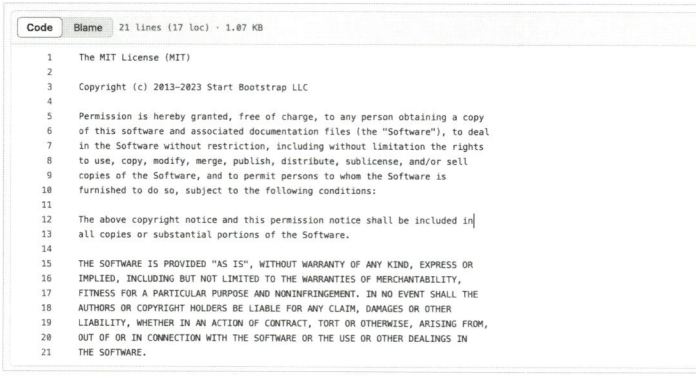

그림 7-2 MIT 라이선스 전문

7-1-3 프로젝트로 가져오기

내려받은 템플릿을 프로젝트로 가져오겠습니다. 파일을 내려받은 폴더로 이동하여
파일을 압축 해제합니다. 그럼 [그림 7-3]과 같이 목록을 확인할 수 있습니다.

이름	생성일	수정일	크기	종류
> 📁 assets	2023년 3월 26일 오전 7:06	2023. 3. 26. 오전 7:06	--	폴더
> 📁 css	2023년 3월 26일 오전 7:06	2023. 3. 26. 오전 7:06	--	폴더
> 📁 js	2023년 3월 26일 오전 7:06	2023. 3. 26. 오전 7:06	--	폴더
🌐 contact.html	2023년 3월 26일 오전 7:06	2023. 3. 26. 오전 7:06	9KB	HT...스트
🌐 index.html	2023년 3월 26일 오전 7:06	2023. 3. 26. 오전 7:06	28KB	HT...스트
🌐 projects.html	2023년 3월 26일 오전 7:06	2023. 3. 26. 오전 7:06	6KB	HT...스트
🌐 resume.html	2023년 3월 26일 오전 7:06	2023. 3. 26. 오전 7:06	15KB	HT...스트

startbootstrap-personal-gh-pages

그림 7-3 템플릿 파일 목록

템플릿을 실습 프로젝트의 'src/main/resources' 디렉터리로 옮깁니다. assets, css,
js, 폴더는 'static' 디렉터리로, index.html, projects.html, resume.html 파일은

'templates/presentation' 디렉터리로 옮깁니다. contacts.html 파일은 사용하지 않습니다. 완성된 디렉터리 구조는 [그림 7-4]와 같습니다.

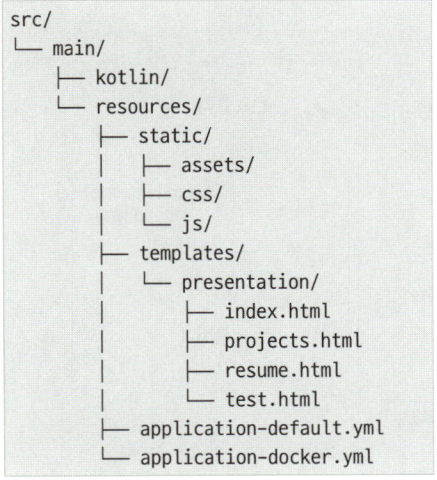

```
src/
└─ main/
   ├─ kotlin/
   └─ resources/
      ├─ static/
      │  ├─ assets/
      │  ├─ css/
      │  └─ js/
      ├─ templates/
      │  └─ presentation/
      │     ├─ index.html
      │     ├─ projects.html
      │     ├─ resume.html
      │     └─ test.html
      ├─ application-default.yml
      └─ application-docker.yml
```

그림 7-4 resources 디렉터리 내부 구조

tip 파일은 윈도우 탐색기 또는 맥북 파인더에서 실습 프로젝트 폴더를 열어 직접 옮기거나, 템플릿 폴더에서 인텔리제이 프로젝트 탭으로 직접 끌어서 놓아도 좋습니다.

이제 애플리케이션을 실행해 웹 브라우저에서 'localhost:8080' 경로에 접속합니다. [그림 7-5]처럼 템플릿 메인 화면이 보이면 제대로 가져온 것입니다.

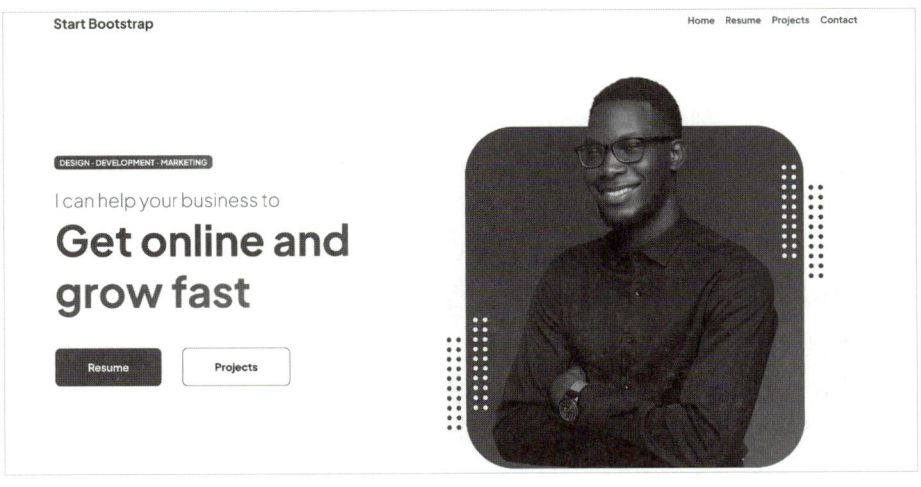

그림 7-5 템플릿 메인 화면

애플리케이션을 실행하면 웹 브라우저에서 메인 화면을 그리는데, 해당 과정을 정리하면 다음과 같습니다.

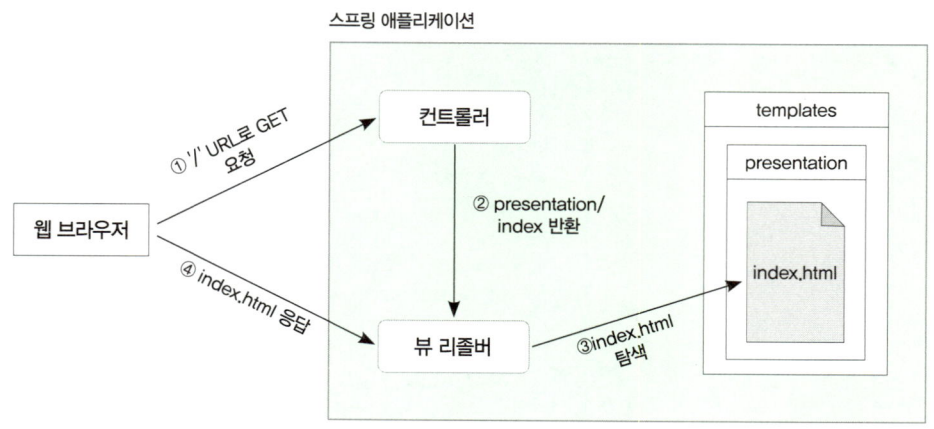

그림 7-6 HTML 파일이 응답되는 과정

① 웹 브라우저에서는 로컬 호스트의 8080 포트에서 실행되는 스프링 애플리케이션의 루트 URL(/)로 GET 요청을 보냅니다.

② PortfolioViewController에는 @GetMapping 어노테이션을 이용해서 index() 메서드에 루트 URL(/)로 GET 요청을 받도록 정의해 놓았습니다. index() 메서드가 실행됩니다. index() 메서드는 최종적으로 문자열 presentation/index를 반환합니다.

③ 스프링은 @Controller 어노테이션이 붙은 클래스의 메서드가 문자열을 반환하면 HTML 파일의 경로라고 인지합니다. 기본 경로는 'templates' 디렉터리입니다. 따라서 스프링은 'templates' 디렉터리에서 'presentation' 디렉터리 안에 있는 index.html 파일을 찾으려고 시도합니다.

④ 앞서 6장에서 PortfolioViewController를 만들었을 때는 index.html 파일이 없었기 때문에 오류가 발생했습니다. 하지만 이번에는 올바른 경로에 index.html 파일이 있기 때문에 웹 브라우저는 정상적으로 화면을 응답합니다.

'localhost:8080/resume'과 'localhost:8080/projects'도 접속해 보세요. resume.html, projects.html 파일도 응답되는 것을 확인할 수 있습니다. 하지만 화면 상단 내비게이션 바에서 [Resume], [Projects] 등의 버튼을 클릭하면 다음 [그림 7-7]과 같이 [404 Not Found] 오류와 함께 화이트레이블 에러 페이지가 보일 것입니다.

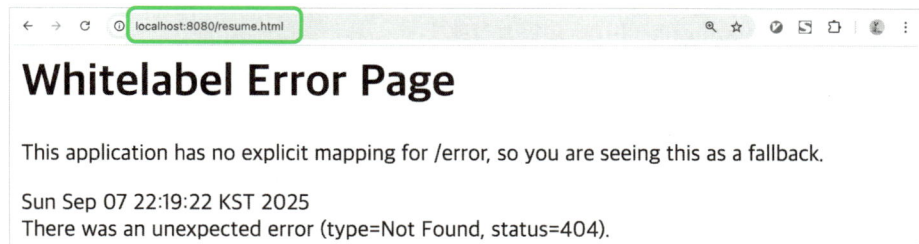

Whitelabel Error Page

This application has no explicit mapping for /error, so you are seeing this as a fallback.

Sun Sep 07 22:19:22 KST 2025
There was an unexpected error (type=Not Found, status=404).

그림 7-7 화이트레이블 에러 페이지의 경로 확인

에러 페이지의 주소창을 보면 'localhost:8080/resume'가 아니고 'localhost:8080/resume.html' 경로로 연결된 것을 알 수 있습니다.

'localhost:8080/resume.html' 경로로 접속하면 스프링은 컨트롤러로 요청을 보내지 않고 'static' 디렉터리 하위에서 바로 resume.html 파일을 찾기 때문입니다. 그러나 해당 경로에는 파일이 없기 때문에 [404 Not Found] 오류가 발생합니다.

Quiz 세 개의 HTML 파일을 'static' 디렉터리 아래에 복사한 뒤 애플리케이션을 재실행해 내비게이션에서 버튼을 클릭해 보세요. 어떤 화면이 응답될까요? 테스트 후에는 'static' 디렉터리에 복사한 HTML 파일은 다시 삭제합니다.

이런 문제점을 해결하고, 나아가 서버에서 내려 주는 데이터를 보여 주도록 템플릿을 수정하는 작업은 7-2절에서 살펴보겠습니다. 템플릿을 수정하다가 문제가 발생했을 때 원상태로 빠르게 복구하기 위해 7-1절에서는 현재 상태 그대로 커밋하고 마무리합니다.

> ⌁ **커밋과 푸시**
>
> - **커밋 대상:** favicon.ico, profile.png, styles.css, scripts.js, index.html, projects.html, resume.html
> - **커밋 메시지:** 부트스트랩 템플릿

만약 템플릿 파일을 프로젝트로 옮겼는데 다음 그림처럼 'Unversioned Files' 목록이 보이면 해당 파일은 깃 추적 대상이 아닌 상태라는 의미입니다. 따라서 각 파일을 마우스 우클릭하면 나타나는 팝업 메뉴에서 [Add to VCS]를 선택해 추적 대상으로 추가한 후 커밋을 진행하면 됩니다.

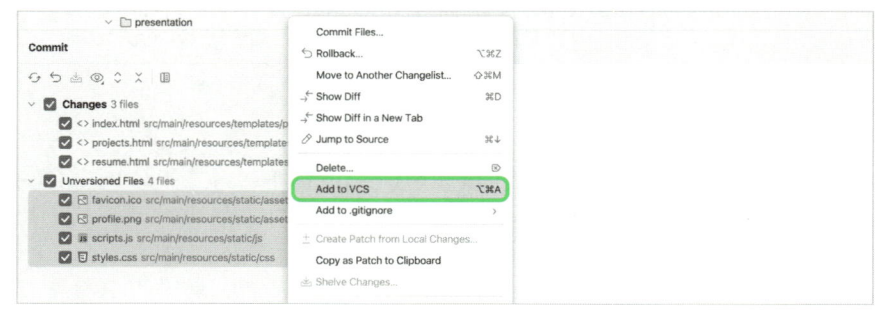

그림 7-8 깃 추적 대상이 아닌 파일을 추적 대상으로 추가하기

7-1절에서는 부트스트랩이 무엇인지 알아보고, 실습 프로젝트에서 사용할 템플릿을 가져왔습니다. 부트스트랩은 프런트엔드 경험이 적은 백엔드 개발자가 직접 프런트엔드를 만들어야 할 때 고려하기 좋은 선택입니다. 비교적 적은 노력과 학습으로 괜찮은 결과물을 만들 수 있다는 장점이 있습니다. 다만 다른 사람이 만든 템플릿을 사용할 때는 항상 라이선스 확인이 중요하다는 것을 잊지 마세요.

7-2 부트스트랩 템플릿에 타임리프 적용하기

- 타임리프를 이용해 부트스트랩 템플릿이 데이터를 동적으로 그리도록 수정한다.
- 실습 프로젝트에서 사용하는 타임리프 속성과 동작 원리를 이해한다.

이제 인덱스, 이력서, 프로젝트 페이지별로 HTML 파일을 수정해서 서버에서 조회한 데이터를 표시하도록 만들겠습니다. 이 작업은 템플릿 엔진이라고 하는 별도의 기술을 사용해야 합니다.

템플릿 엔진template engine은 미리 만든 HTML 템플릿과 데이터를 합쳐 동적으로 HTML 파일을 만들어 주는 도구입니다. 앞서 1장에서 배운 MVC 아키텍처에서 모델과 뷰를 연결해 주는 기술이라 할 수 있습니다. 컨트롤러가 모델에 데이터를 넣어 주면, 그 데이터를 가져와 최종 뷰를 생성하는 역할을 합니다.

다양한 템플릿 엔진이 있지만, 실습 프로젝트에서는 스프링에서 공식 지원하는 템플릿 엔진 중 하나인 **타임리프**thymeleaf를 사용합니다. 스프링 부트와의 호환성이 좋고, HTML 파일에서 조건문, 반복문 등의 기능을 직관적으로 사용할 수 있다는 장점이 있습니다.

타임리프의 또 다른 장점은 **템플릿 조각**template fragment 기능입니다. 템플릿 조각은 특정한 화면 영역을 별도의 컴포넌트로 분리한 것입니다. 똑같은 HTML 태그가 여러 곳에서, 여러 번 사용되면 필요한 곳에서 템플릿 조각을 불러오기만 하면 됩니다. 만약 해당 화면 영역에 수정이 필요하다면 화면 영역이 사용되는 모든 코드를 수정할 필요가 없습니다. 템플릿 조각만 수정하면 모든 화면에 반영됩니다.

실습 프로젝트에서 사용하는 세 개의 HTML 파일에는 공통으로 사용되는 중복 코드가 있습니다. 모든 페이지 상단의 내비게이션, 하단의 푸터 같은 부분이 똑같습니다. 그리고 같은 파일 안에서도 반복 사용되는 중복 코드가 있습니다. 예를 들어 이력서나 프로젝트 페이지에서는 각 경험을 나타내는 카드가 경험의 개수만큼 반복됩니다.

이런 공통 영역을 독립된 템플릿 조각으로 분리하면 중복을 줄일 수 있을 뿐 아니라, 코드를 줄이고 전체적으로 코드 가독성이 좋아져 HTML 파일의 전체 구조를 파악하기가 쉬워집니다.

HTML(Hyper Text Markup Language)

이 책의 주 목적은 코틀린과 스프링을 이용한 백엔드 개발 학습이기 때문에 프런트엔드와 관련된 지식은 자세하게 설명하지는 않습니다. 하지만 HTML 경험이 없는 독자를 위해 간단한 개념과 이 책에서 사용하는 태그를 간단히 살펴보겠습니다.

먼저 HTML은 웹 브라우저에서 화면에 그릴 문서의 내용을 구조적으로 표현하기 위한 언어로, 마크업 언어의 일종입니다. 프로그래밍 언어가 컴퓨터가 어떻게 동작할지 지시하는 동적 언어라면, 마크업 언어는 데이터의 구조나 표현 방식을 기술하는 정적 언어라고 할 수 있습니다.

HTML 문서는 홑화살괄호(〈〉)로 감싼 태그로 구성됩니다. 태그에는 여는 태그와 닫는 태그로 이루어진 페어드 태그(Paired Tag)와 하나의 태그로 이루어진 언페어드 태그(Unpaired Tag)가 있습니다. 페어드 태그의 여는 태그는 〈tag〉와 같은 모양이고, 닫는 태그는 〈/tag〉와 같은 모양입니다. 언페어드 태그는 〈tag/〉와 같은 모양입니다.

각 태그는 화면에서 하나의 요소를 의미합니다. 페어드 태그는 여는 태그와 닫는 태그 사이에 다른 태그를 포함할 수 있는데, 이는 한 요소가 다른 요소를 포함할 수 있다는 의미입니다. 즉 웹 브라우저에 보이는 화면은 가장 커다란 상위 요소 하나를 포함한 문서라고 할 수 있습니다. 그리고 그 상위 요소는 내비게이션, 푸터 등의 하위 요소를 포함하고, 각 하위 요소는 또 버튼, 텍스트 등의 요소를 포함하는 식으로 구조화됩니다.

웹 브라우저는 HTML 문서의 태그를 읽고, 구조에 맞게 그 내용을 화면에 표시합니다. 이때 태그에는 속성(attribute)을 사용하여 추가 정보를 제공합니다. 태그를 식별하기 위한 id, class 속성 같이 모든 태그에서 사용 가능한 공통 속성도 있고, 이미지 경로를 나타내기 위한 src, 하이퍼링크 경로를 나타내기 위한 href처럼 태그의 종류에 따라 사용 가능한 특별한 속성도 있습니다.

다음은 실습 프로젝트에서 사용하는 주요 태그를 정리해 둔 표입니다.

표 7-1 HTML 태그

〈html〉	HTML 문서의 최상위 요소로, 웹 페이지의 모든 콘텐츠를 포함합니다.
〈head〉	〈html〉 태그를 이루는 요소입니다. 화면에 그리지는 않지만 웹 브라우저가 알아야 할 메타데이터를 담습니다.
〈body〉	〈html〉 태그를 이루는 요소입니다. 웹 브라우저가 화면에 그리는 콘텐츠를 포함합니다.
〈link〉	CSS 파일 등 외부 리소스를 현재 문서와 연결할 때 사용합니다. 보통 〈head〉 태그 안에 위치합니다.
〈title〉	웹 페이지의 제목을 설정합니다. 웹 브라우저 탭에 표시되며 〈head〉 태그 안에 위치합니다.
〈main〉	문서의 주요 콘텐츠 영역입니다. 페이지에서 핵심 내용을 감싸는 데 사용합니다.
〈nav〉	내비게이션 영역입니다. 메뉴나 목차 등을 구성할 때 사용합니다.
〈header〉	문서나 섹션의 머리말 영역입니다. 제목, 로고, 작성자 정보 등을 포함할 수 있습니다.
〈section〉	문서의 독립적인 구역입니다. 주제별로 내용을 나누는 데 사용합니다.
〈footer〉	저작권 정보, 연락처 등을 표시하는 웹 페이지 하단 영역입니다.
〈script〉	자바스크립트 코드를 삽입하거나 외부 스크립트를 불러올 때 사용합니다. 보통 〈head〉 태그나 〈body〉 태그 하단에 위치합니다.
〈div〉	여러 태그를 그룹으로 묶을 수 있습니다. 별도의 의미가 없는 범용 컨테이너 태그입니다. division의 약자입니다.
〈a〉	하이퍼링크를 나타냅니다. href 속성으로 URL을 표현합니다.
〈span〉	텍스트의 일부를 감싸서 스타일을 주기 위한 태그입니다. 마찬가지로 별도의 의미가 없는 범용 컨테이너 태그입니다.
〈ul〉	순서가 없는 리스트입니다. unordered list의 약자입니다.
〈ol〉	순서가 있는 리스트입니다. ordered list의 약자입니다.

⟨li⟩	리스트의 항목을 나타냅니다. ⟨ul⟩ 태그, ⟨ol⟩ 태그 안에 포함되어야 합니다.
⟨h1⟩	제목을 나타냅니다. 1부터 6까지 숫자가 커질수록 크기, 굵기 등이 작아집니다. h는 heading의 약자입니다.
⟨p⟩	문단을 나타냅니다. paragraph의 약자입니다.
⟨img⟩	이미지를 나타냅니다. src 속성으로 경로를 표현합니다.

이외에도 다양한 태그가 있지만, 이 책에서는 예제 코드를 따라하는 것으로 충분합니다. HTML 요소에 대해 더 자세히 알고 싶다면 MDN 웹사이트(https://developer.mozilla.org/ko/docs/Web/HTML/Element)를 참고하세요.

7-2-1 인덱스 페이지 만들기

인덱스 페이지를 수정하기 전에 전체 구조를 확인하기 위해 index.html 파일을 확인해 봅시다. 지면 관계상 세세한 부분을 생략했지만, 인덱스 페이지의 전체 구조를 알 수 있습니다.

코드 7-1 templates/presentation/index.html

```
01  <!DOCTYPE html> ──────► ❶ HTML 형식임을 선언
02  <html lang="en"> ──────► ❷ 모든 태그를 포함하는 HTML 문서의 최상위 태그
03
04    <head> ──────► ❸
05      <!-- 생략 -->
06      <title>Personal - Start Bootstrap Theme</title>
07      <!-- 생략 -->
08      <link href="css/styles.css" rel="stylesheet" />
09    </head>
10
11    <body class="d-flex flex-column h-100"> ──────► ❹
12
13      <main class="flex-shrink-0"> ──────► ❺
14
15        <!-- Navigation-->
16        <nav class="navbar navbar-expand-lg navbar-light bg-white py-3"> ──► ❻
17          <!-- 생략 -->
18        </nav>
```

```
19
20      <!-- Header-->
21      <header class="py-5">  ──────▶ ❼
22
23        <!-- 생략 -->
24
25        <div class="dots-1">
26          <!-- 생략 -->
27        </div>
28
29        <!-- 생략 -->
30
31        <div class="dots-4">
32          <!-- 생략 -->
33        </div>
34
35        <!-- 생략 -->
36
37      </header>
38
39      <!-- About Section-->
40      <section class="bg-light py-5">  ──────▶ ❽
41        <!-- 생략 -->
42      </section>
43
44    </main>
45
46    <!-- Footer-->
47    <footer class="bg-white py-4 mt-auto">  ──────▶ ❾
48      <!-- 생략 -->
49    </footer>
50
51    <!-- 생략 -->
52
53    <!-- Core theme JS-->
54    <script src="js/scripts.js"></script>  ──────▶ ❿
55
56  </body>
57
58 </html>
```

❶ `<!DOCTYPE html>`은 이 문서가 HTML 형식이라고 선언합니다. 그 아래에는 ❷ `<html>` 태그가 있습니다. HTML 코드를 작성할 때는 적절한 들여쓰기로 태그의 포함 관계를 보기 좋게 표현하는 것이 중요합니다. 들여쓰기를 잘 살펴보면 〈html〉 태그는 가장 바깥에 있는 최상위 요소이고, 나머지 모든 태그는 〈html〉 태그에 포함되는 요소입니다. 〈html〉 태그는 〈head〉 태그와 〈body〉 태그를 포함합니다.

❸ `<head>` 태그는 HTML 문서의 메타데이터를 정의합니다. 웹 브라우저 탭에서 보이는 제목인 `<title>` 태그나 CSS, 폰트 등 외부 리소스를 가져오는 `<link>` 태그 등을 포함합니다. 〈head〉 태그는 화면에 그려지는 요소는 아니지만 웹 브라우저가 HTML 문서를 이해하는 데 중요한 역할을 합니다.

❹ `<body>` 태그는 웹 브라우저가 실제로 화면에 그리는 요소를 담습니다. 즉 index.html 파일의 〈body〉 태그는 `<main>` 태그, `<footer>` 태그, `<script>` 태그로 이루어집니다.

- ❺ **〈main〉 태그**: 문서의 주요 본문
- ❾ **〈footer〉 태그**: 화면 하단 푸터 영역
- ❿ **〈script〉 태그**: 자바스크립트 경로 정보

여기서 ❺ 〈main〉 태그는 다시 `<nav>` 태그, `<header>` 태그, `<section>` 태그로 이루어집니다.

- ❻ **〈nav〉 태그**: 화면 상단의 내비게이션 바
- ❼ **〈header〉 태그**: 본문 중 인사말과 프로필 사진이 있는 상단 영역
- ❽ **〈section〉 태그**: 자기소개와 깃허브 링크 등이 있는 본문 영역

[코드 7-1]에서 템플릿 조각으로 정리할 영역은 〈head〉, 〈footer〉, 〈header〉 태그 안의 〈div class="dots-N"〉입니다.

〈head〉 태그는 이력서와 프로젝트 페이지에서도 사용하기 때문에 공통 템플릿 조각으로 분리하겠습니다. 그리고 〈body〉 태그 안의 〈footer〉 태그도 다른 화면에서 사용하기 때문에 공통 템플릿 조각으로 분리하겠습니다.

그다음 〈main〉 태그 안의 〈header〉와 〈section〉 태그는 인덱스 페이지의 고유 내용을 담기 때문에, 다른 화면에서도 사용하는 〈nav〉 태그만 공통 템플릿 조각으로

분리하겠습니다. 다만 여러 화면에서 사용하지 않아도 ⟨header⟩ 태그 안의 ⟨div class="dots-N"⟩ 태그는 공통 템플릿 조각으로 분리해야 합니다. 이 태그들은 프로필 사진 영역 배경의 점 이미지를 그립니다. 이미지 파일이 아닌 SVG의 벡터 경로를 직접 넣기 때문에 index.html 파일의 전체 가독성을 해칩니다. 템플릿 조각으로 분리해서 개발자가 HTML 파일 전체 구조를 파악하기 쉽게 만들어 보겠습니다.

공통 템플릿 조각 분리하기(1): fragment-head

그럼 ⟨head⟩ 태그부터 분리합니다. 먼저 템플릿 조각으로 삼을 HTML 파일을 만들어야 합니다. 템플릿 조각을 분리하는 실습은 여러 코드 파일을 오가며 작성해야 하지만, 차근차근 단계별로 진행해 봅시다.

01 'src/main/resources/templates/presentation' 디렉터리에 'fragments' 패키지를 만듭니다.

02 fragment 패키지를 마우스 우클릭하면 나타나는 팝업 메뉴에서 [New] → [HTML File]을 선택한 후 fragment-head.html 파일을 생성합니다.

03 기본 템플릿이 포함된 HTML 파일이 만들어지면 `<head>` 태그는 제거합니다.

04 ⟨html⟩ 태그의 `lang=en` 속성도 제거하고, `xmlns:th="http://www.thymeleaf.org"` 속성을 추가합니다.

여기까지 하면 fragment-head.html 파일은 [코드 7-2]와 같습니다. 해당 작업은 앞으로 여러 번 반복해야 하므로 [코드 7-2]를 **템플릿 조각 베이스**라고 부르겠습니다.

코드 7-2 템플릿 조각 베이스

```
01  <!DOCTYPE html>
02  <html xmlns:th="http://www.thymeleaf.org">
03  <body>
04
05  </body>
06  </html>
```

이번에는 템플릿 조각 베이스에 ⟨head⟩ 태그를 넣어 줍니다.

05 [코드 7-1] index.html 파일에서 `<head>` 태그를 통째로 잘라냅니다. 이때 〈head〉 태그의 원래 위치는 나중에 같은 위치에서 템플릿 조각을 불러와야 하므로 잘 기억해 두세요.

tip 〈!-- Head --〉와 같이 주석을 미리 추가해 두는 것도 좋습니다.

06 잘라낸 〈head〉 태그를 fragment-head.html의 `<body>` 태그 내부에 붙여 넣습니다.

07 〈head〉 태그에 `th:fragment="head"` 속성을 추가합니다. th:fragment 속성은 특정 태그를 템플릿 조각으로 지정하며, 이 경우 〈head〉 태그와 그 내부의 요소들이 하나의 조각으로 선언됩니다. 값으로 지정한 "head"는 템플릿 조각의 이름입니다. 템플릿 조각을 사용하는 쪽에서 템플릿 조각을 불러올 때 사용합니다.

tip "th:"로 시작하는 속성은 타임리프 전용 속성입니다. 타임리프가 템플릿으로 최종 HTML 파일을 만들 때 사용합니다.

08 `<title>` 태그의 내용도 수정합니다. 실습 프로젝트에서는 "Yongback's Portfolio"로 지정하겠습니다.

fradgment-head.html 파일이 [코드 7-3]과 같은 구조가 되면 템플릿 조각 완성입니다.

코드 7-3 templates/presentation/fragments/fragment-head.html

```
01  <!DOCTYPE html>
02  <html xmlns:th="http://www.thymeleaf.org">
03  <body>
04    <head th:fragment="head">
05      <!-- 생략 -->
06      <title>Yongback's Portfolio</title>
07      <!-- 생략 -->
08    </head>
09  </body>
10  </html>
```

tip HTML 코드는 가독성을 위해 너무 긴 태그나 속성은 생략했습니다. 본문에서 설명한 변경점 중심으로 확인하고, 전체 소스 코드가 필요할 경우 데모 프로젝트의 깃허브 리포지터리를 참고합니다.

공통 템플릿 조각 분리하기(2): fragment-footer

이번에는 화면 하단의 푸터 영역을 나타내는 〈footer〉 태그를 분리하겠습니다.

01 fragment-footer.html 파일을 만들고 템플릿 조각 베이스로 바꿉니다.

02 index.html 파일에서 〈footer〉 태그를 잘라 내어 템플릿 조각 베이스의 〈body〉 태그 안에 붙여 넣습니다.

tip 불러올 템플릿 조각 위치를 찾기 편하도록 index.html 파일의 〈!-- Footer --〉 주석은 그대로 둡니다.

03 〈footer〉 태그에 `th:fragment="footer"` 속성을 추가합니다.

04 〈footer〉 태그 내부에는 `<div class="col-auto">` 태그가 두 개 있습니다. 그 중 아래의 Privacy, Terms, Contact 페이지 링크를 포함한 태그는 사용하지 않으므로 삭제하거나 주석 처리합니다. 저작권 표시가 있는 〈div class="col-auto"〉 태그만 남깁니다.

05 푸터 문구를 수정합니다. 실습 프로젝트에서는 'Your Website' 부분만 'Yong back'으로 바꾸겠습니다.

fragment-footer.html 파일은 [코드 7-4]와 같은 구조가 됩니다.

코드 7-4 templates/presentation/fragments/fragment-footer.html

```
01  <!DOCTYPE html>
02  <html xmlns:th="http://www.thymeleaf.org">
03  <body>
04    <footer th:fragment="footer">
05      <div class="container px-5">
06        <div class="row align-items-center">
07          <div class="col-auto">
08            <div class="small m-0">Copyright &copy; Yongback 2023</div>
09          </div>
10        </div>
11      </div>
12    </footer>
13  </body>
14  </html>
```

공통 템플릿 조각 분리하기(3): fragment-navigation

다음으로 〈main〉 태그 내부의 〈nav〉 태그를 분리합니다.

01 fragment-navigation.html 파일을 만들고 템플릿 조각 베이스로 바꿉니다.

02 Index.html 파일에서 `<nav>` 태그를 그대로 잘라 `<body>` 태그 안에 붙여 넣습니다.

03 붙여 넣은 〈nav〉 태그에 `th:fragment="navigation"` 속성을 추가합니다.

04 〈nav〉 태그 내용을 수정합니다. `class="navbar-brand"` 속성을 가진 `<a>` 태그를 찾아 `href` 속성값을 index.html에서 `/`로 변경하고, 태그 내부의 'Start Bootstrap' 텍스트는 'Yongback'으로 변경합니다.

tip 〈a〉 태그는 내비게이션 바 왼쪽의 브랜드 영역입니다. 웹사이트의 제목이나 로고 등을 표시하고, 클릭하면 인덱스 페이지로 연결됩니다. 이때 속성값으로 지정하는 슬래시(/)는 루트 URL을 의미합니다.

05 `<ul>` 태그 안의 `<li>` 태그들을 찾습니다. 내비게이션 바의 메뉴에 해당합니다. 'Contact' 텍스트를 포함하는 〈li〉 태그는 삭제합니다.

06 각 `href` 속성을 수정합니다. 'Home' 텍스트를 포함하는 〈li〉 태그의 href 속성값은 브랜드와 똑같이 `/`로 변경합니다. 'Resume', 'Project'에 해당하는 〈li〉 태그의 href 속성값은 각각 `resume`와 `projects`로 변경합니다.

완성된 코드는 [코드 7-5]를 참고합니다.

코드 7-5 templates/presentation/fragments/fragment-navigation.html

```
01  <!DOCTYPE html>
02  <html xmlns:th="http://www.thymeleaf.org">
03  <body>
04    <!-- Navigation-->
05    <nav th:fragment="navigation" class="navbar navbar-expand-lg">
06      <div class="container px-5">
07        <a class="navbar-brand" href="/">
08          <span class="fw-bolder text-primary">Yongback</span>
09        </a>
10        <!-- 생략 -->
```

```
11        <div class="collapse navbar-collapse" id="navbarSupportedContent">
12            <ul class="navbar-nav ms-auto mb-2 mb-lg-0 small fw-bolder">
13                <li class="nav-item"><a class="nav-link" href="/">Home</a></li>
14                <li class="nav-item"><a class="nav-link" href="resume">Resume
   ➥ </a></li>
15                <li class="nav-item"><a class="nav-link"
   ➥ href="projects">Projects</a></li>
16            </ul>
17        </div>
18    </div>
19  </nav>
20 </body>
21 </html>
```

공통 템플릿 조각 분리하기(4): fragment-dots

배경 이미지에 해당하는 〈div class="dots-N"〉 태그를 분리합니다.

01 fragment-dots.html 파일을 만들고 템플릿 조각 베이스로 바꿉니다.

02 index.html 파일에서 `<div class="dots-1">`부터 `<div class="dots-4">`까지 모두 잘라 옮깁니다. 이때 닫는 `</div>` 태그를 헷갈리지 않도록 주의합니다.

tip 〈!-- End of SVG dots --〉 주석 바로 밑의 〈/div〉 태그까지 잘라냅니다.

03 네 개의 각 〈div class="dots-N"〉 태그에 `th:fragment="dotsN"` 속성을 추가합니다.

완성된 코드는 [코드 7-6]을 참고합니다.

코드 7-6 templates/presentation/fragments/fragment-dots.html

```
01 <!DOCTYPE html>
02 <html xmlns:th="http://www.thymeleaf.org">
03 <body>
04
05   <div th:fragment="dots1" class="dots-1">
06     <!-- SVG Dots-->
07     <svg>
```

```
08          <g>
09            <!-- 생략 -->
10          </g>
11        </svg>
12        <!-- END of SVG dots-->
13      </div>
14
15      <!-- 생략 -->
16
17      <div th:fragment="dots4" class="dots-4">
18        <!-- SVG Dots-->
19        <svg>
20          <g>
21            <!-- 생략 -->
22          </g>
23        </svg>
24        <!-- END of SVG dots-->
25      </div>
26
27  </body>
28  </html>
```

index.html에서 공통 템플릿 조각 불러오기

이제 분리한 템플릿 조각들을 기존 코드보다 간결한 방식으로 다시 index.html 파일에 추가하겠습니다. 템플릿 조각은 〈div〉 태그의 **th:replace** 속성으로 템플릿 조각의 경로와 이름을 지정해 가져올 수 있습니다.

타임리프를 적용한다는 의미로 index.html 파일의 〈html〉 태그를 수정합니다.

코드 7-7 타임리프 적용 〈html〉 태그

```
<html lang="ko" xmlns:th="http://www.thymeleaf.org">
```

그다음 〈body〉 태그 위 〈head〉 태그가 원래 있던 자리에는 [코드 7-8]을 추가합니다.

코드 7-8 fragment-head 템플릿 조각 불러오기

```
<div th:replace="~{presentation/fragments/fragment-head :: head}"></div>
```

th:replace 속성값에서 ~{ } 안의 내용은 템플릿 조각이 위치한 파일의 경로와 템플릿 조각 이름을 의미합니다. 따라서 타임리프는 'presentation/fragments' 경로에서 fragment-head.html을 찾고, 그 안에서 이름이 head인 템플릿 조각을 찾습니다. 그리고 th:replace 속성이 선언된 〈div〉 태그와 템플릿 조각을 **교체**합니다.

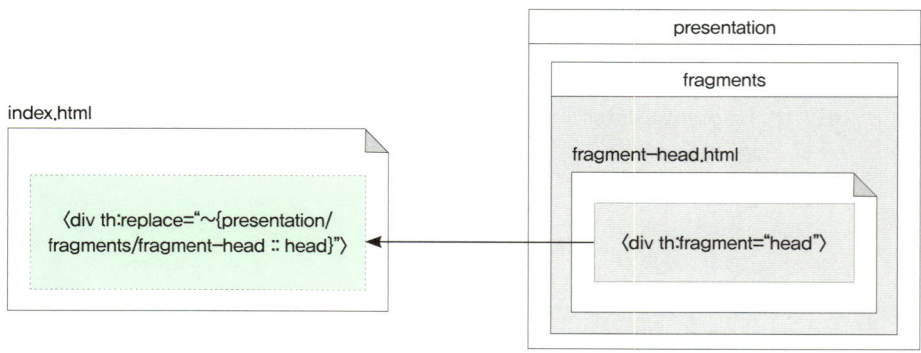

그림 7-9 템플릿 조각 replace 원리

같은 방식으로 나머지 템플릿 조각들도 추가합니다.

`<main>` 태그 내부의 `<nav>` 태그가 원래 있던 자리에는 [코드 7-9]를 추가합니다.

코드 7-9 fragment-navigation 템플릿 조각 불러오기

```
<div th:replace="~{presentation/fragments/fragment-navigation ::
➡ navigation}"></div>
```

`<header>` 태그 내부의 `<div class="dots-N">` 태그들이 있던 자리에는 [코드 7-10]을 추가합니다. 각 `<div>` 태그는 dots1부터 dots4 템플릿 조각으로 교체됩니다.

코드 7-10 fragment-dots 템플릿 조각 불러오기

```
<div th:replace="~{presentation/fragments/fragment-dots :: dots1}"></div>
<div th:replace="~{presentation/fragments/fragment-dots :: dots2}"></div>
<div th:replace="~{presentation/fragments/fragment-dots :: dots3}"></div>
<div th:replace="~{presentation/fragments/fragment-dots :: dots4}"></div>
```

`<main>` 태그와 `<script>` 태그 사이 푸터가 있던 위치에는 [코드 7-11]을 추가합니다.

```
<div th:replace="~{presentation/fragments/fragment-footer :: footer}"></div>
```

index.html에서 공통 템플릿 조각 교체 확인하기

그럼 index.html에서 각 템플릿 조각이 정상적으로 교체되는지 중간 점검해 봅시다. 애플리케이션을 실행한 뒤 'localhost:8080'으로 접속합니다. 웹 브라우저 탭의 제목, 상단 내비게이션 바, 하단 푸터, 배경의 점 이미지 등이 보여지는지 확인합니다.

내비게이션 바의 각 링크도 확인합니다. 만약 [Resume]나 [Projects] 버튼을 클릭하면 각 화면으로 정상적으로 이동하고, [Contact] 버튼이 추가되며 내비게이션 바가 원래 모습으로 바뀝니다. 그리고 각 버튼을 눌렀을 때 아직 템플릿 조각이 적용되지 않았기 때문에 컨트롤러가 resume.html 파일과 projects.html 파일을 응답합니다.

여기서 공통 컴포넌트를 템플릿 조각으로 분리할 때의 또 다른 장점을 찾을 수 있습니다. 만약 원래의 템플릿처럼 똑같은 내비게이션 코드가 각 HTML 파일에 중복되어 있다면 새로운 페이지를 추가해야 할 때 모든 HTML 파일에 들어가 〈nav〉 태그를 찾고 똑같은 링크를 추가해야 합니다. 페이지가 세 개 라면 세 번, 열 개라면 열 번 같은 작업을 해야 합니다.

하지만 내비게이션을 템플릿 조각으로 분리해서 각 페이지에서 템플릿 조각을 불러오면 이런 문제가 사라집니다. 페이지가 백 개, 천 개라도 템플릿 조각 파일 하나만 수정하면 모든 페이지에 똑같이 적용됩니다.

index.html에서 모델 데이터 불러오기

템플릿 조각을 불러오는 것을 확인했다면 컨트롤러에서 모델에 넣어 준 Introduction과 Link 데이터를 가져와 동적으로 화면을 그리는 타임리프 기능을 사용해 보겠습니다.

01 인덱스 페이지에서 '저는'으로 시작하는 About 영역을 수정합니다. index.html 파일에서 `<!-- About Section-->` 주석을 찾아 모델에서 가져온 introductions과 links 리스트를 `<section>` 태그 내부에 넣어 줍니다.

02 `<div class="text-center my-5">` 태그를 찾아 하위의 `<h2>` 태그 내부 텍스트는 '저는'으로 변경합니다.

03 그다음 `<p>` 태그의 `class` 속성은 `"mb-4"`만 남기고, 텍스트는 제거합니다.

나머지 부분은 [코드 7-12]를 참고해 수정합니다.

코드 7-12 templates/presentation/index.html: About 영역

```html
<!-- About Section-->
// 생략

<div class="text-center my-5">
  <h2 class="display-5 fw-bolder">
    <span class="text-gradient d-inline">저는</span>
  </h2>
  <p class="mb-4"></p>
  <p class="text-muted"
     th:each="introduction : ${introductions}"          ──→ ❶
     th:text="${introduction.content}">                  ──→ ❷
    Lorem ipsum dolor sit amet
  </p>
  <div class="d-flex justify-content-center fs-2 gap-4">
    <a class="text-gradient" href="#!" target="_blank"
       th:each="link : ${links}"                         ──→ ❸
       th:href="${link.content}">                        ──→ ❹
      <i class="bi bi-github" th:class="¦bi bi-${link.name}¦"></i>
    </a>
  </div>
</div>
// 생략
```

❶ `th:each`와 ❷ `th:text`는 타임리프 속성이며 같은 `<p>` 태그에 속합니다.

이때 `th:each` 속성은 타임리프의 반복문입니다. 반복하는 요소 개수만큼 `th:each` 속성이 포함된 태그를 복사합니다. 따라서 속성값을 `th:each="introduction : ${introductions}"`와 같이 지정합니다. `${}` 표현식은 모델에 담긴 데이터의 키를 가리키는 타임리프 문법입니다. `${introductions}`와 같이 표현할 경우 모델에서 introductions 키를 찾아 데이터를 불러옵니다.

tip introduction은 introductions 리스트의 요소인 각 IntroductionDTO 객체를 가리키기 위해 지정해 준 파라미터입니다. 다른 단어로 사용해도 무방하지만, 객체를 가장 잘 표현할 수 있는 단어를 선택했습니다.

th:text 속성은 태그 내부의 텍스트를 교체합니다. th:text="${introduction.content}와 같이 작성하면, 앞서 th:each에서 정의한 IntrodutionDTO 객체에서 content 필드값을 읽어 옵니다. 그리고 원래 있던 'Lorem ipsum dolor sit amet' 텍스트를 content 필드값으로 바꿉니다.

다시 말해 th:each와 th:text 속성이 있는 ⟨p⟩ 태그는 모델의 introductions 리스트에 접근해 요소 개수만큼 똑같은 ⟨p⟩ 태그를 생성합니다. 각 ⟨p⟩ 태그에는 introductions 리스트의 각 요소가 들어가는데, 이것을 introduction이라고 부르겠습니다. 그리고 각 IntroductionDTO 객체의 content 필드값을 읽어온 뒤, 원래 있던 텍스트와 교체합니다. 해당 과정을 그림으로 정리하면 다음과 같습니다.

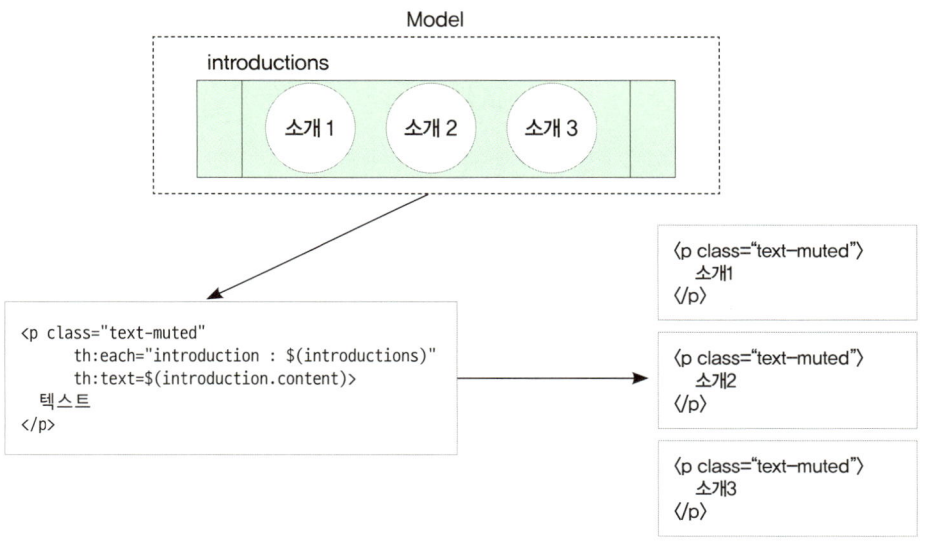

그림 7-10 타임리프 each 원리

⟨a⟩ 태그도 비슷한 방식으로 생성합니다. target="_blank" 속성을 추가해서 링크를 클릭하면 새 탭에서 화면이 열립니다. 그리고 ❸ th:each 속성으로 타임리프는 모델의 links 리스트에 접근해 요소 개수만큼 ⟨a⟩ 태그를 복사합니다. ❹ th:href 속성은 link라고 지칭하는 각 LinkDTO 객체에 접근해 content 필드값으로 href 속성값을 교체합니다.

tip th:href와 같이 표준 HTML 속성과 매칭되는 속성은 태그에 기존 속성이 없다면 추가, 있다면 교체하는 기능을 합니다.

<i> 태그는 아이콘을 의미합니다. class="bi bi-github" 속성이 기본으로 들어가 있습니다. th:class="¦bi bi-${link.name}¦" 속성은 LinkDTO 객체의 name 필드값을 가져와서 'bi bi-' 문자열 뒤에 추가합니다. 속성값을 감싸는 수직선(|)은 문자열에 변수를 포맷팅하는 타임리프 문법입니다. 예를 들어 name 필드값이 'github'라면 th:class 속성의 최종값은 'bi bi-github'가 됩니다.

tip 수직선은 키보드 엔터 위의 원화(\)와 같이 있습니다.

여기까지 index.html 수정이 끝났다면 애플리케이션을 재실행해 봅시다. [그림 7-11]과 같이 인덱스 페이지의 About 영역에 데이터베이스 테이블 내용이 보이면 성공입니다.

그림 7-11 About 섹션

index.html 나머지 영역 수정하기

인덱스 페이지의 나머지 영역을 수정합니다.

01 <!-- Header text content--> 주석을 찾아 기술 스택, 인사말 그리고 [Resume] 버튼과 [Projects] 버튼의 링크를 수정합니다.

```
<!-- Header text content-->
<div class="text-center">
  <div class="badge">
    <div class="text-uppercase">Kotlin &middot; Spring &middot; JPA</div>
```

```
    </div>
    <div class="fs-3">안녕하세요</div>
    <h1 class="display-3">
      <span class="text-gradient">개발하는 고양이 <br> 정용백입니다</span>
    </h1>
    <div class="d-grid gap-3">
      <a class="btn btn-primary" href="resume">Resume</a>
      <a class="btn btn-outline-dark" href="projects ">Projects</a>
    </div>
</div>
```

02 마지막으로 프로필 사진을 변경합니다. 데모 프로젝트 깃허브 리포지터리의 'src/main/resources/static/assets' 디렉터리에서 데모 이미지를 내려받습니다.

03 'profile-yongback.png'로 이름을 바꿔 실습 프로젝트의 'src/main/resources/static/assets' 디렉터리에 넣습니다.

04 `<img>` 태그의 `src` 속성값을 변경합니다.

```
<!-- Header profile picture-->
<div class="d-flex justify-content-center mt-5 mt-xxl-0">
  <div class="profile bg-gradient-primary-to-secondary">
    <img class="profile-img" src="assets/profile-yongback.png" alt="..." />
    <-- 생략 -->
  </div>
</div>
```

📋 **프로필 이미지 편집하기**

실습을 모두 마친 후 자신의 프로필 이미지로 변경할 때 포토샵 같은 툴을 사용할 수 없다면 마땅한 이미지를 넣기 곤란할 것입니다. 이럴 때는 어도비(Adobe)의 익스프레스(Express) 웹사이트를 이용해 보세요. 무료로 간편하게 배경을 없애고 이미지 크기를 조절할 수 있습니다.

- **투명 배경 만들기**: https://new.express.adobe.com/home/tools/remove-background?promoID=DMMD11NM&locale=ko-KR

- **이미지 크기 조절하기**: https://www.adobe.com/kr/express/feature/image/resize

이제 애플리케이션을 재실행합니다. 설명을 잘 따라왔다면 데모 사이트와 똑같은 인덱스 화면을 볼 수 있습니다.

인덱스 페이지 작업은 1차 작업은 여기서 마무리하겠습니다. index.html 파일과 네 개의 템플릿 조각 HTML 파일 그리고 데모 이미지를 커밋합니다.

⋖ 커밋과 푸시

- **커밋 대상**: index.html, fragment-dots.html, fragment-footer.html, fragment-head.html, fragment-navigation.html, profile-yongback.png
- **커밋 메시지**: Thymeleaf – 템플릿 수정(index)

7-2-2 이력서 페이지 만들기

이번에는 이력서 페이지를 만들겠습니다. resume.html 파일의 내용 중 인덱스 페이지와 공유하는 영역은 만들어 둔 템플릿 조각을 재활용합니다. 그리고 resume.html 파일 내부에서 재사용하는 영역은 별도의 템플릿 조각으로 분리해 코드 중복을 줄입니다.

공통 템플릿 조각 불러오기

공통 템플릿 조각을 불러오는 과정은 'index.html에서 공통 템플릿 조각 불러오기'에서 실습했던 방법과 동일합니다. 245쪽을 참고하여 실습을 진행합니다. 재활용 가능한 템플릿 조각을 resume.html 파일로 불러옵니다. 대상은 fragment-head, fragment-navigation, fragment-footer입니다.

① resume.html 파일을 열고 최상단 〈html〉 태그를 245쪽의 [코드 7-7]과 같이 수정합니다.
② 〈head〉, 〈nav〉, 〈footer〉 태그의 위치를 찾아 원래 태그를 지운 다음 245~247쪽의 [코드 7-8], [코드 7-9], [코드 7-11]의 태그로 교체합니다.
③ 애플리케이션을 재실행하여 'localhost:8080'에 접속해 정상 반영되었는지 확인합니다.

tip 내비게이션 바에서 [Resume] 버튼을 클릭하면 탭 제목, 내비게이션 바, 푸터 등이 인덱스 페이지에서와 똑같이 변경된 것을 확인할 수 있습니다.

다운로드 버튼 삭제하기

기존 resume.html 템플릿의 다운로드 버튼은 사용하지 않습니다. `<!-- Download resume button-->` 주석을 찾아 주석부터 `<a>` 태그까지 삭제합니다.

템플릿 조각 분리하기: 경험 영역

서버에서 가져온 Experience 객체의 데이터를 표시할 카드 영역을 템플릿 조각으로 분리합니다. 데모 사이트의 이력서 페이지를 보면 경험에 해당하는 학력/경력이 개별 카드로 만들어져 있습니다. 이 카드들은 내용만 다를 뿐 형식이 같습니다.

그런데 resume.html 파일에서 `<!-- Experience Card N -->` 주석이 달린 영역을 보면, 템플릿에서는 개별 카드마다 태그가 코드로 작성되어 있습니다. 템플릿에서는 두 개의 카드 태그 코드만 있지만, 경험이 세 개, 네 개 늘어나면 그만큼 코드도 늘어납니다.

이러한 중복을 줄이기 위해 타임리프 기능을 이용합니다. 카드 영역에 해당하는 태그를 템플릿 조각으로 분리한 뒤 모델에서 가져온 Experience 객체의 개수만큼 반복해 카드 태그를 생성하도록 합니다.

01 fragments 패키지에 fragment-card-experience.html 파일을 만들고 템플릿 조각 베이스로 바꿉니다.

02 상위 패키지인 presentation의 resume.html 파일로 돌아가 `<!-- Experience Card 1 -->` 주석을 찾습니다. 주석 아래의 `<div>` 태그를 통째로 잘라내기 합니다. 〈!-- Experience Card 2 --〉 바로 위의 닫는 〈/div〉 태그까지 자르면 됩니다. 나중에 템플릿 조각을 불러올 곳을 쉽게 찾기 위해 〈!-- Experience Card 1 --〉 주석은 남겨 둡니다.

03 다시 fragment-card-experience.html로 돌아가 `<body>` 태그 안에 붙여 넣습니다.

04 `<!-- Experience Card 2 -->` 주석과 그 아래 `<div>` 태그는 삭제합니다. 닫는 〈/section〉 태그 바로 위의 〈/div〉 태그까지 삭제하면 됩니다.

05 가장 바깥의 `<div>` 태그를 수정합니다. `th:fragment` 속성으로 태그를 템플릿 조각으로 지정하는 것입니다.

```
<div th:fragment="card(experience)" class="card shadow border-0 rounded-4
➡ mb-5">
```

여기서 기존의 템플릿 조각과 차이점이 하나 있습니다. 기존에는 템플릿 조각으로 선언할 때 'head', 'footer'와 같이 이름만 지정했습니다. 반면 이번에는 `card(experience)`와 같이 이름과 함께 파라미터를 받을 수 있도록 `th:fragment` 속성값을 정의했습니다. card라는 이름의 템플릿 조각이 객체를 인자로 받을 수 있는데, 그 인자를 가리키는 파라미터가 experience라는 의미입니다. 함수와 파라미터를 떠올리면 이해하기 쉽습니다. 이때 파라미터의 이름은 꼭 experience가 아니어도 되지만, 여기서는 이 템플릿 조각에 들어갈 객체가 ExperienceDTO 객체라는 것을 명시하기 위해 experience로 표현했습니다.

이제 카드 템플릿 조각이 ExperienceDTO 객체의 내용을 표시하도록 코드를 수정합니다.

06 `<div class="bg-light p-4 rounded-4">` 태그 내부에 있는 경력 기간, 직무명, 회사명, 지역을 나타내는 네 개의 `<div>` 태그를 삭제합니다. 세부 내용은 다음 코드를 참고해 수정합니다.

```
<div class="bg-light p-4 rounded-4">
  <div class="text-primary fw-bolder mb-2"
      th:text="¦${experience.startYearMonth} - ${experience.
➡ endYearMonth}¦"> ——— ❶
    2019 - Present
  </div>
  <div class="small text-muted" th:text="${experience.description}">
➡ Stark Industries</div>
</div>
```

`<div>` 태그의 class 속성에는 삭제한 네 개 `<div>` 태그 중 첫 번째 태그를 그대로 사용했습니다. `text-primary`, `fw-bolder`, `small`, `text-muted` 등의 값은 템플릿의

CSS에서 정의된 값으로 텍스트의 서식을 바꿔 줍니다.

눈여겨볼 것은 ❶ th:text 속성입니다. ${} 표현식 안의 experience는 th:fragment 속성에서 정의한 바로 그 파라미터입니다. 템플릿 조각에 인자로 넘어온 ExperienceDTO 객체에 접근한 뒤, 마침표 뒤에 선언된 필드에 접근합니다. 그다음 그 필드값을 태그의 원래 텍스트와 교체합니다.

예를 들어 ExperienceDTO 객체의 startYearMonth 필드값이 '2018.09'이고 endYearMonth 필드값이 '2022.08'이라면, '2019 – Present' 텍스트는 '2018.09 – 2022.08'로 변경됩니다. 또 description 필드값이 '컴퓨터공학 전공'이라면 'Stark Industries' 텍스트는 '컴퓨터공학 전공'으로 변경됩니다.

tip 수직선(|)을 이용해야 ${} 표현식에서 가져온 각각의 값과 '–' 문자열이 하나의 문자열로 포맷팅됩니다.

07 다음으로 `<div class="col-lg-8">` 태그를 찾습니다. 태그 내부에는 'Lorem ipsum…' 텍스트를 포함한 `<div>` 태그가 있는데, 해당 태그를 삭제합니다. 세부 내용은 다음 코드를 참고해 수정합니다. 그럼 ExperienceDTO 객체의 title 필드값을 가져와 표시하고, details 리스트의 각 요소를 이용해 동일한 태그를 반복 생성합니다.

```
<div class="col-lg-8">
  <div class="lead fw-bolder" th:text="${experience.title}">Web Developer</div>
  <p></p>
  <div class="small" th:each="detail : ${experience.details}" th:text=
➡ "|* ${detail}|">
    Lorem ipsum dolor sit amet consectetur adipisicing elit.
  </div>
</div>
```

resume.html에서 템플릿 조각 불러오기: 경험 영역

이제 템플릿 조각을 resume.html 파일에서 불러올 차례입니다. 앞에서 남겨 둔 `<!-- Experience Card 1 -->` 주석을 찾아 [코드 7-13]을 참고해 수정합니다.

```html
<!-- Experience Cards -->
<th:block th:each="experience : ${resume.experiences}">
  <div th:replace="~{presentation/fragments/fragment-card-experience
    ➥ :: card(${experience}) }">
  </div>
</th:block>
```

이제 타임리프는 모델에 있는 ResumeDTO 객체의 experiences 리스트에 접근합니다. 그리고 각 ExperienceDTO 객체를 템플릿 조각에 인자로 넣어 여러 개의 카드를 만듭니다. 각 카드는 인자로 받은 ExperienceDTO 객체의 내용을 기반으로 만들어집니다.

이제 애플리케이션을 재실행해 템플릿 조각이 잘 적용되는지 확인해 봅시다. 책의 실습을 그대로 따라했다면 [그림 7-12]와 같은 화면을 볼 수 있습니다.

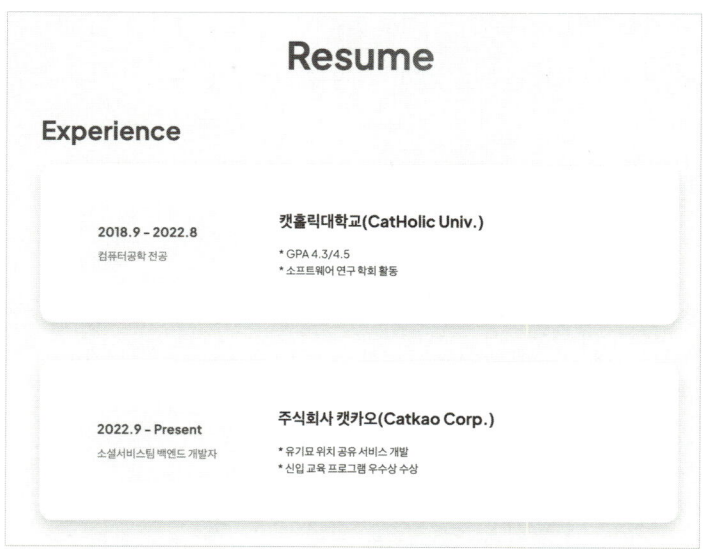

그림 7-12 fragment-card-experience 템플릿 조각 적용 화면

템플릿 조각 분리하기: 성취 영역

다음으로 Achievement 객체의 데이터를 표시할 카드 영역을 분리해 보겠습니다.

01 fragments 패키지에 fragment-card-achievement.html 파일을 만들고, 템플릿 조각 베이스로 바꿉니다.

02 상위 패키지인 presentation의 resume.html 파일로 돌아가 `<!-- Education Card 1 -->` 주석을 찾습니다.

03 주석 바로 아래의 `<div>` 태그를 잘라내어 템플릿 조각 베이스의 `<body>` 태그 안에 붙여 넣습니다.

04 `<!-- Education Card 1 -->` 주석은 남겨 두고, `<!-- Education Card 2 -->` 주석과 그 아래 `<div>` 태그는 삭제합니다.

05 붙여 넣은 `<div>` 태그에는 `th:fragment` 속성을 추가합니다. 이번에는 파라미터 이름을 `achievement`로 정의합니다.

```
<div th:fragment="card(achievement)" class="card shadow border-0 rounded-4
➡ mb-5">
```

06 다음으로 '2015 - 2017', 'Barnett College' 등의 텍스트를 포함한 `<div class="bg-light p-4 rounded-4">` 태그를 찾습니다.

07 태그 내부의 모든 태그를 지우고 세부 내용은 다음 코드를 참고해 수정합니다. AchievementDTO 객체의 achievedDate와 host 필드값을 표시하는 코드입니다.

```
<div class="bg-light p-4 rounded-4">
  <div class="text-secondary fw-bolder mb-2" th:text="${achievement.
➡ achievedDate}">
    2015 - 2017
  </div>
  <div class="small text-muted" th:text="${achievement.host}">Fairfield,
➡ NY</div>
</div>
```

08 그리고 'Lorem ipsum...' 텍스트를 포함한 `<div class="col-lg-8">` 태그를 찾습니다. 내부의 `<div>` 태그를 삭제하고 세부 내용을 수정합니다.

```html
<div class="col-lg-8">
  <div class="lead fw-bolder" th:text="${achievement.title}">Barnett
➡ College</div>
  <div th:text="${achievement.description}">
    Lorem ipsum dolor sit amet consectetur adipisicing elit.
  </div>
</div>
```

resume.html에서 템플릿 조각 불러오기: 성취 영역

다시 resume.html 파일로 돌아가 모델에서 템플릿 조각을 불러오는 코드를 작성합니다. `<!-- Education Section -->` 주석은 `<!-- Achievement Section -->` 주석으로, `<h2>` 태그의 'Education' 텍스트는 'Achievement'로, `<!-- Education Card 1 -->` 주석은 `<!-- Achievement Cards -->` 주석으로 수정합니다.

코드 7-14 fragment-card-achievement 템플릿 조각 불러오기

```html
<!-- Achievement Section-->
<section>
  <h2 class="text-secondary fw-bolder mb-4">Achievement</h2>
  <!-- Achievement Cards -->
  <th:block th:each="achievement : ${resume.achievements}">
    <div th:replace="~{presentation/fragments/fragment-card-achievement
        :: card(${achievement}) }"></div>
  </th:block>
</section>
```

템플릿 조각이 잘 적용됐는지 보기 위해 애플리케이션을 재실행하겠습니다. [그림 7-13]과 같은 화면이 보이면 성공입니다.

그림 7-13 fragment-card-achievement 템플릿 조각 적용 화면

템플릿 조각 분리하기: 기술 영역

마지막으로 기술 스택을 표시할 영역을 분리해 보겠습니다. fragments 패키지에 fragment-list-skill.html 파일을 만들고 템플릿 조각 베이스로 만듭니다. 그리고 다음 작업을 따라 합니다.

01 resume.html 파일로 돌아가 `<!-- Languages list -->` 주석을 찾습니다.

02 주석 바로 아래의 `<div class="mb-0">`를 잘라내어 템플릿 조각 베이스의 `<body>` 태그에 붙여 넣습니다.

03 `<!-- Languages list -->` 주석은 위치를 다시 찾기 위해 남겨 두고, 그 위의 `<!-- Professional skills list-->` 주석과 `<div class="mb-5">` 태그는 삭제합니다.

04 fragment-list-skill.html 파일로 돌아갑니다.

그럼 fragment-list-skill.html 파일을 수정해 봅시다. resume.html 파일에서 가져와 붙여 넣은 `<div class="mb-0">` 태그 안에는 총 세 개의 `<div>` 태그가 있습니다. 첫 번째는 `<div class="d-flex">` 태그, 두 번째와 세 번째는 `<div class="row">` 태그입니다. 각각의 태그를 하나씩 수정해 보겠습니다.

먼저 첫 번째 `<div class="d-flex">` 태그입니다. 언어, 프레임워크 등 기술의 유형을 텍스트로 보여 주는 영역입니다. 기술의 유형은 앞서 만든 SkillType 열거형의 값을 이용해 자동으로 분류합니다.

05 `<div class="mb-0>` 태그에 `th:fragment="list(skills, skillType)"` 속성을 추가합니다. skills 파라미터는 ResumeDTO 객체의 skills, 즉 SkillDTO 객체의 리스트를 받습니다. skillType 파라미터는 모델에 넣어 준 SkillType 열거형 리스트의 값을 하나씩 받습니다. 모든 SkillDTO 객체를 인자로 받은 뒤, SkillType과 일치하는 DTO만 남기는 방식을 사용합니다.

06 다음으로 `<div class="d-flex">` 태그를 수정합니다. 내부에는 〈div〉 태그 하나와 〈h3〉 태그 하나가 있습니다. `<div>` 태그는 지우고 `<h3>` 태그만 남깁니다.

07 〈h3〉 태그 안의 `<span>` 태그에는 `th:text="${skillType}"` 속성을 추가합니다. 인자로 받은 SkillType 열거형의 값으로 'Languages' 텍스트가 교체됩니다. 수정한 결과는 다음과 같습니다.

```
<div class="d-flex align-items-center mb-4">
  <h3 class="fw-bolder mb-0">
    <span class="text-gradient d-inline" th:text="${skillType}">Languages</
span>
  </h3>
</div>
```

그다음 두 번째와 세 번째의 `<div class="row">` 태그는 기술 유형에 포함된 기술명을 보여 주는 영역입니다. 두 개의 〈div class="row"〉는 각각 세 개씩 `<div class="col">` 태그를 포함합니다.

> 📋 **부트스트랩의 row와 col**
>
> row와 col은 부트스트랩에서 요소를 행과 열로 지정해 레이아웃을 정의하는 부트스트랩 클래스입니다. 먼저 행을 정의하고, 내부에 열을 배치하는 개념입니다.
>
> 〈div class="col"〉 태그는 HTML, Python 등 기술명 텍스트를 포함합니다. 행이 두 개 있고, 각 행이 세 개의 열을 갖고 있으니 템플릿 원본에서는 결과적으로 다음 그림과 같은 레이아웃 형태가 됩니다.

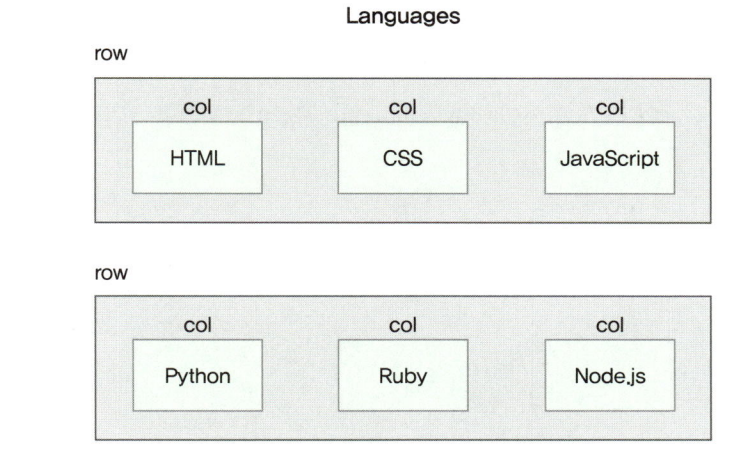

그림 7-14 부트스트랩 레이아웃의 row(행)와 col(열)

행을 여러 개 사용하면 타임리프 코드 작성이 복잡합니다. 그래서 실습 프로젝트에서는 하나의 행 안에 모든 기술명을 넣고, 기술명 개수가 늘어나면 적당히 줄이 바뀌도록 하겠습니다.

타임리프 문법을 활용해 기술명을 보여 주는 영역에서 중복을 줄여 봅시다.

08 두 개의 `<div class="row">` 태그 중 아래 태그, 즉 'Python', 'Ruby', 'Node. js' 텍스트를 포함하는 태그는 삭제합니다. 남은 `<div class="row">` 태그에서는 'HTML' 텍스트를 포함하는 `<div class="col">` 태그만 남기고 나머지는 삭제합니다. 이렇게 수정한 코드는 다음과 같습니다.

```
<div class="row row-cols-1 row-cols-md-3 mb-4">
  <div class="col mb-4 mb-md-0">
    <div class="d-flex align-items-center bg-light rounded-4 p-3
➡ h-100">HTML</div>
  </div>
</div>
```

이번에는 기술명 영역이 SkillDTO 객체 리스트의 요소 개수만큼 반복되게 합니다.

09 `<div class="col">` 태그를 `<th:block>` 태그로 감싼 다음 th:each="skill : ${skills}" 속성을 추가합니다.

10 `<div class="col">` 태그에는 `th:if="${skill.type == skillType}"` 속성을 추가합니다. 리스트의 각 SkillDTO 객체의 type 필드값이, 템플릿 조각에서 인자로 받은 skillType의 값과 일치할 때만 〈div class="col"〉 태그를 그립니다. 즉 보여줄 기술 유형만 필터링합니다.

11 〈div class="d-flex"〉 태그에는 `th:text="${skill.name}"` 속성을 추가합니다. 'HTML' 텍스트가 기술의 이름으로 대체됩니다.

완성된 템플릿 조각은 [코드 7-15]를 참고합니다.

코드 7-15 templates/presentation/fragments/fragment-list-skill.html

```html
<div th:fragment="list(skills, skillType)" class="mb-0">
  <div class="d-flex align-items-center mb-4">
    <h3 class="fw-bolder mb-0">
      <span class="text-gradient d-inline" th:text="${skillType}">Languages
➡ </span>
    </h3>
  </div>
  <div class="row row-cols-1 row-cols-md-3 mb-4">
    <th:block th:each="skill : ${skills}"> ──────➤ ❶
      <div class="col mb-4 mb-md-0" th:if="${skill.type == skillType}">
        <div class="d-flex align-items-center" th:text="${skill.name}">
            HTML
        </div>
      </div>
    </th:block>
  </div>
</div>
```

❶ **`<th:block>`** 태그는 타임리프의 특수한 기능입니다. 〈th:block〉 태그 자체는 화면에 그려지는 요소가 아닙니다. 여러 태그를 묶어서 타임리프 속성을 적용하거나 조건문, 반복문 등을 특수하게 사용해야 할 때 사용합니다. 여기서는 반복문(th:each)과 조건문(th:if)을 분리하기 위해 사용했습니다.

[코드 7-15]에서 사용한 타임리프 원리를 그림으로 표현하면 [그림 7-15]와 같습니다. 예를 들어 템플릿 조각에 인자로 들어온 skills 리스트가 'Kotlin', 'Spring',

'Python', 'MySQL'을 요소로 갖고 있고, skillType 열거형은 'Language'라고 해보겠습니다.

⟨th:block⟩ 태그는 skills 리스트를 반복하기 때문에 총 네 개의 ⟨div class="col"⟩ 태그가 만들어집니다. 이때 코드로 정의된 반복의 단위는 ⟨th:block⟩이지만, 실제로 화면에 그려지는 요소는 아닙니다. 각 ⟨div class="col"⟩ 태그에 'Kotlin', 'Spring', 'Python', 'MySQL' 텍스트가 들어갑니다.

그런데 th:if 속성을 같이 사용했습니다. 이는 각 SkillDTO 객체의 type 필드가 'Language'일 경우에만 ⟨div class="col"⟩ 태그를 화면에 그려 주도록 필터링하는 역할을 합니다. 따라서 'Language'에 해당하는 'Kotlin', 'Python'만 화면에 그려집니다.

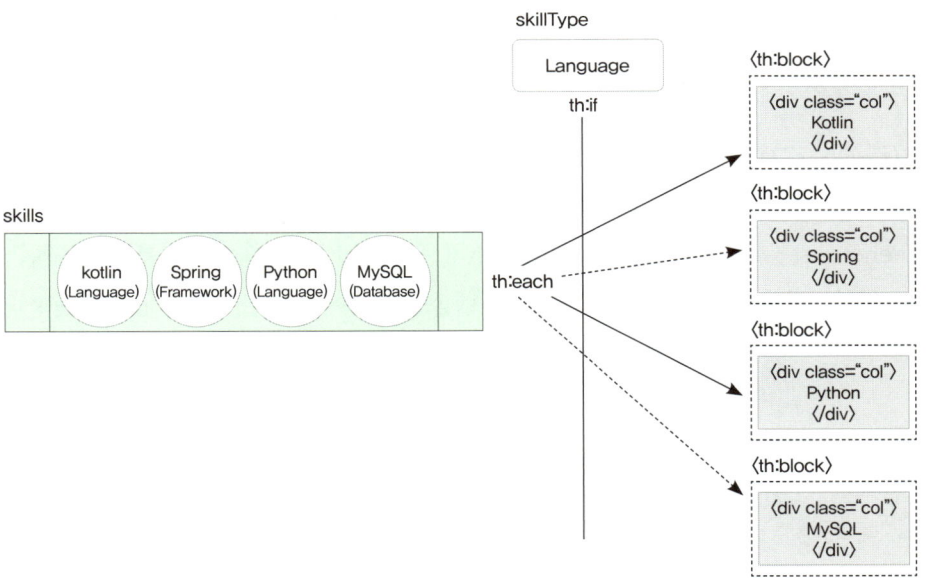

그림 7-15 타임리프 block 원리

resume.html에서 템플릿 조각 불러오기: 기술 영역

이제 resume.html 파일에서 템플릿 조각을 불러옵니다. 앞서 남겨 둔 <!-- Languages list --> 주석을 <!-- Skills list -->로 수정한 후 아래에 [코드 7-16]을 작성합니다.

```
<!-- Skills list -->
<th:block th:each="skillType: ${skillTypes}">                     ➊
  <div th:replace="~{presentation/fragments/fragment-list-skill
       :: list(${resume.skills}, ${skillType.name()}) }">        ➋
  </div>
</th:block>
```

➊ ${} 표현식으로 감싼 **skillTypes**는 컨트롤러에서 넣어 준 SkillType 열거형의 리스트를 가리킵니다. 샘플 데이터를 그대로 넣었다면 'Language', 'Framework', 'Database', 'Tool'이 들어옵니다. <th:block> 태그의 반복문 때문에 <div th:replace= "fragment-list-skill"> 태그가 총 네 개 생깁니다.

➋ 각각의 fragment-list-skill 템플릿 조각에는 ResumeDTO 객체에서 가져온 skills, 즉 SkillDTO 객체의 리스트를 인자로 넣습니다. 별도의 필터링 조건이 없다면 똑같은 리스트가 네 번 반복됩니다.

그래서 skillType 파라미터에는 각 SkillType 열거형의 name( ) 메서드를 호출한 값인 'Language', 'Framework', 'Database', 'Tool'을 순서대로 넣어 줍니다. fragmenet-list-skill 템플릿 조각 내부의 th:if 속성에서 각 열거형의 이름과 일치하는 것만 필터링하기 때문에 결과적으로 각 템플릿 조각에서는 인자로 들어온 열거형과 일치하는 기술명만 화면에 그립니다.

이제 애플리케이션을 재실행 해보겠습니다. [그림 7-16]과 같은 화면이 보이면 성공입니다.

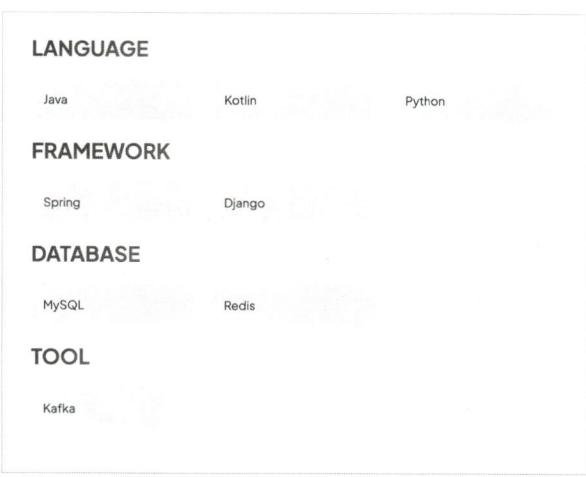

LANGUAGE

Java   Kotlin   Python

FRAMEWORK

Spring   Django

DATABASE

MySQL   Redis

TOOL

Kafka

그림 7-16 fragment-list-skill 템플릿 조각 적용 화면

작업 내역을 커밋하고 이력서 페이지 수정을 마무리합니다.

> ### 🔗 커밋과 푸시
>
> - **커밋 대상**: resume.html, fragment-card-achievement.html, fragment-card-experience.
>   html, fragment-list-skill.html
> - **커밋 메시지**: Thymeleaf – 템플릿 수정(resume)

7-2-3 프로젝트 페이지 만들기

인덱스와 이력서 페이지는 준비되었습니다. 마지막으로 프로젝트 페이지를 만들어 봅시다. 마찬가지로 기존에 만든 템플릿 조각 중 재활용할 수 있는 것은 재활용하고, 화면 내부적으로 중복되는 영역은 별도의 템플릿 조각으로 만들겠습니다.

공통 템플릿 조각 불러오기

이번에도 공통 템플릿 조각을 불러오는 과정은 'index.html에서 공통 템플릿 조각 불러오기'에서 실습했던 방법과 동일합니다. 245쪽을 참고하여 실습을 진행합니다. project.html에 불러올 대상은 fragment-head, fragment-navigaiton, fragment-footer입니다.

① 'src/main/resources/templates/presentation' 디렉터리에서 project.html 파일을 열고 최상단 〈html〉 태그를 [코드 7-7]을 참고하여 수정합니다.

② 〈head〉, 〈nav〉, 〈footer〉 태그의 위치를 찾아 원래 태그를 지운 다음, [코드 7-8], [코드 7-9], [코드 7-11]의 태그로 교체합니다.

③ 〈footer〉 태그 바로 위에 있는 〈section〉 태그 안의 〈a〉 태그를 주석 처리합니다. href 속성값이 'contact.html'인 태그입니다.

④ 애플리케이션을 재실행하여 'localhost:8080'에 접속해 템플릿 조각이 정상 반영되었는지 확인합니다. 내비게이션 바에서 [Projects] 버튼을 클릭해 프로젝트 페이지로 이동한 다음, 탭 제목이나 내비게이션 바, 푸터 내용이 제대로 표시되는지 확인합니다.

템플릿 조각 분리하기: 프로젝트 영역

기존 프로젝트 페이지 템플릿에는 프로젝트 제목, 내용, 이미지를 포함하는 카드가 있습니다. 하지만 현재 카드 포맷으로는 프로젝트를 상세히 설명하기에는 부족합니다. 기존에 만든 fragment-card-experience 템플릿 조각을 복사해 프로젝트 페이지에 맞게 부분 수정해 사용하겠습니다.

먼저 fragment-card-project.html 템플릿 조각 베이스를 준비합니다. 이번에는 템플릿 조각 베이스의 모든 내용을 지운 다음, 253쪽에서 만들었던 fragment-card-experience.html 파일의 내용을 통째로 복사해 붙여 넣습니다.

이렇게 하면 fragment-card-project.html의 수정 전 코드는 [코드 7-17]과 같습니다. experience 파라미터를 받아 사용하는 타임리프 속성이 있는 태그들을 중심으로 하나씩 수정해 보겠습니다.

코드 7-17 templates/presentation/fragments/fragment-card-project.html

```
01  <!DOCTYPE html>
02  <html xmlns:th="http://www.thymeleaf.org">
03  <body>
04
05      <div th:fragment="card(experience)" class="card shadow">  ──▶ ❶
06          <div class="card-body p-5">
07              <div class="row align-items-center">
08
09                  <div class="col text-center">
10                      <div class="bg-light p-4 rounded-4">
```

```
11              <div class="text-primary fw-bolder mb-2"
12                  th:text="|${experience.startYearMonth} - ${experience.
➥ endYearMonth}|">  ━━━━▶❷
13                  2019 - Present
14              </div>
15              <div class="small text-muted" th:text="${experience.
➥ description}">  ━━━▶❸
16                  Stark Industries
17              </div>
18          </div>
19      </div>
20
21      <div class="col-lg-8">  ━━━▶❹
22        <div class="lead fw-bolder" th:text="${experience.title}">
23          Web Developer
24        </div>
25        <p></p>
26        <div class="small"
27            th:each="detail : ${experience.details}"
28            th:text="|* ${detail}|">
29          Lorem ipsum.
30        </div>
31      </div>
32
33          </div>
34      </div>
35    </div>
36
37 </body>
38 </html>
```

01 ❶ th:fragment="card(experience)" 속성에서 값을 "card(project)"로 바꿉니다. 파라미터명을 project로 지정해서 ProjectDTO 객체를 가리킨다는 것을 명시합니다.

02 ❷ th:text="|${experience.startYearMonth} - ${experience.endYearMonth}|" 속성에서 experience를 project로 바꿉니다. ProjectDTO 객체도 start

YearMonth, endYearMonth 필드를 갖기 때문입니다.

03 ❸ `<div class="small text-muted">` 태그의 class 속성에 "d-inline" 값을 추가합니다. 그리고 같은 태그에 `th:each="skill : ${project.skills}"` 속성을 추가하고, `th:text="${experience.description}"` 속성은 `th:text="${skill.name}"`로 변경합니다. 수정한 코드는 다음과 같습니다.

```
<div class="small text-muted d-inline"
    th:each="skill : ${project.skills}"
    th:text="${skill.name}">
  Stark Industries
</div>
```

class 속성값 "d-inline"은 요소를 다른 요소들과 나란히 그리게 하는 부트스트랩 클래스입니다. 기술명이 여러 개 있을 경우 한 줄씩 배치되지 않고, 같은 줄에 나란히 배치됩니다.

th:each 속성은 ProjectDTO 객체에서 SkillDTO 객체의 리스트를 가져와 요소 개수만큼 〈div〉 태그를 복사합니다. 이때 복사된 각 〈div〉 태그는 th:text 속성에 정의된 대로 SkillDTO 객체에서 name 필드값을 가져와 텍스트로 표시합니다.

04 계속해서 [코드 7-17]의 ❹ `<div class="col-lg-8">` 태그를 수정합니다. 조금 복잡하므로 이번에는 다음 코드를 참고해 먼저 수정한 후 차근차근 살펴보겠습니다.

```
<div class="col-lg-8">
  <div class="lead fw-bolder" th:text="${project.name}">Web Developer</div>
                                    ⟶ ❶
  <p></p>
  <div class="small" th:text="${project.description}">Lorem ipsum.</div>
                              ⟶ ❷
  <p></p>
  <th:block th:each="detail : ${project.details}"> ⟶ ❸
    <div class="small" th:if="${#strings.isEmpty(detail.url)}" ⟶ ❹
        th:text="|* ${detail.content}|"
    >
```

```
                Lorem ipsum.
            </div>
            <a class="small" target="_blank" th:if="${!#strings.isEmpty(detail.
   ⮑ url)}"  ⟶ ❺
                th:text="|* ${detail.content}|" th:href="${detail.url}"
            >
                Lorem ipsum.
            </a>
        </th:block>
    </div>
```

th:text="${experience.title}" 속성값을 ❶ "${project.name}"으로 변경합니다. ProjectDTO 객체에서는 title 대신 name 필드로 프로젝트명을 나타내기 때문입니다.

그리고 ❷ `<div class="small">` 태그에서 `th:each="detail : ${experience.details}"` 속성을 지우고, `th:text`의 속성값을 `"${project.description}"`으로 변경합니다. 프로젝트에 대한 간단한 설명을 넣는 영역입니다. 그 아래에는 빈 `<p>` 태그를 추가해 여백을 넣어 줍니다.

이어서 [코드 7-17]에는 없는 프로젝트 상세 내용을 설명하는 영역을 새로 추가합니다.

빈 〈p〉 태그 아래에 ❸ `<th:block th:each="detail : ${project.details}">` 태그를 추가합니다. ProjectDetailDTO 객체 리스트의 요소 개수만큼 〈th:block〉 태그가 생성됩니다.

〈th:block〉 태그 내부에는 ❹ `<div class="small">` 태그와 ❺ `<a class="small">` 태그가 있습니다. 프로젝트의 상세 설명을 보여 주는 영역입니다.

이때 ❹ `<div class="small">` 태그는 일반 텍스트입니다. `th:if="${#strings.isEmpty(detail.url)}"` 속성을 지정해 ProjectDetailDTO 객체의 url 필드가 비어 있을 때 렌더링됩니다. 또한 th:text 속성으로 content 필드값이 보이게 합니다.

❺ `<a class="small">` 태그는 하이퍼링크입니다. `th:if="${!#strings.isEmpty(detail.url)}"` 속성에는 부정 연산자(!)가 있어서 url 필드가 비어 있지 않을 때 렌더링됩니다. th:text 속성으로 content 필드값을 보이게 하는 것은 똑같고, th:href

속성으로 url 필드값으로 하이퍼링크를 연결합니다.

정리하면 해당 영역에서는 ProjectDetail DTO 객체의 content 필드를 보여 주는데, url 필드값이 없으면 일반 텍스트, 있으면 하이퍼링크가 보이도록 합니다. 즉 두 개의 태그는 서로 상반되는 조건으로 렌더링됩니다. url이 비어 있으면서 동시에 비어 있지 않은 경우는 불가능하니, 항상 둘 중 하나의 태그만 보이게 됩니다.

📋 타임리프 함수

타임리프는 템플릿 안에서 데이터를 변환하거나 조건을 만들기 위해 사용할 수 있는 함수를 제공합니다. 아래 표처럼 문자열 변환, 날짜 처리, 배열 및 컬렉션 검사, 조건문 구성 등 다양한 기능이 있습니다. 다만 프런트엔드와 백엔드의 책임 분리, 테스트 편의 및 유지보수성 등을 고려하면 가능한 서버에서 데이터를 가공해서 내려 주고 타임리프 함수는 불가피한 경우에만 사용하는 것을 권장합니다.

표 7-2 타임리프 함수

#strings.isEmpty(str)	문자열이 비었는지 확인합니다.
#lists.isEmpty(list)	#lists.isEmpty(list)
#dates.format(date, pattern)	날짜 객체를 원하는 문자열 포맷으로 변환합니다.
#maps.get(map, key)	맵에서 키에 해당하는 값을 반환합니다.
#numbers.isEven(num)	숫자가 짝수인지 확인합니다.

---

projects.html에서 템플릿 조각 불러오기

프로젝트 페이지에서 사용할 템플릿 조각을 만드는 작업은 모두 끝났습니다. 이제 projects.html 파일에서 템플릿 조각을 불러옵니다.

〈!-- Project Card 2 --〉 주석과 그 하위의 〈div〉 태그를 지웁니다. 그다음 〈!-- Project Card 1 --〉 주석은 〈!-- Project Cards --〉로 변경하고, 하위의 〈div〉 태그를 지우고 나서 [코드 7-18]을 추가합니다.

코드 7-18 fragment-card-project 템플릿 조각 불러오기

```
<!-- Project Cards-->
<th:block th:each="project : ${projects}">
  <div th:replace="~{presentation/fragments/fragment-card-project ::
```

```
➡ card(${project})}"></div>
</th:block>
```

이제 애플리케이션을 재실행해서 템플릿 조각이 정상적으로 반영되었는지를 확인합니다. [그림 7-17]처럼 화면이 보이면 성공입니다.

그림 7-17 fragment-card-project 템플릿 조각 적용 화면

커밋과 푸시

- **커밋 대상**: projects.html, fragment-card-project.html
- **커밋 메시지**: Thymeleaf – 템플릿 수정(projects)

7-2-4 공통 레이아웃 적용하기

지금까지 인덱스, 이력서, 프로젝트 페이지에서 공통 요소를 템플릿 조각으로 만들고 중복을 줄였습니다. 하지만 그럼에도 여전히 중복이 존재합니다. 바로 전체 레이아웃입니다.

index.html, resume.html, project.html 파일을 보면 237쪽 [코드 7-1]에서 봤던 구조가 여전히 반복되고, 각 페이지는 〈main〉 태그 내부의 내용만 차이가 있습니다. 만약 index.html, resume.html, project.html 파일이 고유한 내용으로만 작성되어 전체 레이아웃을 공통으로 관리할 수 있다면 앞으로 새로운 페이지를 추가하기가 더욱 편리해집니다. 이후로도 페이지의 고유 내용과 관련된 코드만 작성하고, 레이아웃은 불러오기만 하면 되기 때문입니다.

타임리프의 템플릿 조각 기능을 조금 응용해 각 페이지의 공통 레이아웃과 개별 페이지의 내용을 분리해 보겠습니다.

01 presentation 패키지 하위에 layouts 패키지를 만들고, layout-main.html 파일을 생성합니다.

02 layout-main.html도 템플릿 조각 베이스로 만들어 줍니다. 이때 `<html>` 태그에는 `lang="ko"` 속성과 `th:fragment="layout(content)"` 속성을 추가합니다. 여기에 각 영역의 템플릿 조각을 불러오는 태그를 넣어 주겠습니다.

```
<!DOCTYPE html>
<html lang="ko" xmlns:th="http://www.thymeleaf.org"
➡ th:fragment="layout(content)">
<body>

</body>
</html>
```

03 이제 index.html 파일에서 fragment-head 템플릿 조각을 불러오는 태그를 잘라내어 layout-main.html 파일의 `<body>` 태그 위에 붙여 넣습니다.

04 index.html 파일에서 `<body>` 태그 내부의 모든 태그를 복사해 layout-main.html 파일의 `<body>` 태그 내부에 붙여 넣습니다.

05 layout-main.html 파일에서 fragment-navigation 템플릿 조각을 불러오는 태그를 `<main>` 태그 안에서 꺼내 `<main>` 태그 위로 옮깁니다.

06 layout-main.html 파일에 남아 있는 `<main>` 태그 내부의 모든 내용은 삭제한

뒤, <p> 태그를 추가합니다. 텍스트는 비어 있어도 좋지만, 본문에 해당하는 부분이라는 걸 명시하기 위해 'Contents' 텍스트를 추가합니다.

07 <main> 태그의 class 속성은 지우고, th:replace="${content}" 속성을 추가합니다.

여기까지 수정한 layout-main.html은 [코드 7-19]와 같습니다.

코드 7-19 templates/presentation/layouts/layout-main.htmll

```
01  <!DOCTYPE html>
02  <html lang="ko" xmlns:th="http://www.thymeleaf.org"
    ➥ th:fragment="layout(content)">
03
04    <div th:replace="~{presentation/fragments/fragment-head :: head}"></
    ➥ div>
05
06    <body class="d-flex flex-column h-100">
07
08      <!-- Navigation-->
09      <div th:replace="~{presentation/fragments/fragment-navigation ::
    ➥ navigation}">
10      </div>
11
12      <main th:replace="${content}">
13        <p>Contents</p>
14      </main>
15
16      <!-- Footer-->
17      <div th:replace="~{presentation/fragments/fragment-footer ::
    ➥ footer}"></div>
18
19      <!-- Bootstrap core JS-->
20      <script src="..."></script>
21
22      <!-- Core theme JS-->
23      <script src="js/scripts.js"></script>
24
25    </body>
```

```
26
27  </html>
```

이제 layout-main.html 파일에서 페이지의 레이아웃이 보일 것입니다.

〈html〉 태그 안에는 메타데이터를 담은 〈head〉 태그 템플릿 조각과 화면에 보일 요소를 담은 〈body〉 태그가 있고, 〈body〉 태그 내부에는 내비게이션인 〈nav〉 태그 템플릿 조각, 고유 내용이 담긴 〈main〉 태그, 푸터인 〈footer〉 태그 템플릿 조각, 그리고 프런트엔드 동작에 필요한 자바스크립트 코드를 가져오는 〈script〉 태그가 있는 것을 알 수 있습니다.

이번에는 index.html 파일에서 코드를 수정합니다.

08 fragment-head, fragment-navigation, fragment-footer 템플릿 조각과 `<script>` 태그를 삭제합니다. `<body>` 태그도 없앱니다. 단 내부의 `<main>` 태그는 그대로 유지합니다. 그러면 〈html〉 태그 내부에 〈main〉 태그만 있는 구조가 됩니다.

09 `<main>` 태그에는 `id="content"` 속성을 추가합니다. 〈main〉 태그의 고유 식별자를 지정하는 속성입니다.

10 `<html>` 태그에 `th:replace` 속성을 추가합니다.

완성된 index.html은 [코드 7-20]과 같습니다.

코드 7-20 templates/presentation/index.html

```
01  <!DOCTYPE html>
02  <html lang="ko"
03       xmlns:th="http://www.thymeleaf.org"
04       th:replace="~{presentation/layouts/layout-main ::
    ➡ layout(~{::#content})}">
05
06    <main class="flex-shrink-0" id=content>
07
08      <!-- Header-->
09      <header class="py-5">
```

```
10        <!-- 생략 -->
11     </header>
12
13     <!-- About Section-->
14     <section class="bg-light py-5">
15        <!-- 생략 -->
16     </section>
17
18   </main>
19
20 </html>
```

이제 애플리케이션을 재실행하여 웹 브라우저에서 'localhost:8080'으로 접속합니다. 기존과 아무 차이가 없다면 성공입니다.

레이아웃은 타임리프의 조각 기능을 이중으로 적용한 응용법이라고 할 수 있습니다. 약간 헷갈릴 수 있지만, [코드 7-19] layout-main.html 파일과 [코드 7-20] index.html 파일을 번갈아 보면서 차근차근 흐름을 따라가면 쉽게 이해할 수 있을 것입니다.

웹 브라우저에서 루트 URL로 요청을 하면 컨트롤러는 모델에 데이터를 넣고 index.html 파일의 경로를 응답합니다. 그럼 서버가 실제로 웹 브라우저에 응답하기 전에 템플릿 엔진인 타임리프가 개입해 index.html 파일과 모델의 데이터를 결합해 최종 HTML 파일을 만드는 작업을 합니다.

타임리프는 먼저 index.html 파일을 가져와 읽고 내용을 분석합니다. 그러나 우리는 <html> 태그에 th:replace="~{presentation/layouts/layout-main :: layout(~{::#content})}" 속성을 지정했습니다. 그럼 타임리프는 layout-main.html 파일에서 layout이라는 이름의 템플릿 조각을 찾아 〈html〉 태그를 교체하게 됩니다.

layout 템플릿 조각에는 content 파라미터가 있습니다. index.html 파일에서 템플릿 조각을 불러올 때는 파라미터에 "~{::#content}"를 인자로 넣습니다. "~{::#content}" 값은 타임리프의 표현식 중 하나로, id="content" 속성을 가진 태그를 찾아 가져옵니다. 따라서 [코드 7-20]에서도 <main> 태그에 id="content" 속성을 추가했기 때문에 〈main〉 태그가 layout 템플릿 조각에 인자로 들어갑니다.

그다음 layout-main.html에서는 **<html>** 태그 자체가 하나의 템플릿 조각으로 선언되어 있으므로 layout-main.html 파일의 〈html〉 태그는 index.html 파일의 〈html〉 태그 자리에 그대로 교체되어 들어갑니다.

그런데 교체하기 전에 할 일이 있습니다. layout-main.html 파일도 템플릿이기 때문에 최종 HTML 파일로 변환되어야 합니다. fragment-head, fragment-navigation, fragment-footer 등 템플릿 조각을 불러옵니다.

또 **<main>** 태그를 보면, **th:replace="${content}"** 속성이 있습니다. "${content} 속성값은 layout 템플릿 조각의 content 파라미터로 들어온 인자를 가리킵니다. index.html 파일의 〈main〉 태그가 들어왔기 때문에 layout-mani.html 파일의 〈main〉 태그는 index.html 파일의 〈main〉 태그로 교체됩니다.

코드 〈main〉 태그(layout-main.html)

```
<main th:replace="${content}">
  <p>Contents</p>
</main>
```

따라서 최종 layout 템플릿 조각은 index.html 파일의 〈html〉 태그 위치에 들어가며 웹 브라우저에 응답할 최종 HTML 파일이 됩니다.

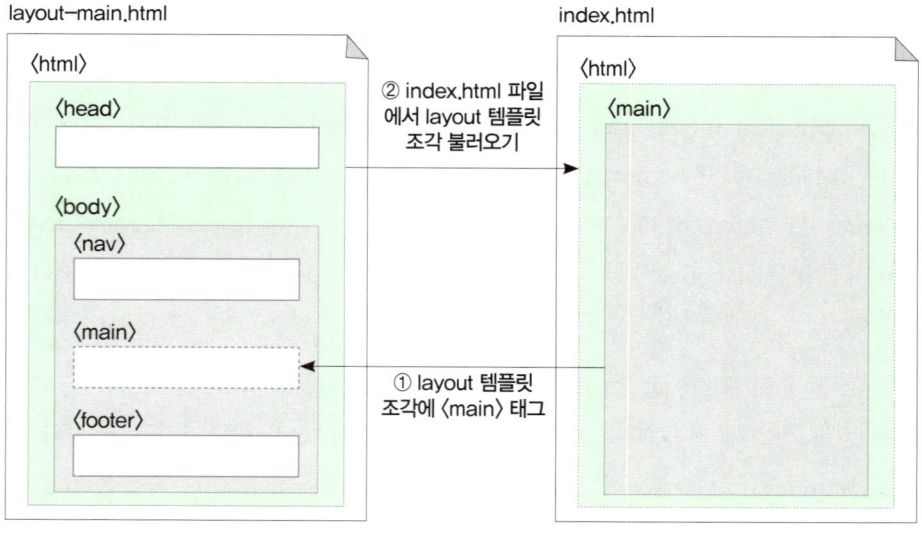

그림 7-18 템플릿 조각 레이아웃 원리

템플릿 조각을 이중으로 불러오는 구조라 이해하기 어려울 수도 있습니다. [그림 7-18]과 함께 설명을 다시 천천히 읽어 보고, 실제 코드를 따라가 보면 이해하는 데 도움될 것입니다.

이제 나머지 페이지에도 레이아웃을 적용해 봅시다. resume.html 파일과 projects. html 파일에서 동일한 작업을 해야 합니다.

01 fragment-head, fragment-navigation, fragment-footer 템플릿 조각을 지우고, `<script>` 태그도 지웁니다.

02 `<body>` 태그도 지워서 `<html>` 태그 내부에 `<main>` 태그가 바로 위치하게 합니다.

03 `<main>` 태그에는 `id="content"` 속성을 추가해서 인자로 지정할 때 사용될 수 있게 합니다.

04 `<html>` 태그에 `th:replace` 속성을 추가합니다. 속성값은 [코드 7-20]과 동일합니다.

애플리케이션을 재실행하여 이력서 페이지와 프로젝트 페이지에 접속했을 때, 기존에 개발한 것과 동일한 내용이 나오면 레이아웃이 잘 적용된 것입니다. 이제 모든 페이지에서 공통으로 관리되어야 하는 영역은 layout-main.html 파일에서 관리할 수 있습니다. index.html, resume.html, projects.html 파일에서는 각 페이지의 고유한 내용만 관리하면 됩니다.

이제 작업 내용을 커밋하고 마무리합니다.

✦ 커밋과 푸시

- **커밋 대상:** layout-main.html, index.html, resume.html, projects.html
- **커밋 메시지:** Thymeleaf – 템플릿 수정(레이아웃)

지금까지 부트스트랩 템플릿에 스프링 공식 지원 템플릿 엔진인 타임리프를 적용해서 포트폴리오 사이트의 프런트엔드를 만들었습니다. 타임리프의 기능을 활용해서 중복을 줄이고 코드의 유지보수성을 높일 수 있었습니다.

만약 타임리프와 같은 템플릿 엔진이 없었다면, 개발자는 코틀린 코드로 데이터베이스에서 조회한 데이터와 HTML 태그를 문자열로 결합하는 로직을 직접 작성해야 했을 것입니다. 하지만 모델과 뷰를 분리하고 그 사이를 연결해 주는 템플릿 엔진을 만든 덕분에 각 영역의 책임 소재가 명확해졌고, 코드를 작성하고 이해하는 것도 훨씬 편하게 할 수 있습니다.

학습노트

- 부트스트랩은 반응형 웹 디자인을 빠르게 만들 수 있도록 다양한 UI 컴포넌트와 스타일을 제공하는 프런트엔드 프레임워크입니다.

- MIT 라이선스는 소스 코드를 자유롭게 사용, 수정, 배포할 수 있도록 허용합니다. 매우 자유로운 오픈소스 라이선스입니다. 다만, 원저작권 고지를 포함해야 사용할 수 있습니다.

- 템플릿 엔진은 모델의 데이터를 뷰의 HTML 템플릿과 결합해 HTML 파일을 동적으로 생성해 주는 도구입니다.

- 템플릿 엔진을 사용하면 개발자가 직접 데이터를 결합하는 코드를 작성하는 번거로움이 없어지고 모델, 뷰, 컨트롤러의 역할과 책임 소재가 분리됩니다.

- 타임리프는 스프링 공식 지원 템플릿 엔진 중 하나인 만큼 스프링과의 통합성이 좋습니다.

- 타임리프는 조건문, 반복문 등을 HTML 파일에서 직관적으로 사용할 수 있습니다.

- 타임리프의 템플릿 조각 기능을 활용하면 화면의 공통 요소를 관리하기 쉬워지고 코드의 재사용성이 올라갑니다.

백엔드 개발하기: 어드민 레이어

8장에서는 데이터베이스에 데이터를 삽입하고, 수정하고, 조회할 수 있는 어드민을 개발합니다. 8-1절에서는 어드민에서 필요한 공통 기능을 미리 개발합니다. 어떻게 중복 코드를 줄이고 기능을 쉽게 확장할 수 있는지를 중점으로 두고 실습을 진행하면 좋습니다. 8-2절에서는 각 테이블별로 데이터를 CRUD하는 API를 개발합니다. 이 과정에서 URL을 이용한 자원의 표현이나 JPA의 더티 체킹 동작 등 이전에 배운 이론적 내용을 실제 동작하는 코드로 확인합니다.

8-1 공통 기능 개발하기

- HTTP 상태 코드를 표현하는 커스텀 익셉션을 개발한다.
- 컨트롤러 어드바이스로 예외 공통 처리 기능을 개발한다.
- 어드민 프런트엔드와 주고받을 데이터를 담을 DTO를 개발한다.
- 서버 드리븐 UI 방식으로 사이드바 메뉴를 정의하는 인터셉터를 개발한다.

이번 절에서는 어드민 레이어에 필요한 공통 기능을 개발합니다. 여기서 만든 기능은 8-2절과 9장에서 사용합니다. 8-2절과 9장에서 각 화면과 그에 필요한 개별 기능을 만들기 전에 8-1절에서 프로젝트의 전체적인 구조를 잡는 것입니다.

먼저 어드민의 서비스 로직 수행 중 문제가 발생했을 때 대응하는 HTTP 상태 코드를 표현할 수 있도록 커스텀 익셉션custom exception을 개발합니다. 그리고 컨트롤러 어드바이스를 이용해 커스텀 익셉션이나 기타 예외가 발생했을 때의 처리 로직을 한 곳에서 관리할 수 있도록 합니다.

또 프런트엔드에서 요청을 받거나 응답을 줄 때 데이터를 담을 DTO를 개발하고, 인터셉터를 활용해 프런트엔드의 화면 구성을 백엔드에서 정의해 내려 줄 수 있도록 만들어 보겠습니다.

8-1-1 커스텀 익셉션 개발하기

코틀린 애플리케이션을 만들 때 중요한 작업 중 하나는 **예외**exception 처리입니다. 애플리케이션이 항상 문제없이 잘 동작하면 좋겠지만 그러지 못할 때가 많습니다. 사용자가 잘못된 값을 입력할 수도 있고, 애플리케이션이 의존하는 외부 시스템이 동작하지 않을 수도 있고, 개발자가 잘못된 코드를 작성할 수도 있기 때문입니다.

예외의 구조와 처리 방식을 잘 정의하고 설계하면 다음과 같은 이점이 생깁니다.

- 문제가 발생해도 애플리케이션이 안정적으로 동작한다.
- 개발자가 예외의 발생을 빠르게 인지하고, 원인 추적과 파악이 쉽다.
- 사용자가 문제의 발생을 인지하지 못하거나, 심각성을 덜 느낀다.

반대로 예외를 잘 처리하지 못하면 수시로 애플리케이션이 다운될 수 있고, 오랫동안 문제가 발생한 것을 인지하지 못하거나 인지하더라도 원인을 파악하고 문제 해결이 어려울 수 있습니다. 실습 프로젝트에서는 어드민 레이어의 예외를 관리하기 위해 아래와 같은 두 가지 규칙을 만듭니다.

- API 로직 수행 중 발생한 예외는 특정 HTTP 상태 코드로 응답될 수 있어야 한다.
- 예외의 처리는 컨트롤러 어드바이스 컴포넌트로 위임한다.

예외가 특정 HTTP 상태 코드로 응답될 경우에는 문제의 책임 주체를 빠르게 파악할 수 있다는 장점이 있습니다. 400번대는 클라이언트 개발자가, 500번대는 서버 개발자가 먼저 원인 파악을 시도하는 것이 효율적입니다.

또 문제 유형에 따라 코드를 세분화하면 클라이언트가 각 상태별로 적절히 대응하도록 예외 처리 로직을 개발할 수 있습니다. 예를 들어 [401 Unauthorized]나 [403 Forbidden] 응답이 왔다면 인증 또는 인가의 문제이므로 로그인 페이지로 리다이렉션 합니다. [404 Not Found] 응답이 왔다면 링크가 존재하지 않는 것이므로 사용자에게 페이지 정보를 확인하라는 안내 문구를 보여 줍니다.

스프링에서는 특정 문제가 발생했을 때 특정 HTTP 상태 코드를 응답하도록 미리 개발되어 있는 영역도 있습니다. 하지만 개발자가 직접 작성하는 서비스 로직에서는 개발자가 직접 상황에 맞게 HTTP 상태 코드를 응답하는 코드를 작성해야 합니다.

이러한 작업을 편하게 하기 위해 어드민 레이어에서는 각 HTTP 상태 코드를 나타내는 **익셉션 클래스**를 만들겠습니다. 문제 상황이 발생했을 때 개발자는 이 문제가 어떤 상태 코드로 응답되어야 하는지를 고민하고, 적절한 익셉션을 생성해 던집니다.

> **tip** 이 책에서는 실습 프로젝트에서 직접 정의한 익셉션 클래스를 커스텀 익셉션이라고 부르겠습니다.

던져진 예외는 **컨트롤러 어드바이스**controller advice에서 처리합니다. 컨트롤러 어드바이스란 스프링에서 여러 컨트롤러의 보조 기능을 전역 처리할 수 있도록 도와주는 컴포넌트입니다. 대표적인 보조 기능이 예외 처리로, 여러 컨트롤러에서 던진 예외의 처리를 한 곳에서 관리함으로써 중복 코드를 줄이고 예외 처리의 일관성을 유지할 수 있습니다.

AdminException 추상 클래스 만들기

커스텀 익셉션 클래스를 개발해 봅시다. portfolio 패키지 하위에 admin 패키지를 만들고, 그 아래 advice 패키지와 exception 패키지를 만듭니다. [그림 8-1]과 같은 패키지 구조가 됩니다.

exception 패키지에 AdminException.kt 파일을 생성합니다. [코드 8-1]을 참고해 내용을 작성합니다.

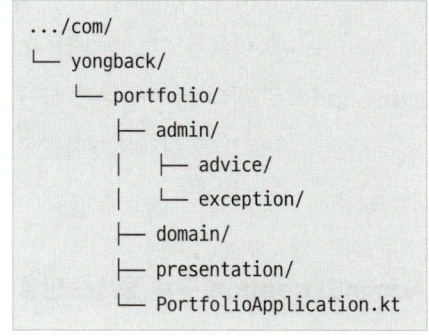

```
.../com/
└── yongback/
    └── portfolio/
        ├── admin/
        │   ├── advice/
        │   └── exception/
        ├── domain/
        ├── presentation/
        └── PortfolioApplication.kt
```

그림 8-1 admin 패키지 생성하기

코드 8-1 admin/exception/AdminException.kt

```
01  package com.yongback.portfolio.admin.exception
02
03  import org.springframework.http.HttpStatus
04
05  abstract class AdminException(        ❶
06      httpStatus: HttpStatus,           ❷
07      message: String                   ❸
08  ) : RuntimeException(message) {       ❹
09      val httpStatus: HttpStatus = httpStatus
10  }
```

먼저 ❶ abstract 예약어를 사용해 추상 클래스로 정의합니다. 앞으로 만들 모든 커스텀 익셉션은 AdminException을 상속합니다. '8-1-2 컨트롤러 어드바이스 개발하기'에서도 살펴보겠지만, 하나의 추상 클래스로 모든 예외를 묶어줌으로써 예외마다 처리 로직을 만들지 않고 하나의 로직에서 공통 처리할 수 있습니다.

❷, ❸ 생성자 파라미터로 httpStatus와 message를 받습니다. httpStatus는 HTTP 상태 코드 객체입니다. 각 상태 코드별로 구체 익셉션 클래스를 정의할 때 적절한 객체를 넣습니다. message는 문제 상황을 표현하는 문자열로, 서비스 로직 수행 중 문제가 발생해 예외를 생성하는 시점에서 개발자가 직접 인자로 넣어 주겠습니다.

❹ AdminException은 RuntimeException을 상속합니다. 6장에서 Checked Exception과 Unchecked Exception의 차이 그리고 RuntimeException이 Unchecked Exception이라는 것을 배웠습니다. 만약 AdminException이 Checked Exception이었다면 AdminException을 받을 수 있는 모든 메서드에서 try-catch나 throws로 예외 처리를 명시하도록 강제됩니다. 하지만 RuntimeException, 즉 Unchecked Exception으로 정의했기 때문에 실제로 예외를 처리하지 않는 곳에서 예외 처리 코드가 추가되어 코드가 지저분해지는 것을 막고 주요 로직에 집중한 코드를 작성할 수 있습니다.

AdminException 구체 클래스 만들기

다음으로 AdminException의 구체 클래스를 만들겠습니다. 실습 프로젝트의 개발 범위에서 필요한 것은 AdminBadRequestException과 AdminInternalServer ErrorException입니다. 클래스명만 봐도 각각 [400 Bad Request]와 [500 Internal Server Error]를 나타내는 예외임을 알 수 있습니다.

이 구체 클래스들은 별도의 코틀린 파일을 만들지 않고, AdminException.kt 파일에 같이 선언하겠습니다. 코드의 길이가 매우 짧고, AdminException과 깊은 연관이 있기 때문입니다. 이렇게 연관성이 높은 클래스들을 하나의 파일에 관리해서 프로젝트를 간결하게 보이도록 할 수 있는 것이 코틀린의 장점 중 하나입니다. [코드 8-2]를 참고해 AdminException 클래스 바로 아래에 내용을 추가합니다.

코드 8-2 admin/exception/AdminException.kt

```kotlin
class AdminBadRequestException(message: String) : AdminException(  ──→ ❶
    httpStatus = HttpStatus.BAD_REQUEST,
    message = message
)

class AdminInternalServerErrorException(message: String) : AdminException(  ─→ ❷
    httpStatus = HttpStatus.INTERNAL_SERVER_ERROR,
    message = message
)
```

❶, ❷ 두 클래스 모두 AdminException을 상속합니다. 그리고 생성자에서는 message만 인자로 받도록 하고, httpStatus는 고정값을 넣어 줍니다. 이렇게 하면 개발자는 예외 인스턴스를 생성할 때 메시지만 넣으면 되기 때문에 코드가 간결해집니다. 또 AdminBadRequestException을 생성하며 HttpStatus.INTERNAL_SERVER_ERROR를 넣는다거나 하는 휴먼 에러를 방지할 수 있습니다.

우선 지금까지 작업한 내용을 커밋합니다.

> **◁ 커밋과 푸시**
>
> • **커밋 대상**: AdminException.kt
> • **커밋 메시지**: 공통 개발 – 커스텀 익셉션

8-1-2 컨트롤러 어드바이스 개발하기

예외를 정의했으니 예외 처리 로직을 개발할 차례입니다. AdminApiControllerAdvice.kt 파일을 advice 패키지에 생성합니다. [코드 8-3]과 [코드 8-4]를 참고해 내용을 작성합니다.

코드 8-3 admin/advice/AdminApiControllerAdvice.kt

```kotlin
01  package com.yongback.portfolio.admin.advice
02
03  // 생략
```

```
04
05   @RestControllerAdvice ──────▶ ❶
06   class AdminApiControllerAdvice {
07
08       val log = LoggerFactory.getLogger(AdminApiControllerAdvice::class.
     ↪ java) ──────▶ ❷
09
10       @ExceptionHandler ──────▶ ❸
11       fun handleException(e: AdminException): ResponseEntity<String> { ─▶ ❹
12           log.info(e.message, e) ──────▶ ❺
13
14           return ResponseEntity.status(e.httpStatus).body(e.message) ─▶ ❻
15       }
16   ├──────▶   [코드 8-4]에서 이어서 작성합니다.
17   }
```

❶ @RestControllerAdvice 어노테이션은 클래스를 컨트롤러 어드바이스로 정의하는 기능을 합니다. 참고로 @RestControllerAdvice 내부를 보면 @Controller Advice와 @ResponseBody 어노테이션이 선언되어 있습니다. @Controller와 @RestController의 관계처럼 @RestControllerAdvice에서 반환한 결과는 @Rest Controller에서 반환한 결과와 똑같이 처리됩니다.

❷는 Logger 인스턴스를 가져오는 코드입니다. 예외가 발생했을 때 예외 메시지 그리고 예외가 발생하기까지의 메서드 호출 스택을 로그로 출력하기 위해 사용합니다.

❸ @ExceptionHandler 어노테이션은 메서드를 예외의 핸들러로 정의하기 위해 사용합니다. ❹ handleException() 메서드가 핸들러가 되는데, 컨트롤러에서 메서드 파라미터의 타입과 일치하는 예외를 던졌을 때 호출됩니다. 즉 컨트롤러에서 AdminException이 던져지면 handleException(e: AdminException) 메서드가 호출됩니다.

tip @ExceptionHandler의 value 속성을 이용해 대상 예외를 정의할 수도 있습니다. 여러 예외를 처리하도록 할 때 유용합니다. 예를 들어 @ExceptionHandler(value = [IllegalArgumentException::class, NullPointer Exception::class])와 같이 사용할 수 있습니다.

메서드 내부 로직은 ❺ 예외를 로그로 출력하고 ❻ httpStatus와 message 필드를

ResponseEntity의 status와 body 필드에 세팅한 후 ResponseEntity를 반환하도록 합니다.

tip 로그 출력은 심각성이나 목적에 따라 error( ), debug( ) 메서드를 사용할 수도 있습니다. 실습 프로젝트에서는 편의상 info( ) 메서드로 통일했습니다.

그런데 애플리케이션에서는 AdminException 말고 다른 예외도 발생할 수 있습니다. 그럴 때는 어떻게 해야 할까요?

@ExceptionHandler 어노테이션이 선언된 메서드는 파라미터에 정의된 타입의 예외를 처리하는 핸들러가 된다고 했습니다. 따라서 처리하고 싶은 타입의 예외를 파라미터로 받는 다른 메서드를 작성하면 됩니다. [코드 8-4]를 참고해 handleException(e: AdminException) 메서드 아래에 다음 메서드 두 개를 추가합니다.

코드 8-4 admin/advice/AdminApiControllerAdvice.kt

```kotlin
@ExceptionHandler
fun handleExcpetion(e: MethodArgumentNotValidException):
➡ ResponseEntity<String> {  ──────▶ ❶
    log.info(e.message, e)

    val fieldError = e.bindingResult.fieldErrors[0]  ──────▶ ❷
    val message = "[${fieldError.field}] ${fieldError.defaultMessage}"  ──────▶ ❸

    return ResponseEntity.badRequest().body(message)  ──────▶ ❹
}

@ExceptionHandler
fun handleException(e: Exception): ResponseEntity<String> {  ──────▶ ❺
    log.info(e.message, e)

    return ResponseEntity.internalServerError().body("시스템 오류가 발생했
➡ 습니다.")
}
```

❶ handleException() 메서드는 MethodArgumentNotValidException이 발생했을 때 호출됩니다. 4장에서 프로젝트를 생성하며 가져온 의존성 중 Validation 라이브러리가 있었습니다. 8-2절에서 만든 어드민 API들은 Validation 라이브러리를

이용해 요청 데이터를 검증하도록 하는데, 데이터 검증에 실패했을 때 던져지는 예외가 바로 MethodArgumentNotValidException입니다.

MethodArgumentNotValidException의 `bindingResult` 필드는 BindingResult 객체를 갖고 있습니다. 여기에 요청 데이터의 바인딩^{binding}이나 검증에 실패했을 때 오류 정보를 담습니다. 즉, BindingResult 객체의 `fieldErrors` 필드는 요청 데이터의 각 필드에서 발생한 오류 정보를 담고 있는 `FieldError` 객체의 리스트입니다. ❷와 ❸에서는 FieldError 객체의 리스트 중 첫 번째 객체를 가져와 클라이언트에 응답할 메시지를 생성합니다.

tip 바인딩은 클라이언트의 요청 데이터를 코틀린 객체로 변환하는 과정을 의미합니다. HTTP 요청 바디에 JSON 포맷의 텍스트를 넣어도 컨트롤러 메서드에서 객체로 사용할 수 있는 이유는 중간에 바인딩 과정이 있기 때문입니다.

그다음 ❹ 생성한 메시지를 바디에 담아 반환합니다. 이때 `ResponseEntity.bad Request()` 메서드를 이용해 [400 Bad Request]를 나타내는 `ResponseEntity` 객체가 생성되도록 합니다. 요청 데이터의 오류는 일차적으로 클라이언트의 문제라고 간주하기 때문입니다.

Quiz MethodArgumentNotValidException 핸들러 메서드는 FieldError 객체 리스트 중 첫 번째 객체만 이용해 응답 데이터를 생성합니다. 여러 필드에 오류가 있어도 첫 번째 오류 정보만 받기 때문에 클라이언트는 첫 번째 오류를 수정하고, 다시 요청을 보내 다음 오류 정보를 확인해야 합니다. 모든 필드의 오류 정보를 한 번에 응답하기 위해선 어떻게 할 수 있을까요? 실습 프로젝트를 모두 마친 후 개선해 보세요.

❺ `handleException()` 메서드는 다른 메서드에서 처리 못하는 모든 예외를 처리합니다. Exception은 모든 예외의 최상위 객체입니다. 컨트롤러 어드바이스가 예외를 처리할 메서드를 찾을 때는 던져진 예외와 가장 가까운 예외를 처리하는 메서드부터 찾고, 예외를 처리하는 메서드가 없으면 그 예외가 상속하는 예외를 처리하는 메서드를 찾습니다.

예를 들어 실습 프로젝트 어딘가에서 IllegalArgumentException 예외가 던져졌다고 해보겠습니다. 컨트롤러 어드바이스에는 해당 예외를 처리할 핸들러를 구현하지 않았기 때문에 IllegalArgumentException이 상속하는 RuntimeException의 핸들러를 찾습니다. 하지만 RuntimeException의 핸들러도 없기 때문에 보다 상위 객체의 핸들러를 찾습니다. 결국 RuntimeException은 Exception을 상속하므로 ❺의 handleException( ) 메서드가 호출됩니다.

즉 handleException(e: Exception) 메서드는 컨트롤러 어드바이스에서 핸들러를 지정하지 않은 모든 예외를 처리하는 핸들러입니다. 개발자가 미처 고려하지 못한 예외가 발생하더라도 예상 가능한 범주에서 애플리케이션이 동작하도록 합니다. 또한 다른 핸들러와 마찬가지로 예외를 로그로 출력해서 개발자가 문제 상황을 인지할 수 있도록 합니다. 클라이언트에는 "시스템 오류가 발생했습니다" 메시지를 응답해 구체적인 문제 상황을 숨깁니다. 그럼 클라이언트는 서버 개발 과정에서 고려하지 못한 문제로 간주하고 [500 Internal Server Error]를 응답합니다.

여기까지 어드민 레이어에서 발생할 수 있는 예외들을 처리하는 기반 기능을 만들었습니다. 이번 과정에서의 핵심은 서비스 로직에서 개발자가 직접 문제 상황으로 정의한 예외는 AdminException으로 던진다는 점입니다. 예외 객체에 HTTP 상태 코드를 담고, 컨트롤러 어드바이스의 핸들러에서 예외에 담긴 상태 코드를 클라이언트에 응답하도록 했습니다.

MethodArgumentNotValidException처럼 의존하는 라이브러리에서 던지지만, 개발 과정에서 예상 가능했던 예외의 핸들러도 만들었습니다. 만약 개발 과정에서 또 다른 예외 상황을 만났다면 해당 예외의 핸들러도 추가하면 됩니다. 예외를 예측할 수 없다면 최상위 예외인 Exception 핸들러로 문제 상황을 로깅하고 클라이언트가 일관된 응답을 받을 수 있도록 하면 됩니다.

지금까지 작업한 내용을 커밋합니다.

커밋과 푸시

- **커밋 대상**: *AdminApiControllerAdvice.kt*
- **커밋 메시지**: 공통 개발 – 컨트롤러 어드바이스

8-1-3 DTO 개발하기

이번에는 어드민 레이어에서 사용할 DTO를 만들겠습니다. 어드민 레이어의 프런트 엔드와 백엔드 간에 주고받을 데이터를 담을 그릇 역할을 합니다.

ApiResponse 개발하기

ApiResponse는 어드민 레이어의 삽입, 수정, 삭제 API에서 클라이언트에 요청의 처리 결과를 알려주기 위해 사용합니다. 일반적으로 API 처리 결과는 JSON 형식으로 요청 데이터의 식별자 등을 바디에 담아 응답합니다. 실습 프로젝트에서는 프런트엔드 개발 편의를 위해 결과 메시지만 바디에 담아 응답하도록 하겠습니다. 그럼 응답 바디의 내용이 그대로 화면 상에서 알림창으로 표시됩니다.

먼저 admin 패키지 하위에 data 패키지를 만듭니다. 그리고 ApiResponse.kt 파일을 만든 후 [코드 8-5]를 참고해 내용을 작성합니다.

```
.../admin/
├── ...
├── advice/
└── data/
```

그림 8-2 data 패키지 디렉터리

코드 8-5 admin/data/ApiResponse.kt

```
01  package com.yongback.portfolio.admin.data
02
03  // 생략
04                    ──────▶ ❶
05  class ApiResponse<T: Any>(status: HttpStatus) : ResponseEntity<T>(status) {
06
07      companion object { ──────▶ ❷
08          fun successCreate(): ResponseEntity<Any> { ──────▶ ❸
09              return ResponseEntity.ok("데이터가 저장되었습니다.")
10          }
11
12          fun successUpdate(): ResponseEntity<Any> { ──────▶ ❹
13              return ResponseEntity.ok("데이터가 수정되었습니다.")
14          }
15
16          fun successDelete(): ResponseEntity<Any> { ──────▶ ❺
17              return ResponseEntity.ok("데이터가 삭제되었습니다.")
18          }
```

```
19    }
20 }
```

❶의 ApiResponse는 ResponseEntity를 상속합니다. ResponseEntity는 HTTP 상태 코드, 헤더, 바디 등을 자유롭게 설정해 반환할 수 있는 스프링 제공 클래스입니다. ApiResponse에는 ❷ **companion object** 예약어로 동반 객체를 선언한 다음 그 안에 세 개의 메서드를 만듭니다.

동반 객체companion object는 코틀린 클래스가 JVM에 로드될 때 함께 생성되는 객체입니다. 클래스의 인스턴스를 생성하지 않고 접근할 수 있다는 특징이 있습니다. 즉 동반 객체의 변수와 메서드를 정적static 변수와 메서드처럼 사용할 수 있습니다.

자바에서는 static 예약어로 정적 변수와 메서드를 만들었습니다. 하지만 코틀린은 static 예약어 대신 동반 객체라는 인스턴스를 미리 만들어 두고 정적 변수와 메서드처럼 사용할 수 있습니다.

tip 동반 객체에 대한 이해가 어렵다면 코틀린에서 정적 변수와 메서드를 만드는 방법이라고 이해하고 넘어가도 좋습니다.

❸, ❹, ❺에서 동반 객체의 각 정적 메서드는 ResponseEntity 인스턴스를 반환하며, ResponseEntity 인스턴스는 [200 OK]와 데이터가 요청대로 처리되었다는 메시지를 바디에 갖고 있습니다.

이처럼 정적 메서드를 따로 만드는 이유는 8-2절에서는 각 테이블마다 삽입, 수정, 삭제 API를 만들어야 하기 때문입니다. 모든 API는 같은 형식으로 처리 결과를 응답하므로 쉽게 호출할 수 있는 정적 메서드를 사용하면 코드 중복을 줄이고 응답 형식 관리를 편리하게 할 수 있습니다.

FormElementDTO 개발하기

FormElementDTO 클래스의 사용법을 설명하기에 앞서 **서버 드리븐 UI**server-driven UI 개념을 이해해야 합니다. 서버 드리븐 UI를 한 문장으로 설명하자면 화면의 구조를 백엔드에서 정의하고, 프런트엔드는 서버에서 전달받은 구조대로 화면을 그리는 역할만 하는 방식을 말합니다.

다음 [그림 8-3]은 3장에서 본 어드민 레이어의 데이터 관리 화면입니다. 메인 화면은 상단의 데이터를 입력하는 폼 영역과 하단의 데이터를 조회하는 표로 이루어져 있습니다.

그런데 테이블마다 컬럼이 다르기 때문에 입력 폼 요소도 컬럼 구성에 맞춰 이름이나 형식이 바뀌어야 합니다. 프런트엔드에서 각 화면별로 테이블에 맞는 입력 폼을 보여 주도록 코드를 작성할 수도 있습니다. 하지만 이 책의 주요 학습 목표가 백엔드 개발인 만큼, 가능한 백엔드에서 많은 일을 처리하는 방식으로 실습 프로젝트를 설계합니다.

tip 테이블별 데이터 관리 화면을 앞으로 테이블 페이지라고 부르겠습니다.

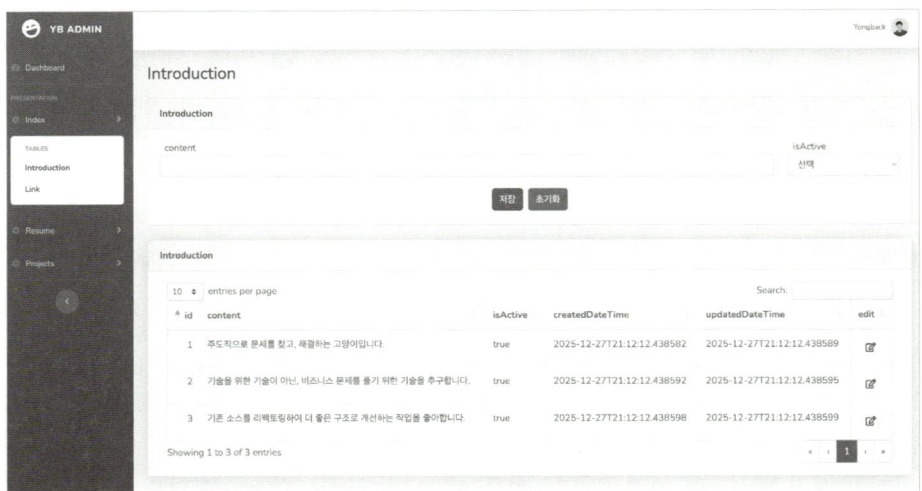

그림 8-3 어드민 테이블 페이지 미리보기

이번에는 FormElementDTO 클래스를 작성해 보겠습니다. 어드민 페이지의 사이드바에서 특정 테이블 페이지를 클릭하면 뷰 컨트롤러로 화면을 내려달라는 요청이 갑니다. 이때 뷰 컨트롤러는 해당 테이블의 컬럼 구성에 맞춰 입력 폼 요소 정보를 모델에 넣어 줍니다. 즉 FormElementDTO 클래스는 개별 입력 폼 요소에 대한 정보를 전달하는 데 사용합니다.

data 패키지에 FormElementDTO.kt 파일을 만듭니다. 그리고 [코드 8-6]을 참고해 내용을 작성합니다. AdminException.kt 파일과 마찬가지로 추상 클래스와 구체 클래스를 한 코틀린 파일에 선언합니다.

```
01  package com.yongback.portfolio.admin.data
02
03  abstract class FormElementDTO( ──────▶ ❶
04      val name: String,
05      val size: Int,
06      val type: String
07  )
08
09  class TextFormElementDTO( ──────▶ ❷
10      name: String,
11      size: Int
12  ) : FormElementDTO(name = name, size = size, type = "text")
13
14  class DateFormElementDTO( ──────▶ ❸
15      name: String,
16      size: Int
17  ) : FormElementDTO(name = name, size = size, type = "date")
18
19  class SelectFormElementDTO( ──────▶ ❹
20      name: String,
21      size: Int,
22      options: List<Any> ──────▶ ❺
23  ) : FormElementDTO(name = name, size = size, type = "select") {
24      val options: List<Any> = options
25  }
```

먼저 추상 클래스인 ❶ FormElementDTO를 선언합니다. name, size, type 필드
가 있으며 각 필드는 타임리프에서 HTML 태그 속성에 값을 넣어줄 때 사용합니다.
name 필드는 컬럼명으로 각 입력 폼을 식별하는 등 여러 용도로 사용하며, size 필
드는 입력 폼 요소의 길이로 레이아웃을 깔끔하게 만들기 위해 사용합니다. type 필
드는 텍스트, 날짜, 선택 목록 등 입력 폼 요소의 유형을 정의합니다.

다음으로 FormElementDTO 클래스를 상속하는 ❷ TextFormElementDTO,
❸ DateFormElementDTO, ❹ SelectFormElementDTO 클래스를 선언합니다. 실습
프로젝트에서 사용하는 텍스트(text), 날짜(date), 선택 목록(select) 외에도 필요에
따라 유형별로 구체 클래스를 확장해 나갈 수 있습니다.

이때 SelectFormElementDTO 클래스만 ❺ options라는 필드를 추가로 받습니다. 다음 [그림 8-4]와 같이 드롭다운 메뉴에서 선택 가능한 값의 목록을 정의하기 위해 사용합니다.

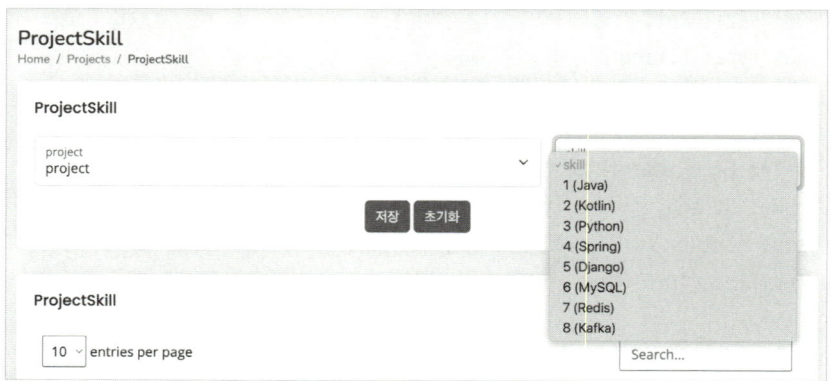

그림 8-4 options 사용 예시

TableDTO 개발하기

TableDTO는 데이터베이스의 테이블 정보와 레코드를 전달하기 위해 사용합니다. 테이블 페이지에 접속할 때 서버에서는 해당 테이블의 모든 데이터를 조회해 TableDTO에 담아 모델에 넣고, 프런트엔드에서는 전달받은 데이터를 표 형태로 화면에 그리는 방식입니다.

data 패키지에 TableDTO.kt 파일을 만듭니다. 그리고 [코드 8-7]을 참고해 내용을 작성합니다.

코드 8-7 admin/data/TableDTO.kt

```
01  package com.yongback.portfolio.admin.data
02
03  // 생략
04
05  data class TableDTO(
06      val name: String,
07      val columns: List<String>,              ➜ ❶
08      val records: List<List<String>>
09  ) {
```

```kotlin
10      companion object {
11   ┌── fun <T : Any> from(
12   │       classInfo: KClass<T>, ──────────────┐
13   │       entities: List<Any>,                ├──► ❸
14   │       vararg filterings: String ──────────┘
15   │   ): TableDTO {
16   │       val name = classInfo.simpleName ?: "Unknown" ──────► ❹
17   │       val columns = createColumns(classInfo, *filterings) ──► ❺
18   │       val records = entities.map { entity
19 ──► ❷     columns.map { column ->
20   │           classInfo.memberProperties
21   │               .find { column.equals(it.name) }
22   │               ?.getter
23   │               ?.call(entity)
24   │               .toString()
25   │       }.toList()
26   └──  }.toList()
27
28          return TableDTO(name = name, columns = columns, records =
➡ records)
29      }
30
31      private fun <T : Any> createColumns(
32          classInfo: KClass<T>,
33          vararg filterings: String
34      ): MutableList<String> {
35
36          val mainColumns = classInfo.java.declaredFields
37              .filter { !filterings.contains(it.name) }
38              .map { it.name }
39              .toMutableList()
40
41          val baseColumns = classInfo.java.superclass.declaredFields
42              .map { it.name }
43              .toMutableList()
44
45          return (mainColumns + baseColumns).toMutableList()
46      }
47   }
48 }
```

❶에서 세 개의 필드를 생성자 파라미터와 동시에 선언합니다. 각각 테이블명에 해당하는 `name` 필드, 컬럼명의 리스트인 `columns` 필드, 그리고 레코드의 리스트인 `records` 필드입니다.

records 필드는 이중 리스트로 정의합니다. [그림 8-5]와 같은 구조로 바깥의 리스트는 레코드의 리스트이고 안쪽의 리스트는 각 레코드가 갖는 컬럼별 값의 리스트입니다. 컬럼별 값은 columns 필드에 정의된 컬럼명의 순서와 일치해야 화면에 제대로 표현된다는 점을 주의해야 합니다.

tip 레코드(record)는 테이블의 로우를 가리키는 다른 표현입니다.

레코드의 리스트

```
[
    ["1", "Kotlin", "Language", "true"],
    ["2", "Spring", "Framework:", "true"],
    ["3", "MySQL", "Database", "true"],
]
```

그림 8-5 records 필드 예시(Skill)

그다음으로 동반 객체를 선언합니다. ❷ `from()` 메서드를 선언하여 엔티티의 클래스 정보와 데이터베이스에서 조회된 엔티티 리스트를 이용해 `TableDTO` 인스턴스를 생성합니다.

from() 메서드의 ❸ 파라미터는 다음과 같습니다.

- **classInfo 파라미터**: 코틀린 클래스의 메타데이터를 갖는 KClass 객체를 받습니다. 엔티티 클래스의 필드 목록을 추출해 컬럼명 리스트를 만들 때 사용합니다.
- **entities 파라미터**: 데이터베이스에서 조회한 엔티티 리스트를 받습니다. 각 엔티티의 필드값을 가져와 레코드 리스트를 만들 때 사용합니다.
- **filterings 파라미터**: 화면의 표에서 보여주지 않을 필드를 필터링할 때 사용합니다. 이때 vararg라는 예약어와 함께 선언하는데, variable arguments의 줄임말로 가변인자를 의미하며 여러 개 인자를 받고 싶을 때 사용합니다.

tip Project 엔티티의 details나 skills 필드처럼 자료형이 엔티티 클래스인 경우에는 주 테이블에서는 데이터를 필터링하고 별도의 표나 페이지에서 보여 줍니다.

이어서 ❹ 테이블명을 세팅합니다. KClass의 `simpleName` 필드값을 가져오고, null 일 경우는 "Unknown"이라는 문자열로 대체합니다. 그리고 ❺ `createColumns()` 메서드를 호출해 컬럼명 리스트를 세팅하도록 합니다.

createColumns() 메서드는 다음과 같은 로직으로 바로 아래에 구현합니다.

① 엔티티 클래스의 필드 정보를 모두 가져옵니다.

② 이때 필드명이 filterings 리스트에 포함된 필드는 제외합니다. 즉 필드 정보 중 필드명만을 가져와 리스트로 만들어 mainColumns 변수에 할당합니다.

③ 그리고 상위 클래스, BaseEntity에 선언된 필드 정보를 모두 가져온 뒤 필드명만을 가져와 리스트로 만들어 baseColumns 변수에 할당합니다.

④ 마지막으로 두 리스트를 합쳐서 반환합니다.

사실 이번 코드에서 눈여겨볼 점은 ❷ from() 메서드의 레코드 리스트를 세팅하는 부분입니다. 다소 복잡해 보일 수 있는데, 다시 차근차근 살펴봅시다.

코드 TableDTO.kt의 from() 메서드

```kotlin
fun <T : Any> from(
        classInfo: KClass<T>,
        entities: List<Any>,
        vararg filterings: String
    ): TableDTO {
        val name = classInfo.simpleName ?: "Unknown"
        val columns = createColumns(classInfo, *filterings)
        val records = entities.map { entity ->
            columns.map { column
                classInfo.memberProperties
                    .find { column.equals(it.name) }
                    ?.getter
                    ?.call(entity)
                    .toString()
            }.toList()
        }.toList()
```

from() 메서드의 핵심은 ❶ `entities.map{}.toList()`가 ❷ `columns.map{}.toList()`를 감싸는 구조로 이루어진다는 점입니다. 이 코드가 바로 리스트를 리스

트로 만드는, 즉 이중 리스트를 만드는 코드입니다. 이중 구조를 먼저 확인하면 이중 리스트를 이해하는 데 도움이 됩니다.

먼저 바깥의 ❶ `entities.map{}.toList()`는 entities 리스트의 각 엔티티를 변환 한 뒤 리스트로 합치는 코드입니다. 각 엔티티의 변환 로직은 map{} 메서드 안에 익명 함수로 정의되어 있습니다. 파라미터인 entity는 각 엔티티를 가리키고 화살표 (-)) 뒤가 변환 로직입니다.

즉 ❷ `columns.map{}.toList()`가 개별 엔티티를 변환하는 로직입니다. 각 엔티 티는 `columns.map{}.toList()`를 수행한 결과인 리스트로 변환됩니다. 각 엔티티 에 대해서 `columns.map{}.toList()`를 수행해 만든 리스트를 `entities.map{}.toList()`에서 합치니 결과물은 이중 리스트가 되는 것입니다.

`columns.map{}`은 각 컬럼명으로 엔티티에서 필드를 찾아 그 값으로 변환합니다. 파 라미터인 column은 컬럼명이고 화살표(-)) 뒤의 익명 함수를 통해 변환됩니다. 변 환 로직을 한 줄씩 살펴보면 다음과 같습니다.

① `classInfo.memberProperties`라는 엔티티 클래스의 메타데이터에서 모든 필드 리스트를 가져 옵니다.

② 이 가운데 필드명이 column 값과 일치하는 필드를 찾습니다.

③ 해당 필드의 getter 메서드를 가져옵니다.

④ getter 메서드를 엔티티에 대해 호출해 엔티티의 필드값을 가져옵니다.

⑤ 가져온 필드값을 문자열로 변환합니다.

정리하면 각 엔티티에 대해 모든 필드값을 가져와 리스트로 만들고, 그 리스트를 모 은 리스트를 records 변수에 세팅하는 것이라고 할 수 있습니다.

엔티티 클래스의 메타데이터와 실제 엔티티 인스턴스의 리스트만 주면 자동으로 이 중 문자열 리스트로 변환하도록 하기 위해 다소 복잡한 코드가 되었습니다. 당장 완 벽하게 이해하기 어렵다면 전체적인 흐름이라도 이해하는 것이 좋습니다.

그럼 지금까지 작업한 내용을 커밋합니다.

8-1-4 인터셉터 개발하기

어드민 레이어의 인터셉터를 개발하기 전에 이 책에서 사용할 용어를 살펴봅니다. 다음 [그림 8-6]을 보면 어드민 사이드바 제일 위에 Dashboard 페이지가 있습니다. 그리고 그 아래에는 Index, Resume, Projects처럼 열고 닫을 수 있는 '메뉴'가 있습니다. 각 메뉴는 Introduction, Link처럼 테이블의 CRUD를 담당하는 '페이지'를 포함합니다. 정리하면 어드민의 특정 화면은 '페이지', 페이지를 묶어 주는 개념이 '메뉴'입니다.

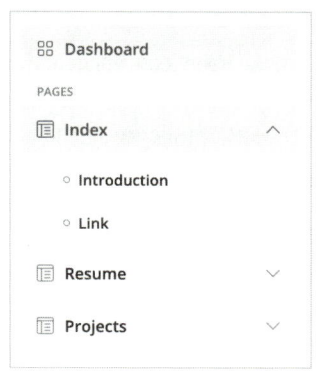

그림 8-6 어드민 사이드바

어드민 레이어의 인터셉터는 사이드바의 구성 정보를 전달하는 서버 드리븐 UI의 기능을 합니다. 뷰 컨트롤러가 요청을 정상적으로 수행하고 HTML 템플릿을 응답했을 때, 그 요청을 중간에서 가로채 사이드바 구성 정보를 모델에 넣습니다. 전달하는 정보로는 메뉴명, 메뉴와 페이지의 포함 관계, 페이지명, 페이지 URL 등이 있습니다. 클라이언트는 이 정보를 이용해 사이드바를 화면에 그립니다.

그럼 인터셉터를 개발해 보겠습니다. 'src/main/kotlin/com/yongback/portfolio/admin' 디렉터리에 interceptor 패키지를 만듭니다. 그 안에 PageDTO.kt와 MenuDTO.kt 파일을 만든 후 [코드 8-8]과 [코드 8-9]를 참고해 내용을 작성합니다.

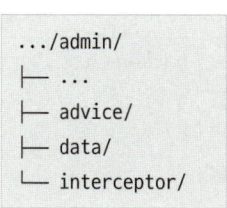

```
.../admin/
├── ...
├── advice/
├── data/
└── interceptor/
```

그림 8-7 interceptor 패키지 디렉터리

⚠️ MenuDTO가 PageDTO를 참조하기 때문에 PageDTO를 먼저 완성합니다.

코드 8-8 admin/interceptor/PageDTO.kt

```
01  package com.yongback.portfolio.admin.interceptor
02
03  data class PageDTO(
04      val name: String,
05      val url: String
06  )
```

코드 8-9 admin/interceptor/MenuDTO.kt

```
01  package com.yongback.portfolio.admin.interceptor
02
03  data class MenuDTO(
04      val name: String,
05      val pages: List<PageDTO>
06  )
```

PageDTO 클래스에는 name과 url 필드가 있습니다. name 필드에는 Introduction, Link와 같이 테이블명이 페이지명으로 들어갑니다. url 필드에는 해당 페이지의 경로가 들어갑니다.

MenuDTO 클래스의 name 필드에는 Index, Resume, Projects와 같이 프레젠테이션 레이어의 각 페이지 이름이 들어갑니다. 그리고 pages 필드에는 각 프레젠테이션 레이어 페이지를 구성하는 테이블 페이지의 PageDTO 객체 리스트가 들어갑니다.

다음으로 [코드 8-10]을 참고해 AdminInterceptor.kt 파일을 작성합니다.

코드 8-10 admin/interceptor/AdminInterceptor.kt

```
01  package com.yongback.portfolio.admin.interceptor
02
03  // 생략
04
05  @Component
06  class AdminInterceptor : HandlerInterceptor {
07
08      override fun postHandle( ⟶ ❶
09          request: HttpServletRequest,
10          response: HttpServletResponse,
```

```
11              handler: Any,
12              modelAndView: ModelAndView?
13      ) {
14          val menus = listOf<MenuDTO>(
15              MenuDTO(        ⟶ ❷
16                  name = "Index",
17                  pages = listOf<PageDTO>(
18                      PageDTO(name = "Introduction", url =
    ➥ "/admin/introduction"),
19                      PageDTO(name = "Link", url = "/admin/link")
20                  )
21              ),
22              MenuDTO(        ⟶ ❸
23                  name = "Resume",
24                  pages = listOf<PageDTO>(
25                      PageDTO(name = "Experience", url =
    ➥ "/admin/experience"),
26                      PageDTO(name = "Achievement", url =
    ➥ "/admin/achievement"),
27                      PageDTO(name = "Skill", url = "/admin/skill")
28                  )
29              ),
30              MenuDTO(        ⟶ ❹
31                  name = "Projects",
32                  pages = listOf<PageDTO>(
33                      PageDTO(name = "Project", url = "/admin/project"),
34                      PageDTO(name = "ProjectSkill", url =
    ➥ "/admin/project/skill")
35                  )
36              )
37          )
38
39          modelAndView?.model?.put("menus", menus)      ⟶ ❺
40      }
41 }
```

어드민 레이어의 인터셉터는 프레젠테이션 레이어의 인터셉터([코드 6-18])와는 목
적이 다르기 때문에 구현하는 메서드도 다릅니다.

프레젠테이션 레이어에서는 서버가 받는 모든 요청을 저장해야 합니다. 그래서 컨트롤러에 예외가 발생해도 호출되는 afterCompletion() 메서드를 구현합니다.

반면에 어드민 레이어의 인터셉터는 화면의 구성 요소를 전달하는 역할을 합니다. 화면 구성의 핵심인 HTML 템플릿을 전달하는 뷰 컨트롤러에서 예외가 발생하면 구성 요소를 전달하는 것이 의미가 없습니다. 따라서 정상 응답을 할 때만 호출되는 ❶ postHandle() 메서드만 구현합니다.

postHandle() 메서드는 MenuDTO 리스트를 생성해 모델에 넣습니다. 총 세 개의 MenuDTO 객체를 생성합니다. 각각 ❷ Index, ❸ Resume, ❹ Projects 메뉴에 해당합니다.

⚠ 각 MenuDTO 객체는 포함하는 테이블 페이지 개수만큼 PageDTO 객체를 갖습니다. url 필드에 넣는 값은 8-2절에서 만들 뷰 컨트롤러에서 똑같이 사용해야 한다는 점을 기억하세요.

그리고 ❺ postHandle() 메서드에 인자로 들어온 modelAndView 객체에서 model을 가져와서 "menus" 이름으로 MenuDTO 리스트를 넣습니다.

다음으로 AdminInterceptorConfiguration.kt 파일을 만들고, [코드 8-11]을 참고해 내용을 작성합니다. 어드민 레이어의 컨트롤러가 호출될 때 AdminInterceptor 빈이 동작하게 하는 설정입니다.

코드 8-11 admin/interceptor/AdminInterceptorConfiguration.kt

```
01  package com.yongback.portfolio.admin.interceptor
02
03  // 생략
04
05  @Configuration
06  class AdminInterceptorConfiguration(
07      val adminInterceptor: AdminInterceptor
08  ) : WebMvcConfigurer {
09
10      override fun addInterceptors(registry: InterceptorRegistry) {
11          registry.addInterceptor(adminInterceptor)
12              .addPathPatterns("/admin/**")  ⟶ ❶
13              .excludePathPatterns("/assets/**", "/css/**", "/js/**",
    ⮞ "/h2**")
```

```
14        }
15  }
```

어드민 인터셉터는 어드민 레이어의 컨트롤러가 호출될 때만 동작해야 합니다. 그래서 addPathPatterns() 메서드에 ❶ "/admin/**" 경로를 인자로 넣습니다. 이는 어드민 레이어 뷰 컨트롤러의 모든 메서드는 "/admin"으로 시작하는 경로를 가져야 한다는 의미이기도 합니다. 만약 이 규칙을 따르지 않는 뷰 컨트롤러 메서드가 있다면 그 화면은 사이드바의 구성 정보를 받지 못하고 사이드바 메뉴와 페이지를 제대로 표현하지 못합니다.

여기까지 코드를 작성했다면 커밋합니다.

> **커밋과 푸시**
>
> - **커밋 대상**: PageDTO.kt, MenuDTO.kt, AdminInterceptor.kt, AdminInterceptorConfiguration.kt
> - **커밋 메시지**: 공통 개발 – 인터셉터

지금까지 어드민 레이어에서 사용할 공통 기능을 개발했습니다. 먼저 발생한 예외에 따라 HTTP 상태 코드를 자유롭게 세팅하기 위해 커스텀 익셉션과 컨트롤러 어드바이스를 만들었습니다. 클라이언트와 데이터를 주고받을 DTO도 만들었습니다. 그리고 사이드바의 구성 정보를 전달하는 인터셉터는 서버 드리븐 UI 방식으로 만들어 프런트엔드보다는 백엔드에서 많은 역할을 가지도록 했습니다.

예외를 어떻게 다룰지, 화면의 구성 책임을 어디에서 담당할지와 같은 문제에는 명확한 정답이 없습니다. 다만 이번 실습 프로젝트에서는 'HTTP 상태 코드를 자유롭게 세팅한다', '학습 목표에 맞춰 백엔드 개발의 비중을 늘린다'와 같은 구체적인 이유를 기준으로 삼아 기능을 구현했습니다.

앞으로 개발을 하다 보면 사소한 결정을 할 때도 여러 방법론 중 하나를 선택해야 하는 상황을 자주 만납니다. 이때는 각 방법의 장단점을 깊이 고민해 보고, 가장 중요한 목표는 무엇인지, 목표를 가장 효과적으로 달성할 수 있는 방법은 무엇인지 근거와 함께 선택하는 습관을 들이는 것이 중요합니다.

8-2 페이지별 기능 개발하기

- 어드민의 테이블 페이지를 조회하는 컨트롤러, 서비스를 개발한다.
- 테이블 페이지에서 호출하는 데이터 CRUD API를 개발한다.

8-2절에서는 어드민 레이어의 화면을 조회하는 기능과 각 화면에서 필요한 CRUD API를 만듭니다. 여기서 만든 기능들이 이어지는 9장에 개발하는 프런트엔드에서 사용되며 하나의 서비스가 완성됩니다.

각 테이블 페이지마다 독립된 컨트롤러와 서비스, DTO를 만들어야 하기 때문에 이번 절에서는 상당히 많은 클래스가 생성됩니다. 하지만 각 클래스의 코드는 거의 비슷하고, 양도 적습니다. 최대한 많은 부분을 공통화할 수 있도록 실습 프로젝트를 구성했기 때문입니다.

그래서 이번 절에서는 연관 관계를 기준으로 비슷한 클래스들을 나누고, 각 유형의 대표 클래스를 중심으로 설명하겠습니다. 대표 클래스로 실습 개발을 하고 나면 다른 클래스들은 코드만 봐도 충분히 쉽게 이해될 것입니다.

8-2-1 화면 조회 개발하기

사이드바의 페이지명을 클릭하면 호출될 뷰 컨트롤러와, 현재 데이터베이스에 있는 모든 데이터를 불러오는 서비스를 만들어 보겠습니다. 도메인 레이어를 개발하며 데이터베이스와 상호작용을 담당하는 리포지터리 개발을 완료했기 때문에 컨트롤러와 서비스만 추가로 개발하면 됩니다.

연관 관계가 없는 테이블 페이지 조회 기능 개발하기

다른 테이블과 연관 관계를 맺지 않는 Achievement, Introduction, Link, Skill 테이블의 페이지 조회 기능을 개발해 보겠습니다. 설명은 Achievement 테이블을 기준으로 합니다.

tip Skill 테이블은 ProjectSkill을 통해 Project와 연관 관계를 갖습니다. 하지만 테이블 데이터 관리의 관점에서는 연관 관계가 없는 쪽으로 포함시켰습니다. Project가 중심이 되어 Project에 엮인 Skill을 관리할 뿐, Skill을 중심으로 Skill에 엮인 Project를 관리하지 않기 때문입니다.

먼저 'src/main/kotlin/com/yongback/portfolio/ admin' 디렉터리에 context 패키지를 만들고, 그 하위에 achievement 패키지를 만듭니다. achieve ment 패키지 하위에는 service와 controller 패키지를 만들면 [그림 8-8]과 같은 구조가 됩니다.

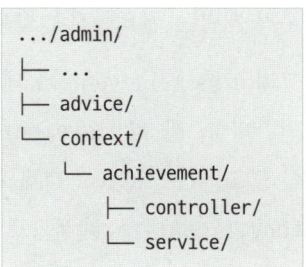

```
.../admin/
├── ...
├── advice/
└── context/
    └── achievement/
        ├── controller/
        └── service/
```

그림 8-8 context 패키지 디렉터리

여기서 context 패키지는 어드민 기능을 테이블 단위로 묶어 줍니다. 이후 만들 다른 테이블 관련 기능들은 context 패키지 하위에 link, skill 등 독립적인 패키지를 만드는 방식으로 개발하겠습니다.

그럼 이번에는 Achievement 테이블의 조회, 삽입, 수정 등 실질적인 기능을 담당할 서비스부터 만들어 보겠습니다. service 패키지에 AdminAchievementService.kt 파일을 만들고 [코드 8-12]를 참고해 내용을 작성합니다. 지금 단계에서는 조회 기능만 구현합니다.

코드 8-12 achievement/service/AdminAchievementService.kt

```kotlin
01  package com.yongback.portfolio.admin.context.achievement.service
02
03  // 생략
04
05  @Service
06  class AdminAchievementService(
07      private val achievementRepository: AchievementRepository  ──► ❶
08  ) {
09
10      fun getAchievementTable(): TableDTO {  ──► ❷
11          val classInfo = Achievement::class  ──► ❸
12          val entities = achievementRepository.findAll()  ──► ❹
13
14          return TableDTO.from(classInfo, entities)
15      }
16  }
```

먼저 ❶ 도메인 레이어의 AchievementRepository 빈을 주입받습니다. 5장에서 실습 프로젝트에 필요한 기능은 다 만들어 두었기 때문에 AchievementRepository의 추가 개발은 필요하지 않습니다.

그리고 ❷ Achievement 테이블을 조회하는 getAchievementTable() 메서드를 선언합니다. ❸ Achievement::class로 Achievement 엔티티 클래스의 메타데이터를 담고 있는 KClass 객체를 classInfo 변수에 할당하고, ❹ achievementRepository.findAll() 메서드로 모든 데이터를 엔티티로 가져옵니다. 각 변수는 8-1절에서 만든 TableDTO.from() 메서드에 넣어 만들어진 TableDTO 인스턴스를 반환합니다.

다음으로 Achievement 테이블 페이지를 응답할 컨트롤러를 만듭니다. controller 패키지에 AdminAchievementViewController.kt 파일을 만들어 [코드 8-13]을 참고해 내용을 작성합니다.

코드 8-13 achievement/controller/AdminAchievementViewController.kt

```
01  package com.yongback.portfolio.admin.context.achievement.controller
02
03  // 생략
04
05  @Controller
06  @RequestMapping("/admin/achievement")  ───▶ ❶
07  class AdminAchievementViewController(
08      private val adminAchievementService: AdminAchievementService  ───▶ ❷
09  ) {
10
11      @GetMapping
12      fun achievement(model: Model): String {  ───▶ ❸
13
14          val formElements = listOf<FormElementDTO>(
15              TextFormElementDTO("title", 4),
16              TextFormElementDTO("description", 8),
17              DateFormElementDTO("achievedDate", 5),          ❹◀─
18              TextFormElementDTO("host", 5),
19              SelectFormElementDTO("isActive", 2, listOf(true.toString(),
    ➡ false.toString())))  ───▶ ❺
20          )
21          model.addAttribute("formElements", formElements)
22
```

```
23          val table = adminAchievementService.getAchievementTable()
24          model.addAttribute("table", table)                          ──▶ ❻
25          model.addAttribute("detailTable", null)
26
27          val pageAttributes = mutableMapOf<String, Any>(
28              Pair("menuName", "Resume"),
29              Pair("pageName", table.name),
30              Pair("editable", true),                                    ──▶ ❼
31              Pair("deletable", false),
32              Pair("hasDetails", false),
33          )
34          model.addAllAttributes(pageAttributes)
35
36          return "admin/page-table"          ──▶ ❽
37      }
38  }
```

❶ @RequestMapping 어노테이션에서 이 컨트롤러의 공통 URL을 정의합니다. AdminInterceptor 클래스에서 정의한 경로와 일치해야 하고, AdminInterceptor Configuration 클래스에서 정의한 규칙에도 부합해야 합니다. 그다음 ❷ 앞서 만든 AdminAchievementService 빈을 주입받습니다.

❸ achievement() 메서드를 선언합니다. @GetMapping 어노테이션에 추가로 URL을 정의하지는 않습니다. "/admin/achievement" 경로로 GET 요청을 할 때 achievement() 메서드가 호출하는 컨트롤러 메서드입니다.

이어서 ❹ 서버 드리븐 UI 방식으로 화면에서 입력 폼을 구성할 요소 정보를 모델에 넣습니다. 8-1절에서 만든 FormElementDTO 클래스를 활용합니다. "title", "description" 등 컬럼의 이름과 4, 8 등 입력 폼 요소의 길이를 정의합니다. 이때 ❺ 선택 목록 폼 요소는 true와 false의 리스트를 options 파라미터에 넣습니다. id 처럼 자동으로 생성되는 컬럼은 입력 폼 요소를 만들지 않겠습니다.

그다음 ❻ 테이블 정보를 모델에 넣어 줍니다. 이때 detailTable 키는 Project Detail, ExperienceDetail 등 연관 관계가 있는 테이블에서 사용할 것이기 때문에 여기서는 null을 넣습니다.

❼ 프런트엔드에서 화면을 그릴 때 활용할 부가 정보도 모델에 넣습니다. 각 화면마

다 프런트엔드 코드를 따로 작성하지 않고 공통화하기 위해 이런 방식을 택했습니다.

menuName에는 "Index", "Resume", "Project" 등 테이블 페이지가 속한 메뉴의 이름을 넣고, pageName에는 테이블 정보에서 가져온 테이블 이름을 그대로 넣고, editable은 편집 가능 여부, deletable은 삭제 가능 여부입니다. 이 값에 따라서 화면의 표에서 편집, 삭제 버튼이 노출되거나 사라집니다. hasDetails는 ProjectDetail, ExperienceDetail 등 연관 관계가 있는 테이블을 보여 주는 표를 추가로 그릴 때 사용합니다.

마지막으로 ❽ "admin/page-table"이라는 문자열로 응답할 HTML 템플릿의 경로를 반환합니다. 경로에 achievement 등 구체적인 테이블의 이름이 포함되어 있지 않은 이유는 모든 테이블 페이지가 유사한 구조를 갖고 있어 공통 HTML 템플릿을 사용하기 때문입니다. 타임리프로 공통 HTML 템플릿과 모델의 입력 폼, 테이블, 기타 부가 정보를 기반으로 각 테이블에 맞는 화면을 그릴 수 있습니다.

여기까지 개발했다면 애플리케이션을 재실행해서 컴파일 오류가 발생하지 않는지 확인해 봅시다. 다만 지금은 'localhost:8080/admin/achievement'로 접속하면 6장에서 처음 뷰 컨트롤러를 만들었을 때처럼 오류 화면이 보일 것입니다. 컨트롤러가 응답할 HTML 템플릿을 찾지 못하기 때문입니다. 프런트엔드 개발은 9장에서 하고, 우선 나머지 테이블의 컨트롤러와 서비스부터 만들겠습니다.

지면 관계상 Introduction, Link, Skill에 관한 추가 기능 설명은 생략합니다. 다루는 테이블에 맞춰 클래스명, 메서드명, 엔티티 등만 바뀔 뿐, Achievement 기능과 같은 구조이므로 무리 없이 완성할 수 있습니다. 데모 프로젝트 깃허브 리포지터리에서 admin/context 패키지의 내용을 참고해 개발을 진행합니다.

- introduction/controller/AdminIntroductionViewController.kt
- introduction/service/AdminIntroductionService.kt
- link/controller/AdminLinkViewController.kt
- link/service/ AdminLinkService.kt
- skill/controller/AdminSkillViewController.kt
- skill/service/AdminSkillService.kt

모든 클래스를 완성했다면 커밋합니다.

연관 관계가 있는 테이블 페이지 조회 기능 개발하기

연관 관계가 있는 Experience, ExperienceDetail, Project, ProjectDetail 그리고 ProjectSkill 테이블 페이지의 조회 기능을 개발해 보겠습니다.

이번에는 Project를 중심으로 개발 과정을 설명합니다. 앞서 만든 context 패키지 하위에 project 패키지를 만듭니다. 그리고 다시 하위에 controller 패키지와 service 패키지를 만듭니다. service 패키지에 [코드 8-14]를 참고해 AdminProjectService.kt 파일을 작성합니다.

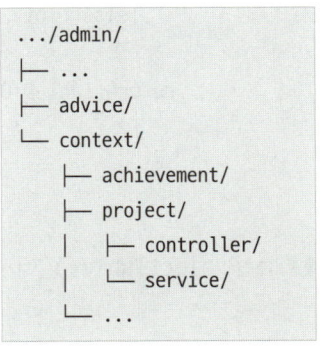

```
.../admin/
├── ...
├── advice/
└── context/
    ├── achievement/
    ├── project/
    │   ├── controller/
    │   └── service/
    └── ...
```

그림 8-9 project 패키지 디렉터리

```
01  package com.yongback.portfolio.admin.context.project.service
02
03  // 생략
04
05  @Service
06  class AdminProjectService(
07      private val projectRepository: ProjectRepository
08  ) {
09
10      fun getProjectTable(): TableDTO {
11          val classInfo = Project::class
12          val entities = projectRepository.findAll()
13                                                              ❶
14          return TableDTO.from(classInfo, entities, "details", "skills")
15      }
16
17      fun getProjectDetailTable(id: Long?): TableDTO {       ❷
18          val classInfo = ProjectDetail::class
19          val entities =
20              if (id != null) projectRepository.findById(id)    ❸
21                  .orElseThrow {
22                      throw AdminBadRequestException(
23                          "ID ${id}에 해당하는 데이터를 찾을 수 없습니다."
24                      )
25                  }
26                  .details
27              else emptyList()                                 ❹
28
29          return TableDTO.from(classInfo, entities)
30      }
31  }
```

❶ getProjectTable() 메서드는 이전에 만든 연관 관계가 없는 테이블의 조회 기
능과 똑같습니다. 반환값으로는 이전과 마찬가지로 TableDTO.from() 메서드를 사
용합니다. 대신 "details"와 "skills"는 filterings 가변인자로 넣습니다. Table
DTO는 Project 엔티티에서 details와 skills 필드를 제외하고 나머지 필드를 이용해

컬럼과 레코드 정보를 구성할 것입니다.

그다음에는 연관 관계가 없는 테이블 조회 기능에는 없던 ❷ `getProjectDetail Table()` 메서드를 추가합니다. 이때 파라미터로 `id: Long?`을 선언해 인자로 null 이 들어올 수 있도록 합니다. `classInfo` 변수에는 마찬가지로 `ProjectDetail` 클래스의 KClass 객체를 할당합니다.

`entities` 변수는 `if (id != null) else` 구조로 이루어집니다. id가 null이 아니면 ❸ `projectRepository.findById()` 메서드를 호출하고, id가 null이면 ❹ 빈 리스트를 반환하는 역할을 합니다. 구조는 다소 복잡할 수 있지만 차근차근 살펴보면 다음과 같습니다.

① 먼저 id가 null인 경우는 처음 테이블 페이지에 접속할 때입니다. 모든 Project와 ProjectDetail 테이블의 데이터를 보여 주기보다는 Project 데이터만 보여 주고 ProjectDetail 데이터는 비워 둡니다.

② 특정 Project 데이터의 상세 조회 버튼을 클릭했을 때 id값과 함께 getProjectDetailTable() 메서드가 호출됩니다. projectRepository.findById()로 해당 Project 엔티티를 조회합니다. 이때 결과로 Optional⟨Project⟩를 반환합니다.

③ 이어서 반환된 옵셔널 객체에서는 바로 orElseThrow{} 메서드를 호출합니다. orElseThrow{} 메서드는 옵셔널 객체 안에 값이 있으면 반환하고 없으면 예외를 던집니다. 즉 옵셔널에 값이 있다면 Project 엔티티를 반환합니다. 반환된 Project 엔티티에서는 즉시 details 필드인 ProjectDetail 엔티티의 리스트를 가져와 entities 변수에 할당합니다.

④ 값이 없을 때는 예외를 던집니다. 여기서는 8-1절 283쪽에서 만든 AdminBadRequestException 클래스를 사용합니다. 유효하지 않은 아이디값으로 요청한 클라이언트의 문제라고 간주하는 것입니다. 예외에는 인자로 주어진 id값과 함께 'ID에 해당하는 데이터를 찾을 수 없다'는 메시지를 넣어 주어, 컨트롤러 어드바이스의 AdminException 핸들러를 거쳐 클라이언트에 응답되도록 합니다.

내용을 다시 정리하면 entities 변수는 인자로 들어온 id값이 없으면 빈 리스트가 할당됩니다. id값이 있으면 해당 Project에 엮인 ProjectDetail 리스트가 할당됩니다. 만약 조회된 데이터가 없으면 잘못된 id값을 받았다고 간주하고 AdminBadRequestException을 던집니다.

다음으로 뷰 컨트롤러를 만들겠습니다. controller 패키지에 AdminProjectViewController.kt 파일을 만듭니다. [코드 8-15]를 참고해 클래스를 완성합니다.

```kotlin
01  package com.yongback.portfolio.admin.context.project.controller
02
03  // 생략
04
05  @Controller
06  @RequestMapping("/admin/project")
07  class AdminProjectViewController(
08      private val adminProjectService: AdminProjectService
09  ) {
10
11      @GetMapping
12      fun project(model: Model): String {
13
14          val formElements = listOf<FormElementDTO>(
15              TextFormElementDTO("name", 4),
16              TextFormElementDTO("description", 8),
17              SelectFormElementDTO("startYear", 3, (2010..2030).toList()),
18              SelectFormElementDTO("startMonth", 2, (1..12).toList()),
19              SelectFormElementDTO("endYear", 3, (2010..2030).toList()),
20              SelectFormElementDTO("endMonth", 2, (1..12).toList()),
21              SelectFormElementDTO("isActive", 2, listOf(true.toString(),
    false.toString())))
22          )                                                    ❶ ◀
23          model.addAttribute("formElements", formElements)
24
25          val detailFormElements = listOf<FormElementDTO>(  ────▶ ❷
26              TextFormElementDTO("content", 4),
27              TextFormElementDTO("url", 6),
28              SelectFormElementDTO("isActive", 2, listOf(true.toString(),
    false.toString())))
29          )
30          model.addAttribute("detailFormElements", detailFormElements)
31
32          val table = adminProjectService.getProjectTable()    ────▶ ❸
33          model.addAttribute("table", table)
34
35          val detailTable = adminProjectService.getProjectDetailTable
    (null)  ────▶ ❹
```

```
36          model.addAttribute("detailTable", detailTable)
37
38          val pageAttributes = mutableMapOf<String, Any>(      ➎
39              Pair("menuName", "Projects"),
40              Pair("pageName", table.name),
41              Pair("editable", true),
42              Pair("deletable", false),                        ➏
43              Pair("hasDetails", true),
44          )
45          model.addAllAttributes(pageAttributes)
46
47          return "admin/page-table"
48      }
49  }
```

전체 구조는 AdminAchievementViewController 클래스와 크게 다르지 않습니다. ❶ Project 엔티티에 맞게 입력 폼 요소들을 정의하고 ❸ 테이블 정보를 불러와 모델에 넣습니다. 그리고 ❺ 페이지 부가 정보를 세팅하는 구조로 이루어집니다.

대신에 이번 코드는 ❷ `ProjectDetail` 엔티티의 입력 폼 요소를 정의한다는 점이 다릅니다. `detailsFormElements` 키로 모델에 넣어 주고, 화면에서 이 정보를 이용해 `ProjectDetail`의 입력 폼을 그리도록 합니다.

그리고 ❹ ProjectDetail을 추가로 조회해 detailTable 키로 모델에 넣습니다. 이때 id 파라미터에는 null이 인자로 들어갑니다. 즉 처음 테이블 페이지를 조회할 때는 어떤 ProjectDetail 데이터도 조회하지 않고 빈 테이블 정보를 보여 줍니다.

Project 테이블 페이지는 다른 테이블 페이지와 마찬가지로 데이터의 편집은 가능하고 삭제는 불가능합니다. 따라서 ❻ `editable` 키에는 `true`, `deletable` 키에는 `false`를 넣습니다. 다만 상세 테이블을 가진 테이블 페이지로 설정하기 위해 `has-Details` 키에는 `true`를 넣습니다. 그럼 프런트엔드에서는 hasDetails의 값을 보고 상세 테이블을 추가하는 등 필요한 작업을 합니다.

여기까지 Project와 ProjectDetail 데이터를 관리하는 페이지 조회 기능을 개발했습니다. 그런데 Project 테이블은 ProjectSkill 테이블을 통해 Skill 테이블과도 연관 관계를 맺고 있습니다. Project 데이터는 Project 테이블 페이지에서 관리하고, Skill

데이터는 Skill 테이블 페이지에서 관리해야 합니다. 두 데이터의 매핑은 별도의 ProjectSkill 페이지를 이용해 관리하도록 하겠습니다.

project 패키지 하위의 service 패키지에 [코드 8-16]을 참고해 AdminProjectSkill Service.kt 파일을 만듭니다. 다만, AdminProjectSkillService 클래스는 앞서 만든 서비스들과는 조금 다릅니다. ProjectSkill 엔티티는 필드로 Project 엔티티와 Skill 엔티티만 갖고 있기 때문에 기존에 만든 TableDTO.from() 메서드를 사용하기에는 적절치 않습니다. 만약 이런 매핑 엔티티가 여러 개라면 또 다른 공통 기능을 만들어 볼 수 있겠지만, ProjectSkill 하나이므로 이번에는 테이블 정보를 직접 구성하겠습니다.

코드 8-16 project/service/AdminProjectSkillService.kt

```kotlin
01  package com.yongback.portfolio.admin.context.project.service
02
03  // 생략
04
05  @Service
06  class AdminProjectSkillService(
07      private val projectRepository: ProjectRepository,
08      private val skillRepository: SkillRepository
09  ) {
10
11      @Transactional
12      fun getProjectSkillTable(): TableDTO {
13
14          val columns = mutableListOf<String>(
15              "id", "projectId", "projectName", "skillId", "skillName",
16              "createdDateTime", "updatedDateTime"
17          )
18
19          val records = mutableListOf<MutableList<String>>()
20
21          val projects = projectRepository.findAll()
22          for (project in projects) {
23              project.skills.forEach {
24                  val record = mutableListOf<String>()
25                  record.add(it.id.toString())
26                  record.add(it.project.id.toString())
```

❶ ❷ ❸

```
27              record.add(it.project.name)
28              record.add(it.skill.id.toString())                    ④
29              record.add(it.skill.name)
30              record.add(it.createdDateTime.toString())
31              record.add(it.updatedDateTime.toString())
32              records.add(record)
33          }
34      }

36      return TableDTO(name = "ProjectSkill", columns = columns,
        records = records)                    ⑤
37  }

39  fun getProjectList(): List<String> {
40      val projects = projectRepository.findAll()
41                                                                    ⑥
42      return projects.map { "${it.id} (${it.name})" }.toList()
43  }

45  fun getSkillList(): List<String> {
46      val skills = skillRepository.findAll()
47                                                                    ⑦
48      return skills.map { "${it.id} (${it.name})" }.toList()
49  }
50 }
```

앞서 설명했듯이 ❶ 테이블의 컬럼 정보를 직접 구성해 줍니다. ProjectSkill 테이블에는 project_id와 skill_id 컬럼이 있어 특정 Project 데이터와 Skill 데이터를 연결해 줍니다. 그런데 어드민 사용자의 입장에서는 아이디만 가지고는 각각 어떤 데이터를 가리키는지 직관적으로 알기가 어렵습니다. 그래서 각 데이터를 구별할 수 있는 projectName과 skillName을 추가합니다.

❷ 레코드 정보를 담을 records 변수에 빈 리스트를 할당한 뒤 ❸ 모든 Project 엔티티를 불러옵니다. 그리고 ❹ 각 Project 엔티티마다 ProjectSkill 엔티티를 순회하며 ProjectSkill 데이터로 레코드 정보에 해당하는 record 리스트를 만들고, 이 리스트를 records 리스트에 넣습니다. 이때 record.add() 메서드로 데이터를 리스트에

넣을 때는 columns 변수에 정의한 컬럼 순서와 일치해야 합니다. 또한 TableDTO. from() 메서드 대신 주 생성자를 이용해 직접 ❺ TableDTO 인스턴스를 생성해 반환합니다.

마지막으로 ❻ getProjectList() 메서드와 ❼ getSkillList() 메서드로 선택 입력 폼 요소의 선택 가능 목록을 넣어 줍니다. 현재 테이블에 저장된 모든 Project와 Skill 엔티티를 불러와서 엔티티를 "{아이디} {이름}" 형태로 변환한 문자열의 리스트를 반환합니다. 즉, 선택 입력 폼 요소를 클릭하면 이 메서드에서 반환한 리스트가 드롭다운 메뉴로 보여져 어드민 사용자가 매핑할 데이터를 선택할 수 있게 합니다.

이제 ProjectSkill 테이블 페이지의 뷰 컨트롤러를 만듭니다. project 패키지 하위의 controller 패키지에 AdminProjectSkillViewController.kt 파일을 만들고 [코드 8-17]을 참고해 내용을 작성합니다.

코드 8-17 project/controller/AdminProjectSkillViewController.kt

```
01  package com.yongback.portfolio.admin.context.project.controller
02
03  // 생략
04
05  @Controller
06  @RequestMapping("/admin/project/skill")
07  class AdminProjectSkillViewController(
08      private val adminProjectSkillService: AdminProjectSkillService
09  ) {
10
11      @GetMapping
12      fun projectSkill(model: Model): String {
13
14          val projectList = adminProjectSkillService.getProjectList()
15          val skillList = adminProjectSkillService.getSkillList()
16
17          val formElements = listOf<FormElementDTO>(
18              SelectFormElementDTO("project", 8, projectList),          ❶
19              SelectFormElementDTO("skill", 4, skillList)
20          )
21          model.addAttribute("formElements", formElements)
22
```

```
23          val table = adminProjectSkillService.getProjectSkillTable()
24          model.addAttribute("table", table)                          ❷
25          model.addAttribute("detailTable", null)
26
27          val pageAttributes = mutableMapOf<String, Any>(
28              Pair("menuName", "Projects"),
29              Pair("pageName", table.name),
30              Pair("editable", false),                                 ❸
31              Pair("deletable", true),
32              Pair("hasDetails", false),
33          )
34          model.addAllAttributes(pageAttributes)
35
36          return "admin/page-table"
37      }
38 }
```

먼저 ❶ 입력 폼 요소를 정의합니다. 모든 Project와 Skill 데이터가 "{아이디} {이름}" 형태로 표현된 문자열 리스트를 가져옵니다. 그리고 선택 목록 폼 요소에 옵션으로 넣어 줍니다.

❷ ProjectSkill 테이블 정보를 조회해 table 키에 넣고, detailTable 키에는 null을 넣습니다.

❸ 페이지의 부가 정보를 세팅합니다. 데이터 자체를 수정하기보다는 매핑 정보를 관리하는 테이블이기 때문에 이번에는 편집은 불가능하고 삭제는 가능하도록 합니다. 매핑 정보를 변경하고 싶을 때는 기존 데이터를 삭제하고 신규 데이터를 추가하는 방식으로 관리하면 됩니다.

여기까지 Project 테이블 그리고 연관 관계를 맺는 ProjectDetail과 ProjectSkill 테이블을 관리하는 테이블 페이지 조회 기능을 개발했습니다. Experience 테이블과 ExperienceDetail 테이블 기능도 앞서 작성한 코드와 크게 다르지 않습니다. 전체 코드는 데모 프로젝트의 깃허브 리포지터리를 참고합니다.

- experience/controller/AdminExperienceViewController.kt

- experience/service/AdminExperienceService.kt

Experience 테이블 페이지 조회 기능까지 개발을 완료했다면 커밋합니다.

⋘ 커밋과 푸시

- **커밋 대상**: [표 8–2] 참고
- **커밋 메시지**: 조회 개발 – 연관 관계 있음

표 8-2 '조회 개발 – 연관 관계 있음' 커밋 대상

패키지		파일명
project	controller	AdminProjectViewController.kt
		AdminProjectSkillViewController.kt
	service	AdminProjectService.kt
		AdminProjectSkillService.kt
experience	controller	AdminExperienceViewController.kt
	service	AdminExperienceService.kt

8-2-2 CRUD API 개발하기

이번에는 각 화면에 접속한 뒤 데이터를 삽입, 수정, 삭제하는 기능을 개발합니다. 유사한 기능끼리 묶어 연관 관계가 없는 테이블, 일대다 연관 관계가 있는 테이블, 다대다 연관 관계가 있는 테이블로 나누어 진행합니다.

연관 관계가 없는 테이블의 삽입, 수정 API 개발하기

연관 관계가 없는 테이블은 Achievement, Introduction, Link, Skill입니다. 이번에도 Achievement 테이블 기능을 중심으로 설명하겠습니다. 유사한 코드가 반복되기 때문에 Achievement 테이블 기능을 개발하고 나면 나머지 기능도 쉽게 개발할 수 있습니다.

다시 context 하위의 achievement 패키지로 돌아가 form 패키지를 추가합니다. 그리고 AchievementForm.kt 파일을 만들어 [코드 8-18]을 참고해 내용을 작성합니다.

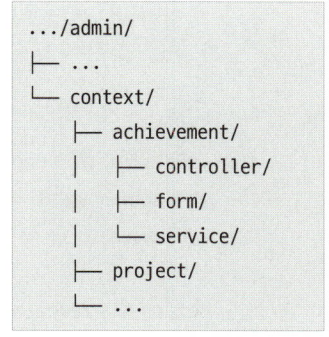

tip Form 클래스는 입력 폼에 입력한 데이터를 바인딩하는 DTO 역할을 합니다. Request, RequestDTO와 같은 식으로 이름을 붙일 수도 있지만 입력 폼에 대응한다는 것을 명료하게 표현하기 위해 Form이라고 지었습니다.

그림 8-10 achievement 패키지 디렉터리

코드 8-18 achievement/form/AchievementForm.kt

```
01  package com.yongback.portfolio.admin.context.achievement.form
02
03  // 생략
04
05  data class AchievementForm(
06
07      @field:NotBlank(message = "필수값입니다.")
08      val title: String,
09
10      @field:NotBlank(message = "필수값입니다.")
11      val description: String,
12
13      @field:NotBlank(message = "필수값입니다.")
14      val host: String,
15
16      @field:NotBlank(message = "필수값입니다.")
17      val achievedDate: String,
18
19      val isActive: Boolean
20
21  ) {
22      fun toEntity(): Achievement {
23          return Achievement(
24              title = this.title,
25              description = this.description,
26              host = this.host,
27              achievedDate = LocalDate.parse(this.achievedDate),
```

❶

❷

```
28              isActive = this.isActive
29          )
30      }
31
32      fun toEntity(id: Long): Achievement {          ──▶ ❸
33          val achievement = this.toEntity()
34          achievement.id = id
35
36          return achievement
37      }
38  }
```

❶ 뷰 컨트롤러에서 생성했던 폼 요소들에 대응하는 필드를 선언합니다. 프런트엔드에서는 뷰 컨트롤러에서 보내준 입력 폼 요소 구성대로 입력 폼을 그립니다. 어드민 사용자가 각 입력 폼 요소에 생성할 데이터의 값을 입력한 후 저장 버튼을 클릭해 서버로 생성 요청을 보내면, 각 입력 폼 요소에 담긴 값이 `AchievementForm` 클래스의 대응하는 필드에 담겨 서버에서 처리됩니다.

이때 `@field:NotBlank` 어노테이션은 각 필드를 검증하는 역할을 합니다. NotBlank, 즉 필드가 null이거나 공백이 아닌지 확인합니다. 만약 null이거나 공백이라면 MethodArgumentNotValidException이 발생하고, 이 예외의 메시지 필드에 message 속성의 값이 들어갑니다. 던져진 예외는 컨트롤러 어드바이스의 Method ArgumentNotValidException 핸들러에서 처리됩니다.

📋 코틀린에서 어노테이션 사용 위치 지정자를 붙이는 이유

AchievementForm 클래스에서는 지금까지와는 다르게 @field:NotBlank와 같은 방식으로 어노테이션을 사용했습니다. 어노테이션 앞에 붙은 "field:"는 무엇이고 왜 이렇게 사용할까요?

"field:"와 같은 접두사를 **사용 위치 지정자**(use-site target)라고 합니다. 어노테이션이 어느 위치에서 사용되어야 할지 지정하는 역할을 하며 이것이 필요한 이유는 코틀린의 특징 때문입니다.

이 책에서는 편의상 코틀린 클래스 내부에 선언된 변수를 필드라고 부르지만, 엄밀하게는 **프로퍼티**(property)가 맞습니다. 프로퍼티란 코틀린에서 필드뿐만 아니라 게터, 세터 등을 포함하는 추상적인 개념입니다. 코틀린 코드로는 마치 필드만 선언한 것처럼 보이지만 JVM 바이트코드로 변환되며 필드와 게터, 세터 모두 생성됩니다.

코틀린에서 사용 위치 지정자 없이 프로퍼티에 어노테이션을 선언하면 JVM에는 프로퍼티란 개념이 없기 때문에 별도의 우선순위에 따라 어노테이션의 위치가 선택됩니다. AchievementForm 클래스처럼 코틀린 생성자 안에 프로퍼티가 선언되어야 JVM 바이트코드 상에서는 생성자 파라미터에 어노테이션이 붙습니다.

하지만 @NotBlank 어노테이션은 필드에 붙었을 때 정상적으로 동작하기 때문에 생성자 파라미터에 붙어서는 의도한 대로 검증 기능이 동작하지 않습니다. 그래서 어노테이션을 JVM 바이트코드에서도 필드에 붙이기 위해 사용 위치 지정자를 사용합니다.

클래스 내부에는 `AchievementForm` 인스턴스를 `Achievement` 엔티티로 변환해 반환하는 ❷ `toEntity()` 메서드를 선언하는데, 파라미터 없이 사용합니다. 데이터를 삽입할 때 id 필드가 비어 있는 엔티티를 반환합니다. 그래서 JPA 리포지터리의 save() 메서드에 이 엔티티를 인자로 넣어 호출하면 데이터베이스에 데이터를 삽입하며 아이디가 생성됩니다.

다음으로 ❸ 파라미터가 있는 `toEntity()` 메서드를 선언합니다. 파라미터가 없는 toEntity() 메서드를 호출해 엔티티를 생성한 뒤 id 필드를 추가로 세팅해 반환하기 때문에 데이터를 수정할 때 사용합니다. id 필드에 값이 있으므로 save() 메서드를 호출했을 때 JPA는 신규 데이터를 삽입하지 않고 id와 일치하는 데이터를 찾아 수정합니다.

그다음 achievement 패키지의 service 패키지에 있는 AdminAchievementService 클래스로 돌아가 삽입, 수정 메서드를 추가합니다. [코드 8-12]에서 만들어 둔 get AchievementTable() 메서드 아래에 [코드 8-19]를 참고해 메서드를 추가합니다.

코드 8-19 achievement/service/AdminAchievementService.kt

```
// 생략
@Transactional  ├──▶ [코드 8-12]의 getAchievementTable() 메서드 아래에 작성합니다.
fun save(form: AchievementForm) {
    val achievement = form.toEntity()
    achievementRepository.save(achievement)
}

@Transactional
fun update(id: Long, form: AchievementForm) {
```

```
val achievement = form.toEntity(id)
achievementRepository.save(achievement)


}
```

삽입 기능을 하는 **save()** 메서드를 선언합니다. AchievementForm 인스턴스를 인자로 받습니다. 그리고 아이디가 없는 엔티티로 변환한 뒤 JPA 리포지터리의 save() 메서드를 호출해 저장합니다.

그다음에는 수정 기능을 하는 **update()** 메서드로 인자로 받은 id값을 엔티티에 세팅합니다. save() 메서드를 호출하면 JPA는 아이디가 일치하는 데이터를 찾은 뒤 기존 데이터를 수정합니다.

Quiz 일반적으로 update() 메서드에 존재하지 않는 id값이 인자로 들어올 가능성은 낮습니다. 하지만 만에 하나라도 그런 경우가 발생하면 기존 데이터가 수정되는 대신 신규 데이터가 삽입되는 결과가 발생합니다. 이런 경우를 방지하려면 어떻게 검증 로직을 추가할 수 있을까요? 실습 프로젝트를 모두 마친 후 개선해 보세요.

다음으로 API 컨트롤러를 만듭니다. achievement 패키지 하위의 controller 패키지에 AdminAchievementApiController.kt 파일을 만들고 [코드 8-20]을 참고해 클래스를 완성합니다.

코드 8-20 achievement/controller/AdminAchievementApiController.kt

```
01  package com.yongback.portfolio.admin.context.achievement.controller
02
03  // 생략
04
05  @RestController
06  @RequestMapping("/admin/api/achievements")
07  class AdminAchievementApiController(
08      private val adminAchievementService: AdminAchievementService
09  ) {
10
11      @PostMapping
12      fun postAchievement(
13          @RequestBody @Validated form: AchievementForm
14      ): ResponseEntity<Any> {
```

```
15          adminAchievementService.save(form)                    ──────▶ ❶
16
17          return ApiResponse.successCreate()
18      }   ────────────────────────────────────────────────────
19
20      @PutMapping("/{id}")
21      fun putAchievement( ───────────────────────────────────
22          @PathVariable id: Long,
23          @RequestBody form: AchievementForm
24      ): ResponseEntity<Any> {                                   ──────▶ ❷
25          adminAchievementService.update(id, form)
26
27          return ApiResponse.successUpdate()
28      }   ────────────────────────────────────────────────────
29  }
```

삽입 API와 수정 API의 메서드를 선언합니다. 각각 서비스에서 만든 save( ),
update( ) 메서드를 호출하고, 8-1절에서 만든 ApiResponse의 메서드를 호출해 성
공 응답을 반환하는 로직입니다.

❶ postAchievement() 메서드의 form 파라미터에는 @Validated 어노테이션을 선
언합니다. 해당 파라미터를 검증 대상으로 지정해 클래스 내부의 @NotBlank 어노테
이션 등이 동작하게 합니다.

❷ putAchievement() 메서드는 @PathVariable 어노테이션을 사용해 id를 경로
변수로 받습니다. 예를 들어 "/admin/api/achievements/1" 경로로 PUT 요청을 한
다면 id에는 값 1이 들어갑니다. 아이디가 1인 Achievement 데이터를 수정하겠다
는 의미입니다.

tip 스프링에서는 URL의 경로 변수를 "{변수명}"의 형식으로 표기합니다.

이제 context 패키지 하위에 introduction 패키지, link 패키지를 만든 후 같은 방식
으로 Introduction과 Link의 삽입, 수정 API도 개발합니다. 데모 프로젝트 깃허브
리포지터리를 참고해 내용을 작성합니다.

- introduction/controller/AdminIntroductionApiController.kt

- introduction/service/AdminIntroductionService.kt

- introduction/form/IntroductionForm.kt

- link/controller/AdminLinkApiController.kt

- link/service/AdminLinkService.kt

- link/form/LinkForm.kt

다만, Skill 서비스는 Achievement, Introduction, Link와는 약간 차이가 있으므로 따로 살펴봅니다. skill 패키지 하위에 form 패키지를 만듭니다. 그리고 [코드 8-21]과 [코드 8-22]를 참고해 SkillForm과 AdminSkillService 클래스를 완성합니다.

코드 8-21 skill/form/SkillForm.kt

```
01  package com.yongback.portfolio.admin.context.skill.form
02
03  // 생략
04
05  data class SkillForm(
06
07      @field:NotBlank(message = "필수값입니다.")
08      val name: String,
09
10      @field:NotBlank(message = "필수값입니다.")
11      val type: String,
12
13      val isActive: Boolean
14
15  ) {
16      fun toEntity(): Skill {
17          return Skill(
18              name = this.name,
19              type = this.type,
20              isActive = this.isActive
21          )
22      }
23
24      fun toEntity(id: Long): Skill {
25          val skill = this.toEntity()
26          skill.id = id
27
```

```kotlin
28          return skill
29      }
30  }
```

코드 8-22 skill/service/AdminSkillService.kt

```kotlin
01  package com.yongback.portfolio.admin.context.skill.service
02
03  // 생략
04
05  @Service
06  class AdminSkillService(
07      private val skillRepository: SkillRepository
08  ) {
09
10      // 생략
11
12      @Transactional
13      fun save(form: SkillForm) {  ──▶ ❶
14
15          val skillType = SkillType.valueOf(form.type)
16   ❷     skillRepository.findByNameIgnoreCaseAndType(form.name, skillType)
17              .ifPresent { throw AdminBadRequestException(
    ➡ "중복된 데이터입니다.") }
18
19          val skill = form.toEntity()  ──▶ ❸
20
21          skillRepository.save(skill)
22      }
23
24      @Transactional
25      fun update(id: Long, form: SkillForm) {
26          val skill = form.toEntity(id)
27
28          skillRepository.save(skill)
29      }
30  }
```

[코드 8-22]의 ❶ save() 메서드는 이전 서비스들과 동일하게 엔티티를 만들고 저장하는 로직으로 이루어집니다.

다만 ❷ 검증 로직을 추가합니다. 먼저 입력 폼에서 받은 type 필드값을 SkillType 열거형으로 바꾸어 skillType 변수에 할당합니다. 그런 다음 findByNameIgnoreCaseAndType() 메서드에 name 필드값과 skillType 변수를 인자로 넣어 Skill 데이터를 찾습니다.

그리고 findByNameIgnoreCaseAndType() 메서드가 반환한 옵셔널 인스턴스의 ifPresent{} 메서드를 호출합니다. 만약 값이 있다면 중괄호({ }) 안의 로직을 수행합니다. 즉 AdminBadRequestException을 던집니다. 여기서 하나의 기술 유형에 기술명이 중복으로 들어가지 않도록 하는 데 주의합니다.

그다음 skill 패키지의 controller 패키지에는 [코드 8-23]을 참고해 AdminSkillApiController 클래스까지 작성합니다. 이로써 연관 관계가 없는 테이블의 삽입, 수정 기능 개발이 완료됩니다.

코드 8-23 skill/controller/AdminSkillApiController.kt

```
01  package com.yongback.portfolio.admin.context.skill.controller
02
03  // 생략
04
05  @RestController
06  @RequestMapping("/admin/api/skills")
07  class AdminSkillApiController(
08      private val adminSkillService: AdminSkillService
09  ) {
10
11      @PostMapping
12      fun postSkill(@RequestBody @Validated form: SkillForm):
    ➥ ResponseEntity<Any> {
13          adminSkillService.save(form)
14
15          return ApiResponse.successCreate()
16      }
17
18      @PutMapping("/{id}")
```

```
19      fun putSkill(
20          @PathVariable id: Long,
21          @RequestBody form: SkillForm
22      ): ResponseEntity<Any> {
23          adminSkillService.update(id, form)
24
25          return ApiResponse.successUpdate()
26      }
27  }
```

여기까지 개발한 API가 정상적으로 동작하는지 중간 점검을 해보겠습니다. 어드민에서는 테스트 코드는 생략하고 포스트맨을 사용해 직접 API를 호출합니다.

애플리케이션을 재실행한 후 포스트맨을 실행합니다.

01 포스트맨을 처음 사용한다면 다음 그림처럼 사이드바에 [Create Collection] 버튼을 클릭해 새로운 컬렉션을 만듭니다.

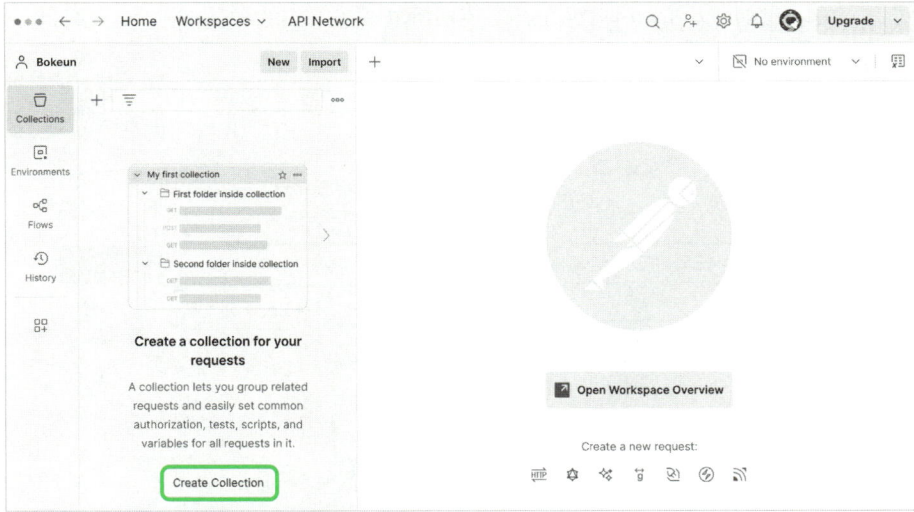

02 다시 사이드바에서 [Add a request] 텍스트를 클릭해 새로운 요청을 만듭니다.

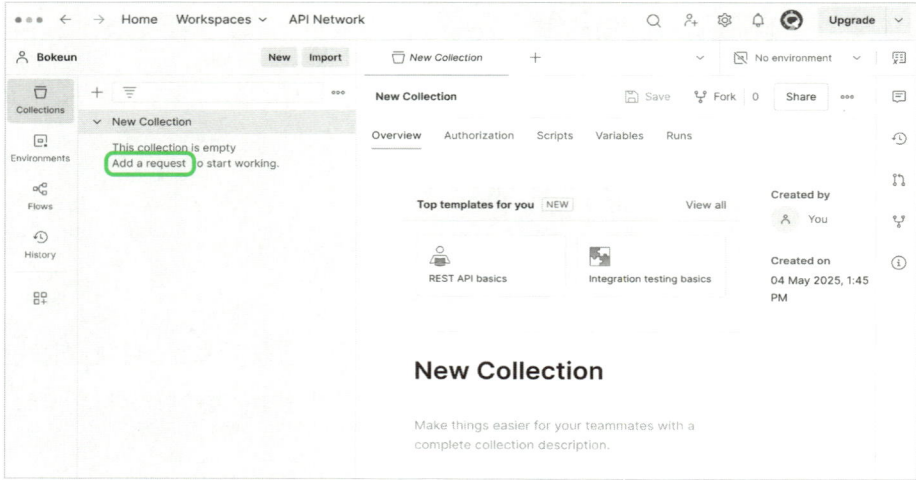

03 [New Request] 탭에서 요청 메서드는 [POST], URL은 'http://localhost:8080/ admin/api/skills'로 세팅합니다. 그리고 입력란 아래에 있는 [Body] 탭을 클릭합니다. [Body] 탭에서 [raw], [JSON]을 선택하고 코드 입력란에는 JSON 형식의 요청 메시지를 입력합니다.

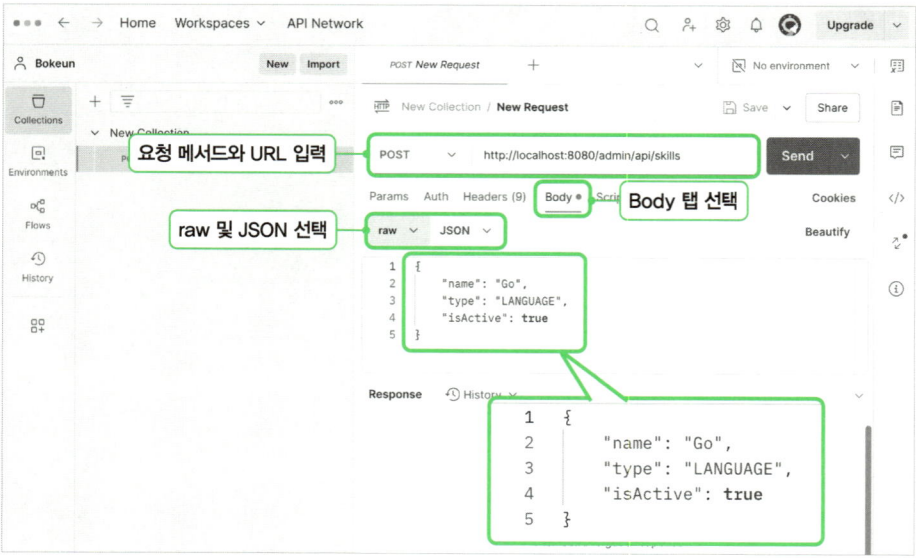

04 [Send] 버튼을 클릭하면 "데이터가 저장되었습니다."라는 메시지가 응답 바디 영역에 표시됩니다.

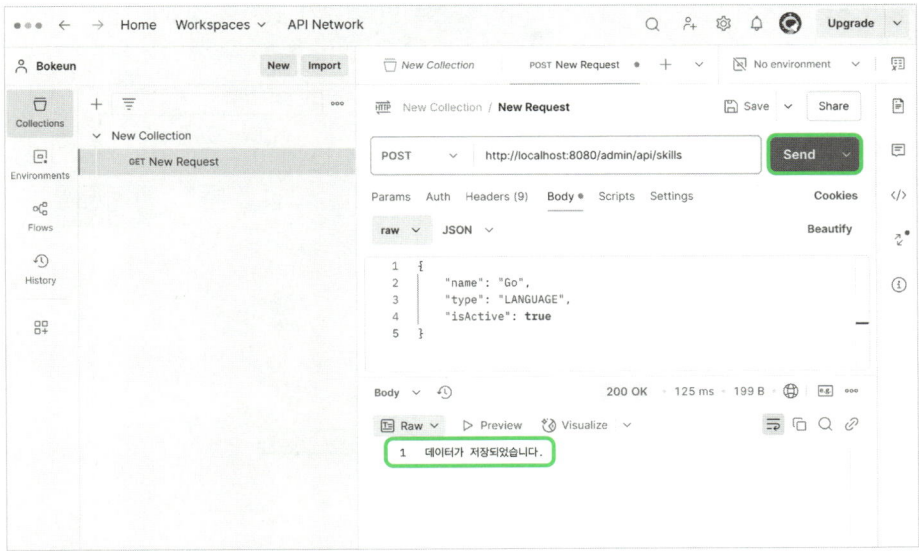

tip 오류가 발생했다면 인텔리제이로 돌아가 [Run] 탭에서 오류 메시지를 보고 원인을 파악해 수정합니다.

05 성공 응답을 받았다면 H2 콘솔에 접속해 실제로 Skill 데이터가 삽입되었는지도 확인합니다. 다음 그림의 마지막 행처럼 요청 메시지에 입력한 내용대로 데이터가 들어가 있으면 성공입니다.

SELECT * FROM SKILL;

IS_ACTIVE	CREATED_DATE_TIME	SKILL_ID	UPDATED_DATE_TIME	NAME	SKILL_TYPE
TRUE	2025-05-04 13:57:32.996547	1	2025-05-04 13:57:32.996553	Java	LANGUAGE
TRUE	2025-05-04 13:57:32.996561	2	2025-05-04 13:57:32.996563	Kotlin	LANGUAGE
TRUE	2025-05-04 13:57:32.996565	3	2025-05-04 13:57:32.996567	Python	LANGUAGE
TRUE	2025-05-04 13:57:32.996569	4	2025-05-04 13:57:32.996571	Spring	FRAMEWORK
TRUE	2025-05-04 13:57:32.996572	5	2025-05-04 13:57:32.996574	Django	FRAMEWORK
TRUE	2025-05-04 13:57:32.996576	6	2025-05-04 13:57:32.996578	MySQL	DATABASE
TRUE	2025-05-04 13:57:32.99658	7	2025-05-04 13:57:32.996581	Redis	DATABASE
TRUE	2025-05-04 13:57:32.996584	8	2025-05-04 13:57:32.996585	Kafka	TOOL
TRUE	2025-05-04 13:58:58.488457	9	2025-05-04 13:58:58.488466	Go	LANGUAGE

(9 rows, 3 ms)

06 성공 응답을 받은 상태에서 한 번 더 [Send] 버튼을 클릭합니다. [400 Bad Request] 상태 코드와 함께 "중복된 데이터입니다."라는 메시지가 표시됩니다. 이는 [코드 8-16]에서 만든 중복 검증 로직이 수행되며 예외가 던져진 것입니다.

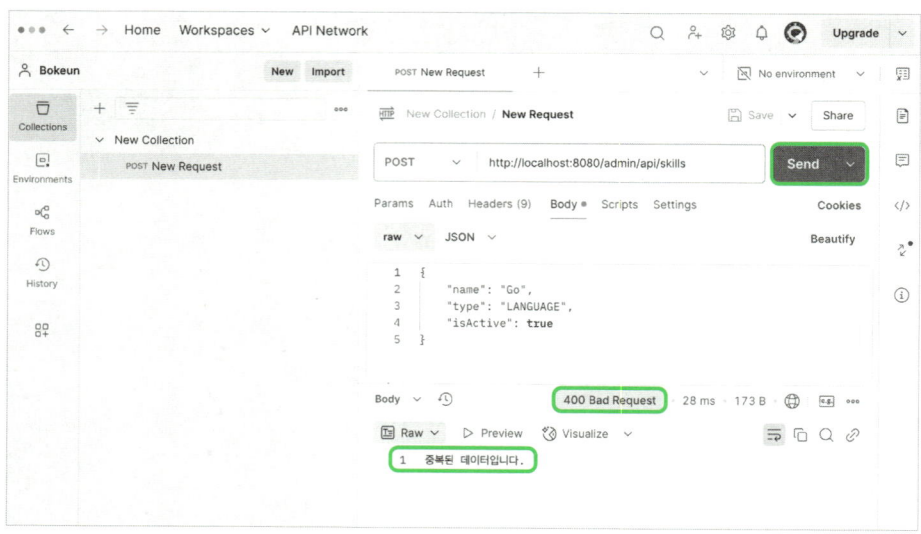

비슷한 방식으로 Skill 테이블 수정 API나, 다른 테이블 API도 테스트해 보세요. 기능이 정상 동작하면 커밋합니다.

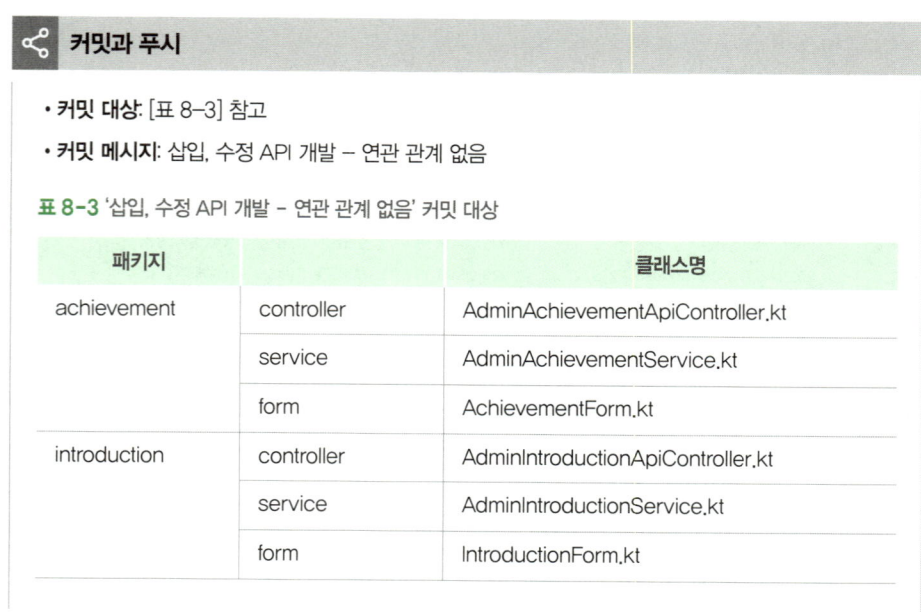

커밋과 푸시

- **커밋 대상**: [표 8-3] 참고
- **커밋 메시지**: 삽입, 수정 API 개발 – 연관 관계 없음

표 8-3 '삽입, 수정 API 개발 – 연관 관계 없음' 커밋 대상

패키지		클래스명
achievement	controller	AdminAchievementApiController.kt
	service	AdminAchievementService.kt
	form	AchievementForm.kt
introduction	controller	AdminIntroductionApiController.kt
	service	AdminIntroductionService.kt
	form	IntroductionForm.kt

패키지		클래스명
link	controller	AdminLinkApiController.kt
	service	AdminLinkService.kt
	form	LinkForm.kt
skill	controller	AdminSkillApiController.kt
	service	AdminSkillService.kt
	form	SkillForm.kt

일대다 연관 관계가 있는 테이블의 삽입, 수정, 조회 API 개발하기

이번에는 일대다 연관 관계를 맺는 테이블인 Project와 ProjectDetail, Experience 와 ExperienceDetail의 삽입, 수정, 조회 API를 개발해 보겠습니다. 설명은 Project 와 ProjectDetail을 중심으로 진행합니다.

Project 테이블 페이지에서는 입력 폼을 이용해 Project와 ProjectDetail의 데이터 를 같이 받아 JSON 형식으로 서버로 보내고, 서버에서는 ProjectForm과 Project DetailForm 클래스를 이용해 요청 데이터를 바인딩하는 과정이 이루어집니다.

이번에는 project 패키지 아래에 form 패키지를 만듭니다. 그리고 ProjectForm.kt, ProjectDetailForm.kt 파일을 만든 후 [코드 8-24]와 [코드 8-25]를 참고해 코드를 작성합니다.

코드 8-24 project/form/ProjectDetailForm.kt

```
01  package com.yongback.portfolio.admin.context.project.form
02
03  // 생략
04
05  data class ProjectDetailForm(
06
07      val id: Long,
08
09      @field:NotBlank(message = "필수값입니다.")
10      val content: String,
11
```

```
12      val url: String?,
13
14      val isActive: Boolean
15  ) {
16      fun toEntity(): ProjectDetail {
17          return ProjectDetail(
18              content = this.content,
19              url = this.url,
20              isActive = this.isActive
21          )
22      }
23  }
```

코드 8-25 project/form/ProjectForm.kt

```
01  package com.yongback.portfolio.admin.context.project.form
02
03  // 생략
04
05  data class ProjectForm(
06
07      @field:NotBlank(message = "필수값입니다.")
08      val name: String,
09
10      @field:NotBlank(message = "필수값입니다.")
11      val description: String,
12
13      @field:Positive(message = "0보다 커야 합니다.")
14      val startYear: Int,
15
16      @field:Min(value = 1, message = "최솟값은 1입니다.")
17      @field:Max(value = 12, message = "최댓값은 12입니다.")
18      val startMonth: Int,
19
20      val endYear: Int?,
21
22      val endMonth: Int?,
23
24      val isActive: Boolean,
```

```
25
26      val details: List<ProjectDetailForm>?
27
28  ) {
29      fun toEntity(): Project {
30          return Project(
31              name = this.name,
32              description = this.description,
33              startYear = this.startYear,
34              startMonth = this.startMonth,
35              endYear = this.endYear,
36              endMonth = this.endMonth,
37              isActive = this.isActive
38          )
39      }
40  }
```

각 필드에 @field:Positive, @field:Min, @field:Max 어노테이션을 적용해
@field:NotBlank 어노테이션처럼 필드의 유효성을 검증합니다. @field:Positive 어
노테이션은 값이 0과 같거나 작을 경우 예외를 던집니다. @field:Min, @field:Max
은 각각 최솟값과 최댓값을 정의하고, 그 범위를 벗어날 경우 예외를 던집니다.

다음으로 service 패키지에서 AdminProjectService.kt 파일을 열고 getProject
DetailTable( ) 메서드 아래에 삽입 및 수정 메서드를 추가하겠습니다.

코드 8-26 project/service/AdminProjectService.kt

```
// 생략

@Transactional  ├──────▶  [코드 8-14]의 getProjectDetailTable( ) 메서드 아래에 작성합니다.
fun save(form: ProjectForm) {  ──▶ ❶

    val projectDetails = form.details  ──▶ ❷
        ?.map { detail -> detail.toEntity() }
        ?.toMutableList()

    val project = form.toEntity()
    project.addDetails(projectDetails)  ──▶ ❸
```

```kotlin
    projectRepository.save(project)
}

@Transactional
fun update(id: Long, form: ProjectForm) {          ──▶ ❹

    val project = projectRepository.findById(id)     ──▶ ❺
        .orElseThrow {
            throw AdminBadRequestException(
                "ID ${id}에 해당하는 데이터를 찾을 수 없습니다."
            )
        }

    project.update(
        name = form.name,
        description = form.description,
        startYear = form.startYear,
        startMonth = form.startMonth,                ──▶ ❻
        endYear = form.endYear,
        endMonth = form.endMonth,
        isActive = form.isActive
    )

    val detailMap = project.details.map { it.id to it }.toMap()   ──▶ ❼
    form.details?.forEach {
        val entity = detailMap.get(it.id)
        if (entity != null) {
            entity.update(
                content = it.content,
                url = it.url,                        ──▶ ❽
                isActive = it.isActive
            )
        } else {
            project.details.add(it.toEntity())
        }
    }
}
```

마찬가지로 ❶ save() 메서드를 작성합니다. Form 인스턴스를 엔티티로 바꾼 후 저장한다는 점에서 연관 관계가 없는 테이블의 삽입과 동일합니다. 다만 ❷ ProjectForm 인스턴스에 포함된 ProjectDetailForm 리스트를 먼저 ProjectDetail 엔티티 리스트로 변환한 뒤 ❸ Project 엔티티에 세팅하는 과정을 추가합니다.

Project 엔티티의 details 필드에는 @OneToMany 어노테이션의 cascade 속성으로 Project 엔티티의 영속성 컨텍스트 상태 변경을 ProjectDetail 엔티티가 따라가도록 설정합니다. 따라서 JPA 리포지터리를 호출해 ProjectDetail 엔티티를 명시적으로 저장하는 과정이 없어도 Project 엔티티가 삽입되며 연결된 ProjectDetail 엔티티들도 같이 삽입됩니다.

그다음 ❹ update() 메서드를 작성합니다. 연관 관계가 없는 테이블의 update() 메서드와는 다릅니다. 이전에는 아이디를 포함한 엔티티를 만들어서 그대로 저장하는 방식이었지만, 이번에는 ❺ JPA 리포지터리를 이용해 아이디로 Project 엔티티를 먼저 조회한 뒤에 데이터가 없으면 예외를 던지도록 합니다. ❻ 조회된 Project 엔티티가 있으면 엔티티의 update() 메서드를 이용해 각 필드값을 입력 폼에서 받은 값으로 수정합니다.

ProjectDetail 엔티티의 필드값도 입력 폼에서 받은 값으로 수정되도록 합니다. ❼ ProjectDetail 엔티티를 {아이디: 엔티티} 형태의 맵(detailMap)으로 변환하고, ❽ ProjectDetailForm 리스트를 순회하며 맵에 아이디가 같은 엔티티가 있으면 필드값을 수정합니다. 값이 없으면 ProjectDetailForm을 엔티티로 변환해 Project 엔티티에 추가하는 방식으로 구현합니다.

그리고 JPA 리포지터리를 호출하지 않고 그대로 메서드를 종료합니다. 그런데 엔티티의 값을 바꾼 후 그 엔티티를 저장하도록 직접 명시하지 않았는데 어떻게 데이터가 수정되는 것일까요?

이는 **더티 체킹 기능이 동작**하기 때문입니다. update() 메서드에는 **@Transactional** 어노테이션이 선언되어 있어 메서드가 시작할 때 트랜잭션도 시작되고 메서드가 종료될 때 트랜잭션도 종료됩니다. JPA는 트랜잭션 안에서 처음에 엔티티를 데이터베이스에서 가져왔을 때의 상태와 트랜잭션이 종료될 때의 상태를 비교하고, 값이 변경되면 업데이트 쿼리를 실행합니다.

이제 클라이언트와의 접점이 될 컨트롤러를 만듭니다. project 패키지 하위의 controller 패키지에 AdminProjectApiController.kt 파일을 만들고 [코드 8-27]을 참고해 내용을 작성합니다.

코드 8-27 project/controller/AdminProjectApiController.kt

```
01  package com.yongback.portfolio.admin.context.project.controller
02
03  // 생략
04
05  @RestController
06  @RequestMapping("/admin/api/projects")
07  class AdminProjectApiController(
08      private val adminProjectService: AdminProjectService
09  ) {
10
11      @PostMapping
12      fun postProject(@RequestBody @Validated form: ProjectForm):
    ➡ ResponseEntity<Any> { ────────➤ ❶
13          adminProjectService.save(form)
14
15          return ApiResponse.successCreate()
16      }
17
18      @PutMapping("/{id}")
19      fun putProject( ────────➤ ❷
20          @PathVariable id: Long,
21          @RequestBody form: ProjectForm
22      ): ResponseEntity<Any> {
23          adminProjectService.update(id, form)
24
25          return ApiResponse.successUpdate()
26      }
27
28      @GetMapping("/{id}/details")
29      fun getProjectDetails(@PathVariable id: Long): TableDTO { ────────➤ ❸
30          return adminProjectService.getProjectDetailTable(id)
31      }
32  }
```

❶ 삽입, **❷** 수정 API는 연관 관계가 없는 테이블의 삽입, 수정 API와 동일한 구조로 작성합니다. **❸** 조회 API는 getProjectDetailTable() 메서드에 id값을 인자로 넣어 조회한 TableDTO를 응답합니다. 뷰 컨트롤러에서는 id값을 보내지 않아 빈 데이터를 받았지만, 이번에는 id값과 일치하는 ProjectDetail 데이터를 받을 수 있기 때문입니다. 조회 API는 어드민 화면에서 특정 Project 데이터의 상세 조회 버튼을 클릭하면 호출됩니다.

같은 방식으로 Experience와 ExperienceDetail의 삽입, 수정, 조회 API도 개발합니다. 데모 프로젝트의 깃허브 리포지터리를 참고해 작성합니다.

- experience/controller/AdminExperienceApiController.kt

- experience/service/AdminExperienceService.kt

- experience/form/ExperienceForm.kt

- experience/form/ExperienceDetailForm.kt

코드를 전부 작성했다면 애플리케이션을 재실행하여 포스트맨으로 각 API를 호출해 봅니다. 기본 성공 케이스 외에도 실패 케이스 검증 또한 필요합니다. 예를 들어 수정 API에 유효하지 않은 아이디를 보내는 경우에는 "데이터를 찾을 수 없다"라는 응답 메시지를 받아야 합니다.

tip 샘플 요청 데이터를 만드는 번거로운 작업은 생성형 AI를 활용하면 편리합니다. Form 클래스 코드, DataInitializer 클래스의 엔티티 생성자 등 적절한 컨텍스트를 먼저 제공한 다음, JSON 형식의 요청 데이터를 만들어 달라는 프롬프트를 입력해 보세요.

삽입, 수정, 조회 기능이 정상적으로 동작한다면 커밋합니다.

⌘ 커밋과 푸시

- **커밋 대상**: [표 8-4] 참고
- **커밋 메시지**: 삽입, 수정, 조회 API 개발 – 연관 관계 일대다

표 8-4 '삽입, 수정, 조회 API 개발 – 연관 관계 일대다' 커밋 대상

패키지		파일명
project	controller	AdminProjectApiController.kt
	service	AdminProjectService.kt

패키지		파일명
	form	ProjectForm.kt
		ProjectDetailForm.kt
experience	controller	AdminExperienceApiController.kt
	service	AdminExperienceService.kt
	form	ExperienceForm.kt
		ExperienceDetailForm.kt

다대다 연관 관계가 있는 테이블의 삽입, 삭제 API 개발하기

이제 Project 테이블과 Skill 테이블의 다대다 연관 관계를 연결해 주는 ProjectSkill 테이블의 삽입, 삭제 API를 개발해 보겠습니다. ProjectSkill 테이블에 데이터를 삽입하면 Project 데이터와 Skill 데이터가 연결되고 ProjectSkill 데이터를 삭제하면 연결이 끊어지는 구조입니다.

project 패키지 하위의 form 패키지에 ProjectSkillForm.kt 파일을 만들어 [코드 8-28]을 참고해 내용을 작성합니다.

코드 8-28 project/form/ProjectSkillForm.kt

```
01  package com.yongback.portfolio.admin.context.project.form
02
03  import jakarta.validation.constraints.NotBlank
04
05  data class ProjectSkillForm(
06
07      @field:NotBlank(message = "필수값입니다.")
08      val project: String,
09
10      @field:NotBlank(message = "필수값입니다.")
11      val skill: String
12
13  )
```

project 필드와 skill 필드는 문자열로 정의합니다. [코드 8-16]에서 만든 getPro jectList()와 getSkillList()에서 반환하는 값인 "{아이디} {이름}" 형태의 문자열이 들어오기 때문입니다.

이번에는 project 패키지의 service 패키지에서 AdminProjectSkillService.kt 파일을 열고 [코드 8-29]를 참고해 getSkillList() 메서드 아래에 코드를 작성합니다. 공개 메서드 두 개와 비공개 메서드 한 개입니다.

코드 8-29 project/service/AdminProjectSkillService.kt

```
// 생략

@Transactional ├──────► [코드 8-16]의 getSkillList() 메서드 아래에 작성합니다.
fun save(form: ProjectSkillForm) { ───► ❶

    // 이미 매핑된 Project - Skill 여부 검증
    val projectId = parseId(form.project) ───► ❷
    val skillId = parseId(form.skill)
    projectSkillRepository.findByProjectIdAndSkillId(projectId, skillId)
        .ifPresent { throw AdminBadRequestException("이미 매핑된 데이터
➡ 입니다.") }

    // 유효한 ProjectSkill 생성
    val project = projectRepository.findById(projectId) ─────► ❸
        .orElseThrow {
            throw AdminBadRequestException(
                "ID ${projectId}에 해당하는 데이터를 찾을 수 없습니다."
            )
        }
    val skill = skillRepository.findById(skillId) ───► ❹
        .orElseThrow {
            throw AdminBadRequestException(
                "ID ${skillId}에 해당하는 데이터를 찾을 수 없습니다."
            )
        }
    val projectSkill = ProjectSkill( ───► ❺
        project = project,
        skill = skill
    )

    project.skills.add(projectSkill)
}
```

```
private fun parseId(line: String): Long {  ──→ ❻
    try {
        val endIndex = line.indexOf(" ") - 1
        val id = line.slice(0..endIndex).toLong()

        return id
    } catch (e: Exception) {
        throw AdminInternalServerErrorException("ID 추출 중 오류가 발생했
➥ 습니다.")
    }
}


@Transactional
fun delete(id: Long) {  ──→ ❼
    projectSkillRepository.deleteById(id)
}
```

이번 ❶ save() 메서드에서는 ❷ parseId() 메서드를 이용합니다. 프로젝트의 아
이디와 기술의 아이디를 각각 추출해 추출한 아이디로 ProjectSkill 데이터를 찾
고, 데이터가 있으면 이미 매핑된 데이터이니 예외를 던지도록 합니다.

parseId() 메서드는 ❻ save() 메서드 바로 아래에 구현합니다. line 파라미터에는
"{아이디} {이름}" 형태의 문자가 인자로 들어옵니다. 해당 문자열에서 공백의 위치를
찾고 공백 앞의 값, 즉 아이디만을 자른 뒤 Long 자료형으로 변환해 반환하도록 합
니다.

또한 ❸, ❹ 각각 아이디로 유효한 Project 엔티티와 Skill 엔티티를 가져오고,
없으면 예외를 던지도록 합니다. 존재하지 않는 데이터가 연결되는 상황을 방지합
니다.

❺ 유효한 Project 엔티티와 Skill 엔티티로 새 ProjectSkill 엔티티를 만듭니다.
그리고 Project 엔티티의 skills 필드에 추가합니다. JPA 리포지터리를 명시적으
로 호출하지는 않았지만 트랜잭션이 종료되며 ProjectSkill 엔티티가 삽입됩니다.

마지막으로 ❼ 아이디에 해당하는 데이터를 삭제할 수 있는 delete() 메서드를 작
성합니다. JPA 리포지터리의 deleteById() 메서드를 직접 호출합니다.

아이디에 해당하는 데이터가 있을 경우만 삭제하고 그렇지 않을 경우 삭제할 데이터가 없다는 메시지를
주고 싶다면 어떻게 delete() 메서드를 수정할 수 있을까요? 실습 프로젝트를 모두 마친 후 개선해 보세요.

deleteById() 메서드에서 맥OS 단축키 [Cmd] + [Opt] + [B] 또는 윈도우 단축키 [Ctrl]
+ [Alt] + [B]를 누르면 SimpleJpaRepository 클래스에 구현된 코드를 볼 수 있습니다. 아이디로 엔티티를 찾았을 때만 삭제를 수행하고 그렇지 않은 경우 별도의 예외를 던지지는 않습니다.

코드 SimpleJpaRepository

```
// 생략
public class SimpleJpaRepository<T, ID> implements
JpaRepositoryImplementation<T, ID> {
    // 생략
    @Transactional
        public void deleteById(ID id) {
            Assert.notNull(id, "The given id must not be null");
            this.findById(id).ifPresent(this::delete);
        }
    // 생략
}
```

이제 project 패키지 하위 controller 패키지에 [코드 8-30]을 참고해 AdminProjectSkillApiController.kt 파일을 작성합니다.

코드 8-30 project/controller/AdminProjectSkillApiController.kt

```
01  package com.yongback.portfolio.admin.context.project.controller
02
03  // 생략
04
05  @RestController
06  @RequestMapping("/admin/api/projects/skills")
07  class AdminProjectSkillApiController(
08      private val adminProjectSkillService: AdminProjectSkillService
09  ) {
10
```

```
11      @PostMapping
12      fun postProjectSkill(
13          @RequestBody @Validated form: ProjectSkillForm
14      ): ResponseEntity<Any> {
15          adminProjectSkillService.save(form)
16
17          return ApiResponse.successCreate()
18      }
19
20      @DeleteMapping("/{id}")
21      fun deleteProjectSkill(@PathVariable id: Long): ResponseEntity<Any> {
22          adminProjectSkillService.delete(id)
23
24          return ApiResponse.successDelete()
25      }
26  }
```

기존에 만든 API 컨트롤러의 구조와 크게 다르지 않습니다. 수정 API나 조회 API가 없고 삭제 API가 있다는 정도의 차이입니다.

여기까지 코드를 작성했다면 애플리케이션을 재실행한 뒤 포스트맨으로 테스트를 진행해 보세요. Project와 Skill 데이터 간에 연결을 만들어 보기도 하고 없애 보기도 하고, H2 콘솔에서 실제 데이터도 확인해 봅니다. 프레젠테이션 레이어의 프로젝트 화면에서 변화를 확인해 보는 것도 좋습니다.

기능에 문제가 없다면 지금까지의 코드를 커밋합니다.

커밋과 푸시

- **커밋 대상**: ProjectSkillForm.kt, AdminProjectSkillService.kt, AdminProjectSkillApiController.kt
- **커밋 메시지**: 삽입, 삭제 API 개발 – 연관 관계 다대다

지금까지 실습 프로젝트의 데이터베이스를 삽입, 수정, 삭제할 수 있는 API를 개발했습니다. 스프링과 JPA를 이용한 CRUD의 기본 방법에 초점을 두었기 때문에 한 가지 방법보다는 다양한 방법을 사용했습니다.

삽입할 때에는 JPA 리포지터리가 기본 제공하는 save() 메서드를 사용했습니다. 하지만 ProjectDetail 엔티티처럼 다른 엔티티에 포함된 엔티티는 cascade 속성과 더티 체킹을 이용해 명시적으로 save() 메서드를 호출하지 않아도 삽입, 수정이 되도록 구현할 수 있었습니다.

또한 포스트맨을 사용해서 API를 호출하고 그 결과를 확인해 보았습니다. 더욱 견고한 프로젝트를 만들기 위해서는 프레젠테이션 레이어에서 실습했던 것처럼 테스트 코드를 작성하는 것이 좋지만, 간단한 테스트를 할 때 실무에서는 포스트맨과 같은 클라이언트 도구도 자주 활용하므로 사용법을 익혀 두면 좋습니다.

8-2-3 대시보드 기능 개발하기

이번에는 대시보드의 화면 및 데이터 조회 기능을 개발해 보겠습니다. 대시보드는 HttpInterface 테이블의 데이터를 표로 보여주고 이 데이터를 기반으로 전체 방문자 수, 최근 일주일 방문자 수, 일일 방문자 수 등 유형별 통계를 보여 줍니다.

이번에는 context 패키지 하위에 dashboard 패키지를 만듭니다. 그리고 하위에 controller, data, service 패키지를 만듭니다.

먼저 data 패키지부터 살펴봅시다. VisitorsDTO.kt 파일을 만들고 [코드 8-31]을 참고해 내용을 작성합니다.

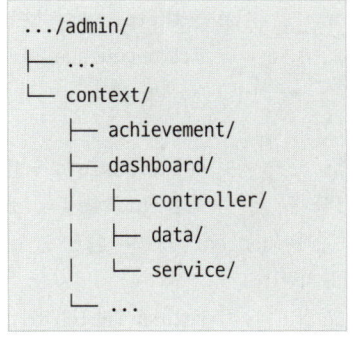

```
.../admin/
├── ...
└── context/
    ├── achievement/
    ├── dashboard/
    │   ├── controller/
    │   ├── data/
    │   └── service/
    └── ...
```

그림 8-11 dashboard 패키지 디렉터리

코드 8-31 dashboard/data/VisitorsDTO.kt

```
01  package com.yongback.portfolio.admin.context.dashboard.data
02
03  data class VisitorsDTO(
04      val name: String,
05      val count: Long,
06      val color: String,
07      val background: String
08  )
```

VisitorsDTO 객체가 담는 유형별 방문자 수 통계 정보는 유형별 방문자 수를 보여 주는 카드에 대응합니다. name이나 count 필드처럼 기본적인 정보 외에도 color, background 필드처럼 색깔을 정의하는 서버 드리븐 UI 요소도 넣어 줍니다.

다음으로 service 패키지에 AdminDashboardService.kt 파일을 만듭니다. [코드 8-32]를 참고해 내용을 작성합니다.

코드 8-32 dashboard/service/AdminDashboardService.kt

```
01  package com.yongback.portfolio.admin.context.dashboard.service
02
03  // 생략
04
05  @Service
06  class AdminDashboardService(
07      private val httpInterfaceRepository: HttpInterfaceRepository
08  ) {
09
10      fun getHttpInterfaceTable(): TableDTO {
11          val pageRequest = PageRequest.of(0, 100, Sort.Direction.DESC,
    "id")  ➜ ❷
12
13          val classInfo = HttpInterface::class                    ❶ ◂
14          val entities = httpInterfaceRepository.findAll(pageRequest).
    content  ➜ ❸
15
16          return TableDTO.from(classInfo, entities)
17      }
18
19      fun countVisitorsTotal(): Long {  ➜ ❹
20          return httpInterfaceRepository.count()
21      }
22
23      fun countVisitorsWeekly(): Long {  ➜ ❺
24          var today = LocalDate.now()
25          var startDay = today.minusDays(6)
26
27          return httpInterfaceRepository.countAllByCreatedDateTimeBetween(
28              startDay.atStartOfDay(),
```

```
29                today.atTime(LocalTime.MAX)
30            )
31        }
32
33        fun countVisitorsToday(): Long {  ──────▶ ❻
34            var today = LocalDate.now()
35
36            return httpInterfaceRepository.countAllByCreatedDateTimeBetween(
37                today.atStartOfDay(),
38                today.atTime(LocalTime.MAX)
39            )
40        }
41    }
```

총 네 개의 메서드를 작성합니다. 테이블의 데이터를 조회하는 메서드 한 개와 유형별 방문자 수를 조회하는 메서드 세 개입니다.

먼저 테이블의 데이터를 조회하는 ❶ getHttpInterfaceTable() 메서드를 작성합니다. 이전에 만든 조회 기능과 달리 이번에는 **페이징**paging을 적용합니다.

포트폴리오 관련 테이블은 내용 특성상 시간이 지나도 각 테이블에 쌓이는 데이터가 많지 않지만, HttpInterface 테이블은 웹사이트 링크가 많이 공유될수록 방문자도 늘어나고 데이터도 누적되기 때문입니다. 대시보드에 접속할 때마다 누적된 모든 데이터를 조회하는 것은 불필요하니 페이징을 적용해 일부 데이터만 조회하도록 합니다.

따라서 페이지 요청 정보를 담는 ❷ pageRequest 변수를 정의합니다. 스프링에서 제공하는 PageRequest 클래스와 JPA 리포지터리를 이용하면 간단하게 페이징을 구현할 수 있습니다. 앞의 두 인자 0과 100은 각각 페이지 번호와 페이지 크기입니다. 전체 데이터를 한 페이지에 100개씩 갖도록 나누고, 그중 0번째 페이지는 가져온다는 의미입니다.

tip 구현 편의를 위해 실습 프로젝트에서는 최근 백 개의 데이터만 볼 수 있도록 개발했습니다.

뒤의 Sort.Direction.DESC와 "id" 인자는 정렬 기준입니다. id 컬럼을 내림차순으로 정렬한 뒤 페이징이 됩니다. HttpInterface 데이터가 삽입될 때마다 id값이 오름차순으로 번호가 매겨지므로 id값이 가장 큰 데이터가 가장 최근에 들어온 데이터입니다. 즉 id 컬럼을 내림차순으로 정렬해 조회한다는 것은 가장 최근에 들어온 데이터부터 역순으로 조회한다는 의미입니다.

그다음 ❸ findAll() 메서드에 PageRequest 인스턴스를 인자로 넣어 호출합니다. findAll() 메서드는 다음 SimpleJpaRepository 코드에서도 볼 수 있듯이 Sort 객체나 Pageable 객체를 인자로 받을 수 있도록 오버로딩되어 있습니다.

코드 SimpleJpaRepository

```
// 생략
public class SimpleJpaRepository<T, ID> implements
JpaRepositoryImplementation<T, ID> {
    // 생략
    public List<T> findAll(Sort sort) {
        return this.getQuery((Specification)null, (Sort)sort).getResultList();
    }

    public Page<T> findAll(Pageable pageable) {
        return (Page)(pageable.isUnpaged()
            ? new PageImpl(this.findAll())
            : this.findAll((Specification)null, pageable));
    }
    // 생략
}
```

tip PageRequest 클래스는 Pageable 인터페이스를 구현합니다.

이어서 유형별 방문자 수를 조회하는 메서드를 작성합니다. ❹ 전체 방문자 수를 조회할 때는 JPA 리포지터리에서 기본 제공하는 count() 메서드를 사용합니다. ❺, ❻ 기간별 방문자 수를 조회할 때에는 countAllByCreatedDateTimeBetween() 메서드에 적절한 시작일과 종료일을 인자로 넣어 호출합니다.

마지막으로 대시보드의 뷰 컨트롤러를 만듭니다. controller 패키지에서 [코드 8-33]을 참고해 AdminDashboardViewController.kt 파일을 작성합니다.

```kotlin
01  package com.yongback.portfolio.admin.context.dashboard.controller
02
03  // 생략
04
05  @Controller
06  @RequestMapping("/admin")
07  class AdminDashboardViewController(
08      private val adminDashboardService: AdminDashboardService
09  ) {
10
11      @GetMapping
12      fun index(model: Model): String {
13
14          var table = adminDashboardService.getHttpInterfaceTable()        ──▶ ❶
15          model.addAttribute("table", table)
16
17          val total = adminDashboardService.countVisitorsTotal()
18          val weekly = adminDashboardService.countVisitorsWeekly()          ❷
19          val today = adminDashboardService.countVisitorsToday()
20
21          val visitors = listOf(
22              VisitorsDTO(
23                  name = "Total",
24                  count = total,
25                  color = "#4154f1",
26                  background = "#f6f6fe"
27              ),
28              VisitorsDTO( -->
29                  name = "Weekly",
30                  count = weekly,
31                  color = "#2eca6a",
32                  background = "#e0f8e9"                                      ──▶ ❸
33              ),
34              VisitorsDTO(
35                  name = "Today",
36                  count = today,
37                  color = "#ff771d",
38                  background = "#ffecdf"
39              )
40          )
41          model.addAttribute("visitors", visitors)
```

```
42
43          val pageAttributes = mutableMapOf<String, Any>(
44              Pair("menuName", ""),
45              Pair("pageName", "Dashboard"),
46              Pair("editable", false),
47              Pair("deletable", false),                              ❹
48              Pair("hasDetails", false),
49          )
50          model.addAllAttributes(pageAttributes)
51
52          return "admin/index"
53      }
54  }
```

❶ 먼저 테이블 정보를 조회해 모델에 넣습니다. ❷ 그리고 유형별 방문자 수를 조회해 각각 변수에 할당한 뒤 ❸ 유형별 방문자 수를 기반으로 VisitorsDTO 리스트를 생성하여 모델에 넣습니다. ❹ 마지막으로 페이지 부가 정보를 세팅합니다. 이때 메뉴명은 따로 지정하지 않지만, 페이지명은 "Dashboard"로 지정합니다. 편집, 삭제는 불가능하고 상세 테이블도 갖지 않습니다.

여기까지 코드를 다 작성했다면 커밋합니다.

✕ 커밋과 푸시

- **커밋 대상**: VisitorsDTO.kt, AdminDashboardService.kt, AdminDashboardViewController.kt
- **커밋 메시지**: 대시보드 개발 – 컨트롤러, 서비스, DTO

8장에서는 어드민 레이어의 백엔드를 개발하며 스프링과 JPA를 이용한 데이터의 CRUD를 실습했습니다. 이 과정에서 데이터 유효성 검증, 페이징 등 직접 구현하려면 번거로울 수 있는 기능을 스프링에서 제공하는 Validation 라이브러리나 Page Request 클래스를 이용해 간편하게 구현했습니다. 이론적으로 배운 더티 체킹이 실제 코드에서 동작하는 모습도 확인할 수 있었습니다. 또한 프로젝트 틀을 잡아 주는 공통 기능을 개발함으로써 코드 중복을 없애고 일관성 있는 처리를 가능하게 했습니다.

이어지는 9장에서는 어드민 레이어의 프런트엔드를 개발해 보겠습니다. 이번 장에서 만든 백엔드 기능을 호출해 어드민 사용자가 편리하게 사용할 수 있도록 하나의 완성된 서비스를 만들어 보겠습니다.

학습노트

- 예외의 구조 및 처리 방식을 적절히 설계하면 안정적인 애플리케이션의 동작, 빠른 문제 발생 인지 및 원인 파악, 사용자 경험 저하 방지 등의 장점을 얻을 수 있다.
- 컨트롤러 어드바이스로 이용하면 중복 코드를 줄이고 예외를 일관적으로 처리하기 쉽다.
- 서버 드리븐 UI는 화면의 구조를 프런트엔드가 아닌 백엔드에서 정의하는 설계 방식이다.
- Validation 라이브러리의 @Validated, @NotBlank 어노테이션 등을 이용해 요청 데이터의 검증과 컨트롤러 로직을 분리할 수 있다.
- 코틀린 어노테이션은 사용 위치 지정자를 이용해 JVM 바이트코드상에서 어노테이션이 선언될 위치를 지정할 수 있다.
- @PathVariable 어노테이션을 이용해 URL에서 경로 변수를 추출할 수 있다.
- 스프링 컨트롤러의 URL에서 경로 변수는 "{변수명}"과 같이 표현한다.
- 포스트맨과 같은 API 클라이언트 툴을 이용해 간편하게 API 호출을 테스트할 수 있다.
- Pageable 인터페이스의 구현체인 PageRequest 클래스와 JPA 리포지터리를 이용해 페이징 조회 기능을 구현할 수 있다.

09

프런트엔드 개발하기:
어드민 레이어

9장에서는 어드민 레이어의 프런트엔드를 개발합니다. 9-1절에서 부트스트랩 템플릿을 가져와 화면의 공통 구성 요소를 템플릿 조각으로 분리하고, 각 템플릿 조각을 수정합니다. 9-2절에서는 각 테이블마다 데이터를 조회, 삽입, 수정, 삭제할 수 있는 테이블 페이지 그리고 기간별 방문자 통계나 HTTP 통신 정보를 볼 수 있는 대시보드 페이지를 개발합니다.

9-1 화면 공통 구성 요소 개발하기

- 부트스트랩 템플릿을 이용해 어드민 레이어의 기본 화면을 구성한다.
- 화면 구성 요소 중 공통 요소를 템플릿 조각으로 분리하고 실습 프로젝트에 맞게 수정한다.

개발을 시작하기 전 어드민 레이어의 화면 구성을 이해하고 용어를 알아봅시다. 다음 쪽의 [그림 9-1]은 project 테이블의 데이터를 관리하는 페이지입니다. 이렇게 각 테이블의 데이터를 관리하는 페이지를 이 책에서는 앞으로 '테이블 페이지'라고 부르겠습니다.

어드민 레이어에는 Introduction, Link, Experience, Achievement, Skill, Project, ProjectSkill까지 총 일곱 개의 테이블 페이지가 필요합니다. 단, 개별 페이지를 모두 만드는 것은 아닙니다. 공통 테이블 페이지 템플릿과 컨트롤러에서 모델에 넣은 데이터를 이용해 동적으로 화면을 그려 주면 됩니다.

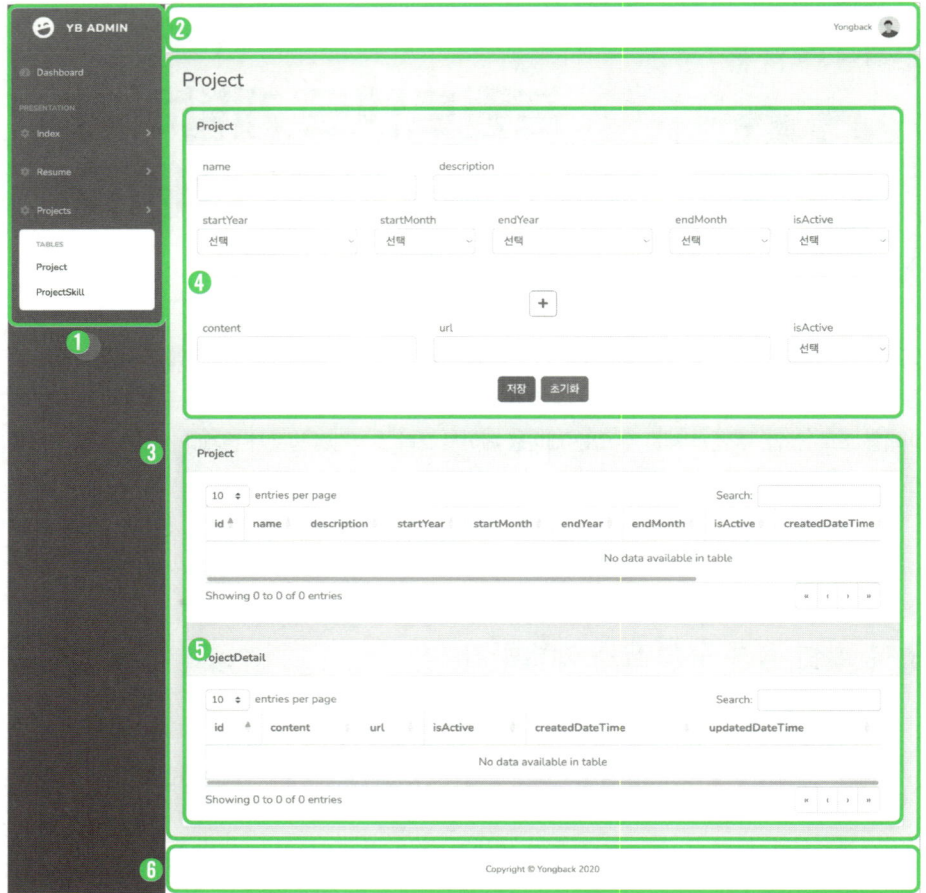

그림 9-1 어드민 레이어 화면 미리보기

❶번 영역은 '사이드바'입니다. 어드민 레이어의 각 페이지로 이동할 수 있는 링크를 제공하는 역할을 합니다. Index, Resume, Projects 등 프레젠테이션 레이어의 페이지에 해당하는 '메뉴'가 있고, 메뉴를 클릭하면 해당 메뉴에 포함된 '페이지'의 링크가 펼쳐집니다.

❷번 영역은 '탑바'입니다. 사용자의 이름과 프로필 사진 등을 보여 줍니다. 실습 프로젝트에서는 실제 사용자 정보를 동적으로 보여 주는 기능까지는 개발하지 않습니다. 다만 오른쪽의 프로필 아이콘을 클릭하면 로그아웃 버튼이 포함된 메뉴가 펼쳐지는데, 여기에 로그아웃 기능을 연결하겠습니다.

❸번 영역은 '메인 콘텐츠'입니다. 4번 영역과 5번 영역을 포함합니다. 메인 콘텐츠는

각 페이지마다 다른 내용을 보여 줍니다. 테이블 페이지의 메인 콘텐츠는 테이블명, 컬럼명 등 구체적인 내용만 다를 뿐 각 페이지가 동일한 구조로 이루어져 있습니다.

❹번 영역은 '입력 폼'입니다. 신규 데이터를 삽입할 때 사용합니다. 예시 그림에는 보이지 않지만 데이터를 수정할 때 편집 버튼을 클릭하면 '입력 폼 모달'이 보이게 할 것입니다. 데이터를 삽입하는 '입력 폼'은 '삽입 입력 폼', 데이터를 수정하는 입력 폼 모달은 '수정 입력 폼'이라고 부르겠습니다.

❺번 영역은 '데이터 테이블'입니다. 테이블 정보를 표 형태로 보여 줍니다. project, experience처럼 일대다 관계를 가진 테이블은 하단에 '상세 데이터 테이블'을 추가로 보여 줍니다.

❻번 영역은 '푸터'입니다. 특별한 기능은 없는 공통 구성 요소입니다.

9-1-1 부트스트랩 템플릿 가져오기

화면 구성을 이해했다면 개발을 시작해 봅시다. 어드민 레이어의 프런트엔드도 부트스트랩 템플릿을 기반으로 개발합니다. Start Bootstrap 웹사이트의 'SB Admin 2' 템플릿[1]을 활용하겠습니다. 다만 원본 템플릿에는 어드민 레이어에서 필요 없는 요소가 많습니다.

그대로 사용할 경우 자잘한 수정이 많기 때문에 이 책에서는 학습에 최적화된 템플릿을 별도로 제공합니다. 어드민 템플릿 깃허브 리포지터리 링크[2] 또는 터미널에서 `git clone` 명령어를 이용해 템플릿을 내려받습니다.

```
$ git clone https://github.com/infomuscle/admin-template.git
```

내려받은 템플릿 폴더를 보면 [그림 9-2]처럼 assets, css, js 폴더와 cards.html, index.html, tables.html HTML 파일 그리고 라이선스 파일이 있습니다. 이 파일들을 프로젝트의 'src/main/resource' 디렉터리로 가져오겠습니다.

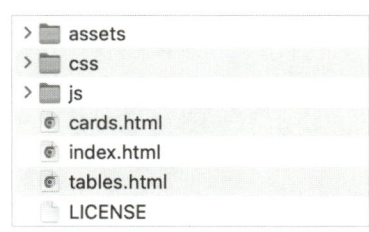

그림 9-2 어드민 템플릿 파일 목록

---

1   Start Bootstrap 템플릿: https://startbootstrap.com/theme/sb-admin-2
2   실습 프로젝트 어드민 템플릿: https://github.com/infomuscle/admin-template

css, js 폴더 안의 파일은 7장에서 만든 'static/css'와 'static/js' 디렉터리에 붙여 넣습니다. assets 폴더 안의 undraw_profile.svg 파일 역시 'static/assets' 디렉터리에 붙여 넣습니다. favicon.ico 파일은 'static' 디렉터리에 붙여 넣습니다.

> ### 📑 favicon.ico
>
> 웹 브라우저 탭에서 제목 옆에 있는 아이콘 이미지를 일컫습니다. 실습 프로젝트에서는 이미지를 'statics/assets' 디렉터리에 두는 것이 기본 규칙입니다. 다만 10장에서 볼 스프링 시큐리티 기본 로그인 화면은 'static' 디렉터리에서 favicon.ico 파일을 찾도록 설정되어 있습니다. 이때 파일을 찾지 못해 발생하는 오류 메시지를 없애기 위해 'static' 디렉터리에도 favicon.ico 파일을 하나 추가했습니다.

다음으로 'templates/admin/temp' 디렉터리를 만들고 cards.html, index.html, tables.html 파일을 그 안에 붙여 넣습니다.

최종 구조는 [그림 9-3]과 같습니다.

tip 임시 디렉터리라는 의미로 temp라고 이름을 붙였습니다.

```
.../resources/
├── static/
│   ├── assets/
│   │   ├── favicon.ico
│   │   ├── profile.png
│   │   ├── profile-yongback.png
│   │   └── undraw_profile.svg
│   ├── css/
│   │   ├── sb-admin-2.min.css
│   │   └── styles.css
│   ├── js/
│   │   ├── demo/
│   │   │   ├── sb-admin-2.min.js
│   │   │   └── scripts.js
│   │   └── favicon.ico
└── templates/
    ├── admin/
    │   └── temp/
    │       ├── cards.html
    │       ├── index.html
    │       └── tables.html
    ├── presentation/
    └── test.html
```

그림 9-3 resources 디렉터리 구조

본격적으로 작업하기 전에 추가한 파일들을 커밋합니다. 작업 중 문제가 발생해도 원본 파일을 보존하기 위함입니다.

9-1-2 템플릿 조각 분리하기

이제 부트스트랩 템플릿에서 공통으로 사용할 템플릿 조각을 분리해 보겠습니다.

01 테이블 페이지의 베이스가 되는 'tables.html' 파일을 'templates/admin' 디렉터리에 복사해 붙여 넣은 다음, 파일명은 'page-table.html'로 수정합니다.

8장에서 어드민 레이어의 뷰 컨트롤러를 만들 때 반환하는 템플릿 파일 경로를 'admin/page-table'로 지정했습니다. 모든 테이블 페이지 화면은 page-table.html 파일에서 만들어집니다. 하나의 템플릿으로 모델에 넣어 주는 데이터를 활용해 다른 결과물을 그려 내는 것입니다. 이렇게 하면 각 페이지마다 별도의 HTML 파일을 만들 때보다 코드 중복이 줄고 관리가 용이하다는 장점이 있습니다.

02 다음으로 admin 패키지 하위에 fragments 패키지를 만듭니다. fragments 패키지에 다음 여섯 개 HTML 파일을 생성하고 각 파일에 [코드 9–1] 템플릿 조각 베이스를 미리 작성해 둡니다.

- fragment-head.html
- fragment-sidebar.html
- fragment-topbar.html
- fragment-footer.html
- fragment-modal-logout.html
- fragment-scripts.html

코드 9-1 템플릿 조각 베이스

```
01  <!DOCTYPE html>
02  <html xmlns:th="http://www.thymeleaf.org">
03  ──▶  7장에서는 〈body〉 태그까지 작성했지만, 이번에는 필요없으므로 〈body〉 태그까지 삭제합니다.
04  </html>
```

03 page-table.html 파일로 이동해서 상단의 〈head〉 태그를 통째로 잘라 냅니다. 그리고 fragment-head.html 파일의 〈html〉 태그 안에 붙여 넣은 다음 [코드 9-2] 를 참고해 수정합니다.

`<head>` 태그에는 `th:fragment="head"` 속성을 추가합니다. 지금 단계에서는 템플 릿 조각으로 선언하는 수정만 하면 됩니다. 나머지 코드는 '9-1-3 템플릿 조각 수정 하기'에서 작업하겠습니다.

코드 9-2 admin/fragments/fragment-head.html

```
01  <!DOCTYPE html>
02  <html xmlns:th="http://www.thymeleaf.org">
03  <head th:fragment="head">
04
05    <-- 생략 -->
06
07  </head>
08  </html>
```

tip 길이가 긴 HTML 코드는 class 속성값 등 중요하지 않은 요소를 적절히 편집해 설명합니다. 책의 설명을 따라 코드를 수정해도 충분하지만, 정확하게 대조하고 싶다면 데모 프로젝트의 깃허브 리포지터리에서 전체 코드를 참고하세요.

04 같은 방식으로 다른 템플릿 조각도 분리합니다. 내용이 반복되므로 다음 [표 9-2]로 작업 대상을 정리했습니다. 분리할 태그를 가리키는 주석을 찾은 뒤, 주석 아래 태그를 잘라 내어 템플릿 조각 베이스의 `<html>` 태그 안에 붙여 넣습니다. 이때 잘라 낸 태그에는 `th:fragment` 속성을 추가합니다.

표 9-2 템플릿 조각 분리 대상

태그 위치 주석	대상 태그	대상 파일	th:fragment 속성값
`<!-- Sidebar -->`	〈ul〉	fragment-sidebar.html	sidebar
`<!-- Topbar -->`	〈nav〉	fragment-topbar.html	topbar
`<!-- Footer -->`	〈footer〉	fragment-footer.html	footer
`<!-- Logout Modal -->`	〈div〉	fragment-modal-logout.html	modalLogout

작업 결과물은 [코드 9-3]부터 [코드 9-6]을 참고합니다.

코드 9-3 admin/fragments/fragment-sidebar.html

```
01  <!DOCTYPE html>
02  <html xmlns:th="http://www.thymeleaf.org">
03  <ul class="navbar-nav" id="accordionSidebar" th:fragment="sidebar">
04    <!-- 생략 -->
05  </ul>
06  </html>
```

코드 9-4 admin/fragments/fragment-topbar.html

```
01  <!DOCTYPE html>
02  <html xmlns:th="http://www.thymeleaf.org">
03  <nav class="navbar navbar-expand navbar-light" th:fragment="topbar">
04    <!-- 생략 -->
05  </nav>
06  </html>
```

코드 9-5 admin/fragments/fragment-footer.html

```
01  <!DOCTYPE html>
02  <html xmlns:th="http://www.thymeleaf.org">
03  <footer class="sticky-footer bg-white" th:fragment="footer">
```

```
04    <!-- 생략 -->
05  </footer>
06  </html>
```

코드 9-6 admin/fragments/fragment-modal-logout.html

```
01  <!DOCTYPE html>
02  <html xmlns:th="http://www.thymeleaf.org">
03  <div class="modal fade" id="logoutModal" tabindex="-1"
    ➡ th:fragment="modalLogout">
04    <!-- 생략 -->
05  </div>
06  </html>
```

05 마지막 fragment-scripts.html 파일은 다른 템플릿 조각과는 달리 〈th:-block〉 태그를 추가해야 합니다. 〈html〉 태그 아래에 <th:block th:frag-ment="scripts"> 태그를 추가합니다. 그리고 page-table.html 파일 하단에 있는 다섯 가지 <script> 태그를 잘라 내어 〈th:block〉 태그 안에 붙여 넣습니다. [코드 9-7]을 참고해 템플릿 조각을 완성합니다.

코드 9-7 admin/fragments/fragment-scripts.html

```
01  <!DOCTYPE html>
02  <html xmlns:th="http://www.thymeleaf.org">
03  <th:block th:fragment="scripts">
04
05    <!-- Bootstrap core JavaScript -->
06    <script src="https://code.jquery.com/jquery-3.6.0.min.js"></script>
07
08    <!-- 생략 -->
09
10    <!-- Page level custom scripts -->
11    <script src="js/demo/datatables-demo.js"></script>
12
13  </th:block>
14  </html>
```

page-table.html 파일의
〈script〉 태그를 붙여 넣습니다.

다른 템플릿 조각과 달리 fragment-scripts.html 파일에 〈th:block〉 태그를 사용하는 이유는 하나의 템플릿 조각으로 만들려면 여러 개의 〈script〉 태그를 하나의 태그로 묶어야 하기 때문입니다.

fragment-scripts.html 파일을 제외한 나머지 템플릿 조각들은 하나의 태그로 이루어져 있습니다. 내부에 여러 태그를 포함하지만 결국 가장 바깥의 〈ul〉, 〈nav〉, 〈footer〉 등 태그 하나를 옮긴 것과 같습니다. 그래서 th:fragment 속성만 추가해도 하나의 템플릿 조각으로 정의할 수 있었습니다.

fragment-scripts.html로 분리할 〈script〉 태그들은 여러 개로 나뉘어져 있기 때문에 〈th:block〉 태그로 묶은 뒤에 th:fragment 속성을 추가해야 하나의 템플릿 조각으로 정의할 수가 있습니다.

이때 〈th:block〉 태그는 타임리프 문법을 적용하기 위해 여러 태그를 묶어 주는 역할을 할 뿐, HTML 요소로 렌더링되지는 않습니다. 즉 [그림 9-4]처럼 개발자가 작업하는 HTML5 템플릿에는 존재하는 태그이지만, 사용자가 웹 브라우저를 통해 보는 HTML 파일에는 존재하지 않는 태그입니다.

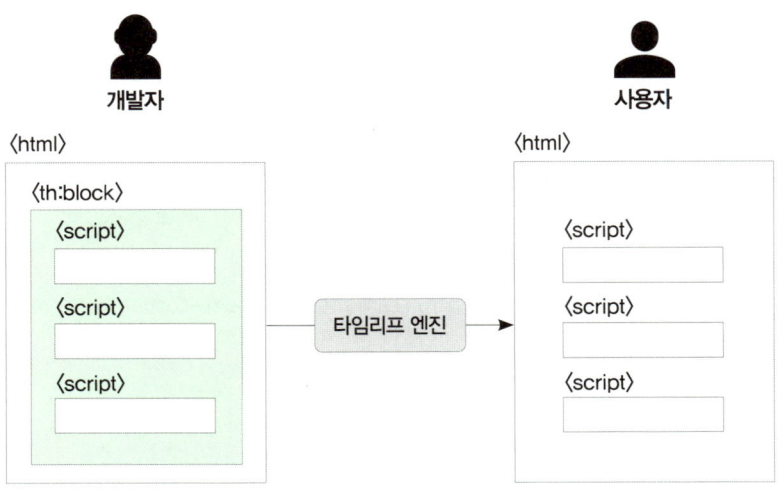

그림 9-4 〈th:block〉 태그 원리

이제 분리한 템플릿 조각들을 page-table.html 파일에서 불러오겠습니다. 〈html〉 태그의 lang="ko" 속성을 지운 다음 xmlns:th="http://www.thymeleaf.org" 속성을 추가합니다. 그리고 분리한 태그가 있던 자리에는 템플릿 조각을 불러옵니다.

템플릿 조각으로 분리한 태그가 있던 자리에 **th:replace** 속성을 이용하여 템플릿 조각을 불러오는 **<div>** 태그를 추가합니다. 주석을 지우지 않고 남겨 두었다면 쉽게 정확한 위치를 찾을 수 있습니다.

코드 9-8 template/admin/page-table.html

```
01  <!DOCTYPE html>
02  <html xmlns:th="http://www.thymeleaf.org">
03
04  <div th:replace="~{admin/fragments/fragment-head :: head}"></div>
05
06  <body id="page-top">
07
08    <!-- Page Wrapper -->
09    <div id="wrapper">
10
11      <!-- Sidebar -->
12      <div th:replace="~{admin/fragments/fragment-sidebar :: sidebar}">
      </div>
13      <!-- End of Sidebar -->
14
15      <!-- Content Wrapper -->
16      <div id="content-wrapper" class="d-flex flex-column">
17
18        <!-- Main Content -->
19        <div id="content">
20
21          <!-- Topbar -->
22          <div th:replace="~{admin/fragments/fragment-topbar :: topbar}">
      </div>
23          <!-- End of Topbar -->
24
25          <!-- Begin Page Content -->
26          <div class="container-fluid">
27            <!-- 생략 -->
28          <!-- /.container-fluid -->
29
30        </div>
31        <!-- End of Main Content -->
32
```

```
33          <!-- Footer -->
34          <div th:replace="~{admin/fragments/fragment-footer :: footer}"></div>
35          <!-- End of Footer -->
36
37      </div>
38      <!-- End of Content Wrapper -->
39
40  </div>
41  <!-- End of Page Wrapper -->
42
43  <!-- 생략 -->
44
45  <!-- Logout Modal-->
46  <div th:replace="~{admin/fragments/fragment-modal-logout ::
    ➥ modalLogout}"></div>
47
48  <div th:replace="~{admin/fragments/fragment-scripts :: scripts}"></div>
49
50  </body>
51
52  </html>
```

이제 애플리케이션을 실행해서 각 템플릿 조각을 정상적으로 불러오는지 확인해 보겠습니다. Achievement 테이블 페이지의 경로인 'http://localhost:8080/admin/achievement'로 접속합니다. 그럼 뷰 컨트롤러의 메서드가 호출되면서 응답한 page-table.html 화면을 확인할 수 있습니다. 여기서 분리했던 템플릿 조각의 내용이 화면에서 보이는지 확인해 봅시다.

그러면 [그림 9-5]처럼 내용은 있는데 서식이 적용되지 않은 화면이 보일 것입니다.

그림 9-5 템플릿 조각 내용 확인하기

서식이 적용되지 않은 이유는 웹 브라우저가 〈link〉 태그 또는 〈script〉 태그에 지정한 CSS 파일이나 자바스크립트 파일을 불러올 때 상대 경로가 적용되기 때문입니다. 예를 들어 fragment-head.html 파일을 확인해 보면 `<link href="css/sb-admin-2.min.css">`와 같이 경로가 슬래시(/)로 시작하지 않고 css부터 시작하는 것을 알 수 있습니다.

경로가 css부터 시작하는 경우 웹 브라우저에서는 처음 요청한 경로를 기반으로 상대 경로를 만들어서 CSS 파일을 가져오려고 합니다. 호출한 경로가 '/admin/achievement'였다면 'admin/css/sb-admin-2.min.css'와 같이 경로를 계산합니다.

따라서 실행 로그를 보면 다음 [그림 9-6]의 첫 번째 줄처럼 'No static resource admin/css/sb-admin-2.min.css'라는 문구를 볼 수 있습니다.

```
org.springframework.web.servlet.resource.NoResourceFoundException Create breakpoint  No static resource admin/css/sb-admin-2.min.css.
    at org.springframework.web.servlet.resource.ResourceHttpRequestHandler.handleRequest(ResourceHttpRequestHandler.java:585) ~[spring
    at org.springframework.web.servlet.mvc.HttpRequestHandlerAdapter.handle(HttpRequestHandlerAdapter.java:52) ~[spring-webmvc-6.2.0.
    at org.springframework.web.servlet.DispatcherServlet.doDispatch(DispatcherServlet.java:1088) ~[spring-webmvc-6.2.0.jar:6.2.0]
    at org.springframework.web.servlet.DispatcherServlet.doService(DispatcherServlet.java:978) ~[spring-webmvc-6.2.0.jar:6.2.0]
    at org.springframework.web.servlet.FrameworkServlet.processRequest(FrameworkServlet.java:1014) ~[spring-webmvc-6.2.0.jar:6.2.0]
    at org.springframework.web.servlet.FrameworkServlet.doGet(FrameworkServlet.java:903) ~[spring-webmvc-6.2.0.jar:6.2.0]
    at jakarta.servlet.http.HttpServlet.service(HttpServlet.java:564) ~[tomcat-embed-core-10.1.33.jar:6.0]
    at org.springframework.web.servlet.FrameworkServlet.service(FrameworkServlet.java:885) ~[spring-webmvc-6.2.0.jar:6.2.0]
>   <34 folded frames>
```

그림 9-6 정적 리소스 조회 불가

이 문제를 해결하기 위해서는 적절한 상대 경로 위치로 CSS와 자바스크립트 파일 등을 옮기거나, 절대 경로로 파일 위치를 지정해야 합니다. 실습 프로젝트에서도 절대 경로를 지정할 것입니다.

HTML 코드를 수정하는 과정은 헷갈리기 쉽습니다. 따라서 문제 발생 시 코드를 쉽게 복원하기 위해 템플릿 조각들을 수정하기 전에 커밋부터 합니다.

⟨ 커밋과 푸시

- **커밋 대상:** [표 9-3] 참고
- **커밋 메시지:** 뷰 개발 – fragment 분리

표 9-3 '뷰 개발 – fragment 분리' 커밋 대상

경로	파일명
templates/admin	page-table.html
templates/admin/fragments	fragment-head.html
	fragment-sidebar.html
	fragment-topbar.html
	fragment-footer.html
	fragment-modal-logout.html
	fragment-scripts.html

9-1-3 템플릿 조각 수정하기

분리한 템플릿 조각 중 일부를 실습 프로젝트에 맞게 적절히 수정하겠습니다. 실습 프로젝트에서는 HTML 파일을 수정할 때 템플릿의 값을 직접 바꾸기보다는, 템플릿을 렌더링하는 시점에 타임리프가 값을 변경하도록 타임리프 속성을 이용합니다. 이렇게 하면 스프링을 띄우지 않고 HTML 파일을 직접 열었을 때 템플릿 원본을 확인할 수 있다는 장점이 있습니다.

먼저 〈link〉 태그와 〈script〉 태그의 경로부터 변경해서 웹 브라우저가 올바른 CSS 파일과 자바스크립트 파일을 찾을 수 있도록 합니다. [코드 9-9]를 참고해 fragment-head.html 파일을 수정합니다.

```
01  <!DOCTYPE html>
02  <html xmlns:th="http://www.thymeleaf.org">
03  <head th:fragment="head">
04
05    <!-- 생략 -- >
06
07    <title th:text="¦Yongback's Portfolio¦">Tables</title>   ───▶ ❶
08    <link rel="icon" type="image/x-icon" href="assets/favicon.ico"  ───▶ ❷
09          th:href="@{/assets/favicon.ico}">
10
11    <!-- 생략 -- >
12
13    <!-- Custom styles for this template -->
14    <link href="css/sb-admin-2.min.css" rel="stylesheet"   ───▶ ❸
15          th:href="@{/css/sb-admin-2.min.css}">
16
17    <!-- 생략 -- >
18
19  </head>
20  </html>
```

❶ `<title>` 태그에 `th:text` 속성을 추가해 웹 브라우저 탭에 표시될 제목을 지정합니다. 프레젠테이션 레이어와 통일성을 갖는 문구를 넣어 주면 좋습니다. 이 책에서는 "Yongback's Portfolio"라는 문구를 넣습니다. 이때 문구를 그대로 넣으면 작은 따옴표(')때문에 타임리프가 파싱 오류를 발생시키기 때문에 **타임리프 리터럴 표현식** (¦)으로 감싸 줍니다.

Quiz 어드민 레이어에서는 페이지마다 탭 제목을 다르게 하고 싶다면 어떻게 해야 할까요? 실습 프로젝트를 모두 마친 후 개선해 보세요.

---

❷와 ❸의 `<link>` 태그에는 `th:href` 속성을 추가해서 기존에 들어가 있던 href 속성을 재정의합니다. `th:href` 속성값은 **타임리프 URL 표현식**(@{ })으로 경로값을 감싸고, URL 제일 앞에 슬래시(/)를 붙여 절대 경로로 표현합니다.

여기서 타임리프 URL 표현식은 **컨텍스트 패스**를 포함하여 URL을 만들어 줍니다. 실습 프로젝트에서는 별도로 컨텍스트 패스를 지정하지 않았기 때문에 표현식 안의 값이 그대로 URL로 만들어집니다.

📋 **컨텍스트 패스**

컨텍스트 패스(context path)란 웹 애플리케이션을 구분하기 위한 경로를 의미합니다. 서버에 할당되는 기본 경로라고 이해하면 됩니다.

예를 들어 쇼핑몰 서비스가 주문(order), 결제(payment), 상품(product) 등 서버로 이루어져 있다고 하겠습니다. 각 서버의 모든 API의 URL이 '/order', '/payment', '/product' 등으로 시작하게 한다면 URL만 봐도 어떤 서버에 구현된 기능인지를 파악할 수 있을 것입니다.

스프링 부트에서는 application.yml 또는 application.properties에서 server.servlet.context-path 키를 이용해 간단하게 컨텍스트 패스를 지정할 수 있습니다. 컨트롤러의 @RequestMapping 어노테이션에서 정의한 모든 URL의 앞에 컨텍스트 패스가 붙어 최종 URL이 만들어집니다.

이와 같은 방법으로 데모 프로젝트의 깃허브 리포지터리에서 원본 코드를 참고해 다음 코드도 수정합니다. 지면 관계상 코드는 생략합니다.

- admin/fragments/fragment-scripts.html
  - 〈script〉 태그에 th:src 속성을 추가하고, 타임리프 URL 표현식(@{})으로 절대 경로 지정하기
- admin/fragments/fragment-topbar.html
  - 〈span〉 태그에 th:text 속성을 추가하고, 속성값으로 'Yongback' 지정하기
  - 〈img〉 태그에 th:src 속성을 추가하고 이미지 절대 경로 지정하기

마지막으로 푸터 영역인 fragment-footer.html 파일을 열고 [코드 9-10]을 참고해 수정합니다.

코드 9-10 admin/fragments/fragment-footer.html

```
01  <!DOCTYPE html>
02  <html xmlns:th="http://www.thymeleaf.org" th:fragment="footer">
03  <footer class="sticky-footer bg-white">
04    <div class="container my-auto">
05      <div class="copyright text-center my-auto">
06        <span>Copyright &copy; Yongback 2020</span> ⟶ ❶
```

```
07      </div>
08     </div>
09   </footer>
10 </html>
```

❶ `<span>` 태그는 th:text 속성을 사용하지 않고 템플릿의 텍스트를 직접 수정합니다. 해당 텍스트는 자주 변경하는 문구도 아닐뿐더러, 길이와 특수문자 때문에 th:text 속성을 사용하면 오히려 코드가 지저분하기 때문입니다. 이처럼 th:text 속성을 사용할 때는 장단점을 고려해 텍스트를 직접 바꾸는 방법을 선택하는 것도 좋습니다.

이제 애플리케이션을 재실행한 뒤 Achievement 테이블 페이지로 접속해 봅니다. [그림 9-7]처럼 서식이 적용되었다면 fragment-head 템플릿 조각은 제대로 수정된 것입니다. 또한 화면 중앙의 데이터 테이블에서 페이징이 잘 적용되었다면 fragment-scripts 템플릿 조각도 제대로 수정된 것입니다. 마찬가지로 화면 상단의 탑바나 하단의 푸터에서도 변경한 내용이 잘 적용되었는지 확인합니다.

그림 9-7 템플릿 수정 후 화면

지금까지 작업한 내용을 커밋합니다.

- **커밋 대상**: [표 9–4] 참고
- **커밋 메시지**: 뷰 개발 – fragment 수정

표 9-4 '뷰 개발 – fragment 수정' 커밋 대상

경로	파일명
templates/admin/fragments	fragment–head.html
	fragment–scripts.html
	fragment–topbar.html
	fragment–footer.html

9-1-4 레이아웃 적용하기

대시보드, 테이블 페이지 등 어드민 레이어의 모든 화면은 같은 사이드바, 탑바, 푸
터 등을 사용합니다. 각 화면을 담당하는 HTML 파일이 공통 요소는 신경 쓰지 않고
개별 화면의 내용에만 집중할 수 있도록 레이아웃을 적용해 보겠습니다.

'admin/layouts' 디렉터리를 만듭니다. layouts 디렉터리에 빈 layout-admin.html
파일을 만들고, page-table.html 파일 내용을 모두 복사해서 layout-admin.html 파
일에 붙여 넣습니다. [코드 9-11]을 참고해 layout-admin.html 파일을 수정합니다.

코드 9-11 admin/layouts/layout–admin.html

```
01  <!DOCTYPE html>
02  <html xmlns:th="http://www.thymeleaf.org" th:fragment="layout(content)">

03                                                               ➊
04  <div th:replace="~{admin/fragments/fragment-head :: head}"></div>
05
06  <body id="page-top">
07
08  <!-- Page Wrapper -->
09  <div id="wrapper">
10
11    <!-- 생략 -->
12
```

```
13    <!-- Content Wrapper -->
14    <div id="content-wrapper" class="d-flex flex-column">
15
16      <!-- Topbar -->
17 ❷    <div th:replace="~{admin/fragments/fragment-topbar :: topbar}"></div>
18      <!-- End of Topbar -->
19
20      <!-- Main Content -->
21      <div th:replace="${content}">
22        <p>Contents</p>                            ❸
23      </div>
24      <!-- End of Main Content -->
25
26      <!-- Footer -->
27      <div th:replace="~{admin/fragments/fragment-footer :: footer}"></div>
28      <!-- End of Footer -->
29
30    </div>
31    <!-- End of Content Wrapper -->
32
33  </div>
34  <!-- End of Page Wrapper -->
35
36  <!-- 생략 -->
37
38  </body>
39
40  </html>
```

❶ 〈html〉 태그에 th:fragment="layout(content)" 속성을 추가합니다. cont
ent 파라미터에는 메인 콘텐츠의 내용을 담은 태그가 인자로 들어옵니다.

❷ 탑바 영역은 [코드 9-8]에서는 메인 콘텐츠 영역 안에 있지만 ❸ 메인 콘텐츠 위
로 옮깁니다. 이렇게 위치를 옮겨도 화면의 구성에는 변화가 없고, 메인 콘텐츠 내용
을 담은 HTML 파일에서 매번 탑바 영역 코드를 추가할 필요가 없다는 장점이 생깁
니다. 즉 <div id="content-wrapper> 태그 안 구조는 탑바 영역, 메인 콘텐츠 영
역, 푸터 영역이 같은 위상으로 나란히 있는 형태가 됩니다.

❸ 메인 콘텐츠 영역에서는 `<!-- Main Content -->` 주석 아래에 있던 `<div id="content">` 태그를 삭제합니다. 그리고 `<div th:replace="$(content)>` 태그를 추가합니다. 〈html〉 태그에서 인자로 들어온 content로 해당 〈div〉 태그가 교체됩니다.

이어서 다시 page-table.html 파일로 돌아가 메인 콘텐츠만 남깁니다.

코드 9-12 admin/page-table.html

```
01  <!DOCTYPE html>
02  <html xmlns:th="http://www.thymeleaf.org"          ➜ ❶
03      th:replace="~{admin/layouts/layout-admin :: layout(~{::#content})}"
04  >
05
06    <div id="content">          ➜ ❷
07
08      <!-- Begin Page Content -->          ➜ ❸
09      <div class="container-fluid">
10
11        <!-- Page Heading -->
12        <h1 class="h3 mb-2 text-gray-800">Tables</h1>
13        <p class="mb-4"></p>
14
15        <!-- DataTales Example -->
16        <div class="card shadow mb-4">
17          <div class="card-header py-3">
18            <h6 class="m-0 font-weight-bold text-primary">DataTables
    ➥ Example</h6>
19          </div>
20          <div class="card-body">
21            <div class="table-responsive">
22              <table class="table table-bordered" id="dataTable">
23                <!-- 생략 -->
24              </table>
25            </div>
26          </div>
27        </div>
28
29      </div>
30      <!-- /.container-fluid -->
```

```
31
32    </div>
33
34  </html>
```

❶ `<html>` 태그에는 `th:replace="~{admin/layouts/layout-admin :: layout (~{::#content})}"` 속성을 추가합니다. 레이아웃의 적용 원리는 7장에서 배웠습니다. 헷갈리기 쉬우니 템플릿 조각이 완성되는 흐름을 다시 짚어 봅시다.

① `~{::#content})` 표현식을 사용해 id 속성의 값이 content인 태그를 찾아서 [코드 9-11] layout-admin.html 파일의 layout 템플릿 조각에 인자로 넣습니다.

② layout 템플릿 조각은 인자로 받은 〈div id="content"〉 태그를 layout-admin.html 메인 콘텐츠 영역에 있는 〈div th:replace=${content}〉 태그와 교체합니다.

③ 사이드바, 탑바 같은 다른 템플릿 조각도 불러와 layout 템플릿 조각을 완성합니다.

④ 완성된 layout 템플릿 조각은 ❶ 〈html〉 태그와 교체됩니다.

정리하면 page-table.html 파일 안의 〈div id="content"〉 태그는 [코드 9-11] layout-admin.html 파일로 넘어가 layout 템플릿 조각이 렌더링됩니다. 렌더링된 layout 템플릿 조각은 다시 [코드 9-12] page-table.html 파일로 넘어가 〈html〉 태그가 통째로 교체되어 최종 HTML이 렌더링됩니다. 이를 그림으로 표현하면 다음과 같습니다.

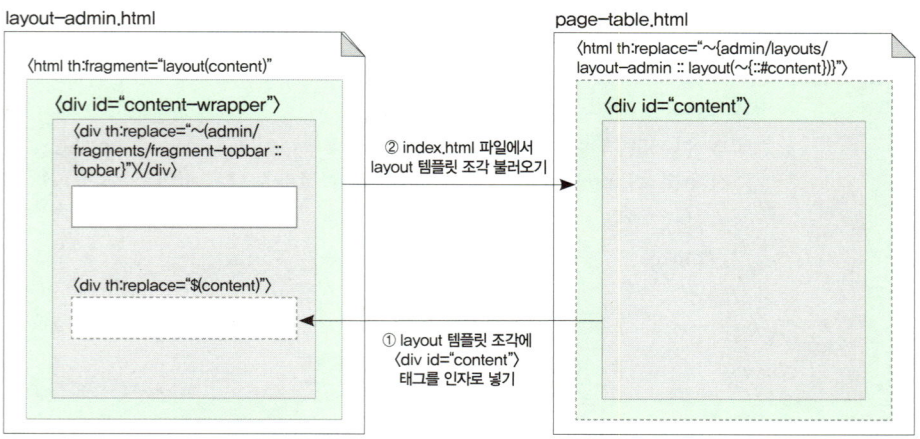

그림 9-8 레이아웃 적용 원리

다시 [코드 9-12]를 살펴봅시다. ❷ 원래 〈html〉 태그 안에 있던 〈body〉 태그 등은 모두 삭제하고, 필요한 메인 콘텐츠 영역인 `<div id="content">` 태그만 남겨 둡니다.

그리고 ❸ `<!-- Begin Page Content -->` 주석 위는 원래 탑바 영역이지만 [코드 9-11] layout-admin.html 파일을 작업하며 탑바 영역의 위치를 옮겼기 때문에 [코드 9-12] page-table.html 파일에서는 삭제합니다.

코드 수정을 완료했다면 애플리케이션을 재실행한 뒤 Achievement 테이블 페이지로 접속해 봅니다. 기존과 똑같은 화면이 보이면 레이아웃이 정상적으로 적용된 것입니다.

이상이 없다면 여기까지의 작업 내역을 커밋합니다.

> **⌘ 커밋과 푸시**
>
> • **커밋 대상**: layout-admin.html, page-table.html
> • **커밋 메시지**: 뷰 개발 – 레이아웃

9-1-5 사이드바 개발하기

지금까지 코드를 계속 수정하기는 했지만 기초 작업을 했을 뿐 원본 템플릿 모습에서 크게 바뀐 것은 없습니다. 이번 단계에서는 8장에서 만든 어드민 인터셉터가 모델에 넣어 준 메뉴 정보로 사이드바를 구성하는 작업을 해보겠습니다.

fragments 패키지에서 fragment-sidebar.html 파일을 엽니다. 코드가 길기 때문에 [코드 9-13]과 [코드 9-14]로 나눠서 설명합니다. 먼저 `<!-- Sidebar - Brand -->` 주석을 찾은 뒤 [코드 9-13]을 참고해 수정합니다.

코드 9-13 admin/fragments/fragment-sidebar.html

```
01  <!DOCTYPE html>
02  <html xmlns:th="http://www.thymeleaf.org">
03  <ul class="navbar-nav" id="accordionSidebar" th:fragment="sidebar">
04
```

```
05    <!-- Sidebar - Brand -->
06    <a class="sidebar-brand" href="index.html" th:href="@{/admin}">  ➡ ❶
07      <div class="sidebar-brand-icon rotate-n-15">
08        <i class="fas fa-laugh-wink"></i>
09      </div>
10        <div class="sidebar-brand-text mx-3">YB Admin</div>  ➡ ❷
11    </a>
12
13    <!-- Divider -->
14    <hr class="sidebar-divider my-0">
15
16    <!-- Nav Item - Dashboard -->
17    <li class="nav-item" th:classappend="${'Dashboard' == pageName} ?
   ➡ 'active'">  ➡ ❸
18      <a class="nav-link" href="index.html" th:href="@{/admin}">
19        <i class="fas fa-fw fa-tachometer-alt"></i>
20        <span>Dashboard</span>
21      </a>
22    </li>
23
24    <!-- Divider -->
25    <hr class="sidebar-divider">
26
27    <!-- Heading -->
28    <div class="sidebar-heading">  ➡ ❹
29      Presentation
30    </div>
31
32    <!-- 생략 -->├──➡ [코드 9-14]에서 이어서 작성합니다.
33
34  </ul>
35  </html>
```

❶ <a> 태그에는 th:href="@{/admin}" 속성을 추가합니다. 그리고 ❷ ⟨a⟩ 태그 내부 텍스트는 'SB Admin ⟨sup⟩2⟨/sup⟩'에서 'YB Admin'으로 수정합니다. 여기서 ⟨a⟩ 태그는 [그림 9-9]와 같은 사이드바 상단의 브랜드 영역을 의미합니다. 클릭하면 '/admin' 경로로 이동합니다.

그림 9-9 사이드바 브랜드 영역

❸ `<li>` 태그는 대시보드 페이지로 연결되는 링크입니다. `th:classappend="${'Dashboard' == pageName} ? 'active'"` 속성을 추가합니다. 모델의 pageName 값이 Dashboard와 같다면 class 속성값에 active를 추가한다는 의미입니다. class 속성값에 active가 들어가면 현재 접속 중인 페이지의 링크가 강조됩니다. 그리고 〈a〉 태그에 `th:href="@{/admin}"` 속성을 추가해 대시보드 페이지로 연결합니다.

tip th:classappend 속성의 조건식은 '${조건} ? 참일 때 값 : 거짓일 때 값' 형식의 삼항 연산자에서 콜론(:) 뒤가 생략된 것입니다. 거짓일 때는 아무 값도 class 속성에 추가하지 않습니다.

❹ `<div class="sidebar-heading">` 태그의 텍스트를 'Interface'에서 'Presentation'으로 변경합니다. 이 텍스트 아래는 프레젠테이션 레이어와 관련된 영역이라는 의미입니다.

다음으로 `<!-- Nav Item - Pages Collapse Menu -->` 주석을 찾아 [코드 9-14]를 참고해 계속 수정합니다.

코드 9-14 admin/fragments/fragment-sidebar.html

```
<!-- Nav Item - Pages Collapse Menu -->
<li class="nav-item" th:each="menu : ${menus}">          ➡ ❶

  <a class="nav-link collapsed" href="#"          ➡ ❷
    data-toggle="collapse" data-target="#collapseComponents"
    th:attr="data-target='#'+${#strings.toLowerCase(menu.name)}+'-menu'"
  >
    <i class="fas fa-fw fa-cog"></i>
    <span th:text="${menu.name}">Components</span>          ➡ ❸
  </a>

  <div id="collapseComponents" class="collapse"
➡ data-parent="#accordionSidebar"          ➡ ❹
      th:id="${#strings.toLowerCase(menu.name)}+'-menu'"          ➡ ❺
      th:classappend="${menu.name == menuName} ? 'show'"
  >

    <div class="bg-white py-2 collapse-inner rounded">
      <h6 class="collapse-header" th:text="Tables">Custom Components:</h6>          ➡ ❻
      <a class="collapse-item" href="cards.html" th:each="page :
```

```
➡ ${menu.pages}"
        th:href="${page.url}" th:text="${page.name}"
        th:classappend="${page.name == pageName} ? 'active'"
    >
      Cards
    </a>
  </div>
  </div>
</li>
```

❶ `<li>` 태그에는 `th:each="menu : ${menus}"` 속성을 추가합니다. 메뉴를 클릭할 때마다 사이드바의 메뉴를 펼치거나 접을 수 있습니다. 이러한 모습이 '아코디언 같다'하여 아코디언 메뉴라고도 부릅니다. 예를 들어 Resume 메뉴를 클릭하면 각 테이블 페이지 링크가 하얀 영역 안에 펼쳐집니다.

메뉴를 클릭할 때마다 메뉴가 펼쳐지거나 접히기 때문에 각 메뉴 단위로 영역을 구분해 주어야 합니다. `th:each` 속성으로 메뉴 리스트의 요소마다 〈li〉 태그를 생성해 줍니다.

이때 〈li〉 태그 안에는 `data-toggle`과 `data-target` 속성을 갖고 있는 ❷ `<a>` 태그가 있습니다. 여기에 `th:`

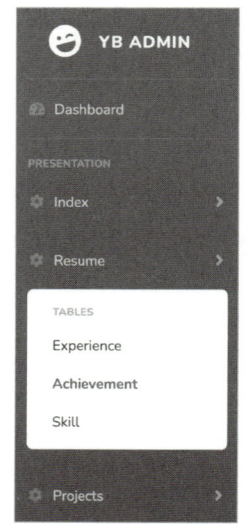

그림 9-10 사이드바 메뉴 펼치기

`attr="data-target='#'+${#strings.toLowerCase(menu.name)}+'-menu'"` 속성을 추가합니다. 메뉴명을 소문자로 바꾼 다음에 앞뒤로 '#'과 '-menu' 문자열을 붙인다는 의미입니다. 예를 들어 메뉴명이 'Achievement'라면 data-target= '#achievement-menu'처럼 속성을 추가하는 기능을 합니다.

> **tip** data-toggle="collapse" 속성은 〈a〉 태그를 펼치기/접기 동작을 트리거 하는 요소로 지정하는 속성입니다. 또한 data-target='#achievement-menu' 속성은 펼치고 접을 대상을 id 속성값이 "achievement-menu"인 요소로 지정함을 의미합니다.

❸ `<span>` 태그에는 `th:text="${menu.name}"` 속성을 추가합니다. 그러면 Index, Resume, Projects 등 메뉴명이 텍스트로 들어갑니다.

그다음 ❹ `<div id="collapseComponents">` 태그의 class 속성 `"collapse show"`를 `"collapse"`로 수정합니다. show는 해당 메뉴가 펼쳐지는 속성값입니다. 고정값으로 들어가는 경우 모든 메뉴가 펼쳐집니다. 고정값에서 show를 삭제해서 메뉴가 닫힌 상태를 기본으로 만듭니다. 대신 ❺ `th:id="${#strings.toLowerCase(menu.name)}+'-menu'"` 속성을 추가합니다. 〈a〉 태그의 `data-target` 속성이 가리키는 대상이 되면서 클릭했을 때 펼쳐져야 하는 영역으로 지정됩니다. 또한 `th:class-append="${menu.name == menuName} ? 'show'"` 속성을 추가하면 menu 객체의 name 값과 모델에 넣은 menuName 값과 같을 경우에만 추가하도록 합니다.

❻ `<h6>` 태그에는 `th:text="Tables"` 속성을 추가합니다. 〈h6〉 태그 아래에는 템플릿의 Cards와 Tables 페이지로 연결되는 〈a〉 태그가 두 개 있습니다. Tables 페이지 〈a〉 태그는 지우고, Cards 페이지 〈a〉 태그만 남긴 다음 `th:each="page : ${menu.pages}"` 속성을 추가합니다. 그럼 menu 객체의 pages 리스트의 요소마다 〈a〉 태그가 생성됩니다. 이어서 다음 속성도 추가합니다.

- th:href="${page.url}"
- th:text="${page.name}"
- th:classappend="${page.name == pageName} ? 'active'"

th:href 속성은 클릭하면 연결될 경로를 지정하고, th:text 속성은 페이지명을 텍스트로 보여 줍니다. th:classappend 속성은 page 객체의 name값과 모델의 pageName 값이 같으면 class 속성값에 active를 추가합니다. 즉 현재 보고 있는 페이지라는 것을 시각적으로 강조합니다.

여기까지 작업했다면 fragment-sidebar.html 파일 수정은 끝입니다. 이제 애플리케이션을 재실행해 사이드바가 서버에서 내려 준 정보대로 구성되는지 확인해 봅시다.

Achievement 테이블 페이지로 접속합니다. [그림 9-11]처럼 어드민 인터셉터에서 구성해 준 메뉴 리스트대로 사이드바가 보이면 됩니다. 이때 Resume 메뉴는 펼쳐져 있고 Achievement 페이지 링크가 강조되어 있어야 합니다. 사이드바의 다른 메뉴와 페이지 링크도 클릭해서 아코디언 메뉴가 잘 동작하는지 확인합니다.

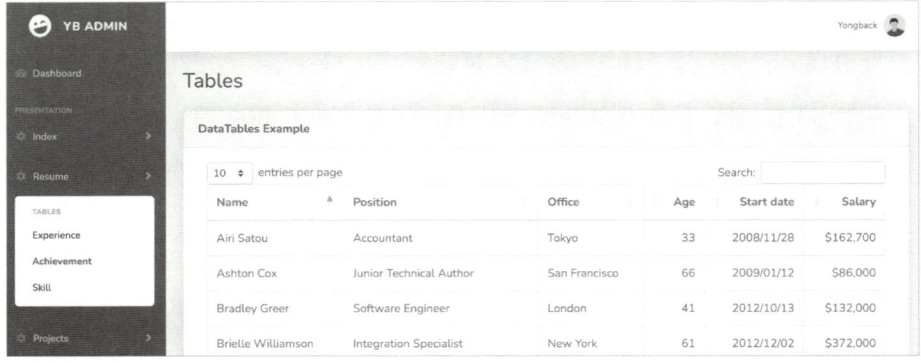

그림 9-11 사이드바 개발 완료 화면

사이드바가 잘 동작한다면 커밋하고 9-1절을 마무리합니다. 다음 9-2절에서는 어드민 레이어의 핵심인 테이블 페이지 그리고 대시보드 페이지를 개발해 보겠습니다.

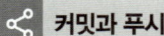 **커밋과 푸시**

- **커밋 대상**: fragment-sidebar.html
- **커밋 메시지**: 뷰 개발 – 사이드바

9-2 페이지별 기능 개발하기

- DataTables 라이브러리를 이용해 서버에서 받은 데이터를 표 형식으로 보여 준다.
- 입력 폼의 데이터를 가져와 서버의 삽입, 수정, 삭제 API로 HTTP 요청을 보낸다.

9-2절에서는 테이블 페이지와 대시보드 페이지를 완성하겠습니다. 데이터를 표 형식으로 보여 주는 데이터 테이블 그리고 삽입 또는 수정할 데이터를 입력받을 입력폼 등 테이블 페이지의 화면 구성 요소를 먼저 개발합니다. 다음으로 8장에서 만든 어드민 API로 요청을 보내고, 응답을 받아 적절히 처리하는 자바스크립트 코드를 작성해 테이블 페이지를 완성합니다. 마지막으로 기간별 사용자 통계 정보와 HTTP 통신 기록을 보여 주는 대시보드 페이지를 만들어 보겠습니다.

9-2-1 데이터 테이블 개발하기

350쪽 [그림 9-1]에서 보았듯이 테이블 페이지는 크게 입력 폼과 데이터 테이블 영역으로 이루어져 있습니다. 이 중에 데이터 테이블 영역을 먼저 만들어 보겠습니다. 8장의 뷰 컨트롤러에서 모델에 넣은 table 객체의 정보를 이용합니다.

템플릿에는 데이터 테이블에서 보여 줄 데이터가 〈table〉 태그 내부에 하드 코딩되어 있습니다. 다음 [코드 9-15]는 현재 page-table.html 파일에 있는 〈table〉 태그입니다.

코드 9-15 page-table.html

```
<!-- 생략 -->
<table class="table table-bordered" id="dataTable" width="100%"
➡ cellspacing="0">
  <thead>
    <tr>
      <th>Name</th>
      <!-- 생략 -->
  </thead>
  <tfoot>
    <tr>
      <th>Name</th>
      <!-- 생략 -->
    </tr>
  </tfoot>
  <tbody>
    <tr>
      <td>Tiger Nixon</td>
      <!-- 생략 -->
    </tr>
  </tbody>
</table>
<!-- 생략 -->
```

〈table〉 태그 내부에는 상단과 하단의 컬럼을 보여 주는 〈thead〉 태그와 〈tfoot〉 태그 그리고 본문에 해당하는 〈tbody〉 태그가 있습니다. 각 태그에는 〈tr〉 태그가 있습니다. tr은 'table row'의 줄임말로 로우에 해당하며, 각 〈tr〉 태그가 갖고 있는

⟨th⟩ 태그 또는 ⟨td⟩ 태그는 로우의 칸 하나, 즉 셀에 해당합니다.

tip ⟨th⟩ 태그는 'table header'의 줄임말로 테이블의 제목 셀, ⟨td⟩ 태그는 'table data'의 줄임말로 테이블의 데이터 셀을 의미합니다.

타임리프로 ⟨table⟩ 태그 안에 테이블 구조를 적절히 정의해서 데이터를 보여 줄 수도 있습니다. 하지만 코드가 꽤 복잡해질 수 있고 페이징, 정렬, 검색과 같은 기능은 직접 구현해야 합니다.

실습 프로젝트에서는 확장성 있는 테이블 기능을 제공하는 DataTables[3] 라이브러리를 활용합니다. 페이징, 검색, 정렬을 기본으로 사용할 수 있고 제공하는 기능 중 필요한 것을 추가할 수도 있습니다. 또한 ⟨table⟩ 태그 내 불필요한 예제 코드도 지울 수 있어 HTML 파일이 깔끔해진다는 장점이 있습니다.

tip 실습 프로젝트에서 사용하는 DataTables 2.3.0 버전은 MIT 라이선스를 따릅니다.

그럼 'admin/fragments' 디렉터리에 fragment-datatable.html 파일을 만들어 템플릿 조각 베이스로 세팅합니다.

page-table.html 파일로 이동해 ⟨table⟩ 태그를 찾아서 내부의 ⟨thead⟩, ⟨tfoot⟩, ⟨tbody⟩ 태그를 모두 지웁니다. 그리고 `<!-- DataTales Example -->` 주석 아래에 ⟨div class="card"⟩ 태그를 통째로 잘라내어 fragment-datatable.html 파일에 붙여 넣습니다. [코드 9-16]을 참고해 수정합니다.

코드 9-16 admin/fragments/fragment-datatable.html

```
01  <!DOCTYPE html>
02  <html xmlns:th="http://www.thymeleaf.org">
03  <div class="card shadow mb-4" th:fragment="datatable(table)">  ──▶ ❶
04    <div class="card-header py-3">
05      <h6 class="m-0" th:text="${table.name}">DataTables Example</h6>  ──▶ ❷
06    </div>
07    <div class="card-body">
08      <div class="table-responsive">
09        <table class="table table-bordered" id="dataTable"  ──▶ ❸
10              th:id="${#strings.toLowerCase(table.name)}+'-datatable'">
```

---

3   DataTables 홈페이지(https://datatables.net)

```
11          </table>
12        </div>
13      </div>
14    </div>
15  </html>
```

❶ `<div class="card">` 태그에는 `th:fragment="datatable(table)"` 속성을 추가합니다. table 파라미터에는 모델에 넣어 준 table 객체가 인자로 들어옵니다.

❷ `<h6>` 태그는 데이터 테이블의 제목입니다. `th:text="${table.name}"` 속성을 추가합니다. 현재 들어가 있는 'DataTables Example' 텍스트는 table 객체의 name 값, 즉 테이블명으로 교체됩니다.

❸ `<table>` 태그에는 `th:id="${#strings.toLowerCase(table.name)}+'-data table'"` 속성을 추가합니다. 테이블명이 'Achievement'라면 id 속성값은 achievement-datatable이 됩니다. DataTables 라이브러리로 초기화할 대상을 찾을 때 사용합니다.

템플릿에서는 〈table〉 태그의 id 속성값을 dataTable로 넣는 코드입니다. 이 값은 'static/js/demo' 디렉터리에 있는 datatables-demo.js 파일에서 확인할 수 있습니다.

코드 9-17 static/js/demo/datatables-demo.js

```
const datatable = new DataTable('#dataTable');
```

DataTable 객체를 생성하며 `#dataTable`값을 인자로 넣는 코드입니다. DataTables 라이브러리 내부적으로 선택자에 해당하는 요소를 찾아 테이블 기능을 적용하게 됩니다. 만약 이 코드를 주석 처리하고 애플리케이션을 재실행한 뒤 테이블 페이지에 접속하면, 데이터를 페이징 처리하는 기능 없이 전체 데이터가 하나의 표로 보입니다.

이번에는 page-table.html 파일로 이동합니다. [코드 9-18]을 참고해 수정합니다.

```html
<!-- 생략 -->
<div id="content">

  <!-- Begin Page Content -->
  <div class="container-fluid">

    <!-- Page Heading -->
    <h1 class="h3 mb-2 text-gray-800" th:text="${pageName}">Tables</h1>   ➡ ❶
    <p class="mb-4"></p>

    <!-- DataTales Example -->
    <div th:replace="~{admin/fragments/fragment-datatable ::
➡ datatable(${table})}"></div>           ➡ ❷

    <th:block th:if="${hasDetails}">
      <div th:replace="~{admin/fragments/fragment-datatable ::
➡ datatable(${detailTable})}">           ➡ ❸
      </div>
    </th:block>

  </div>
  <!-- /.container-fluid -->

</div>

<!-- 생략 -->
```

❶ `<h1>` 태그에 `th:text` 속성을 추가해서 모델의 `pageName`, 즉 페이지명을 텍스트로 보여 줍니다.

그다음 ❷ `<div>` 태그로 `datatable` 템플릿 조각을 불러옵니다. 이때 모델의 table 객체를 전달합니다.

바로 아래 ❸ `<div>` 태그는 `<th:block>` 태그로 한 번 감싸고 여기에 `th:if="${hasDetails}"` 속성을 추가합니다. `hasDetails`값이 참일 때만 `<th:block>` 태그가 렌더링됩니다. 즉 project, experience 테이블처럼 상세 데이터가 있는 경우에만 추가로 렌더링되는 데이터 테이블임을 의미합니다. 이제 ❷ project, experience

테이블을 보여 주는 영역을 '메인 데이터 테이블', ❸ project_detail, experience_detail 테이블을 보여 주는 영역을 '상세 데이터 테이블'이라고 부르겠습니다.

데이터를 보여 주는 화면 개발은 이것으로 끝입니다. 이제 데이터를 불러오는 자바스크립트 코드를 작성합니다.

fragment-scripts.html 파일을 열어서 제일 하단에 datatables-demo.js 파일을 불러오는 〈script〉 태그를 삭제합니다. 그리고 같은 위치에 [코드 9-19]를 참고해 코드를 작성합니다.

코드 9-19 admin/fragments/fragment-scripts.html

```
<!-- 생략 -->
<!-- Page level custom scripts -->
<script th:inline="javascript">

    // 페이지 속성
    const pageName = [[${pageName}]];
    const pageId = pageName.toString().toLowerCase();
    const editable = [[${editable}]];                          ❶
    const deletable = [[${deletable}]];
    const hasDetails = [[${hasDetails}]];

    // 버튼 컴포넌트 정의
    const detailsButton = "<button type=\"button\" onclick=\"getDetails
  (this)\"><button>";                                          ❷
    const editButton = "<button type=\"button\" onclick=\"openEdit(this)\">
  </button>"
    const deleteButton = "<button type=\"button\" onclick=\"deleteRecord
  (this)\"></button>"

<!--생략-->    [코드 9-20]~[코드 9-22]에서 이어서 작성합니다.
</script>
```

❶ 모델에 넣은 데이터를 자바스크립트로 불러와 변수에 할당합니다. **pageName**값은 'Achievement'와 같이 대문자로 시작하는데, 소문자를 더 많이 사용하기 때문에 소문자로 변환한 값을 **pageId** 변수에 미리 할당합니다.

❷ 표 안에 넣을 버튼 요소는 문자열로 정의합니다. **detailsButton** 요소는 상세 조

회 버튼, editButton 요소는 편집 버튼, deleteButton 요소는 삭제 버튼입니다.

<button> 태그의 onclick 속성에는 각 버튼을 클릭하면 호출할 함수를 넣습니다. 참고로 getDetails(), openEdit(), deleteRecord() 함수는 상세 조회, 수정, 삭제 기능을 개발할 때 직접 정의해야 합니다. 또한 여기서 인자로 넣어 주는 this는 onclick 속성이 선언된 버튼 요소임을 기억하세요.

tip 실제 버튼 요소는 아이콘에 해당하는 ⟨i⟩ 태그나 class 속성 등 때문에 훨씬 길지만 지면 관계상 짧게 줄였습니다. 자세한 내용은 데모 프로젝트의 깃허브 리포지터리를 참고하세요.

앞서 작성한 버튼 요소 정의 영역 바로 아래에 [코드 9-20]을 참고해 계속 코드를 작성합니다. createDatatable() 함수는 데이터 테이블을 생성하는 코드입니다. 아직 createDatatable() 함수를 만들기 전이기 때문에 오류가 발생하겠지만 우선 작성합니다.

코드 9-20 admin/fragments/fragment-scripts.html

```
const table = [[${table}]];
const datatable = createDatatable(
                    table.name,
                    table.columns,
                    table.records,        ➊
                    editable,
                    deletable,
                    hasDetails
                );


const detailTable = [[${detailTable}]]
let detailDatatable = (hasDetails)
                    ? createDatatable(
                        detailTable.name,
                        detailTable.columns,
                        detailTable.records,   ➋
                        false,
                        false,
                        false
                    )
                    : null;
```

먼저 ❶ 메인 데이터 테이블을 초기화합니다. 이때 모델에 넣어 준 table 객체를 사용합니다. 즉 TableDTO의 name, columns, records 필드값을 createDatatable() 함수에 인자로 넣습니다. 또 모델에 넣어 준 editable, deletable, hasDetails값도 넣습니다. 이 값에 따라 [코드 9-18]에서 정의한 버튼 요소가 데이터 테이블에 추가됩니다.

그리고 ❷ hasDetails값이 참일 때 상세 데이터 테이블을 초기화합니다. 삼항 연산자로 hasDetails값이 거짓이면 detailDatatable 변수에 null을 할당하게 합니다.

[코드 9-20]의 내용 바로 아래에 이어서 [코드 9-21]의 내용을 작성합니다. createDatable() 함수를 정의합니다.

코드 9-21 fragment-scripts.html: createDatatable() 함수

```
/**
 * 데이터 테이블 초기화
 */
function createDatatable(
          tableName,
          tableColumns,
          tableRecords,          ❶
          editable,
          deletable,
          hasDetails
) {

    const datatableId = `#${tableName.toLowerCase()}-datatable`;

    // 편집 가능할 경우 컬럼 및 버튼 추가
    if (editable) {
      tableColumns.push("edit")                              ❷
      tableRecords.forEach(list => list.push(editButton))
    }

    // 삭제 가능할 경우 컬럼 및 버튼 추가
    if (deletable) {
      tableColumns.push("delete")                            ❸
      tableRecords.forEach(list => list.push(deleteButton))
    }
```

```
  // 상세 데이터 포함일 경우 컬럼 및 버튼 추가
  if (hasDetails) {
    tableColumns.push("details")
    tableRecords.forEach(list => list.push(detailsButton))      ➍
  }

  const records = convertRecords(tableRecords, tableColumns);    ➎

  // 데이터 테이블 컬럼 정의 생성
  const columns = tableColumns.map(column => ({data: column, title:
➥ column}));      ➏

  return new DataTable(datatableId, {
    data: records,
    columns: columns,                          ➐
    scrollX: true
  });
}
```

❶ 함수의 파라미터를 정의합니다. tableName, tableColumns, tableRecords 파
라미터에는 모델에 넣어 준 table 또는 detailTable의 데이터가 들어옵니다. 그 아래
에는 datatableId 변수도 정의합니다. 이후 DataTable 객체를 생성할 때 인자로 사
용할 것입니다.

❷, ❸, ❹ 각각 편집, 삭제, 상세 조회 버튼을 추가합니다. 컬럼 리스트 table
Colums에는 문자열로 컬럼명을 넣습니다. 그리고 레코드 리스트 tableRecords에
서 forEach() 함수를 호출해 리스트 안의 각 레코드, 즉 로우를 순회하며 로우에 버
튼 요소를 추가합니다.

tip 엄밀히 말해 자바스크립트에서는 '순서를 가지는 데이터의 집합' 자료 구조는 배열(array)이라고 부릅니다.
다만 리스트라는 자료 구조를 별도로 제공하지도 않고, 실질적으로 많이 혼용해 사용하기 때문에 이 책에서는 리
스트로 통일합니다.

그리고 ❺ convertRecords() 함수를 호출해 반환된 값은 records 변수에 할당합
니다. convertRecords() 함수는 컬럼 리스트와 레코드 리스트로 DataTable 객체에
서 활용할 수 있는 형식의 객체의 리스트를 만들어 반환합니다. convertRecords()

함수는 다음 코드에서 만들어 보겠습니다.

그다음 ❻ 컬럼 리스트에 map() 함수를 호출해 각 컬럼명을 객체로 변환합니다. 이 객체 역시 DataTable 객체에서 활용할 수 있는 형식입니다.

❼ DataTable 객체를 생성해 반환합니다. 이때 첫 번째 인자로 datableId 변수는 함수 최상단에서 정의했습니다. tableName 값이 ProjectDetail이었다면 projectdetail-datatable과 같은 식으로 변환되어 [코드 9-16] 〈table〉 태그의 th:id 속성과 대응합니다.

두 번째와 세 번째 인자에는 레코드와 컬럼을 변환한 객체 리스트가 들어갑니다. scrollX: true 옵션으로 가로 스크롤도 활성화해 줍니다.

다음으로는 convertRecords() 함수를 만듭니다. 레코드 리스트와 컬럼 리스트를 각각 순회하는 이중 반복문 구조로 작성합니다.

코드 9-22 fragment-scripts.html: convertRecords() 함수

```
/**
 * 레코드를 객체로 변환
 */
function convertRecords(tableRecords, tableColumns) {
  return tableRecords.map(record => {        ──▶ ❶
    const obj = {};        ──▶ ❷
    tableColumns.forEach((column, idx) => {        ──▶ ❸
      obj[column] = record[idx];        ──▶ ❹
    });
    return obj;        ──▶ ❺
  });
}
```

레코드 리스트와 컬럼 리스트를 각각 순회하는 이중 반복문의 구조여서 다소 복잡하게 느껴질 수 있지만 설명과 함께 코드를 천천히 따라가면 어렵지 않을 것입니다.

먼저 ❶ 레코드 리스트 tableRecords에 map() 함수를 호출해 레코드를 순회합니다. 각 레코드는 map() 함수 안에 정의된 로직이 반환한 값으로 변환되고, 변환된 반환 값이 리스트로 모여서 convertRecords() 함수에서 반환됩니다.

map() 함수는 ❷ obj 변수에 빈 객체를 할당하고 ❸ 컬럼 리스트 tableColums에

forEach() 함수를 호출해 순회합니다. column 파라미터는 컬럼명, idx 파라미터는 인덱스입니다. ❹ obj 객체에 컬럼명을 키로, 레코드 리스트의 idx번째 데이터를 값으로 하여 데이터를 넣습니다. 모든 컬럼명을 순회하며 obj 객체에 데이터를 넣는 작업이 끝나고 ❺ obj 객체를 반환합니다.

정리하면 레코드 리스트의 각 레코드는 map() 함수 안의 로직을 거치며 객체로 변환됩니다. 변환된 객체는 리스트로 모여서 최종적으로 convertRecords() 함수에서 반환됩니다.

이제 애플리케이션을 재실행합니다. Achievement 테이블 페이지에 접속하면 [그림 9-12]처럼 Achievement 데이터가 표 형식으로 보입니다. 왼쪽의 사이드바를 이용해 다른 테이블 페이지로 이동해서 데이터 테이블이 정상적으로 보이는지 확인합니다. 테이블 페이지마다 적절히 상세 조회 버튼, 편집 버튼, 삭제 버튼 등이 보이면 성공입니다.

그림 9-12 데이터 테이블 기본 조회

기능이 잘 작동한다면 커밋합니다.

커밋과 푸시

- **커밋 대상**: fragment-datatable.html, fragment-scripts.html, page-table.html
- **커밋 메시지**: 뷰 개발 – 테이블 페이지(Table)

9-2-2 입력 폼 개발하기

새로운 데이터를 추가하기 위한 입력 폼을 화면에 추가해 보겠습니다. 'admin/frag-ments' 디렉터리에 fragment-form.html과 fragment-form-element.html 파일을 만듭니다. 그리고 각각 템플릿 조각 베이스로 세팅합니다.

fragment-form-element.html 파일에 만들 formElement 템플릿 조각은 값을 입력하는 입력 폼 요소 하나에 해당합니다. 데이터를 입력받을 테이블의 컬럼 하나가 fragment-form-element 템플릿 조각 하나에 대응합니다.

다음 [그림 9-13]을 살펴보면 name, description 등 컬럼명마다 값을 입력할 수 있는 칸이 하나씩 있습니다. 앞으로 이 칸 하나를 '입력 폼 요소'라고 부르겠습니다. 각 컬럼에 대응하는 입력 폼 요소는 여러 개가 모여서 하나의 레코드, 즉 로우를 구성합니다.

상단의 name 입력 폼 요소부터 isActive 입력 폼 요소가 묶여서 project 테이블의 로우 하나가 되는데, 이 묶음은 '메인 입력 폼 요소 로우'라고 부르겠습니다. 하단의 content, url, isActive 입력 폼 요소가 하나로 묶인 project_detail 로우는 '상세 입력 폼 요소 로우'라고 부르겠습니다.

그림 9-13 입력 폼

tip [그림 9-13] 중앙의 [더하기(+)] 버튼을 클릭하면 상세 입력 폼 요소 로우가 하나씩 추가됩니다.

fragment-form.html 파일에 만들 form 템플릿 조각은 '입력 폼'에 해당합니다. 입력 폼 요소 로우를 묶어 주는 집합이라 할 수 있습니다. 입력 폼의 모든 입력 폼 요소에 입력한 값은 모두 묶어서 하나의 API 요청 데이터로 만들어집니다.

입력 폼 템플릿에서 form 템플릿 조각으로 만들 코드를 먼저 가져오고, 가져온 코드에서 formElement 템플릿 조각에 필요한 코드를 뽑아 오겠습니다. formElement 템플릿 조각 개발을 먼저 완료한 뒤 form 템플릿 조각을 개발합니다.

입력 폼 템플릿은 cards.html 파일에서 가져옵니다. `<!-- Form Card Example -->` 주석을 찾아 그 아래에 있는 〈div class="card"〉 태그를 복사해 fragment-form.html 파일로 붙여 넣습니다.

fragment-form.html 파일의 중간 위치에 나란히 있는 〈div class="form-group"〉 태그 세 개를 찾습니다. 이 태그들이 각각 텍스트, 날짜, 선택 목록 유형의 입력 폼 요소가 됩니다. 세 개의 태그를 통째로 잘라내어 fragment-form-element.html 파일에 붙여 넣습니다. [코드 9-23]을 참고해 수정합니다.

코드 9-23 admin/fragments/fragment-form-element.html

```
01  <!DOCTYPE html>
02  <html xmlns:th="http://www.thymeleaf.org">
03  <th:block th:fragment="formElement(formElement)">
04
05    <div class="form-group col-md-12">  ──▶ 첫 번째 입력 폼 요소 태그
06      <!-- 생략 -->
07    </div>
08
09    <div class="form-group col-md-12">  ──▶ 두 번째 입력 폼 요소 태그
10      <!-- 생략 -->
11    </div>
12
13    <div class="form-group col-md-12">  ──▶ 세 번째 입력 폼 요소 태그
14      <!-- 생략 -->
15    </div>
16
17  </th:block>
18  </html>
```

`<th:block>` 태그로 `<div class="form-group">` 태그 세 개를 하나의 템플릿 조각으로 묶습니다. 즉 formElement 템플릿 조각에는 세 개의 입력 폼 요소가 들어갑니다.

그런데 하나의 컬럼값을 입력 받으려면 한 개 유형만으로 충분합니다. 인자로 받은 formElement 객체의 type 필드값에 따라 하나의 입력 폼 요소만 렌더링되도록 th:if 속성을 추가하면 됩니다.

이제 각 유형의 입력 폼 요소를 나타내는 〈div class="form-group"〉 태그를 [코드 9-24]부터 [코드 9-26]까지 세 번에 걸쳐 수정합니다. 먼저 세 개의 태그 중 첫 번째 `<div class="form-group">` 태그는 텍스트 유형으로 만듭니다. [그림 9-14]처럼 사용자가 직접 값을 입력할 수 있는 요소입니다.

그림 9-14 텍스트 유형 입력 폼 요소

코드 9-24 fragment-form-element.html: 첫 번째 〈div class="form-group"〉 태그

```
<div class="form-group col-md-12" th:if="${formElement.type == 'text'}" ➜ ❶
      th:class="¦form-group col-md-${formElement.size}¦"
>
  <label for="exampleInputText" class="d-inline mx-2 my-auto" ──➜ ❷
        th:for="${formElement.name}" th:text="${formElement.name}"
  >
    Text
  </label>
  <input type="text" class="form-control d-inline" id="exampleInputText" ➜ ❸
        th:type="${formElement.type}" th:id="${formElement.name}"
        th:name="${formElement.name}"
  >
</div>
```

❶ th:if="${formElement.type == 'text'}" 속성을 추가합니다. formElement 객체의 type 필드값이 text일 때만 렌더링됩니다.

또 th:class="¦form-group col-md-${formElement.size}¦" 속성을 추가해서

기존에 있던 class 속성을 교체하도록 합니다. 이때 formElement 객체의 size 필드값에 따라서 입력 폼 요소의 가로 길이가 결정됩니다.

❷ `<label>` 태그는 값을 입력받는 〈input〉 태그를 수식하는 역할을 합니다. [그림 9-13]에서는 name, description 등 컬럼명에 해당하는 요소입니다.

〈label〉 태그의 for 속성값은 〈input〉 태그의 id 속성값과 일치하게 해서 〈label〉 태그가 어떤 〈input〉 태그를 가리키는지 알려 주어야 합니다. 따라서 `th:for="${formElement.name}"` 속성을 추가해 formElement 객체의 name 필드값으로 지정합니다. 〈input〉 태그에도 같은 값을 id 속성에 넣어 줄 것입니다. 또 `th:text="${formElement.name}"` 속성을 추가합니다. 컬럼명을 텍스트로 표시해서 입력 폼 요소가 어떤 컬럼에 대응하는지 사용자가 알 수 있게 합니다.

❸ `<input>` 태그에는 `th:type="${formElement.type}"` 속성을 사용합니다. 속성값에 따라서 웹 브라우저가 유형에 맞는 입력 폼 요소를 그리게 합니다. 또한 `th:id="${formElement.name}"` 속성으로 〈label〉 태그와 연결해 주고 `th:name="${formElement.name}"` 속성으로 자바스크립트에서 JSON 형식의 요청 데이터를 만들 때 키로 사용합니다.

그다음 세 개의 태그 중 두 번째인 〈div class="form-group"〉 태그는 날짜 유형으로 만듭니다. [그림 9-15]처럼 선택하면 달력이 펼쳐지는 요소입니다.

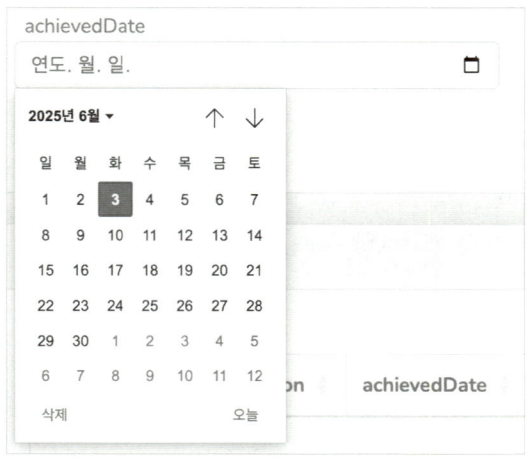

그림 9-15 날짜 유형 입력 폼 요소

```
<div class="form-group col-md-12" th:if="${formElement.type == 'date'}"       ➊
    th:class="¦form-group col-md-${formElement.size}¦"
>
  <label for="exampleInputDate" class="d-inline mx-2 my-auto"
        th:for="${formElement.name}" th:text="${formElement.name}">
    Date
  </label>
  <input type="date" class="form-control" id="exampleInputDate"
        th:type="${formElement.type}" th:id="${formElement.name}"
        th:name="${formElement.name}"
  >
</div>
```

코드상 날짜 유형과 텍스트 유형 태그는 ➊ th:if="${formElement.type == 'date'}" 속성 차이밖에 없습니다. formElement 객체의 type 필드값이 date일 때만 렌더링됩니다.

이렇게 코드가 일치하는 경우에는 텍스트 유형과 날짜 유형 입력 폼 요소를 하나로 합쳐 th:if 속성의 "${formElement.type == 'text' or formElement.type == 'date'}"나 "${#lists.contains({'text', 'date'}, formElement.type)}"과 같이 수정하는 방법도 있습니다. 하나의 태그로 formElement 객체의 type 필드값이 text 또는 date일 때 렌더링되도록 하는 것입니다.

다만 당장은 태그가 줄어서 간결해 보일지 몰라도 장기적으로 봤을 때는 확장에 불리한 구조입니다. 예를 들어 텍스트, 날짜 외 다른 유형의 입력 폼 요소가 추가되면 기존 태그를 수정해야 합니다. 또 특정 유형에만 적용되어야 하는 새로운 요구사항이 생기면 결국 분리할 수밖에 없습니다. 그래서 각 태그가 하나의 유형을 담당하도록 단일 책임을 부여해 확장성을 확보합니다.

마지막으로 세 개의 태그 중 마지막 태그 〈div class="form-group"〉는 선택 목록 유형으로 만들겠습니다. [그림 9-16]처럼 클릭하면 선택 가능한 목록이 펼쳐집니다.

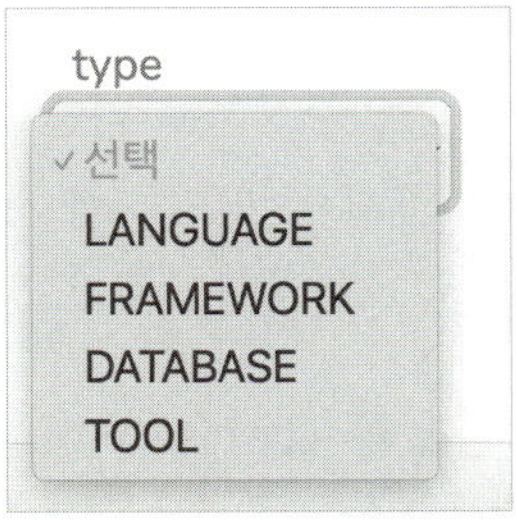

그림 9-16 선택 목록 유형 입력 폼 요소

```
<div class="form-group col-md-12" th:if="${formElement.type == 'select'}"  ➡ ❶
      th:class="|form-group col-md-${formElement.size}|"
>
  <label for="exampleInputSelect" class="d-inline mx-2 my-auto"
        th:for="${formElement.name}" th:text="${formElement.name}"
  >
    Select
  </label>
  <select class="form-control" id="exampleInputSelect"
          th:id="${formElement.name}" th:name="${formElement.name}"
  >
    <option disabled selected value th:text="선택"> -- select an option --
➡ </option>  ➡ ❷
    <option value="1" th:each="option : ${formElement.options}"           ➡ ❸
            th:value="${option}" th:text="${option}"
    >
      1
    </option>
  </select>
</div>
```

❶ `th:if="${formElement.type == 'select'}"` 속성으로 formElement 객체의 type 필드값이 select일 때만 렌더링되게 합니다.

그다음 `<label>` 태그는 텍스트 유형 및 날짜 유형의 〈label〉 태그와 똑같습니다. `<select>` 태그도 type 속성이 필요 없다는 점 말고는 〈input〉 태그와 큰 차이가 없습니다.

선택 목록 유형은 텍스트나 날짜 유형과는 달리 〈input〉 태그 대신 〈select〉 태그와 〈option〉 태그를 사용합니다. 〈option〉 태그는 〈select〉 태그에서 선택 가능한 값의 목록을 구성하는 역할을 합니다. 자바스크립트에서 〈select〉 태그 요소를 선택해 value 속성을 가져올 때 선택된 〈option〉 태그 요소의 value 속성을 가져올 수 있습니다.

첫 번째 ❷ `<option>` 태그는 사용자에게 이 입력 폼 요소가 선택 목록이라는 것을 알려 주는 역할을 합니다. 실제로 선택 가능한 값은 아닙니다. `selected` 속성으로 화면이 처음 렌더링될 때 보이는 기본값으로 지정합니다. 그리고 disabled 속성을 추가해 한 번 선택 목록을 연 다음에는 선택할 수 없도록 합니다. 대신 th:text 속성을 사용해 '선택'이라는 값을 넣으면 사용자가 입력 폼 요소를 클릭해 보지 않아도 선택 목록임을 인지할 수 있습니다.

두 번째 ❸ <option> 태그는 실제 선택 가능한 요소입니다. th:each="option : ${formElement.options}" 속성을 사용해 서버에서 SelectFormElement 객체의 options 필드에 넣어 준 리스트의 요소마다 〈option〉 태그가 생성되도록 합니다. th:value="${option}" 속성과 th:text="${option}" 속성으로 선택했을 때의 값과 사용자에게 보여 줄 텍스트도 세팅합니다.

tip 〈option〉 태그의 텍스트와 value 속성이 항상 같아야 하는 것은 아닙니다. Skill 테이블 페이지의 type 입력 폼 요소를 예로 들면 서버에는 'LANGUAGE', 'DATABASE' 같은 값을 보내야 하지만 사용자에게는 '언어', '데이터베이스'와 같이 한글로 보여 주고 싶을 수도 있습니다. 이럴 때는 텍스트는 한글로, value 속성에는 영어로 값을 넣습니다. 또 실무에서는 '코드'로 값을 관리하는 경우도 많습니다. LANGUAGE=10, DATABASE=20과 같이 코드를 부여한다면 텍스트에는 영문값을, value 속성에는 코드값을 넣을 수도 있습니다.

이제 fragment-form.html 파일로 돌아갑니다. [코드 9-27]부터 [코드 9-30]을 참고해 수정합니다.

코드 9-27 admin/fragments/fragment-form.html

```
01  <!DOCTYPE html>
02  <html xmlns:th="http://www.thymeleaf.org">
03  <div class="card mb-4" th:fragment="form(formElements)">  ──▶ ❶
04
05    <div class="card-header py-3">  ──▶ ❷
06      <h6 class="m-0 font-weight-bold text-primary" th:text="${pageName}">
07        Form Card Example
08      </h6>
09    </div>
10
11    <div class="card-body">  ──▶ ❸
12      <!-- 생략 -->  ├──▶  [코드 9-28]에서 이어서 작성합니다.
13    </div>
14  </div>
15  </html>
```

❶ `<div class="card">` 태그에 `th:fragment="form(formElements)"` 속성을 추가합니다. formElements 파라미터는 입력 폼 요소의 리스트를 의미하며 인자로 받은 리스트를 이용해 전체 입력 폼을 구성합니다.

그다음 카드 헤더 영역을 작성합니다. ❷ `<div class="card-header">` 태그는 카드 제목을 보여 주는 기능만 합니다. `<h6>` 태그에는 `th:text="${pageName}"` 속성을 하여 입력 폼 카드의 제목이 페이지명으로 교체되도록 합니다.

이어서 〈div class="card-header"〉 태그 다음에 있는 ❸ `<div class="card-body">` 태그에 속성을 추가합니다. 내용은 [코드 9-28]을 참고해 작성합니다.

코드 9-28 fragment-form.html: 〈div class="card-body"〉 태그

```
<div class="card-body">
  <form class="user" th:id="|${#strings.toLowerCase(pageName)}-form|"    ➡ ❶
        th:onsubmit="'return false;'"    ➡ ❷
  >

    <div class="row" th:classappend="main">    ➡ ❸
      <th:block th:each="formElement : ${formElements}">    ➡ ❹
        <div th:replace="~{admin/fragments/fragment-form-element
                          :: formElement(${formElement})}"
        >
        </div>
      </th:block>
    </div>

    <!-- 생략 -->    ┣━➡ [코드 9-29], [코드 9-30]에서 이어서 작성합니다.

  </form>
</div>
```

`<div class="card-body">` 태그 안 〈form〉 태그에 ❶ `th:id="|${#strings.toLowerCase(pageName)}-form|"` 속성을 추가합니다. id 속성에는 achievement-form과 같은 값이 들어오는데, 서버로 보낼 요청 데이터를 만들 입력 폼을 선택할 때 사용합니다.

또 ❷ `th:onsubmit="'return false;'"` 속성도 추가합니다. 본래 〈form〉 태그는

데이터를 제출^{submit}하는 것이 목적인 요소입니다. 데이터를 전송하기 위한 속성과 기능을 기본으로 포함합니다. 여기서 '제출'이라는 행위는 페이지 이동을 기본값으로 포함합니다.

다만 실습 프로젝트에서는 입력 폼의 '제출'을 원하지 않고, 별도의 자바스크립트 코드를 작성해서 저장 버튼을 클릭했을 때의 데이터만 뽑아 서버로 전송되게 합니다. 그래서 onsubmit 속성으로 제출 동작을 return false로 정의해서 제출을 막습니다.

⚠️ 'return false;'는 작은따옴표(' ')로 감싼 다음, 다시 큰따옴표(" ")로 감싸는 것에 주의하세요.

〈form〉 태그 바로 내부에는 `<div class="row">` 태그를 작성합니다. 입력 폼 요소 로우에 해당합니다. 기존 내부에 있던 〈div class="form-group col-md-12"〉 태그 세 개를 잘라내고 formElement 템플릿 조각으로 옮겨서 비어 있을 것입니다. 여기에 ❸ `th:classappend="main"` 속성을 추가합니다. '메인 입력 폼 요소 로우'라는 의미입니다. 서버로 전송할 메인 테이블의 데이터를 보낼 때 선택자로 사용됩니다.

그리고 ❹ `<th:block>` 태그의 `th:each` 속성으로 form 템플릿 조각에서 인자로 받은 `formElements` 리스트의 각 요소마다 formElement 템플릿 조각을 불러옵니다.

인자로는 formElement 객체가 들어가 type 필드값에 따라 세 개의 〈div class="form-group"〉 태그 중 하나만 렌더링되는 로직입니다.

그다음 원본 템플릿에는 메인 입력 폼 요소 로우로 만든 〈div class="row"〉 태그 하나만 있습니다. 그 아래에 〈th:block〉 태그를 추가해 봅시다. 상세 입력 폼 요소 로우를 그릴 영역입니다.

코드 9-29 fragment-form.html: 〈th:block〉 태그

```
<th:block th:if="${detailFormElements != null}          ❶
                and ${#lists.size(detailFormElements) > 0}"
>
  <hr>          ❷

  <div class="row">          ❸
    <button type="button" class="btn" onclick="addDetailRow('form')">
      <i class="fas fa-plus"></i>
    </button>
```

```
    </div>

    <div class="row" th:classappend="detail">  ──────▶ ❹
      <th:block th:each="detailFormElement : ${detailFormElements}">
        <div th:replace="~{admin/fragments/fragment-form-element
                          :: formElement(${detailFormElement})}"
        >
        </div>
      </th:block>
    </div>

</th:block>
```

`<div class="row" th:classappend="main">` 태그 아래에 ❶ `<th:block>` 태그를 추가합니다. `th:if` 속성을 이용해 모델에 넣어 준 detaiFormElements 리스트가 null이 아니고, 리스트의 크기가 0보다 클 때만 상세 입력 폼 요소 로우 영역이 그려지도록 합니다.

❷ `<hr>` 태그로 가로줄을 그립니다. 메인 입력 폼 요소 로우와 상세 입력 폼 요소 로우 영역을 시각적으로 구분하기 위해 사용합니다.

❸ `<div class="row">` 태그에는 상세 입력 폼 요소 로우를 추가하는 버튼을 구현합니다. 상세 데이터를 여러 개 추가할 때 사용합니다. `<button>` 태그에 onclick="addDetailRow('form')" 속성을 추가해 클릭하면 `addDetailRow()` 함수가 호출됩니다. 인자로 넣어 주는 form 값은 현재 작업 중인 삽입 입력 폼과 수정 입력 폼을 구분하는 용도입니다. `<i>` 태그는 더하기(+) 아이콘입니다.

그다음 ❹ 상세 입력 폼 요소 로우 영역을 작성합니다. `th:classappend` 속성에 detail 값을 넣어 메인 입력 폼 요소 로우와 구분합니다. 〈th:block〉 태그가 메인 입력 폼 요소 로우처럼 각 입력 폼 요소에 formElement 템플릿 조각을 불러옵니다. 대신 이번에는 formElements 리스트 대신 detaiFormElements 리스트를 사용한다는 점이 다릅니다.

이어서 상세 입력 폼 요소의 〈th:block〉 태그 아래 〈div class="row justify-content-center"〉 태그는 입력 폼의 버튼을 담는 로우를 작성합니다. 저장 버튼의 태그와 초기화 버튼의 태그를 구현합니다.

코드 9-30 fragment-form.html: 저장 버튼과 초기화 버튼 태그

```
<div class="row justify-content-center">
  <button class="btn btn-primary m-1" th:text="저장" th:onclick="save()">  ➜ ❶
    Submit
  </button>
  <button class="btn btn-secondary m-1" th:text="초기화" th:type="reset">  ➜ ❷
    Reset
  </button>
</div>
```

먼저 저장 버튼을 구현합니다. ❶ `<button>` 태그에 `th:text` 속성으로 텍스트를 '저
장'으로 지정하고, `th:onclick` 속성으로 클릭하면 `save()` 함수가 호출됩니다.

그다음 초기화 버튼을 구현합니다. ❷ `<button>` 태그는 텍스트를 '초기화'로 지정합
니다. `th:type="reset"` 속성으로 클릭했을 때 각 입력 폼 요소의 값이 초기화됩니
다. 따로 초기화하는 코드를 작성하지 않아도 웹 브라우저에서 입력 폼에 입력된 값
이 초기화됩니다.

여기까지 입력 폼 및 입력 폼 요소를 담당하는 템플릿 조각은 모두 만들었습니다.
page-table.html 파일로 돌아가 [코드 9-31]을 참고해 템플릿 조각을 추가합니다.

`<!-- Page Heading -->` 주석 아래 페이지 제목 영역과 `<!-- DataTables Example
-->` 주석 아래 데이터 테이블 영역 사이에 form 템플릿 조각을 불러옵니다. 그리
고 원본 템플릿에 있던 `<!-- DataTables Example -->` 주석을 `<!-- DataTables
Card -->` 주석으로 수정합니다.

코드 9-31 admin/page-table.html

```
<!-- Begin Page Content -->
<div class="container-fluid">

  <!-- Page Heading -->
  <h1 class="h3 mb-2 text-gray-800" th:text="${pageName}">Tables</h1>
  <p class="mb-4"></p>
```

```
<!-- Form Card -->  ──────▶  form 템플릿 조각 불러오기
<div th:replace="~{admin/fragments/fragment-form ::
form(${formElements})}"></div>


<!-- DataTables Card -->  ──────▶  주석 수정하기
<!-- 생략 -->


</div>
<!-- /.container-fluid -->
```

form 템플릿 조각을 추가했다면 애플리케이션을 재실행한 뒤 Achievement 테이블
페이지로 접속합니다. [그림 9-17]처럼 데이터 테이블 위에 입력 폼이 보이면 됩니
다. 다른 테이블 페이지도 접속해서 각 테이블에 맞게 입력 폼 요소가 구성되었는지
확인합니다. 선택 목록 입력 폼 요소를 클릭해서 SelectFormElement 객체를 생성
할 때 넣어 준 값으로 잘 들어갔는지도 확인해 보세요.

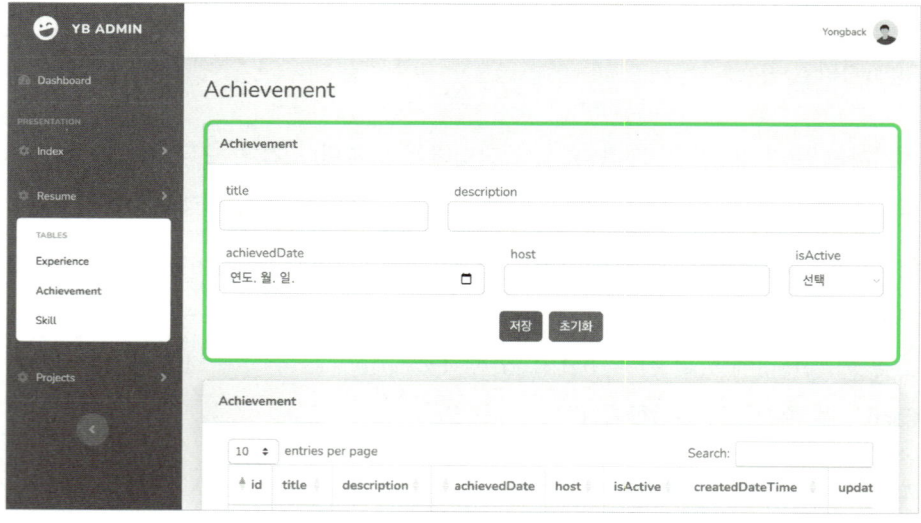

그림 9-17 입력 폼 요소 추가 화면

각 테이블 페이지가 정상적으로 보인다면 작업 내역을 커밋합니다.

9-2-3 입력 폼 모달 개발하기

데이터를 수정할 때 사용할 입력 폼 모달modal을 만들어 봅시다. 데이터 테이블에서 수정할 로우의 편집 버튼을 클릭하면 모달 형태로 입력 폼을 띄우는데, 신규 데이터를 입력할 때와는 달리 각 입력 폼 요소에는 기존 데이터의 값이 미리 들어가 있어야 합니다. 수정이 필요한 값만 수정하도록 하기 위함입니다.

입력 폼 모달 템플릿 조각은 fragment-modal-logout 템플릿 조각을 베이스로 삼아 만듭니다. fragment-modal-logout.html 파일을 그대로 복사해 fragment-modal-form.html 파일을 만듭니다. 그리고 [코드 9-32]를 참고해 수정합니다.

코드 9-32 admin/fragments/fragment-modal-form.html

```
01  <!DOCTYPE html>
02  <html xmlns:th="http://www.thymeleaf.org">
03  <div class="modal fade" id="logoutModal" tabindex="-1" th:fragment=
    "modalForm(formElements)"
04      th:with="pageId=${#strings.toLowerCase(pageName)}"
    th:id="¦${pageId}-modal¦"          ➜ ❶
05  >
06    <div class="modal-dialog" th:classappend="modal-xl">          ➜ ❷
07      <div class="modal-content">
08
09        <div class="modal-header">
10          <h5 class="modal-title" id="exampleModalLabel" th:text=
    "¦Edit ${pageName}¦">
11            Ready to Leave?
12          </h5>                                      ❸ 헤더 영역 ◀
13          <button class="close" type="button" data-dismiss="modal">
14            <span>×</span>
15          </button>
16        </div>
```

```
17
18          <div class="modal-body">  ────▶ ❹ 바디 영역
19
20          </div>
21
22          <div class="modal-footer">
23              <button class="btn btn-secondary" data-dismiss="modal" th:text="취소">
24                  Cancel
25              </button>
26              <button class="btn btn-primary" th:onclick="completeEdit()"
      ↪ th:text="수정">                            ❺ 푸터 영역 ◀
27                  Logout
28              </button>
29          </div>
30        </div>
31      </div>
32    </div>
33  </html>
```

❶ `<div class="modal">` 태그에 기존에 있던 `th:fragment="modalLogout"` 속성을 지웁니다. 그리고 `th:fragment="modalForm(formElements)"` 속성을 추가합니다. `modalForm` 템플릿 조각으로 선언함을 의미합니다.

또 `th:with="pageId=${#strings.toLowerCase(pageName)}"` 속성을 추가합니다. th:with 속성은 템플릿 조각 내 변수를 지정합니다. 이번 템플릿에서는 pageName 값을 소문자로 바꾸는 ${#strings.toLowerCase(pageName)}" 표현식을 자주 사용하는데, 너무 길기 때문에 짧게 사용하기 위해서 `pageId`라는 변수에 할당합니다.

이어지는 `th:id` 속성에서 바로 pageId 변수를 사용해 |${pageId}-modal|과 같이 값을 지정합니다. 그럼 achievement-modal과 같은 형태로 id 속성값이 지정됩니다.

❷ `<div class="modal-dialog">` 태그에는 `th:classappend="modal-xl"` 속성을 추가합니다. 모달의 크기를 설정하는 부트스트랩 속성값입니다.

모달은 ❸ 헤더 영역, ❹ 바디 영역, ❺ 푸터 영역으로 나뉘어 있습니다. 우선 헤더 영역과 푸터 영역을 수정하고 바디 영역은 비워 둡니다.

❸ 헤더 영역의 ⟨h5⟩ 태그에 th:text="¦Edit ${pageName}¦" 속성을 추가합니다. 'Edit Achievement'와 같이 모달 제목이 노출됩니다.

❺ 푸터 영역에는 두 개의 버튼 요소가 필요합니다. 첫 번째 <button> 태그에는 th:text 속성으로 '취소' 텍스트를 지정합니다. 두 번째 <button> 태그는 th:onclick 속성으로 클릭하면 completeEdit() 함수가 호출되도록 하고, th:text 속성에는 '수정' 텍스트를 지정합니다.

이제 모달의 바디 영역을 수정합니다. 이번에는 fragment-form.html 파일을 열어 ⟨form⟩ 태그를 복사해 fragment-modal-form.html 파일의 ❹ <div class="modal-body"> 태그 안쪽 영역에 붙여 넣습니다. [코드 9-33]과 [코드 9-34]를 참고해 수정합니다.

코드 9-33 fragment-modal-form.html: ⟨div class="modal-body"⟩ 태그

```
<div class="modal-body">
  <form class="user" th:id="¦${pageId}-modal-form¦" th:onsubmit=
➡ "'return false;'">  ──── ❶

    <div class="row" th:classappend="main">  ├──── 메인 입력 폼 요소 로우

      <div class="form-group col-md-12"
          th:class="¦form-group col-md-2 ${pageId}-form-element¦"
      >
        <label for="exampleInputText" class="d-inline" th:for="id"
➡ th:text="id">
          Text
        </label>                                              ❷ ◀
        <input type="text" class="form-control d-inline"
➡ id="exampleInputText"
              th:type="text" th:id="id" th:name="id" readonly  ────▶ ❸
        >
      </div>

      <th:block th:each="formElement : ${formElements}">
        <!-- 생략 -->
      </th:block>
```

```
        </div>

        <th:block th:if="${detailFormElements != null}
                        and ${#lists.size(detailFormElements) > 0}">

          <hr>

          <!-- 생략 -->  ├──►  [코드 9-34]에서 상세 입력 요소 로우 영역을 작성합니다.
        </th:block>
      </form>
  </div>
```

❶ `<form>` 태그의 `th:id` 속성의 값을 ¦${pageId}-modal-form¦ 값으로 수정합니다. 자바스크립트 코드에서 데이터를 가져올 때 삽입 입력 폼과 수정 입력 폼이 구분되도록 합니다.

form 템플릿 조각 메인 입력 폼 요소 로우를 보면 `<div class="row">` 태그 내부에 `<th:block>` 태그가 있습니다. modalForm 템플릿 조각 메인 입력 폼 요소 로우에서는 `<th:block>` 태그 위에 ❷ `<div class="form-group">` 태그를 추가합니다. 각 `<label>` 태그와 `<input>` 태그는 id 컬럼에 대응합니다.

> **tip** formElement 템플릿 조각에서 텍스트 유형 입력 폼 요소를 복사해 사용해도 됩니다.

사실 신규 데이터를 삽입할 때는 엔티티에 @GeneratedValue 어노테이션을 할당해서 자동으로 아이디를 생성하기 때문에 삽입 입력 폼에서 아이디를 따로 입력받을 필요가 없습니다. 그런데 기존 데이터를 수정할 때는 이미 삽입될 때 만들어진 아이디가 있습니다. 사용자가 데이터를 구분하기 위해서는 아이디값을 보여 주는 것이 훨씬 편리합니다. 이러한 이유로 이번 템플릿 조각에서는 별도의 입력 폼 요소를 추가해서 기존 데이터의 아이디를 보여 줍니다. 다만, 아이디는 사용자가 임의로 수정해서는 안 되는 값입니다. ❸ `<input>` 태그에 `readonly` 속성을 추가해서 읽기 전용으로 만듭니다.

이어서 ⟨div class="row" th:classappend="main"⟩ 태그 아래, 즉 메인 입력 폼 요소 로우 아래의 상세 입력 폼 요소 로우 영역도 수정합니다.

```html
<!-- 생략 -->
<form class="user" th:id="¦${pageId}-modal-form¦" th:onsubmit="'return
➡ false;'">
    <!-- 생략 -->
    <div class="row"> ┠───➤ 여기부터 이어서 작성합니다.
      <button type="button" class="btn" onclick="addDetailRow('modal-form')">
        <i class="fas fa-plus"></i>                              ┗➤ ❶
      </button>
    </div>

    <div class="row" th:classappend="detail">     ───➤ ❷

      <div class="form-group col-md-12"
          th:class="¦form-group col-md-2 ${pageId}-form-element¦"
      >
        <label for="exampleInputText" class="d-inline" th:for="id"
➡ th:text="id">
          Text
        </label>
        <input type="text" class="form-control d-inline"
➡ id="exampleInputTextDetail"
              th:type="text" th:id="id" th:name="id" readonly
        >
      </div>

      <th:block th:each="detailFormElement : ${detailFormElements}">
        <!-- 생략 -->
      </th:block>

    </div>

  </th:block>
    ┠───➤ 해당 위치의 버튼 요소가 있는 〈div class="row"〉 태그를 삭제합니다.
<!-- 생략 -->
```

❶ <button> 태그의 addDetailRow() 함수에 modal-form 값을 인자로 넣습니다.
상세 입력 폼 요소 로우를 추가할 때 삽입 입력 폼에 추가할지, 수정 입력 폼에 추가

할지 구분하는 역할을 합니다.

❷ 〈div class="row"〉 태그에도 메인 입력 폼 요소 로우와 마찬가지로 `<th:block>` 태그 위에 `<div class="form-group">` 태그를 넣어 아이디의 입력 폼 요소를 추가합니다.

또한 〈/th:block〉 태그와 〈/form〉 태그 사이에 버튼 요소가 있는 〈div class="row"〉 태그가 있습니다. 그러나 [코드 9-32]에서 작성한 모달의 버튼 요소를 사용할 것이기 때문에 통째로 지웁니다.

마지막으로 테이블 페이지에 입력 폼 모달을 추가합니다. 데이터 테이블 영역 아래에 템플릿 조각을 불러오는 기능을 합니다.

코드 9-35 template/admin/page-table.html

```
<!-- Begin Page Content -->
<div class="container-fluid">

  <!-- 생략 -->

  <!-- DataTales Card -->    ┣━━━▶ modalForm 템플릿 조각 불러오기
  <!-- 생략 -->

  <div th:replace="~{admin/fragments/fragment-modal-form
                :: modalForm(${formElements})}"></div>

</div>
<!-- /.container-fluid -->
```

애플리케이션을 재실행한 뒤 Achievement 테이블 페이지로 접속합니다. 데이터 테이블에서 edit 컬럼에 있는 편집 버튼을 클릭합니다. [그림 9-18]처럼 입력 폼 모달이 보이면 됩니다. id 입력 폼 요소는 회색으로 비활성화되어 있습니다.

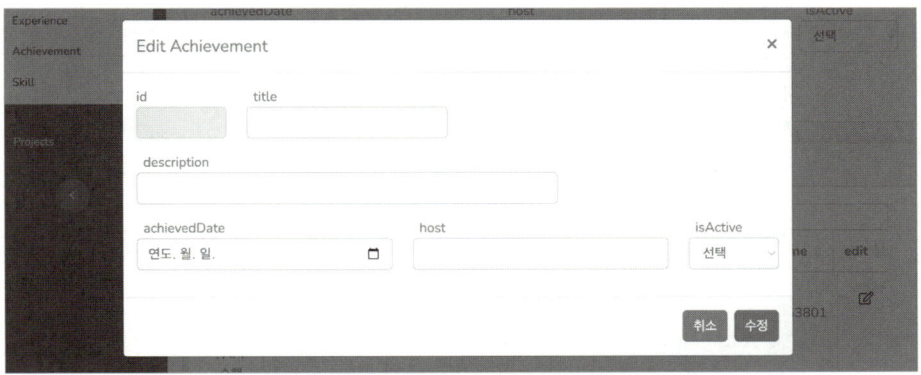

그림 9-18 입력 폼 모달 추가 화면

입력 폼 모달이 잘 보인다면 작업 내역을 커밋합니다.

9-2-4 상세 데이터 조회 기능 개발하기

화면을 구성하는 요소들은 모두 만들었지만 아직 서버와 통신이 필요한 기능들은 만들지 않았습니다. 이번에는 서버에서 상세 데이터를 조회한 뒤 상세 데이터 테이블을 초기화하는 자바스크립트 코드를 작성해 봅시다. 메인 데이터 테이블의 details 컬럼에 있는 상세 조회 버튼을 클릭하면 작동합니다.

fragment-scripts.html 파일을 엽니다. [코드 9-36]을 참고해 convertRecords() 함수 아래에 getDetails() 함수를 추가하고 내용을 작성합니다.

코드 9-36 admin/fragments/fragment-scripts.html

```
01  <!DOCTYPE html>
02  <html xmlns:th="http://www.thymeleaf.org">
03  <th:block th:fragment="scripts">
04  <!-- 생략 -->
05
```

```
06
07     <!-- Page level custom scripts -->
08     <script th:inline="javascript">
09
10     <!-- 생략 -->
11
12        /**
13        * 상세 데이터 조회
14        */
15        function getDetails(element) {          ────▶ ❶
16
17           const id = element.parentElement.parentElement.firstElementChild.
   ➥ innerHTML;          ────▶ ❷
18
19        }
20     <!-- 생략 -->
21     </script>
22
23  </th:block>
24  </html>
```

❶ getDetails() 함수에 element 파라미터를 넣어 선언합니다. [코드 9-19]에서
onclick=getDetails(this)와 같이 상세 조회 버튼 요소를 정의했습니다. 이를 이
용해 클릭한 버튼 요소를 인자로 넣어 줍니다. 그럼 해당 로우의 아이디를 찾을 수
있습니다. 로우의 아이디는 상세 데이터 조회 API의 경로를 만들 때 사용됩니다.

그다음 ❷ 메인 데이터의 아이디를 찾습니다. parentElement 속성은 부모 요소를
불러옵니다. firstElementChild 속성은 자식 요소 중 첫 번째 요소를 가져오고,
innerHTML은 내부의 HTML 코드를 문자열 형태로 가져옵니다. 즉 버튼 요소의 부
모 요소의 부모 요소의 첫 번째 자식 요소 내부의 HTML 코드를 가져옵니다.

직접 데이터 테이블의 HTML 코드를 보면 이해가 더 쉽습니다. Project 테이블 페이
지[4]로 접속한 뒤 상세 조회 버튼을 마우스 우클릭하고 [검사]를 클릭합니다. 웹 브라
우저의 개발자 도구가 열리면서 해당 버튼 요소가 하이라이트됩니다. 버튼 요소가
포함된 로우는 다음과 같습니다.

---

4   Project 테이블 페이지(http://localhost:8080/admin/project)

```
<tr>
  <td class="dt-type-numeric sorting_1">1</td>
  <td>유기묘 발견 정보 공유 서비스</td>
  <td>유기묘 위치의 실시간 공유, 임시보호까지 연결해 주는 서비스.<td>
  <!-- 생략 -->
  <td>
    <button type="button" onclick="getDetails(this)">...
➡ <button>  ├────▶  상세 조회 버튼 요소
  </td>
</tr>
```

해당 코드에서 `<button>` 태그가 바로 상세 조회 버튼 요소입니다. ⟨button⟩ 태그는 `<td>` 태그에 포함되어 있고 ⟨td⟩ 태그는 `<tr>` 태그에 포함되어 있습니다. 즉 버튼 요소의 부모 요소의 부모 요소는 ⟨tr⟩ 태그, 즉 데이터 테이블의 로우입니다.

로우의 자식 요소 중 첫 번째 요소인 ⟨td⟩ 태그는 아이디를 보여 주는 셀입니다. ⟨td⟩ 태그의 내부에는 HTML 태그가 아닌 아이디값의 텍스트가 있기 때문에 inner HTML로 아이디값을 바로 가져올 수 있습니다.

상세 데이터를 조회하는 getDetails() 함수를 마저 완성하면 다음과 같습니다.

코드 9-37 fragment-scripts.html: getDetails() 함수

```
/**
 * 상세 데이터 조회
 */

function getDetails(element) {

  const id = element.parentElement.parentElement.firstElementChild.
➡ innerHTML;

  const urlPath = getBaseUrlPath();              ───▶ ❶
  const url = "/admin/api" + `${urlPath}/${id}/details`;   ───▶ ❷

  const xhr = httpRequest("GET", url, null, false);   ───▶ ❸
  xhr.onload = () => {

    // 응답 바디를 JSON으로 파싱
```

```
        const response = JSON.parse(xhr.response);    ──────▶ ❹

        // records와 columns 가져오기
        const tableRecords = response["records"];
        const tableColumns = response["columns"];

        const records = convertRecords(tableRecords, tableColumns);    ──────▶ ❺

        // DataTables용 컬럼 정의 생성
        const columns = tableColumns.map(column => ({data: column,
➥ title: column}));

        // 테이블 재초기화
        const datatableId = `#${pageId}detail-datatable`;
        detailDatatable.destroy();
        detailDatatable = new DataTable(datatableId, {
          data: records,                                             ──────▶ ❻
          columns: columns,
          scrollX: true
        });
    }
}
```

getDetails() 함수는 다음과 같은 로직으로 이루어집니다.

❶ getBaseUrlPath() 함수는 페이지명을 이용해 연관된 API의 기본 경로를 만들어 주는 함수입니다. 페이지명이 Project일 경우에는 /projects, Project Skill일 경우에는 /projects/skills와 같이 문자열을 만들어 줍니다. getBase UrlPath() 함수는 아직 정의하지 않았기 때문에 이어질 [코드 9-38]에서 살펴보겠습니다.

❷ 어드민 레이어 API의 공통 접두어인 "/admin/api" 문자열과 URL 기본 경로, 아이디 등을 조합해서 호출할 상세 조회 API의 경로를 만듭니다. /admin/api/projects/1/details와 같은 형태로 최종 경로가 만들어집니다.

tip `${urlPath}/${id}/details`는 문자열을 포맷합니다. ${} 표현식 위치에 변수의 내용을 넣는데 이때 포맷 표현식을 감싼 기호는 작은따옴표(')가 아닌 백틱(`)임에 주의합니다.

API 통신은 ❸ httpRequest() 함수를 이용합니다. httpRequest() 함수는 순서대로

아래 네 개의 파라미터를 받습니다.

- **method**: HTTP 메서드
- **url**: 요청 URL
- **body**: 요청 바디
- **reload**: 새로고침 여부

HTTP 메서드는 GET으로, URL은 ❷에서 만든 경로로, 요청 바디는 null로, 새로고침 여부는 false로 인자를 넣습니다. httpRequest() 함수는 내부적으로 자바스크립트에서 HTTP 통신을 할 수 있게 해주는 XMLHttpRequest 객체를 이용해 통신을 수행한 다음 해당 객체를 반환합니다. 마찬가지로 httpRequest() 함수도 아직 정의하지 않았기 때문에 이어질 [코드 9-39]에서 살펴보겠습니다.

반환된 객체는 xhr 변수에 할당하여 xhr.onload 속성에 익명 함수를 할당합니다. 이 익명 함수는 통신이 성공적으로 완료되었을 때 호출됩니다. ❹ xhr 객체의 response 속성에서 가져온 응답 바디를 객체로 변환합니다. 그리고 ❺ 변환한 응답 바디 객체에서 컬럼 리스트와 레코드 리스트를 가져와서 DataTable 객체가 사용할 수 있는 형태의 객체로 변환합니다.

마지막으로 ❻ 상세 데이터 테이블을 재초기화합니다. 처음 페이지를 조회할 때 레코드가 빈 상태로 한 번 초기화가 됐었기 때문에 기존의 DataTable 객체를 파괴하고 다시 생성해야 합니다. destory() 함수를 호출해 기존의 DataTable 객체를 파괴합니다. 그리고 새로운 데이터로 DataTable 객체를 만듭니다.

getDetails() 함수는 이것으로 완성입니다. 이제 [코드 9-38]을 참고해 getDetails() 함수 아래에 getBaseUrlPath() 함수를 추가합니다.

코드 9-38 fragment-scripts.html: getBaseUrlPath() 함수

```
/**
 * 페이지명을 URL 포맷으로 변경
 */
function getBaseUrlPath() {
  const splits = pageName.replace(/([A-Z])/g, " $1").trim().split(" ")  ➡ ❶

  let refined = "";
```

```
  for (let i = 0; i < splits.length; i++) {
    refined += "/";                                                          ❷
    refined += splits[i].charAt(0).toLowerCase() + splits[i].slice(1) + "s";
  }


  return refined;
}
```

❶ replace() 함수에 정규식을 이용해 대문자를 찾아 그 앞에 공백을 한 칸 추가합
니다. 그리고 trim() 함수를 이용해 혹시 있을지 모르는 문자열 앞뒤의 공백을 제거
합니다. 마지막으로 split() 함수를 이용해 공백을 기준으로 문자열을 나누어 리스
트로 만듭니다. 예를 들어 현재 페이지명이 ProjectSkill이라면 ["Project", "Skill"]과
같은 결과가 만들어집니다.

그런 다음 ❷ 리스트의 각 요소를 순회하며 소문자로 바꾸고 앞에는 슬래시(/), 뒤에
는 s를 붙이는 식으로 URL 기본 경로를 만듭니다. ["Project", "Skill"] 리스트가 있다
면 /projects/skills와 같은 문자열이 만들어집니다.

getBaseUrlPath() 함수 아래에는 httpRequest() 함수를 정의합니다.

코드 9-39 fragment-scripts.html: httpRequest() 함수

```
/**
 * HTTP 통신
 */
function httpRequest(method, url, body, reload) {
  const xhr = new XMLHttpRequest();            ➡ ❶

  xhr.open(method, url, true);
  xhr.setRequestHeader("content-type", "application/json");   ➡ ❷
  xhr.send(JSON.stringify(body));

  xhr.onload = () => {
    if (xhr.response !== "") {
      alert(xhr.response);                      ➡ ❸
    }
    if (reload) {
      location.reload();                        ➡ ❹
    }
```

```
    }

    return xhr;
}
```

❶ 통신에 사용할 `XMLHttpRequest` 객체를 생성하고 ❷ 통신에 필요한 정보를 입력합니다. 어떤 HTTP 메서드로 어떤 URL에 요청을 보낼지 등을 설정합니다. 그리고 요청 바디 객체를 JSON 형식의 문자열로 변환해 요청을 보냅니다.

마찬가지로 xhr 객체의 onload 속성 기본 동작은 익명 함수로 정의합니다. ❸ xhr 객체의 response 속성값이 빈 문자열이 아니면 내용을 알림창으로 보여 주고 사용자가 통신 결과를 확인하도록 합니다. ❹ 새로고침 여부가 참일 경우 페이지 새로고침을 합니다.

> **tip** 통신 후 기본 동작 대신 다른 동작을 하게 하고 싶다면 getDetails( ) 함수처럼 httpRequest( ) 함수 바깥에서 xhr 객체를 반환받은 뒤 onload 속성을 재정의합니다.

이제 애플리케이션을 재실행하여 Project 테이블 페이지로 접속해 봅시다. 메인 데이터 테이블에서 details 컬럼의 상세 조회 버튼을 클릭합니다. [그림 9-19]처럼 하단의 상세 데이터 테이블에 메인 데이터와 연결된 상세 데이터가 보이면 성공입니다.

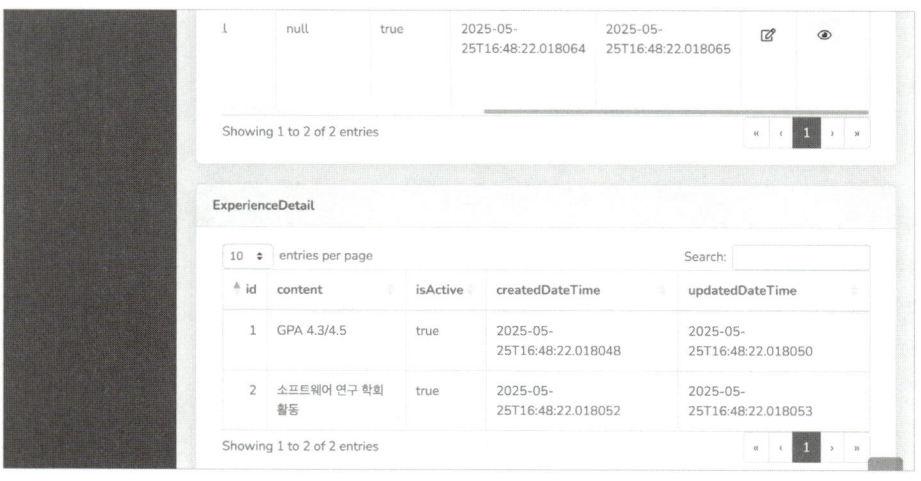

그림 9-19 상세 데이터 조회 화면

정상적으로 상세 데이터가 조회된다면 작업 내역을 커밋합니다.

9-2-5 신규 데이터 삽입 기능 개발하기

입력 폼에서 데이터를 가져와 삽입 API로 요청을 보내는 기능을 만들어 봅시다. 또 입력 폼의 더하기 버튼을 누르면 상세 입력 폼 요소들이 추가되는 기능도 만들어 여러 개의 상세 데이터를 한 번에 삽입되도록 하겠습니다.

먼저 삽입 기능과 관련해 자주 사용하는 요소를 변수로 미리 정의해서 사용하기 쉽게 만듭니다. 앞서 작성한 httpRequest( ) 함수 아래에 [코드 9-40]을 참고해 내용을 작성합니다.

코드 9-40 fragment—scripts.html: 삽입 및 수정 입력 폼 요소

```
// 입력 폼 세팅
const formId = `${pageId}-form`
const modalFormId = `${pageId}-modal-form`                        ➊
const forms = {
  "form": document.getElementById(formId),                        ➋
}
if (editable) {
  forms["modal-form"] = document.getElementById(modalFormId)      ➌
}


// 상세 입력 폼 요소 세팅
let detailRows = null;
if (hasDetails) {
  detailRows = {                                                  ➍
    "form-detail": document.getElementById(formId)
                        .getElementsByClassName("detail")[0]
                        .cloneNode(true),
    "modal-form-detail": document.getElementById(modalFormId)
                              .getElementsByClassName("detail")[0]
                              .cloneNode(true),
  }
}
```

❶ 페이지의 삽입 입력 폼과 수정 입력 폼의 아이디를 세팅하고 ❷ `formId` 변수를 이용해 삽입 입력 폼을 가져와 `forms` 객체에 `form` 키로 넣어 둡니다. 요소를 객체에 미리 넣어 두고 간결하게 불러오기 위한 목적입니다. 만약 편집 가능한 페이지일 경우 수정 입력 폼도 가져와야 합니다. 그래서 ❸ `modalFormId` 변수를 이용해 삽입 입력 폼을 가져와 `modal-form` 키로 `form` 객체에 추가합니다.

그다음 상세 입력 폼 요소 로우를 미리 가져와 객체에 넣어 둡니다. `detailsRows` 변수에 `null`을 할당하고 상세 테이블이 있는 테이블 페이지일 경우에는 상세 입력 폼 요소 로우를 할당하도록 합니다.

상세 입력 폼 요소 로우는 ❹ `formId`나 `modalFormId` 변수로 불러옵니다. 그리고 `class` 속성값에 `detail`을 포함하는 모든 요소를 리스트로 가져옵니다. 앞서 th:classappend 속성을 이용해 detail값을 추가한 이유입니다. 이때 리스트에서 0번 인덱스, 즉 첫 번째 요소를 불러옵니다.

`cloneNode()` 함수는 입력 폼 요소 로우를 복사합니다. 인자로 true를 넣어 복사의 깊이를 결정합니다. 참일 경우 자식 요소를 모두 함께 복사하고, 거짓일 경우 선택된 요소만 복사합니다.

이번에는 작성한 코드 아래에 입력 폼 요소 로우를 추가하는 `addDetailRow()` 함수를 추가합니다. [코드 9-41]을 참고합니다.

코드 9-41 fragment-scripts.html: addDetailRow( ) 함수

```
/**
 * 입력 폼 상세 행 추가
 */
function addDetailRow(formType) {
  const row = detailRows[`${formType}-detail`].cloneNode(true);
  const detailFormRows = getFormRows(formType, "detail");
  detailFormRows[detailFormRows.length - 1].insertAdjacentElement(
➥ "afterend", row);
}
```

`addDetailRow()` 함수 선언부에 `formType` 파라미터를 선언합니다. form 템플릿 조각과 modalForm 템플릿 조각에서 addDetailRow( ) 함수를 호출하는 버튼 요

소를 만들 때 form 또는 modal-form과 같은 문자열을 인자로 넣어 주면 해당 값에 따른 입력 폼 요소 로우를 가져오거나, 로우를 추가할 입력 폼을 선택할 수 있습니다.

그다음 [코드 9-41]에서 정의한 `detailRows` 객체에서 입력 폼 요소 로우를 복사해 가져옵니다. 복사된 입력 폼 요소 로우는 현재 화면에 있는 입력 폼 요소 로우 리스트 뒤에 추가됩니다.

`getFormRows()` 함수는 입력 폼에서 기존 입력 폼 요소 로우 리스트를 가져옵니다. 인자로 `formType` 변수를 넣어 어떤 입력 폼에서 가져올지 알려 줄 수 있는데, 여기서는 `"detail"` 문자열을 넣어 상세 입력 폼 요소 로우를 가져오도록 합니다.

기존 입력 폼 로우 리스트의 마지막 로우에 `insertAdjacentElement()` 함수를 호출합니다. 함수를 호출한 요소의 인접한 위치에 다른 요소를 추가하는 함수입니다. 첫 번째 인자에 `"afterend"` 문자열을 넣으면 함수를 호출한 요소의 바로 뒤에 새 요소를 추가하게 됩니다. 두 번째 인자는 추가될 요소입니다. 여기서는 입력 폼 요소 로우를 넣어 줍니다.

tip 함수를 호출한 요소 앞에 새 요소를 추가하고 싶다면 "beforebegin" 문자열을 첫 번째 인자로 넣습니다.

이제 getFormRows() 함수를 만들어서 기존에 화면에 렌더링된 상세 입력 폼 요소 로우를 모두 가져오도록 합니다. [코드 9-42]를 참고해 addDetailRow() 함수 아래에 추가합니다.

코드 9-42 fragment-scripts.html: getFormRows() 함수

```
/**
 * 입력 폼 행 조회
 */
function getFormRows(formType) {
  const form = forms[formType];
  const selector = ".row.detail"

  return form.querySelectorAll(selector);
}
```

`formType` 파라미터에 들어온 값으로 [코드 9-41]에서 미리 불러온 입력 폼을 가져

옵니다. 그리고 selector 변수에 ".row.detail" 문자열을 할당합니다. class 속성 값에 row와 detail을 모두 가진 요소를 가져오는 선택자입니다.

마지막으로 입력 폼에서 querySelectorAll() 함수에 선택자를 넣어 호출해 선택된 요소 리스트를 반환합니다.

상세 입력 폼 요소 로우 추가가 잘 동작되는지 중간 점검해 봅시다. 애플리케이션을 재실행한 후에 Project 테이블 페이지로 접속합니다. 삽입 입력 폼 중간의 더하기 버튼을 눌렀을 때 [그림 9-20]처럼 상세 입력 폼 요소 로우가 하나씩 늘어나야 합니다. 데이터 테이블의 편집 버튼을 눌러서 수정 입력 폼에서도 로우가 증가하는지 확인합니다.

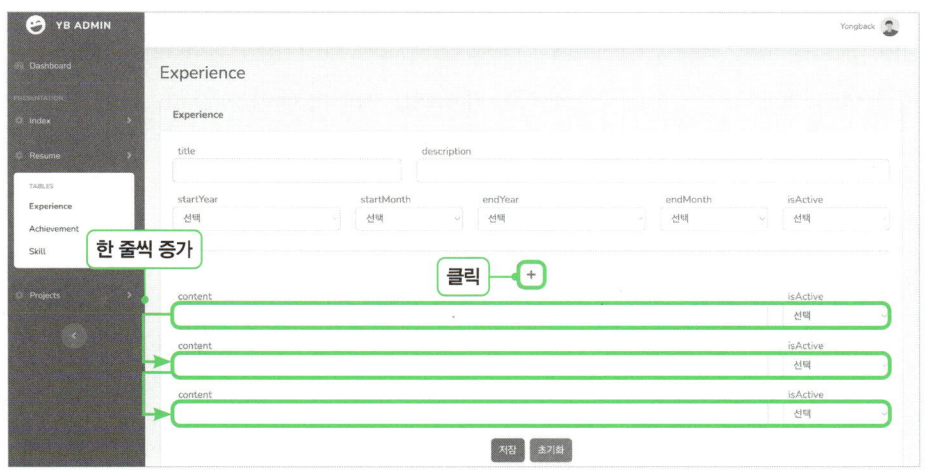

그림 9-20 상세 입력 폼 요소 더하기

입력 폼 요소 로우가 잘 추가된다면 삽입 입력 폼에 입력한 데이터를 가져와 서버의 삽입 API로 요청을 보내는 자바스크립트 코드를 작성합니다.

[코드 9-43]을 참고해 getFormRows() 함수 아래에 save() 함수를 추가합니다.

코드 9-43 fragment-scripts.html: save() 함수

```
/**
 * 신규 데이터 저장
 */
function save() {
```

```
    const body = createRequestBody("form");
    const urlPath = getBaseUrlPath();
    const url = "/admin/api" + urlPath;

    httpRequest("POST", url, body, true);
}
```

createRequestBody() 함수를 이용해 요청 바디 객체를 생성합니다. 인자로 "form" 문자열을 넣어 삽입 입력 폼에서 데이터를 가져옵니다. createRequest Body() 함수는 이어서 [코드 9-45]에서 정의하겠습니다.

그다음 getBaseUrlPath() 함수를 이용해 삽입 API의 URL을 생성하고, 마지막으로 httpRequest() 함수를 이용해 HTTP 요청을 보냅니다. 메서드는 POST로 지정하고 URL과 요청 바디 객체를 넣어 줍니다. 새로고침 여부는 true입니다. 통신이 완료되면 페이지 새로고침을 하고 새로 삽입된 데이터도 데이터 테이블에서 보입니다.

그럼 save() 함수 아래에 createRequestBody() 함수를 만들어 보겠습니다. [코드 9-44]와 [코드 9-45]를 참고합니다.

코드 9-44 fragment-scripts.html: createRequestBody() 함수

```
/**
 * 입력 폼에서 JSON 요청 바디 생성
 */
function createRequestBody(formType) {

  const body = {};

  // 메인 입력 폼 데이터 세팅
  const mainRow = getFormRows(formType, "main")[0];
  const mainFormElements = getFormElements(mainRow);
  mainFormElements.forEach(element => body[element.name] = element.value);

  // 생략 ┃──▶ [코드 9-46]에서 이어서 작성합니다.
}
```

먼저 body 변수에 빈 객체를 할당합니다. 이 객체에는 요청 데이터를 세팅합니다. 그

리고 메인 입력 폼 요소 로우를 가져옵니다. `getFormRows()` 함수는 리스트를 반환합니다. 메인 입력 폼 요소 로우는 하나만 있으므로 리스트의 크기도 하나입니다. 따라서 0번 인덱스, 즉 첫 번째 요소를 가져와 `mainRow` 변수에 할당합니다.

그리고 `getFormElements()` 함수로 메인 입력 폼 요소 로우에서 모든 입력 폼 요소를 가져와 `mainFormElements` 변수에 할당합니다. getFormElements() 함수는 [코드 9-47]에서 정의하겠습니다.

그다음에는 입력 폼 요소를 하나씩 순회하며 body 객체에 요소의 name 속성값을 키로 하여 value 속성값을 넣습니다.

tip getFormElements() 함수는 입력 폼 요소 로우 안의 〈input〉 태그나 〈select〉 태그 요소 리스트로 반환합니다.

그다음 상세 데이터를 추가로 세팅해 주는 코드를 작성합니다. [코드 9-45]를 참고해 createRequestBody() 함수를 마저 작성합니다.

코드 9-45 fragment-scripts.html: createRequestBody() 함수

```
// 상세 입력 폼 데이터 세팅
if (hasDetails) {
  const details = [];               ➡ ❶

  // 각 행마다 데이터 조회하여 객체 생성 및 리스트 추가
  const detailRows = getFormRows(formType, "detail")  ➡ ❷
  detailRows.forEach(detailRow => {
    const detail = {};
                                                        ❸ ◀
    const detailFormElements = getFormElements(detailRow);
    detailFormElements.forEach(detailFormElement => {
      if (detailFormElement.value != null && detailFormElement.value.
➡ trim().length > 0) {
        detail[detailFormElement.name] = detailFormElement.value;
      }
    });

    if (Object.keys(detail).length > 0) {
      details.push(detail);                             ➡ ❹
    }
  });
```

```
    body["details"] = details;
  }

  return body;
}
```

❶ details 변수에 상세 데이터 객체를 넣을 리스트를 할당합니다.

❷ getFormRows() 함수로 모든 상세 입력 폼 요소 로우 리스트를 가져옵니다. 그리고 ❸ 각 상세 입력 폼 요소 로우를 순회하며 상세 데이터 객체를 만드는 로직과 만들어진 객체를 details 리스트에 넣는 로직을 작성합니다.

❹ 세팅이 끝난 detail 객체는 details 리스트에 추가합니다. 이때 if 문으로 입력 폼 요소에 값이 있을 때만, 즉 객체의 키가 한 개 이상 있을 때만 details 리스트에 추가하게 함으로써 빈 객체가 리스트에 들어가는 것을 방지합니다.

tip 상세 입력 폼 요소 로우를 추가하는 기능은 만들었지만 삭제하는 기능은 만들지 않기 때문입니다. 입력할 데이터보다 많은 로우를 추가했을 때 페이지 새로고침을 해서 처음부터 다시 내용을 입력하는 경우를 방지하기 위한 목적입니다.

이제 입력 폼 요소 로우에서 입력 폼 요소 리스트를 가져오는 getFormElements() 함수를 만듭니다. createRequestBody() 함수 아래에 [코드 9-46]을 참고해 추가합니다.

코드 9-46 fragment-scripts.html: getFormElements() 함수

```
/**
 * 입력 폼 행의 요소 조회
 */
function getFormElements(row) {
  return row.querySelectorAll("input, select")
}
```

getFormElements() 함수는 입력 폼 요소 로우에서 〈input〉 태그 또는 〈select〉 태그를 모두 가져와 반환합니다. "input, select" 문자열은 〈input〉 태그와 〈select〉 태그를 모두 선택하는 선택자입니다.

그럼 제대로 작동하는지 확인해 봅시다. 애플리케이션을 재실행하여 Project 테이블 페이지에 접속합니다.

삽입 입력 폼에 적당한 값을 입력합니다. [+] 버튼을 클릭해 상세 입력 폼 요소 로우도 추가해 값을 입력합니다. [저장] 버튼을 클릭하면 "데이터가 저장되었습니다."라는 문구의 알림이 뜹니다. 바로 ApiResponse 클래스의 successCreate() 메서드에 정의했던 문구입니다. [확인]을 클릭하면 페이지가 새로고침됩니다.

새로고침된 페이지에서 데이터 테이블을 살펴봅니다. [그림 9-21]처럼 방금 넣은 테스트 데이터가 보여야 합니다. 상세 조회 버튼을 클릭해서 상세 데이터도 정상적으로 저장되었는지 확인합니다.

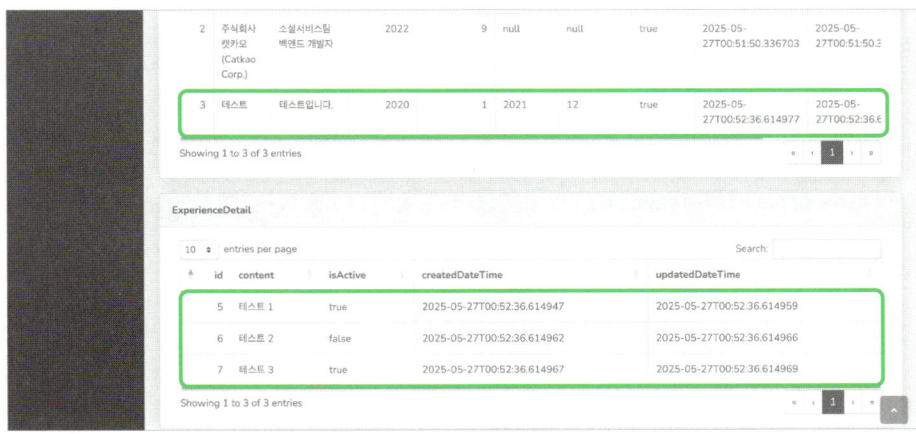

그림 9-21 신규 데이터 추가 화면

삽입 기능이 문제 없이 작동하면 작업 내역을 커밋합니다.

커밋과 푸시

- **커밋 대상**: fragment-scripts.html
- **커밋 메시지**: 뷰 개발 - 스크립트(삽입)

9-2-6 기존 데이터 수정 기능 개발하기

이제 입력 폼 모달에서 데이터를 수정하는 기능을 개발합니다. 입력 폼 모달은 다음과 같은 로직으로 구현해 보겠습니다.

① openEdit( ) 함수를 호출해서 해당 로우의 데이터를 찾아 각 입력 폼 요소에 값을 넣는다.
② 값을 수정한 뒤 입력 폼 모달의 수정 버튼을 클릭하면 completeEdit( ) 함수를 호출해 서버의 수정 API로 요청을 보낸다.

계속해서 fragment-scripts.html 파일을 작성합니다. getFormElements( ) 함수 아래에 openEdit( ) 함수를 선언합니다. [코드 9-47], [코드 9-48], [코드 9-49]를 참고해 내용을 작성합니다.

코드 9-47 fragment-scripts.html: openEdit( ) 함수(1)

```
/**
 * 편집 열기
 */
function openEdit(element) {  ──▶ ❶

  const formType = "modal-form"

  const data = element.parentElement.parentElement.children;  ──▶ ❷

  // 생략  ├──▶  [코드 9-48], [코드 9-49]에서 이어서 작성합니다.
}
```

❶ 함수 선언부에는 element 파라미터를 선언합니다. [코드 9-19]에서 editButton을 정의할 때 onclick="openEdit(this)"와 같이 속성값을 설정했습니다. 해당 〈button〉 태그를 클릭하면 클릭한 버튼 요소가 인자로 넘어옵니다.

그리고 ❷ parentElement 속성으로 넘어온 버튼 요소의 부모 요소의 부모 요소를 찾아 children 속성으로 그 모든 자식 요소를 불러옵니다.

코드 데이터 테이블 구조

```
<tr>
  <td class="dt-type-numeric sorting_1">1</td>
  <td>유기묘 발견 정보 공유 서비스</td>
```

```
<!-- 생략 -->
<td>
  <button type="button" onclick="openEdit(this)">...<button>
</td>
</tr>
```

즉 parentNode 속성으로 〈button〉 태그의 부모인 〈td〉 태그, 그 부모인 〈tr〉 태그
까지 접근합니다. 그리고 children 속성으로 〈tr〉 태그의 모든 자식, 즉 모든 〈td〉 태
그를 리스트로 불러오는 것입니다. 불러온 〈td〉 태그 요소 리스트는 data 변수에 할
당되고, 불러온 〈td〉 태그들은 입력 폼 모달의 각 입력 폼 요소에 값을 넣기 위해 사
용됩니다.

이어서 openEdit() 함수 안에 입력 폼 요소에 메인 데이터의 값을 세팅하는 코드를
작성하겠습니다. [코드 9-48]을 참고합니다.

코드 9-48 fragment-scripts.html: openEdit() 함수(2)

```
// 메인 입력 폼 값 세팅
const mainRow = getFormRows(formType, "main")[0];        ➡ ❶
const mainFormElements = getFormElements(mainRow);       ➡ ❷
for (let i = 0; i < mainFormElements.length; i++) {
  mainFormElements[i].value = data[i].innerHTML          ➡ ❸
}
```

❶ 메인 입력 폼 요소 로우를 불러옵니다. 그리고 ❷ 메인 입력 폼 요소 로우의 모든
입력 폼 요소를 가져와 ❸ 각 입력 폼 요소의 순회를 시작합니다. 현재 순회 중인 인
덱스를 이용해서 data 리스트의 innerHTML 속성값을 가져와 같은 순번의 입력 폼
요소의 value 속성에 넣어 줍니다.

tip data 변수에는 〈td〉 태그 요소의 리스트가 할당되어 있습니다. 〈td〉 태그의 innerHTML 속성은 HTML 태그
가 아닌 텍스트를 갖습니다. 즉 로우의 각 셀 값이 입력 폼 요소에 들어갑니다.

상세 데이터가 있는 경우 상세 데이터 값도 상세 입력 폼 요소에 세팅해야 합니다.
[코드 9-49]를 참고해 openEdit() 함수 작성을 이어갑니다.

코드 9-49 fragment-scripts.html: openEdit( ) 함수(3)

```
// 상세 입력 폼 값 세팅
if (hasDetails) {  ──▶ ❶

  // 아이디로 요청 URL 세팅
  const id = mainFormElements[0].value;
  const urlPath = getBaseUrlPath();                    ──▶ ❷
  const url = "/admin/api" + `${urlPath}/${id}/details`;

  // HTTP 통신
  const xhr = httpRequest("GET", url, null, false)
  xhr.onload = () => {

    // 레코드 파싱
    const response = JSON.parse(xhr.response);          ──▶ ❸
    const records = response["records"];

    // 상세 입력 폼 행이 한 개가 될 때까지 삭제
    let detailFormRows = getFormRows(formType, "detail");
    while (detailFormRows.length > 1) {
      detailFormRows[detailFormRows.length - 1].remove();  ──▶ ❹
      detailFormRows = getFormRows(formType, "detail")
    }

    // 상세 입력 폼 행이 레코드 수와 같아질 때까지 추가
    while (detailFormRows.length < records.length) {
      const row = detailRows["modal-form-detail"].cloneNode(true);
      detailFormRows[detailFormRows.length - 1].
▶ insertAdjacentElement("afterend", row);                 ──▶ ❺
      detailFormRows = getFormRows(formType, "detail")
    }

    // 레코드 값을 각 상세 입력 폼 행에 세팅
    for (let i = 0; i < records.length; i++) {
      const detailFormElements = getFormElements(detailFormRows[i]);
      for (let j = 0; j < detailFormElements.length; j++) {  ──▶ ❻
        detailFormElements[j].value = records[i][j];
      }
    }
  }
}
```

❶ if 문으로 상세 데이터를 가진 경우만 동작하도록 합니다. 그리고 ❷ 메인 입력 폼 요소 리스트에서 첫 번째 값, 즉 아이디값을 가져와 상세 조회 API 요청 URL을 만듭니다. API로 상세 데이터를 가져와 상세 입력 폼 요소 로우에 넣을 것입니다.

그다음 상세 조회 API를 호출합니다. 이를 위해 HTTP 통신이 완료되었을 때의 동작을 재정의합니다. 상세 데이터를 가져오면 상세 입력 폼 요소 로우를 초기화하고 값을 세팅하는 로직입니다. 단계별로 구분하기 쉽도록 이 책에서는 주석과 공백을 이용해 코드 블록을 적절히 나누어 작성합니다.

❸ HTTP 응답 바디를 파싱하여 JSON 객체로 만든 후 records 키에 할당된 값을 가져옵니다. 참고로 TableDTO의 records 필드는 바깥쪽의 리스트가 로우, 안쪽의 리스트가 각 셀의 값인 이중 리스트입니다.

이어서 ❹ 상세 입력 폼 요소 로우가 한 개 남을 때까지 삭제를 반복하는 로직을 구현합니다. 상세 입력 폼 요소 로우를 모두 가져와 `detailFormRows` 변수에 할당하고, while 문으로 로우가 한 개 남을 때까지 마지막 로우를 삭제하는 작업을 반복합니다. 그리고 마지막 요소에 `remove()` 함수를 호출해서 삭제하고, 상세 입력 폼 요소 로우를 다시 불러와 개수를 최신화합니다.

❺ 한 개만 남은 상세 입력 폼 요소 로우는 상세 데이터 개수와 같아질 때까지 추가합니다. 마찬가지로 while 문을 이용해 상세 입력 폼 요소 로우 개수가 상세 데이터 개수보다 작다면 계속 로우를 추가하도록 합니다. 먼저 상세 입력 폼 요소 로우를 복사해 가져온 다음, 기존 로우 중 마지막 요소 뒤에 추가합니다. 그리고 상세 입력 폼 요소 로우를 다시 불러와 개수를 최신화합니다.

📋 상세 입력 폼 요소 로우를 한 개로 초기화하는 이유

❹와 ❺는 상세 입력 폼 요소 로우를 한 개로 초기화하는 코드입니다. 하나의 입력 폼 모달을 모든 메인 데이터가 공유하는 방식이기 때문에 초기화 과정이 꼭 필요합니다.

앞서 page-table.html 파일에서 modalForm 템플릿 조각을 불러올 때 하나만 불러왔습니다. 즉 메인 데이터가 여러 개일 때 각 데이터마다 독립된 입력 폼 모달이 만들어지지 않습니다. 페이지에 단 하나 있는 입력 폼 모달을 각 데이터의 버튼을 클릭할 때마다 초기화한 후에 해당 데이터의 값을 넣는 방식입니다.

예를 들어 1번 메인 데이터의 편집 버튼을 클릭했다고 가정해 보겠습니다. 1번 메인 데이터에 엮인 상세 데이터가 세 개라면 입력 폼 모달에서는 로우를 세 개 만들고 각 로우에 상세 데이터를 보여 줍니다. 그런데 모달을 닫고 바로 2번 메인 데이터의 편집 버튼을 클릭했을 때 2번 메인 데이터에 연결된 상세 데이터가 한 개면 어떻게 될까요?

이 경우 첫 번째 로우에는 2번 데이터의 상세 데이터가 보이지만, 두 번째와 세 번째 로우에는 기존에 넣어 둔 1번 메인 데이터의 두 번째와 세 번째 상세 데이터가 남아 버립니다. 이런 경우를 방지하기 위해 편집 버튼을 클릭할 때마다 상세 입력 폼 요소 로우를 한 개만 남기고 나머지는 삭제하는 것입니다.

마지막으로 ❻ records 리스트를 순회하면서 상세 입력 폼 요소에 값을 세팅합니다. records 리스트의 바깥, 즉 각 로우에 순회를 시작합니다. 이때 각 로우의 순번은 i로 표현됩니다. i번째 상세 입력 폼 요소 로우의 모든 요소를 가져와서 각 요소에 대한 순회를 시작하는데, 로우 내 요소의 순서는 j로 표현됩니다. records 리스트에서 i번째 로우의 j번째 값을 가져와 입력 폼 요소에 세팅합니다. 여기까지 작성하면 openEdit() 함수는 완성입니다.

이번에는 수정 버튼을 클릭하면 수정 API를 호출해 수정한 내용을 데이터베이스에 반영하는 기능을 만듭니다. openEdit() 함수 아래에 [코드 9-50]을 참고해 completeEdit() 함수를 추가합니다.

tip completeEdit() 함수 호출은 modalForm 템플릿 조각의 수정 버튼 요소에 선언되어 있습니다.

코드 9-50 fragment-scripts.html: completeEdit() 함수

```
/**
 * 편집 완료
 */
function completeEdit() {
  const body = createRequestBody("modal-form");  ➜ ❶

  const id = body["id"];
  const urlPath = getBaseUrlPath();              ➜ ❷
  const url = "/admin/api" + urlPath + `/${id}`;

  httpRequest("PUT", url, body, true);  ➜ ❸
}
```

지금까지 학습을 잘 따라왔다면 코드를 이해하는 것이 어렵지는 않을 것입니다. ❶ 입력 폼 모달에서 값을 가져와 JSON 형식의 요청 바디를 만듭니다. ❷ 응답 바디 객체에서 아이디값을 가져와 수정 API의 URL을 만듭니다. ❸ 해당 URL로 PUT 요청을 보내 통신이 완료된 후에는 페이지 새로고침을 하도록 합니다.

여기까지 수행했다면 애플리케이션을 재실행하여 코드가 잘 동작하는지 확인해 봅니다. 상세 테이블이 있는 Project 테이블 페이지로 들어갑니다. [편집] 버튼을 클릭했을 때 [그림 9-22]처럼 각 입력 폼 요소에 내용이 적절히 들어가 있으면 됩니다.

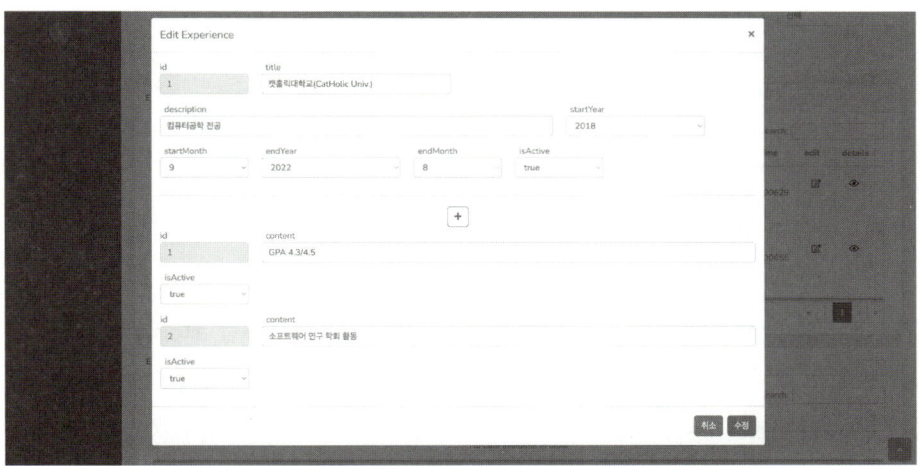

그림 9-22 입력 폼 모달 데이터 세팅 화면

입력 폼 요소에서 내용도 적당히 변경해 보세요. [수정] 버튼을 클릭하면 "데이터가 수정되었습니다."라는 알림창이 뜹니다. [확인] 버튼을 클릭하면 페이지가 새로고침됩니다. 실제 데이터 테이블을 살펴보았을 때 수정한 내용이 반영되었다면 성공입니다.

수정 기능이 잘 동작한다면 작업 내역을 커밋합니다.

🔗 커밋과 푸시

- **커밋 대상**: fragment-scripts.html
- **커밋 메시지**: 뷰 개발 – 스크립트(수정)

9-2-7 기존 데이터 삭제 기능 개발하기

마지막으로 데이터를 삭제하는 기능을 만듭니다. completeEdit() 함수 아래에 [코드 9-51]을 참고해 deleteRecord() 함수를 추가합니다.

코드 9-51 fragment-scripts.html: deledteRecord() 함수

```
/**
 * 데이터 삭제
 */
function deleteRecord(element) {                                    ➊
  var id = element.parentNode.parentNode.firstElementChild.innerHTML;    ➋
  var confirmed = confirm("[" + id + "] 데이터를 삭제하시겠습니까?");

  if (confirmed) {
    var url = "/admin/api/projects/skills/" + id;
    httpRequest("DELETE", url, null, true);                        ➌
  }
}
```

➊ 함수 선언부에는 getDetails() 함수나 openEdit() 함수처럼 **element** 파라미터를 선언합니다. [코드 9-19]에서 정의한 deleteButton 변수의 값을 보면 〈button〉 태그에 **onclick="deleteRecord(this)"**와 같이 버튼 요소를 넘기는 것을 알 수 있습니다.

그다음에는 ➋ 아이디값을 가져오고 ➌ **confirm()** 함수로 "[id] 데이터를 삭제하시겠습니까?"라는 알림창을 띄우도록 합니다.

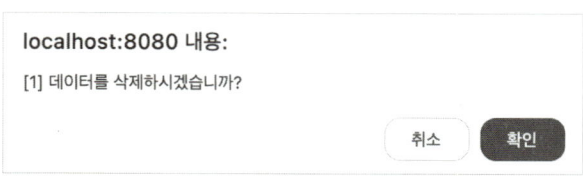

그림 9-23 데이터 삭제 알림창

tip confirm() 함수는 [취소] 또는 [확인] 버튼을 선택할 수 있는 창을 띄웁니다. 확인을 클릭하면 true, 취소를 클릭하면 false를 반환합니다.

알림창에서 [확인]을 클릭하면 confirmed 변수에는 true가 할당되고 ❸ if 문 안의 로직이 수행됩니다. ProjectSkill 삭제 API의 URL을 만들고 DELETE 요청을 보내며 통신 후에는 페이지 새로고침을 합니다.

Quiz 실습 프로젝트에서는 ProjectSkill 테이블 페이지에서만 삭제 버튼을 사용하기 때문에 ProjectSkill API의 URL을 직접 만들었습니다. 여러 테이블 페이지에서 삭제 버튼을 사용하고 싶다면 deleteRecord() 함수를 어떻게 바꿔야 할까요? 실습 프로젝트를 모두 마친 후 페이지 기능을 개선해 보세요.

지금까지 해 온 것처럼 애플리케이션을 재실행해서 삭제 기능이 잘 동작하는지 확인해 보세요. ProjectSkill 테이블 페이지로 접속하여 데이터 테이블 페이지에서 삭제 버튼을 클릭하고, 알림창이 뜨면 확인 버튼을 클릭해 봅니다. 페이지가 새로고침된 후 해당 데이터가 데이터 테이블에서 사라지면 삭제 기능이 정상 작동한 것입니다.

모든 작업을 완료했다면 커밋합니다.

> **커밋과 푸시**
>
> - **커밋 대상**: fragment-scripts.html
> - **커밋 메시지**: 뷰 개발 – 스크립트(삭제)

9-2-8 대시보드 페이지 만들기

이제 웹사이트의 방문자 통계 정보를 보기 위한 대시보드 페이지를 만들어 보겠습니다. 'admin/temp' 디렉터리에서 index.html 파일을 복사해 admin 디렉터리에 붙여 넣습니다.

대시보드 페이지도 테이블 페이지와 같은 공통 레이아웃을 사용합니다. 대신 주요 콘텐츠를 제외한 부가적인 영역은 모두 제거합니다. 〈html〉 태그 바로 안에 〈div id="content"〉만 남기고 〈div id="content"〉 태그 안에서 탑바 영역을 지우는 작업입니다. 다소 헷갈릴 수 있으니 [코드 9-52]와 이어지는 설명을 따라서 순서대로 작업하도록 합니다. 복사한 Index.html 파일에서 다음 태그를 삭제합니다. 결과는 [코드 9-52]의 형태가 되어야 합니다.

1. ⟨head⟩ 태그 삭제

2. ⟨!-- Sidebar --⟩ 주석과 ⟨ul⟩ 태그 삭제

3. ⟨!-- Topbar --⟩ 주석과 ⟨nav⟩ 태그 삭제

4. ⟨!-- Footer --⟩ 주석과 ⟨footer⟩ 태그 사제

5. ⟨!-- Scroll to Top Button --⟩ 주석과 ⟨a⟩ 태그 삭제

6. ⟨!-- Logout Modal --⟩ 주석과 ⟨div class="modal"⟩ 태그 삭제

7. ⟨script⟩ 태그 삭제

코드 9-52 admin/index.html

```
01  <!DOCTYPE html>
02  <html lang="en">
03
04  <!-- <head> 태그 삭제 -->
05
06  <body id="page-top">          ➊
07
08    <!-- Page Wrapper -->
09    <div id="wrapper">          ➋
10
11      <!-- 사이드바 <ul> 태그 삭제 -->
12
13      <!-- Content Wrapper -->
14      <div id="content-wrapper" class="d-flex flex-column">          ➌
15
16        <!-- Main Content -->
17        <div id="content">          ➍
18
19          <!-- 탑바 <nav> 태그 삭제 -->
20
21          <!-- 생략 -->
22
23        </div>
24        <!-- End of Main Content -->
25
26        <!-- 푸터 <footer> 태그 삭제 -->
27
28      </div>
29      <!-- End of Content Wrapper -->
```

```
30
31    </div>
32    <!-- End of Page Wrapper -->
33
34  <!-- 스크롤 버튼 <a> 태그 삭제 -->
35
36  <!-- 로그아웃 모달 <div class="modal"> 태그 삭제 -->
37
38  <!-- 스크립트 <script> 태그 삭제 -->
39
40  </body>
41
42  </html>
```

이번에는 콘텐츠 영역만 남기겠습니다. ❹ <div id="content"> 태그는 ❸ <div id="content-wrapper"> 태그와 ❷ <div id="wrapper"> 태그 그리고 ❶ <body> 태그 순으로 감싸고 있는데, 이를 모두 지웁니다. ❹ <div id="content"> 태그가 <html> 태그 바로 아래에 있는 형태로 수정합니다.

⟨html⟩ 태그에는 xmlns:th="http://www.thymeleaf.org"와 th:replace="~{admin /layouts/layout-admin :: layout(~{::#content})}" 속성을 추가합니다. 정리한 구조는 [코드 9-53]과 같습니다.

코드 9-53 admin/index.html

```
01  <!DOCTYPE html>
02  <html xmlns:th="http://www.thymeleaf.org"
03        th:replace="~{admin/layouts/layout-admin :: layout(~{::#content})}"
04  >
05
06    <!-- Main Content -->
07    <div id="content">
08
09      <!-- 생략 -->
10
11    </div>
12    <!-- End of Main Content -->
13
14  </html>
```

〈div id="content"〉 태그 안에 아직 템플릿 코드가 많이 남아 있어 전체 코드는 다소 깁니다. 전체 구조를 파악하기 쉽게 간소화해 보겠습니다.

코드 9-54 admin/index.html

```
01  <!DOCTYPE html>
02  <html xmlns:th="http://www.thymeleaf.org"
03        th:replace="~{admin/layouts/layout-admin :: layout(~{::#content})}"
04  >
05
06    <!-- Main Content -->
07    <div id="content">
08
09      <!-- Begin Page Content -->
10      <div class="container-fluid">
11
12        <!-- 생략 -->
13
14        <!-- Content Row -->
15        <div class="row">
16
17          <!-- Earnings (Monthly) Card Example -->
18          <div class="col-xl-3 col-md-6 mb-4">        ➜ ❶
19            <!-- 생략 -->
20          </div>
21
22          <!-- 생략 -->
23
24        </div>
25
26        <!-- Content Row -->
27        <div class="row">
28
29          <!-- Content Column -->
30          <div class="col-lg-12 mb-4">
31
32            <!-- DataTables Example -->
33            <!-- <div class="card"> 태그 위치 -->        ➜ ❷
34
35          </div>
```

```
36
37        </div>
38
39      </div>
40      <!-- /.container-fluid -->
41
42    </div>
43    <!-- End of Main Content -->
44
45  </html>
```

<!-- Earnings (Monthly) Card Example --> 주석 위치 아래의 ❶ <div class="col-xl-3"> 태그가 방문자 통계 요약 정보를 보여 줄 카드에 해당하는 영역입니다. 총 네 개의 카드 영역이 있는데, 가장 위에 있는 카드 영역 한 개만 남기고 지웁니다.

<!-- DataTables Example --> 주석 아래에 있던 기존 ❷ <div class="card"> 태그에서 주석만 남기고 태그는 통째로 지웁니다. 데이터 테이블 예시에 해당하는 영역으로 이어서 만들 datatable 템플릿 조각으로 대체하겠습니다.

한 개 남겨 둔 카드 영역을 이용해 템플릿 조각을 만듭니다. 'admin/fragments' 디렉터리에 fragment-card-visitors.html 파일을 만듭니다. 템플릿 조각 베이스로 세팅한 후 ⟨div class="col-xl-3"⟩ 태그를 잘라내 붙여 넣습니다. 그리고 다음 [코드 9-55] 내용을 참고해 템플릿 조각을 완성합니다.

코드 9-55 admin/fragments/fragment-card-visitors.html

```
01  <!DOCTYPE html>
02  <html xmlns:th="http://www.thymeleaf.org">
03  <div class="col-xl-3 col-md-6 mb-4" th:fragment="visitorCard(visitor)">
04    <div class="card border-left-primary shadow h-100 py-2">                      ❶
05      <div class="card-body">
06        <div class="row no-gutters align-items-center">
07          <div class="col mr-2">
08            <div class="text-xs" th:text="${visitor.name}">          ❷
09              Earnings (Monthly)
10            </div>
11            <div class="h5" th:text="${visitor.count}">$40,000</div>
```

```
12              </div>
13          <div class="col-auto">
14              <i class="fas fa-calendar" th:class="¦fas fa-users fa-2x
    ➡ text-gray-300¦"></i> ───► ❸
15          </div>
16        </div>
17      </div>
18    </div>
19  </div>
20 </html>
```

❶ th:fragment="visitorCard(visitor)" 속성으로 템플릿 조각임을 선언합니다. visitor 파라미터에는 대시보드의 뷰 컨트롤러에서 visitors 리스트에 넣어 준 VisitorsDTO 객체가 하나씩 들어옵니다.

❷ th:text="${visitor.name}" 속성을 추가합니다. 'Total', 'Today', 'Weekly' 등 카드의 제목이 보이게 됩니다. 그리고 th:text="${visitor.count}" 속성을 추가해 방문자 수도 보이게 합니다.

마지막으로 ❸ th:class 속성을 이용해 기존 class 속성의 값을 바꾸도록 합니다. 원본 카드는 달력 아이콘이 보이는데, 이를 사용자 그룹 모양 아이콘으로 변경합니다. 이로써 방문자 수를 나타내는 카드임을 직관적으로 보여 줄 수 있습니다.

📑 Font Awesome

Font Awesome은 웹에서 널리 사용되는 아이콘 라이브러리입니다. 수천 개의 아이콘을 폰트 및 SVG 형태로 제공합니다. 아이콘 이미지 파일을 직접 제작하고 수정할 필요 없이 CSS로 크기, 색상, 회전 등을 쉽게 조정할 수 있다는 특징이 있습니다. 부트스트랩과도 연동이 되므로 〈i〉 태그에 class 속성값을 추가하는 간단한 코드만으로도 손쉽게 원하는 아이콘을 사용할 수 있습니다. 무료 및 유료 라이선스로 구분되는데, 실습 프로젝트에서 사용한 무료 아이콘은 '코드' 형식으로 사용할 경우 MIT 라이선스를 따릅니다.

다시 index.html 파일로 돌아갑니다. 템플릿 조각을 불러오고 사소한 수정을 해주겠습니다. 완성된 index.html 코드는 [코드 9-56]을 참고합니다.

```
01  <!-- 생략 -->
02  <!-- Begin Page Content -->
03  <div class="container-fluid">
04
05    <!-- 생략 -->
06
07    <!-- Content Row -->
08    <div class="row">
09
10      <!-- Visitor Cards -->          ➡ ❶
11      <th:block th:each="visitor : ${visitors}">    ➡ ❷
12        <div th:replace="~{admin/fragments/fragment-card-visitors
13                          :: visitorCard(${visitor})}">
14        </div>
15      </th:block>
16
17    </div>
18
19    <!-- Content Row -->
20    <div class="row">
21
22      <!-- Content Column -->
23      <div class="col-lg-12 mb-4">
24
25        <!-- DataTables Card -->      ➡ ❸
26        <div th:replace="~{admin/fragments/fragment-datatable ::
     ➡ datatable(${table})}"></div>        ➡ ❹
27
28      </div>
29
30    </div>
31
32  </div>
33  <!-- /.container-fluid -->
34  <!-- 생략 -->
```

❶ <!-- Earnings (Monthly) Card Example --> 주석을 <!-- Visitor Cards
--> 주석으로 수정합니다. 그리고 ❷ <th:block> 태그에 th:each 속성을 적용합

니다. `visitors` 리스트 요소마다 `visitorCard` 템플릿 조각을 불러오고, `visitor` 객체의 정보를 이용해 렌더링된 템플릿 조각이 만들어집니다.

❸ `<!-- DataTables Example -->` 주석은 `<!-- DataTables Card -->` 주석으로 수정한 후 ❹ `datatable` 템플릿 조각을 불러옵니다. 대시보드의 뷰 컨트롤러에서 table 키로 모델에 넣어 준 http_interface 테이블의 정보로 데이터 테이블이 렌더링됩니다.

이제 애플리케이션을 재실행한 뒤 대시보드의 경로인 'http://localhost:8080/admin'으로 접속합니다. [그림 9-24]처럼 방문자 통계 카드와 HttpInterface 데이터 테이블이 보입니다.

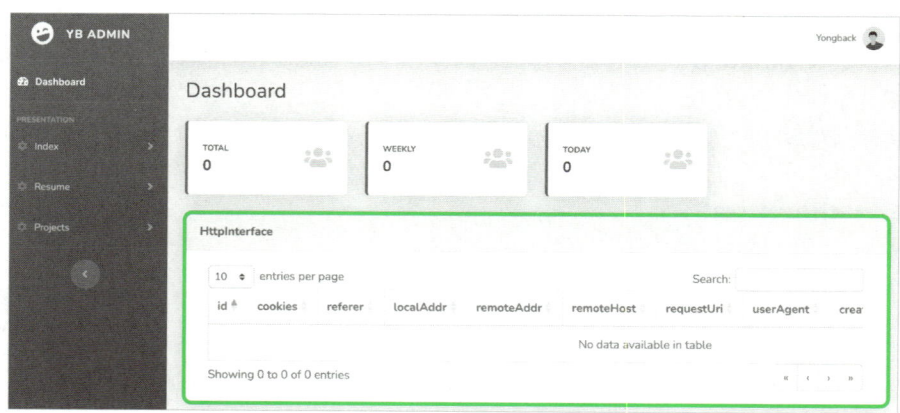

그림 9-24 대시보드 페이지 화면

'http://localhost:8080' 등 프레젠테이션 레이어의 페이지에 접속해 봅니다. 다시 대시보드로 돌아가 새로고침을 하면 [그림 9-25]처럼 카드와 데이터 테이블이 업데이트되었을 것입니다. 프레젠테이션 레이어 페이지를 새로고침할 때마다 그 횟수만큼 대시보드의 정보도 업데이트되는지 확인합니다.

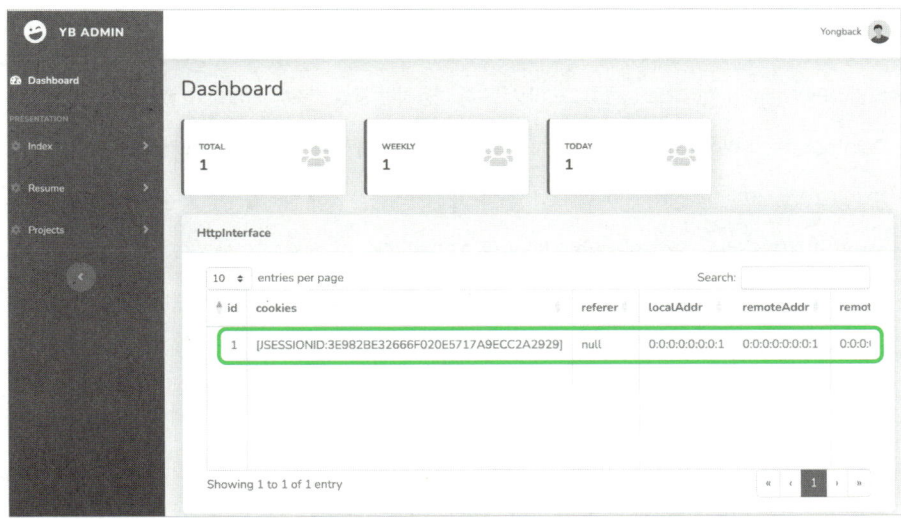

그림 9-25 대시보드 페이지 업데이트 화면

대시보드 테스트가 완료되었다면 작업 내역을 커밋합니다.

 **커밋과 푸시**

- **커밋 대상**: index.html, fragment-card-visitors.html
- **커밋 메시지**: 뷰 개발 – 대시보드

지금까지 9장에서는 어드민 레이어의 프런트엔드를 개발해 사용자 친화적으로 데이터베이스를 관리할 수 있도록 만들었습니다. 하지만 이대로 서비스를 배포하기에는 아직 부족합니다. 지금은 누구나 '/admin' 경로로 접속하면 어드민에서 데이터를 조작할 수 있기 때문에 보안 문제가 있습니다. 마지막 10장에서는 스프링 시큐리티로 간단한 로그인 기능을 구현해 권한이 있는 사용자만 어드민에 접속할 수 있도록 해보겠습니다.

- 타임리프의 th:with 속성으로 템플릿 조각에서 자주 사용하는 값을 변수에 할당할 수 있습니다.

- DataTables는 페이징, 검색, 정렬과 같은 표 기능을 간편하게 구현할 수 있는 라이브러리입니다.

- 자바스크립트 코드를 작성해 프런트엔드와 백엔드가 상호작용을 하는 방식을 정의할 수 있습니다.

- alert( ) 함수를 사용해 사용자에게 알림창을 띄울 수 있습니다.

- confirm( ) 함수를 사용해 사용자의 확인/취소 여부를 반환받는 알림창을 띄울 수 있습니다.

- Font Awesome은 웹상에서 아이콘을 간편하게 사용할 수 있는 라이브러리입니다.

CHAPTER
10

프로젝트 배포하기

이번 장에서는 실습 프로젝트를 실제로 배포하여 외부에서 접근할 수 있도록 만드는 과정을 다룹니다. 10-1절에서는 스프링 시큐리티를 활용해 로그인 기능을 추가하고, 관리자 권한이 있는 사용자만 어드민 페이지에 접근할 수 있도록 설정합니다. 10-2절에서는 실습 프로젝트를 도커 이미지로 빌드합니다. 마지막으로 10-3절에서는 구글 클라우드 플랫폼에서 제공하는 가상 머신에서 이미지를 컨테이너로 실행하고, 도메인 주소를 구입해 외부 접속이 가능하도록 설정합니다.

10-1 스프링 시큐리티로 로그인 기능 추가하기

- 스프링 시큐리티의 개념과 장점을 이해한다.
- 어드민 레이어에 접속할 사용자를 관리하기 위한 계정 도메인을 만든다.
- 스프링 시큐리티와 계정 도메인으로 로그인 기능을 구현한다.

스프링 시큐리티 Spring Security는 사용자의 인증과 인가 등 보안과 관련된 기능을 모아 둔 스프링 프로젝트입니다. 개발자가 직접 구현하지 않아도 로그인 기능부터 복잡한 접근 제어, 세션 관리, CSRF 방어 등 다양한 보안 요구 사항을 손쉽게 적용할 수 있습니다. 스프링 시큐리티 주요 기능은 다음과 같습니다.

- **인증(authentication)**: 사용자의 신원을 확인하는 과정입니다. 다양한 인증 방법을 지원하며, 데이터베이스, LDAP, OAuth 등 여러 소스에서 인증 정보를 가져올 수 있습니다.
- **인가(authorization)**: 인증된 사용자가 특정 리소스에 접근할 수 있는 권한을 부여하는 과정입니다. 역할 기반 접근 제어(Role Based Access Control, RBAC)를 통해 사용자의 역할에 따라 접근 권한을 관리합니다.
- **보안 필터(security filters)**: 요청이 컨트롤러에 도달하기 전에 다양한 보안 필터를 통해 요청을 검사하고 처리합니다. CSRF(Cross-Site Request Forgery) 공격 방지, 세션 관리, URL 접근 제어 등이 있습니다.

- **암호화(encryption):** 비밀번호와 같은 민감한 데이터를 안전하게 저장하고 전송하기 위해 난독화 합니다. BCrypt, PBKDF2 등 다양한 암호화 알고리즘을 지원합니다.

즉 스프링 시큐리티를 사용하면 보다 효과적이고 안정적으로 보안 기능을 구축할 수 있으며, 다음 세 가지 장점을 제공합니다.

첫째, 확장성입니다. 스프링 시큐리티는 모듈화된 구조로 설계되어 있습니다. 필요에 따라 특정 보안 기능을 선택적으로 확장하거나 커스터마이징할 수 있습니다.

둘째, 통합성이 뛰어납니다. 스프링 프레임워크와 자연스럽게 통합되어 보안 관련 기능을 손쉽게 적용할 수 있습니다. 다른 스프링 기반 모듈과도 원활하게 연동됩니다.

셋째, 유연성을 제공합니다. 기본적인 폼 로그인 외에도 OAuth2, JWT, 세션 기반 인증 등 다양한 인증 및 권한 부여 방식을 지원하여 애플리케이션의 보안 요구 사항에 맞게 설정할 수 있습니다.

10-1-1 스프링 시큐리티 설정하기

스프링 시큐리티를 설정해 봅시다. 실습 프로젝트에서는 최소한의 설정만 진행함으로써 기본 동작 방식을 이해하는 데 중점을 둡니다. 먼저 스프링 시큐리티 의존성을 추가한 다음에 시큐리티의 적용 범위와 로그인 및 로그아웃 시 동작 방식을 설정하 겠습니다.

스프링 시큐리티 의존성 추가하기

스프링 시큐리티를 사용하기 위해선 먼저 의존성을 추가해야 합니다. 루트 디렉터리에서 build.gradle.kts 파일을 열고 dependencies 항목의 중괄호({}) 안에 스프링 시큐리티 의존성을 추가합니다.

코드 10-1 build.gradle.kts

```
// 생략
dependencies {                                       스프링 시큐리티 의존성 추가하기
    implementation("org.springframework.boot:spring-boot-starter-security")
    implementation("org.springframework.boot:spring-boot-starter-data-jpa")
    implementation("org.springframework.boot:spring-boot-starter-thymeleaf")
    implementation("org.springframework.boot:spring-boot-starter-validation")
    implementation("org.springframework.boot:spring-boot-starter-web")
```

```
    // 생략
}
// 생략
```

그림 [그림 10-1]처럼 인텔리제이 에디터의 오른쪽 상단에 아이콘 형태로 [Sync All Gradle Changes] 버튼이 생깁니다. 이 버튼을 클릭해 변경된 의존성을 적용합니다. 아이콘이 보이지 않으면 메뉴바에서 [View] → [Tool Windows] → [Gradle]을 선택해 Gradle 윈도에서 [Sync All Gradle Projects] 버튼을 클릭해도 됩니다.

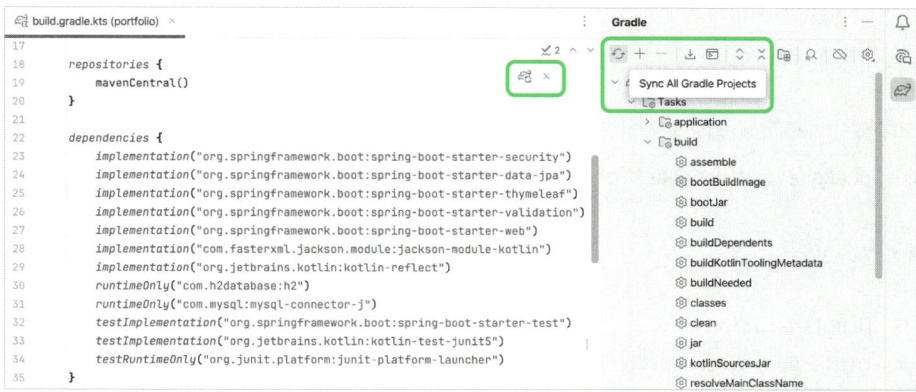

그림 10-1 그레이들 의존성 적용

의존성 변경을 적용했다면 애플리케이션을 재실행한 후 'http://localhost:8080' 경로로 프레젠테이션 레이어의 인덱스 페이지에 접속합니다. 그럼 [그림 10-2]와 같은 스프링 시큐리티 로그인 화면이 보입니다. 주소창을 보면 'http://localhost:8080/login' 경로로 리다이렉트되었을 것입니다.

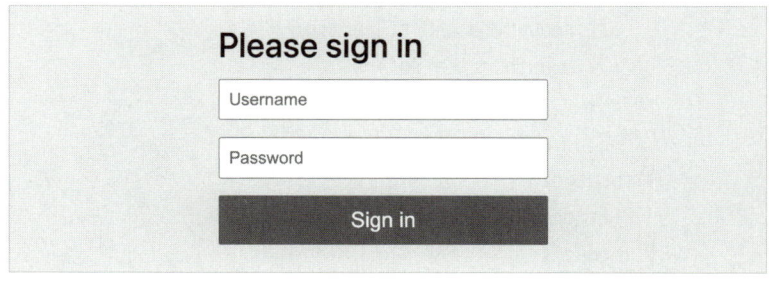

그림 10-2 스프링 시큐리티 기본 로그인 화면

이는 스프링 시큐리티 의존성을 추가하면서 실습 프로젝트의 모든 경로에 대해 로그인을 요구하도록 기본값이 적용된 것입니다. 그런데 실습 프로젝트의 어드민 레이어에만 로그인이 적용되어야 하고, 프레젠테이션 레이어는 모든 방문자에게 허용되어야 합니다. 로그인의 적용 범위를 어드민 레이어에만 한정하도록 설정을 추가하겠습니다.

보안 필터 체인 설정하기

'com/yongback/porfolio' 디렉터리의 admin 패키지 아래에 security 패키지를 추가한 다음 AdminSecurityConfiguration.kt 파일을 만듭니다. [코드 10-2]를 참고해 내용을 작성합니다.

코드 10-2 admin/security/AdminSecurityConfiguration.kt

```
01  package com.yongback.portfolio.admin.security
02
03  // 생략
04
05  @Configuration
06  class AdminSecurityConfiguration {
07
08      @Bean
09      fun passwordEncoder(): PasswordEncoder {          ➊
10          return BCryptPasswordEncoder()
11      }
12
13      @Bean
14      fun filterChain(httpSecurity: HttpSecurity): SecurityFilterChain {   ➋
15          return httpSecurity
16              .authorizeHttpRequests {                  ➌
17                  it.requestMatchers("/admin/**")
18                      .authenticated()                  ➍
19                      .anyRequest()
20                      .permitAll()                      ➎
21              }.formLogin {
22                  it.defaultSuccessUrl("/admin")        ➏
23              }.logout {
24                  it.logoutUrl("/admin/logout")         ➐
25                      .logoutSuccessUrl("/")
```

```
26              }.build()
27      }
28  }
```

① `passwordEncoder()` 메서드는 실습 프로젝트에서 사용할 `PasswordEncoder` 빈을 생성합니다. `BCryptPasswordEncoder` 객체를 반환하는데, 사용자에게 입력받은 비밀번호는 이 객체를 거쳐 **BCrypt** 알고리즘으로 암호화됩니다.

tip BCrypt 알고리즘은 단방향 암호화 알고리즘 중 하나입니다.

② `filterChain()` 메서드는 보안 필터 체인을 생성합니다. 실습 프로젝트에서는 시큐리티 적용 범위와 로그인 및 로그아웃과 관련된 최소 설정만 합니다. 인자로 받은 `httpSecurity` 객체에 체이닝 방식으로 설정을 추가한 뒤, `SecurityFilterChain` 객체를 빌드해서 반환하는 구조로 이루어집니다.

③ `authorizeHttpRequests{}` 메서드는 인가를 적용할 HTTP 요청을 설정합니다. 요청에 따른 인가 설정 정보를 담은 AuthorizationManagerRequestMatcherRegistry 객체를 생성합니다. 로직은 다음과 같습니다.

먼저 **④** `requestMatchers()` 메서드에 `/admin/**` 문자열을 인자로 넣습니다. 즉 /admin으로 시작하는 모든 경로를 시큐리티 적용 대상으로 지정합니다. 그리고 이 경로에 대해 `authenticated()` 메서드를 호출해 인가를 적용합니다. authenticated() 메서드는 AuthorizationManagerRequestMatcherRegistry 객체를 반환합니다.

이어서 **⑤** 반환된 객체에 다시 체이닝 방식으로 `anyRequest()` 메서드를 호출해 모든 경로를 선택하도록 합니다. 그리고 `permitAll()` 메서드를 호출해 모든 요청을 허용합니다. permitAll() 메서드도 AuthorizationManagerRequestMatcher Registry 객체를 반환합니다. 최종적으로 /admin으로 시작하는 경로는 시큐리티가 적용되고, 그 외 모든 경로는 적용되지 않는 보안 설정 객체가 반환됩니다.

⑥ `formLogin{}` 메서드로 폼 기반 로그인을 설정합니다. 앞서 살펴본 [그림 10-2]의 로그인 화면과 관련된 설정입니다. 여기에서는 `defaultSuccessUrl()` 메서드에 `"/admin"` 문자열을 인자로 넣겠습니다. 로그인이 성공하면 /admin 경로인 대시보드 페이지로 이동합니다.

⑦ `logout{}` 메서드는 로그아웃 관련 설정입니다. `logoutUrl()` 메서드에 `"/admin/`

logout" 문자열을 인자로 넣어 로그아웃 경로로 지정합니다. 해당 경로로 요청을 보내면 자동으로 로그아웃 됩니다. `logoutSuccessUrl()` 메서드의 인자로 "/" 경로를 넣어서 로그아웃이 성공하면 '/' 경로인 프레젠테이션 레이어의 인덱스 페이지로 리다이렉트되도록 합니다.

이제 애플리케이션을 재실행하여 'http://localhost:8080' 경로로 재접속해 봅시다. 그럼 프레젠테이션 레이어를 확인할 수 있습니다. 그리고 어드민 레이어의 대시보드 페이지인 'http://localhost:8080/admin' 경로로 재접속하면 로그인 화면을 확인할 수 있습니다. `filterChain()` 메서드에서 설정한 보안 필터가 어드민 레이어에만 적용된다는 의미입니다.

그렇다면 로그인 기능이 동작하는지는 어떻게 확인할 수 있을까요? 아직 실습 프로젝트에서는 사용자의 권한을 관리하는 기능은 만들지 않았습니다. 어떤 사용자가 권한을 가졌는지 알 수 없기 때문에 로그인도 불가능합니다. 사용자 권한은 계정 정보를 저장하는 account 테이블을 추가해서 관리하겠습니다. 현재 상태에서 작업 내역을 커밋합니다.

◁ 커밋과 푸시

- **커밋 대상**: build.gradle.kts, AdminSecurityConfiguration.kt
- **커밋 메시지**: 스프링 시큐리티 – 의존성 추가

10-1-2 계정 기능 개발하기

사용자의 계정 정보를 관리하는 기능을 개발해 봅시다. 다음과 같은 순서로 진행하겠습니다.

1. 계정 정보를 저장하는 account 테이블과 매핑된 Account 엔티티를 만듭니다.
2. Account 엔티티 관련 기능을 처리하는 리포지터리를 만듭니다.
3. DataInitializer 클래스에 테스트용 계정 정보를 초기화하는 코드를 추가합니다.

Account 엔티티 추가하기

domain 패키지 하위의 entity 패키지에 Account.kt 파일을 만듭니다. [코드 10-3]을 참고해 내용을 작성합니다.

코드 10-3 domain/entity/Account.kt

```
01  package com.yongback.portfolio.domain.entity
02
03  // 생략
04
05  @Entity
06  class Account(loginId: String, pw: String) : BaseEntity(), UserDetails { ➜ ❶
07
08      @Id
09      @GeneratedValue(strategy = GenerationType.IDENTITY)
10      @Column(name = "account_id")
11      var id: Long? = null
12
13      var loginId: String = loginId                      ➜ ❷
14
15      @Column(name = "password")
16      var pw: String = pw
17
18      override fun getAuthorities() = mutableListOf(
    ➜ SimpleGrantedAuthority("ADMIN"))
19      override fun getPassword(): String = pw
20      override fun getUsername(): String = loginId
21      override fun isAccountNonExpired(): Boolean = true     ❸
22      override fun isAccountNonLocked(): Boolean = true
23      override fun isCredentialsNonExpired(): Boolean = true
24      override fun isEnabled(): Boolean = true
25  }
```

❶ Account 엔티티는 다른 엔티티와 마찬가지로 BaseEntity 클래스를 상속합니다. 그리고 UserDetails 인터페이스를 구현합니다. 로그인 기능을 개발할 때 스프링 시큐리티가 제공하는 UserDetailService 인터페이스를 구현하는 데, 이 인터페이스에서 UserDetails 객체를 사용하기 때문입니다.

❷ id 필드, loginId 필드, pw 필드는 account 테이블의 컬럼과 매핑됩니다. id 필드는 자동으로 생성되는 엔티티의 아이디값이기 때문에 사용자는 알 수 없습니다. account 테이블의 로우를 식별하는 용도로 사용됩니다. loginId 필드는 사용자가 직접 지정하고 로그인할 때 사용하는 아이디입니다. pw 필드는 비밀번호입니다. 필드명을 password로 할 경우 코틀린에서 만드는 게터 메서드가 UserDetails 인터페이스의 getPassword() 메서드와 충돌합니다. 그래서 필드명을 pw로 하고 대신 @Column 어노테이션의 name 속성으로 테이블의 password 컬럼과 매핑되도록 설정합니다.

마지막으로 ❸ UserDetails 인터페이스에 정의된 메서드를 구현합니다. getAuthorities() 메서드는 계정의 권한을 가져옵니다. 실습 프로젝트에서는 일괄적으로 "ADMIN" 권한을 반환하도록 합니다. 즉 실습 프로젝트에서는 모든 사용자가 관리자라고 간주하는 것입니다. getPasswrod() 메서드는 pw 필드값을 반환하고, getUsername() 메서드는 loginId 필드값을 반환합니다. 나머지 메서드는 계정의 만료, 잠금, 활성화 여부 등을 가져옵니다. 일괄적으로 true를 반환합니다.

Account 리포지터리 추가하기

다음으로 domain 패키지 하위의 repository 패키지에 AccountRepository.kt 파일을 만듭니다. 코틀린 클래스를 생성합니다. 그리고 [코드 10-4]를 참고해 내용을 작성합니다.

코드 10-4 domain/repository/AccountRepository.kt

```
01  package com.yongback.portfolio.domain.repository
02
03  // 생략
04
05  interface AccountRepository : JpaRepository<Account, Long> {
06      fun findByLoginId(loginId: String): Optional<Account>    ⟶ ❶
07  }
```

❶ findByLoginId() 메서드를 정의합니다. 사용자가 입력한 로그인 아이디로 계정이 존재하는지 확인할 때 사용합니다. 또한 JpaRepository 인터페이스를 상속하여 account 테이블에서 login_id 컬럼값이 loginId 인자값과 일치하는 데이터를 찾는

쿼리 메서드가 자동으로 만들어지도록 구현합니다.

테스트 계정 데이터 추가하기

Account 엔티티와 리포지터리는 만들었으니, 테스트 계정 데이터를 추가할 차례입니다. DataInitializer 클래스를 수정하기 전에 할 일이 있습니다. 테스트 계정의 암호화된 비밀번호를 얻는 작업입니다.

사용자의 비밀번호는 데이터베이스에 **단방향 암호화**되어 저장되어야 합니다. '비밀번호를 검증'하는 본래 목적은 달성할 수 있으면서도 '비밀번호가 탈취'되었을 때의 위험을 줄일 수 있기 때문입니다.

📑 암호화의 종류

암호화 알고리즘은 크게 **단방향 암호화**와 **양방향 암호화**로 나눌 수 있습니다. 단방향 암호화는 데이터가 한쪽 방향으로만 변경됩니다. 즉 평문을 암호문으로 바꾸는 '암호화'만 가능합니다. 암호문을 평문으로 바꾸는 '복호화'는 불가능합니다. 양방향 암호화는 암호화와 복호화가 모두 가능한 알고리즘입니다. 암호화에 사용된 '암호화 키'만 알고 있으면 암호문을 평문으로 변환할 수 있습니다.

암호화를 사용할 때는 데이터의 특성에 따라 적절한 알고리즘을 선택해야 합니다. 비밀번호는 단방향 암호화가 필요한 데이터입니다. 사용자가 평문으로 입력한 비밀번호를 암호화한 결과가 데이터베이스에 암호화되어 저장된 값과 일치하기만 하면 사용자가 유효한 비밀번호를 입력했다고 볼 수 있기 때문입니다.

그럼 비밀번호를 양방향 암호화한다면 어떻게 될까요? 먼저 해커의 공격으로 암호화 키와 데이터가 탈취되어 해커가 사용자의 비밀번호를 알아낼 위험이 있습니다. 또 '암호화 키'를 알고 있는 데이터베이스 관리자 등이 사용자의 비밀번호를 임의로 복호화해 보는 것이 가능합니다.

물론 보안 차원에서 관리자의 개인정보의 접근 기록 등을 모두 관리하겠지만, 단방향 암호화만으로 '사용자 인증'이라는 목표를 달성할 수 있다면 굳이 양방향 암호화를 사용해 위험 요소와 관리 비용을 증가시킬 이유가 없습니다. 따라서 비밀번호는 단방향 암호화를 사용하는 것이 더 적합합니다.

만약 비밀번호가 '안녕하세요'라면 이 값이 어떻게 암호화되어 데이터베이스에 저장될지는 어떻게 알 수 있을까요?

[코드 10-2]의 AdminSecurityConfiguration 클래스에서 빈으로 등록한 BCrypt PasswordEncoder 클래스의 encode() 메서드를 이용하면 BCrypt 알고리즘으로

암호화된 비밀번호를 얻을 수 있습니다. 객체를 만들고 encode( ) 메서드에 문자열을 인자로 넣어 주면 암호화된 값이 나옵니다.

또는 DataInitializer 클래스의 initializeData( ) 메서드에서 BCryptPasswordEncoder 객체를 만들고, 평문 비밀번호를 암호화해서 Account 엔티티를 저장하도록 코드를 작성할 수도 있습니다. 그러나 이런 코드를 커밋하게 되면 평문 비밀번호가 외부에 노출될 수 있기 때문에 좋은 방법은 아닙니다.

따라서 별도의 테스트 코드를 작성해서 평문 비밀번호를 암호문으로 변경한 값을 얻은 다음, 암호문을 직접 Datainitializer 클래스에서 넣어 주겠습니다. 'src/test/kotlin/com/yongback/portfolio' 디렉터리에서 PortfolioApplicationTests.kt 파일을 열고 [코드 10-5]와 같이 코드를 작성합니다.

코드 10-5 PortfolioApplicationTests.kt

```kotlin
01  package com.yongback.portfolio
02
03  // 생략
04
05  @SpringBootTest
06  class PortfolioApplicationTests {
07
08      @Test
09      fun test() {
10          val encrypted = BCryptPasswordEncoder().encode("안녕하세요")    ┐
11          println(encrypted)                           비밀번호 암호화 ◀──┘
12      }
13  }
```

tip 예시는 '안녕하세요'이지만, 보안을 위해 원하는 값으로 비밀번호를 지정하세요.

'안녕하세요'라는 문자열을 BCrypt 알고리즘으로 암호화하고, 암호문을 출력합니다. 테스트를 실행해서 [그림 10-3]과 같이 암호문이 출력되면 이 값을 Account 엔티티의 pw 필드에 넣어 저장하겠습니다.

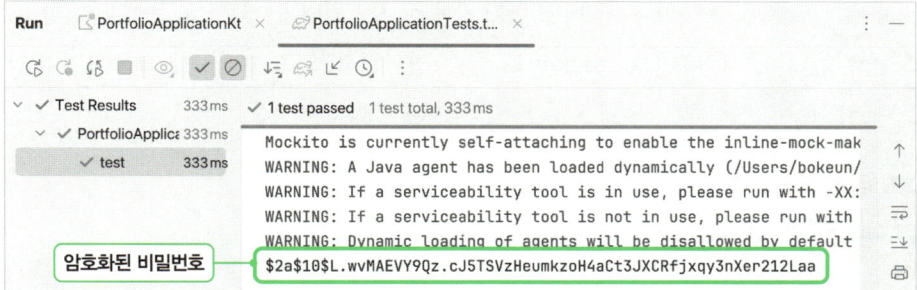

그림 10-3 스프링 부트 테스트 암호문 출력

암호문을 얻는 스프링 부트 테스트를 여러 번 실행해 보면 똑같은 평문임에도 불구하고 암호문이 매번 다른 것을 확인할 수 있습니다. 왜 이런 일이 발생할까요?

이유는 BCrypt 알고리즘이 단방향 암호화를 할 때 **솔트**(salt) 기법을 사용하기 때문입니다. 솔트는 같은 비밀번호라도 해시 결과가 서로 다르게 만들어지도록 하는 추가 데이터입니다. 단방향 암호화의 보안성을 높이는 데 매우 중요한 역할을 합니다.

원래 단방향 암호화 알고리즘은 같은 평문을 넣으면 항상 같은 암호문이 나옵니다. 예를 들어 '고양이'는 'abcd'로, '토끼는 'bcde'와 같이 암호화된다고 해보겠습니다. 자주 사용되는 평문을 암호화한 값을 모아서 일종의 사전처럼 표로 만들어 두면, 데이터베이스에서 'abcd'라는 암호문을 탈취했을 때 원래 평문이 무엇이었는지 찾아낼 수 있습니다. 이러한 표를 **레인보우 테이블**(rainbow table)이라고 부릅니다.

그런데 단방향 암호화 알고리즘은 평문이 비슷해도 암호문은 전혀 다른 모양이라는 특징이 있습니다. 이 특징을 이용한 것이 솔트입니다. 예를 들어 '고양이'라는 평문을 암호문으로 바꿨을 때 'abcd'가 나온다고 해보겠습니다. 그런데 'a'라는 문자를 솔트로 추가해 'a고양이'를 암호화하면 어떤 결과가 나올까요? 'z2d9'라는 전혀 상관없는 암호문이 나옵니다. 그리고 데이터베이스에는 'a.z2d9'란 값을 저장합니다. 만약 사용자가 비밀번호를 입력하면 앞에 'a'를 붙여 암호화한 뒤 'z2d9'와 일치하는지 확인하는 방식을 사용할 경우 비밀번호를 검증하는 데에는 전혀 문제가 없습니다. 게다가 솔트를 추가한 'a고양이'의 암호문이 레인보우 테이블에 있을 가능성은 매우 낮아지기 때문에 보안성이 향상됩니다.

출력된 암호문을 복사합니다. 비밀번호 원문은 커밋되면 안 되기 때문에 작성한 코드는 지웁니다. 그리고 DataInitializer 클래스를 열고 [코드 10-6]을 참고해 수정합니다.

코드 10-6 domain/DataInitializer.kt

```kotlin
01  package com.yongback.portfolio.domain
02
03  // 생략
04
05  @Component
06  @Profile(value = ["default"])
07  class DataInitializer(
08    // 생략
09    private val accountRepository: AccountRepository        ➊
10  ) {
11
12    val log = LoggerFactory.getLogger(DataInitializer::class.java)
13
14    @PostConstruct
15    fun initializeData() {
16
17      log.info("스프링이 실행되었습니다. 테스트 데이터를 초기화합니다.")
18
19      // 생략
20
21      val account = Account(
22        loginId = "admin1",                                    ➋
23        pw = "\$2a\$10\$BWi6SLqZRJyVvJyufjTtHeYXNNhpNY9rxaVl9fBOE
      .1t3QF98B.cO"
24      )
25      accountRepository.save(account)
26    }
27  }
```

➊ AccountRepository 객체의 의존성을 주입합니다. 그리고 initializeData() 메서드 아래 ➋ Account 엔티티의 인스턴스를 생성한 뒤, AccountRepository 객체의 save() 메서드를 호출해 저장합니다. 이때 loginId와 pw값을 생성자에 인자로

넣습니다. loginId값은 원하는 로그인 아이디로 넣고, pw값은 [코드 10-5]의 테스트 코드를 실행해 출력된 암호문을 넣습니다.

코드를 작성했다면 애플리케이션을 재실행합니다. [그림 10-4]처럼 account 테이블에 데이터를 넣는 INSERT 문이 출력되는지 확인합니다. H2 콘솔에 접속해서 확인해도 됩니다.

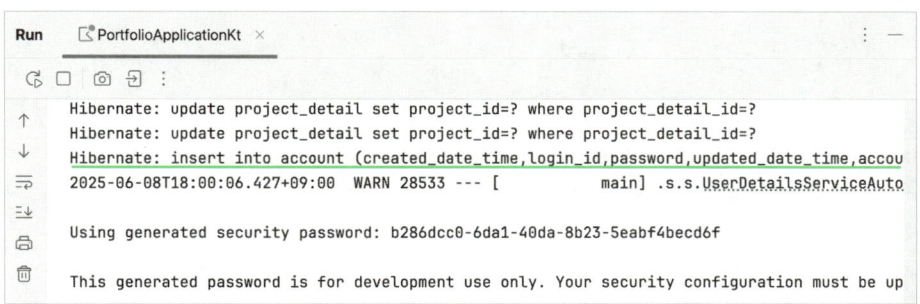

그림 10-4 account 테이블 INSERT 문

Account 엔티티의 테스트 데이터가 삽입되는 것을 확인했다면 작업 내역을 커밋합니다.

📎 커밋과 푸시

- **커밋 대상**: Account.kt, AccountRepository.kt, DataInitializer.kt
- **커밋 메시지**: 스프링 시큐리티 – 계정 개발

> tip 비밀번호의 암호문을 얻기 위해 작성한 PortfolioApplicationTests 클래스는 커밋되지 않도록 주의합니다.

10-1-3 로그인 서비스 개발하기

로그인 요청을 했을 때 수행될 로그인 서비스를 개발하겠습니다. 비밀번호를 암호화하고, 계정의 비밀번호와 비교하는 작업은 스프링 시큐리티에서 수행합니다. 로그인 페이지에서 입력받은 아이디로 계정 데이터를 조회하는 기능만 개발하면 됩니다. 또한 스프링 시큐리티에서 만들어 준 로그아웃 기능을 프런트엔드에서 호출해 사용자가 로그아웃을 할 수 있도록 만들겠습니다.

로그인 구현하기

먼저 admin 패키지 하위의 security 패키지에 AdminSecurityService.kt 파일을 만듭니다. 그리고 [코드 10-7]을 참고해 내용을 작성합니다.

코드 10-7 admin/security/AdminSecurityService.kt

```
01  package com.yongback.portfolio.admin.security
02
03  // 생략
04
05  @Service
06  class AdminSecurityService(
07      private val accountRepository: AccountRepository
08  ) : UserDetailsService {        ⟶ ❶
09      override fun loadUserByUsername(loginId: String): UserDetails {
10          return accountRepository.findByLoginId(loginId)
11              .orElseThrow { throw AdminBadRequestException("사용자 정보를
        ➥ 찾을 수 없습니다.") }
12          }
13  }
```

AdminSecurityService 클래스는 ❶ UserDetailsService 인터페이스를 구현합니다. 인터페이스에 선언된 loadUserByUsername() 메서드를 오버라이드하면 기본 로그인이 작동합니다.

애플리케이션을 재실행한 뒤 'http://localhost:8080/admin' 경로로 접속해서 로그인 기능이 잘 동작하는지 보겠습니다.

로그인 페이지에서 [코드 10-6]의 DataInitializer 클래스에서 Account 엔티티 인스턴스에 넣어 준 loginId값과 [코드 10-5]에서 암호문을 만들 때 사용한 비밀번호 원문을 입력합니다. 그다음 [Sign in] 버튼을 클릭했을 때 대시보드 페이지로 이동하면 성공입니다.

스프링 시큐리티가 많은 기능을 미리 만들어 두었기 때문에 개발자는 UserDetails와 UserDetails Service 인터페이스를 구현하는 것만으로 로그인 기능을 구현할 수 있습니다. 하지만 어떤 과정을 거쳐 실제로 사용자 인증이 동작하는지도 이해할 필요가 있습니다. 다음 그림을 보며 과정을 간단히 설명하겠습니다.

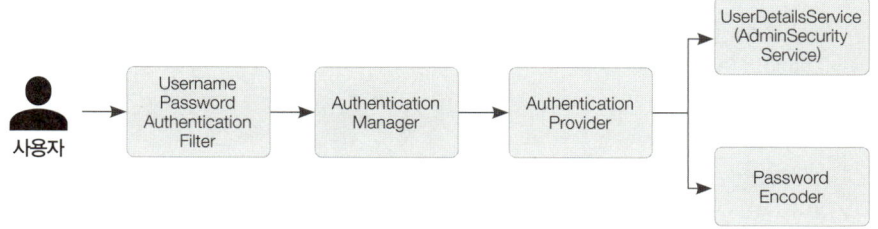

그림 10-5 스프링 시큐리티 사용자 인증 흐름

사용자가 "/login" 경로로 POST 요청을 보내면 그 요청을 UsernamePasswordAuthenticationFilter 객체가 가로챕니다. 이 객체는 의존하고 있는 AuthenticationManager 객체의 authenticate( ) 메서드를 호출해 인증을 시도합니다.

AuthenticationManager 객체는 AuthenticationProvider 객체로 인증을 위임합니다. AuthenticationProvider 객체는 UserDetailsService 객체를 호출해 UserDetails 객체, 즉 사용자 정보를 가져옵니다. UserDetails 객체의 getPassword() 메서드로 가져온 암호화된 비밀번호와 사용자가 입력한 비밀번호를 PasswordEncoder로 암호화한 값을 비교하면 사용자를 인증할 수 있습니다.

로그아웃 구현하기

이번에는 로그아웃 기능을 구현해 보겠습니다. 사실 로그아웃 기능은 스프링 시큐리티에 이미 있습니다. 실습 프로젝트에서 할 것은 [코드 10-2]의 AdminSecurity Configuration 클래스에서 로그아웃 경로로 지정한 '/admin/logout' 경로를 로그아웃 버튼과 연결해 주기만 하면 됩니다.

fragment-modal-logout.html 파일을 열고 [코드 10-8]을 참고해 수정합니다.

코드 10-8 resources/templates/admin/fragments/fragment-modal-logout.html

```
01  <!DOCTYPE html>
02  <html xmlns:th="http://www.thymeleaf.org">
```

```
03  <div class="modal fade" id="logoutModal" tabindex="-1"
    ➥ th:fragment="modalLogout">
04    <div class="modal-dialog">
05      <div class="modal-content">
06        <-- 생략 -->
07        <div class="modal-footer">
08          <button class="btn btn-secondary" data-dismiss="modal">Cancel
    ➥ </button>
09          <a class="btn btn-primary" th:href="@{/admin/logout}">
    ➥ Logout</a>  ⟶ ❶
10        </div>
11      </div>
12    </div>
13  </div>
14 </html>
```

원본 템플릿의 `<div class="modal-footer">` 태그 안 두 번째 `<button>` 태그를
❶ `<a>` 태그로 수정합니다. 그리고 〈a〉 태그에 `th:href="@{/admin/logout}"` 속
성을 추가만 하면 끝입니다.

그럼 애플리케이션을 재실행하여 어드민 레이어에서 로그인을 하고 로그아웃을 해
봅시다. 로그인을 한 다음 탑바 오른쪽의 프로필 이미지를 클릭하면 [그림 10-6]처
럼 [Logout] 버튼이 있는 로그아웃 모달을 확인할 수 있습니다.

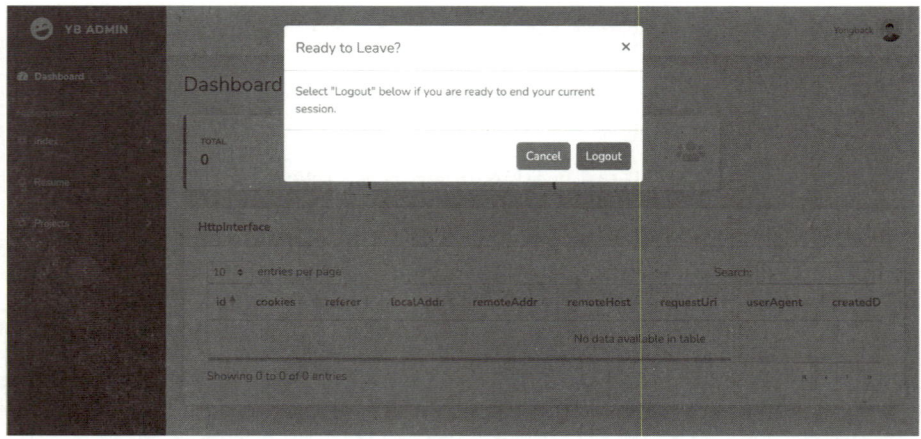

그림 10-6 로그아웃 모달

로그아웃 모달의 [Logout] 버튼을 클릭하면 프레젠테이션 레이어의 인덱스 페이지로 이동합니다. 이제는 어드민 레이어로 접속해 보면 로그인이 풀려 있기 때문에 다시 로그인을 해야 합니다.

이것으로 로그인 기능 개발을 완료했습니다. 작업 내역을 커밋합니다.

⤴ 커밋과 푸시

- **커밋 대상**: AdminSecurityService.kt, fragment-modal-logout.html
- **커밋 메시지**: 스프링 시큐리티 – 로그인 및 로그아웃

10-2 도커로 컨테이너 실행하기

- 컨테이너 기술인 도커가 무엇인지 이해한다.
- 도커로 MySQL 애플리케이션을 실행하여 스프링 애플리케이션과 독립적으로 관리되도록 한다.
- 실습 프로젝트를 도커 이미지로 만들고 실행한다.

10-2절에서는 이 책의 운영 환경인 GCP에서 애플리케이션을 간편하게 실행하기 위한 준비를 합니다. 먼저 컨테이너 기술인 도커에 대해서 간단히 이해합니다. 그리고 MySQL과 실습 프로젝트 애플리케이션을 컨테이너로 실행시켜 봅니다.

10-2-1 도커란

도커Docker는 애플리케이션과 그 실행 환경을 독립된 단위로 패키징하여 어디서든 일관되게 실행할 수 있도록 해 주는 오픈소스 플랫폼입니다. 패키징 단위를 **컨테이너**container라고 부르며 기존 가상 머신에 비해 경량화된 기술이라는 특징이 있습니다.

도커의 가장 큰 장점은 **개발 환경의 일관성**입니다. 개발자가 만든 애플리케이션이 개발 환경에서는 잘 작동하지만, 운영 환경에서는 오류가 발생하는 문제를 흔히 경험합니다. 이럴 때 도커는 컨테이너 안에 실행 환경이 정의되어 있고, 외부와 격리된 환경에서 실행하기 때문에 어디서든 동일한 방식으로 애플리케이션이 작동합니다.

다시 말해 "내 컴퓨터에서는 잘 작동하는데?" 같은 문제가 해결됩니다.

또 **개발부터 배포까지의 전 과정을 자동화하고 표준화**할 수 있습니다. 이미지 빌드, 테스트, 배포 단계를 파이프라인으로 구성해서 CI/CD 환경을 손쉽게 구축할 수 있습니다. 마이크로서비스 아키텍처 환경에서도 웹 애플리케이션, 데이터베이스, 메시지 브로커, 캐시 서버 등 서비스의 다양한 구성 요소를 컨테이너로 분리해 독립적으로 실행하기 쉽고, 요청량이 많은 서비스만 컨테이너를 증가시킬 수 있어 서비스의 확장성도 쉽게 확보할 수 있습니다.

이런 특징 덕분에 많은 개발자는 도커를 사용해서 개발 생산성과 운영 안정성을 획기적으로 개선시킬 수 있었고, 현대 소프트웨어 개발 환경에서 필수 기술로 자리 잡았습니다. 특히 **쿠버네티스**Kubernetes 같은 컨테이너 오케스트레이션 도구와의 조합을 사실상 업계 표준으로 삼기도 합니다. 이 책에서는 쿠버네티스까지 사용하진 못하지만, 도커 컴포즈라는 기술로 컨테이너 실행 환경을 사전에 정의해 두고 명령어 한 줄로 서비스가 동작하도록 합니다.

10-2-2 도커로 MySQL 컨테이너 실행하기

지금까지 개발 환경에서는 인메모리 H2 데이터베이스를 이용해 스프링 애플리케이션이 실행될 때 데이터베이스도 실행되고, 종료될 때 같이 종료되게 했습니다. 즉 애플리케이션이 종료되면 데이터베이스의 데이터도 함께 사라졌습니다.

하지만 운영 환경에서는 애플리케이션의 실행 여부와 관계없이 데이터가 유지되어야 합니다. 따라서 기존의 인메모리 데이터베이스가 아닌, 별도의 MySQL 애플리케이션을 실행해서 실습 프로젝트 애플리케이션과 독립적으로 관리되도록 하겠습니다.

MySQL 애플리케이션은 도커를 이용해 컨테이너 형태로 실행합니다. 배포할 서버에 MySQL을 직접 설치하는 방법도 있지만, 도커를 사용하면 실행 환경에 구애받지 않고 도커 명령어 한 줄로 빠르게 실행할 수 있습니다.

그런데 컨테이너를 실행하는 명령어에 여러 실행 환경을 옵션으로 추가하면 명령어가 길어지는 것은 물론이고, 무엇보다 재사용이 어렵습니다. 그래서 앞서 말했듯이 사전에 컨테이너 실행 환경을 정의해 두고 짧은 명령어 한 줄로 실행할 수 있는 **도커 컴포즈**Docker Compose를 사용하겠습니다.

docker-compose.yml 파일 작성하기

도커 컴포즈로 컨테이너를 실행하려면 docker-compose.yml 파일이 필요합니다. docker-compose.yml 파일은 어디에 만들어도 상관이 없지만, 편의상 프로젝트의 루트 디렉터리에 두겠습니다.

문제는 이 파일에 민감 정보인 데이터베이스 비밀번호가 포함된다는 점입니다. 프로젝트 내부에 두면 실수로 커밋되어 공개 리포지터리에 올라갈 가능성이 있습니다. 따라서 보안을 위해 **.gitignore 파일에 docker-compose.yml 파일을 추가해 깃 추적 대상이 되지 않도록 방지**합니다.

.gitignore 파일을 열고 코드 가장 아래에 [코드 10-9]를 참고해 내용을 추가합니다.

코드 10-9 .gitignore

```
# 생략
docker-compose.yml
```

.gitignore 파일을 수정했다면 커밋을 먼저 해 둡니다.

🔗 **커밋과 푸시**

- **커밋 대상**: .gitignore
- **커밋 메시지**: Docker로 MySQL 실행하기

⚠️ docker-compose.yml 파일이 깃 추적 대상이 되지 않도록 반드시 .gitignore 파일을 먼저 수정하고 커밋합니다.

다음으로 프로젝트의 루트 디렉터리에 docker-compose.yml 파일을 생성합니다.

[코드 10-10]을 참고해 컨테이너 실행에 필요한 여러 설정을 정의합니다.

코드 10-10 docker-compose.yml

```
01  services: ──────▶ ❶
02    mysql:
03      image: mysql:8.0
04      container_name: mysql
05      ports:
06        - "3306:3306"
07      environment:
08        - "MYSQL_ROOT_PASSWORD=dkssudgktpdy"    ──────▶ ❷
09        - "TZ=Asia/Seoul"
10        - "LC_ALL=C.UTF-8"
11      command:
12        - --character-set-server=utf8mb4
13      volumes:
14        - mysql_data:/var/lib/mysql
15  volumes: ──────▶ ❸
16    mysql_data:
17      driver: local
```

❶ services 하위에 서비스를 정의합니다. 먼저 서비스명으로는 mysql를 입력합니다. 이번에는 MySQL 컨테이너를 실행해 보고 추후에는 실습 프로젝트의 서비스도 추가해 보겠습니다.

그 아래로는 ❷ MySQL 서비스를 설정합니다.

1. **image**: 사용할 이미지 태그(mysql:8.0)를 넣습니다.

2. **container_name**: 실행될 컨테이너의 이름을 넣습니다.

> **tip** 도커 이미지는 컨테이너의 실행 환경을 정의해 둔 템플릿 파일입니다. 이미지는 자바의 클래스, 컨테이너는 클래스의 인스턴스라고 비유할 수 있습니다.

3. **ports**: 도커 호스트와 컨테이너의 포트 매핑을 설정합니다. 이때 콜론(:)을 기준으로 앞에는 호스트 포트(3306)와 뒤에는 컨테이너 포트(3306)를 지정해 줍니다. 호스트의 3306 포트와 컨테이너의 3306 포트를 연결한다는 의미입니다.

4. **environment**: 컨테이너의 환경 변수를 설정합니다. 그리고 MySQL 루트 비밀번호, 시간대, 로케일(locale)을 차례대로 설정합니다. 루트 비밀번호는 '안녕하세요'로 합니다.

tip 로케일은 다국어 처리, 문자 인코딩, 날짜 및 숫자 등의 정보를 사용자 지역에 맞게 표시하고 처리하도록 돕는 설정입니다.

5. **command**: 컨테이너가 시작될 때 실행할 명령어를 설정합니다. 이때 기본 문자 집합은 utf8mb4 로 지정합니다.

6. **volumes**: 컨테이너와 연결할 볼륨을 설정합니다. 콜론(:)을 기준으로 볼륨 이름(mysql_data)과 컨테이너 내부 디렉터리(/var/lib/mysql)를 입력합니다. 해당 디렉터리와 볼륨을 연결해서 디렉터리의 데이터가 볼륨에 저장되도록 합니다.

도커 호스트와 컨테이너의 포트 매핑

도커에 대한 사전 학습이 없는 상태라면 도커 호스트와 컨테이너의 포트 매핑의 이해가 어려울 수 있습니다. 우선 도커 호스트는 도커 엔진이 설치되어 컨테이너를 실행할 수 있는 물리 또는 가상 머신을 의미합니다. 쉽게 말해 컨테이너를 실행 중인 컴퓨터라고 할 수 있습니다.

컨테이너는 기본적으로 격리된 환경에서 실행됩니다. 기본적으로 외부와 통신할 수 없고, 실행 중인 컨테이너가 외부와 통신하려면 특정 포트를 여는 설정을 해야 합니다.

MySQL 애플리케이션은 기본적으로 3306 포트에서 실행됩니다. 별도의 MySQL 포트 설정 없이 도커 컨테이너를 실행하면 컨테이너의 3306 포트에서 MySQL이 실행됩니다. 그런데 컨테이너는 도커 호스트 내부에서 실행되지만 기본적으로 외부와 연결되어 있지 않습니다. 즉, 다음 [그림 10-7]처럼 사용자는 호스트 내부에서 실행 중인 컨테이너의 3306 포트에 도달하고 싶어도 도달할 방법이 없습니다.

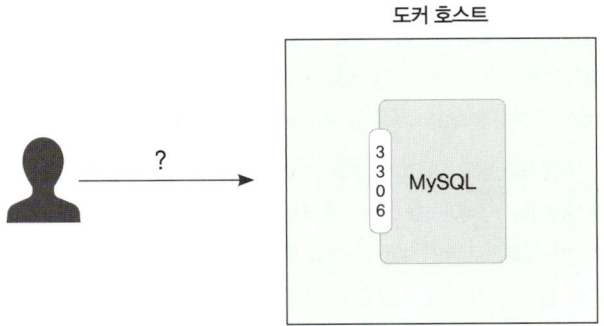

그림 10-7 호스트와 컨테이너가 포트 매핑이 안 된 상태

이때 컨테이너의 특정 포트와 호스트의 특정 포트를 연결해 주는 것이 포트 매핑입니다. "3306:3306" 과 같이 설정하면, 호스트의 3306 포트로 들어오는 요청을 컨테이너의 3306 포트로 보냅니다. 즉, [그림 10-8]처럼 사용자가 'localhost:3306' 포트로 접속하면, 컨테이너에서 실행 중인 MySQL에 접속할 수 있습니다.

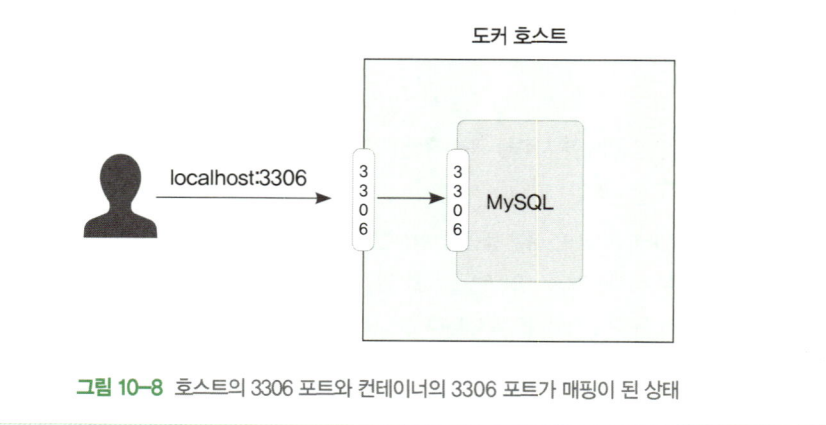

도커 호스트

localhost:3306 → 3306 → 3306 MySQL

그림 10-8 호스트의 3306 포트와 컨테이너의 3306 포트가 매핑이 된 상태

mysql 서비스 설정을 모두 작성했다면 마지막으로 service 키 하위에 ❸ volumes 키 볼륨을 정의합니다. mysql 서비스 설정 시 지정한 볼륨명인 `mysql_data`를 넣으면 됩니다. 이 볼륨이 호스트의 로컬 디스크에 데이터를 저장하도록 지정하면, 로컬 디스크 내 도커에서 설정한 위치에 볼륨이 생성되고 데이터가 저장됩니다.

볼륨

볼륨volume은 컨테이너가 사용하는 데이터를 컨테이너 외부에 안전하게 저장하기 위한 지속 저장소(persistent storage)입니다. 컨테이너 안의 데이터를 외부의 특정 장소에 저장하는 것입니다.

컨테이너는 그 자체로 독립적이기 때문에 내부의 데이터는 컨테이너를 삭제할 때 같이 사라집니다. 하지만 볼륨을 설정하면 컨테이너의 데이터를 외부에 따로 보관하고, 다른 컨테이너를 실행했을 때 해당 데이터를 재사용하거나 여러 컨테이너가 같은 데이터를 공유하도록 할 수 있습니다.

예를 들어 볼륨을 설정하지 않고 MySQL 컨테이너를 실행한 뒤 데이터를 삽입해도 해당 데이터는 컨테이너 안에만 존재합니다. 컨테이너를 삭제하면 데이터도 같이 삭제됩니다. 하지만 MySQL의 데이터가 저장된 디렉터리를 볼륨으로 지정하면, MySQL 컨테이너를 삭제해도 이후에 다른 MySQL 컨테이너를 실행할 때 해당 볼륨의 데이터를 사용할 수 있습니다.

MySQL 컨테이너 실행 및 접속하기

이제 터미널을 엽니다. docker compose up -d 명령어를 실행한 다음 도커 데스크톱을 열고 [Containers] 탭을 확인합니다. [그림 10-9]처럼 MySQL 컨테이너가 실행되고 있을 것입니다.

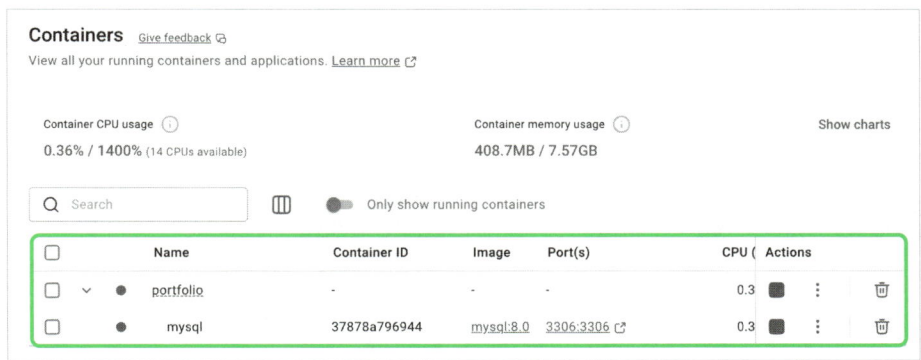

그림 10-9 실행 중인 MySQL 컨테이너

컨테이너에서 실행 중인 MySQL 애플리케이션에 접속해 봅시다.

01 디비버 커뮤니티를 열고 상단 메뉴바에서 [윈도우] → [Database Navigator] 탭을 선택합니다. 탭이 열리면 마우스 우클릭하면 나타나는 팝업 메뉴에서 [Create] → [Connection]을 선택합니다.

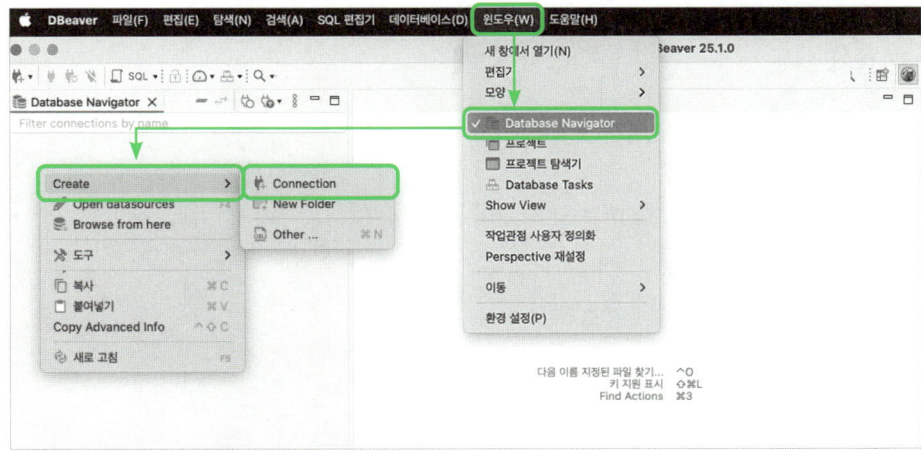

02 [Connect to a database] 창에서 MySQL을 선택한 뒤 [다음] 버튼을 클릭합니다.

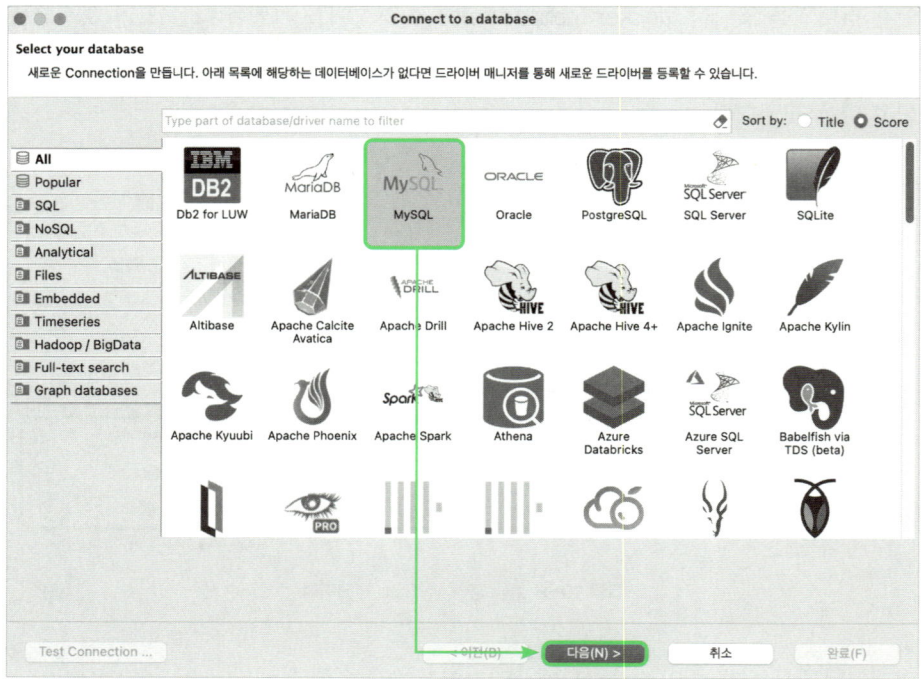

03 [Connection Settings] 화면으로 바뀌면 다음 목록을 참고해 데이터베이스 연결 정보를 입력합니다. 그리고 왼쪽 아래의 [Test Connection ...] 버튼을 클릭합니다.

- **Server Host**: localhost
- **Port**: 3306
- **Database**: 빈 값
- **Username**: root
- **Password**: {MYSQL_ROOT_PASSWORD}
- **Driver name**: MySQL

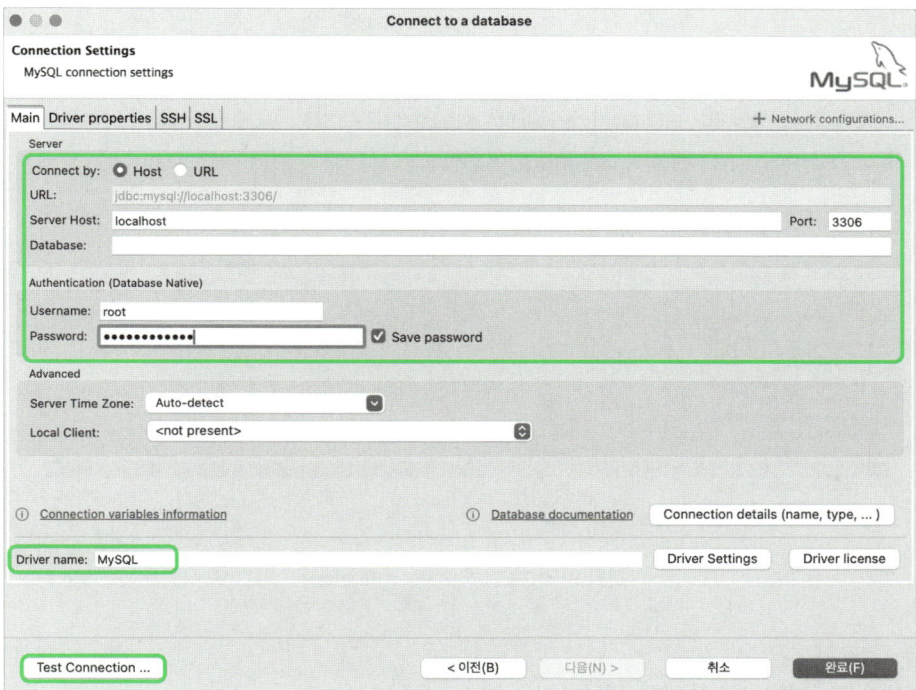

04 [Connection test] 창에 'Connected' 문구가 뜬다면 디비버 커뮤니티 데이터베이스가 제대로 연결된 것입니다. 확인 버튼을 클릭하여 다시 **03**단계의 [Connect to a database] 창으로 돌아간 다음, [완료] 버튼을 클릭해 마무리합니다.

[Test Connection ...] 버튼을 클릭했을 때 'Public Key Retrieval is not allowed' 오류가 뜨는 경우가 있습니다. MySQL 8.0에서 암호화된 비밀번호 인증 시 서버 공개 키 조회가 허용되지 않아 발생하는 오류입니다. 이럴 때는 [Connect to a database] 창의 [Driver properties] 탭에서 'allowPublicKeyRetrieval' 키를 찾아 값을 'true'로 변경합니다.

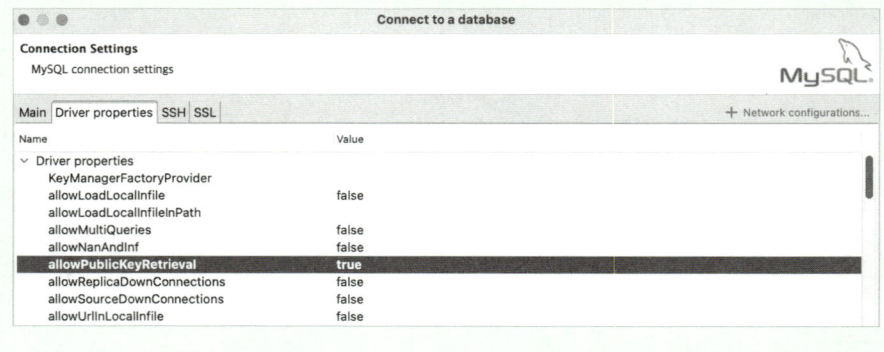

그림 10-10 allowPublicKeyRetrieval

MySQL 컨테이너 테이블 생성하기

MySQL 컨테이너에 접속했으니 실습 프로젝트 애플리케이션 실행 시 오류가 발생하지 않도록 테이블을 미리 만들어 두겠습니다.

[Database Navigator] 탭에 방금 만든 데이터베이스 커넥션이 생성되면 마우스 우클릭하여 팝업 메뉴에서 [SQL 편집기] → [SQL 편집기]를 선택합니다. 쿼리를 입력할 수 있는 에디터 탭에서 테이블을 생성하는 쿼리를 실행해야 합니다. 지면 관계상 데모 프로젝트 깃허브 리포지터리의 루트 디렉터리에서 data-initalizer.sql 파일을 찾아 사용합니다. 아래 목록의 쿼리를 모두 실행하세요.

- create database portfolio
- create table account
- create table http_interface
- create table achievement
- create table introduction
- create table link
- create table skill
- create table experience

- create table experience_detail

- create table project

- create table project_detail

- create table project_skill

쿼리를 모두 실행한 후 반영되었는지 확인하기 위
해 [Database Navigator] 탭을 새로고침을 해봅
시다. [Database Navigator] 탭을 마우스 우클릭
하면 나타나는 팝업 메뉴에서 [새로고침]을 선택
하면 됩니다.

다음 [그림 10-11]처럼 portfolio 데이터베이스
와 실습 프로젝트 테이블이 생성되었다면 성공입
니다.

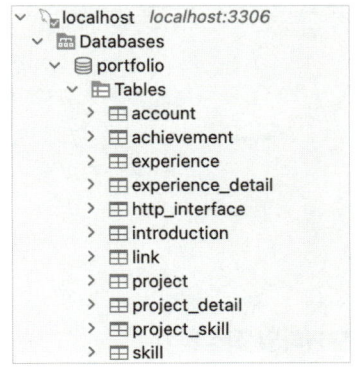

그림 10-11 테이블 생성 완료

10-2-3 도커로 실습 프로젝트 컨테이너 실행하기

이제 실습 프로젝트를 컨테이너로 실행해 봅시다. MySQL은 널리 쓰이는 오픈소스
이기 때문에 도커 컴포즈에 이미지명을 지정하는 것만으로 쉽게 이미지를 가져와 컨
테이너로 실행할 수 있었습니다. 하지만 실습 프로젝트는 직접 만들었기 때문에 도
커 이미지도 직접 만들어 주어야 합니다.

도커 이미지를 만들기 위해서는 도커 공식 레지스트리인 **도커 허브**^Docker Hub 계정이
필요합니다. 도커 허브는 MySQL, 레디스, 엔진엑스^Nginx 등 널리 쓰이는 오픈소스의
공식 이미지를 제공하는 것은 물론, 개인이 직접 만든 이미지도 저장하고 공유할 수
있는 서비스입니다. 도커 컴포즈도 기본적으로 도커 허브에서 이미지를 찾기 때문에
mysql:8.0 태그만으로도 이미지를 가져올 수 있습니다.

그럼 도커 허브 웹사이트(https://hub.docker.com)에 접속해 회원가입을 합니다. 이
때 사용자명(Username)을 기억해 둡니다. 사용자명이 있어야 로컬 컴퓨터에서 만든
실습 프로젝트의 이미지를 만들어서 도커 허브 개인 리포지터리에 올릴 수 있습니다.
이렇게 리포지터리에 올린 이미지는 GCP에서 내려받아 컨테이너로 실행하겠습니다.

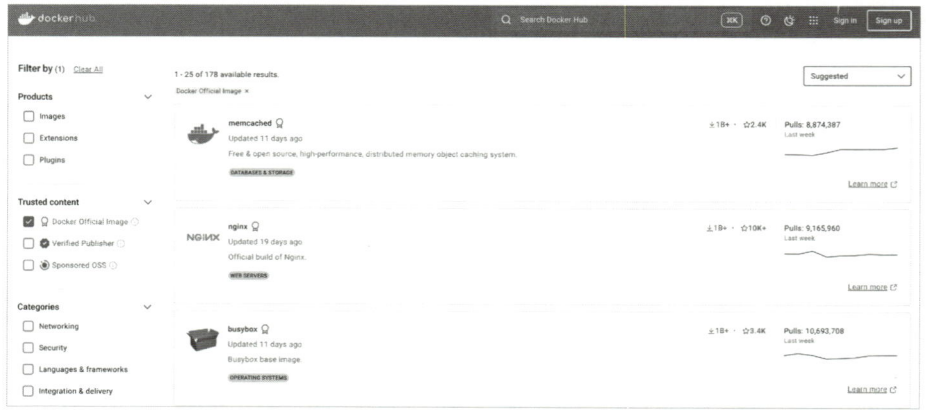

그림 10-12 도커 허브

도커파일 작성하기

애플리케이션의 소스 코드로 도커 이미지를 만들 때는 **도커파일**Dockerfile이란 특수한 텍스트 파일을 사용합니다. 베이스 이미지 지정, 추가 패키지 설치, 애플리케이션 소스 코드 복사, 환경 변수 설정, 실행 명령어 등 이미지 빌드에 필요한 작업을 단계별로 정의해 둔 파일입니다.

프로젝트 루트 디렉터리에 Dockerfile 파일을 만듭니다. 이때 별도의 확장자는 없습니다. 코드의 한 줄은 컨테이너 실행 환경을 구성하는 하나의 단계로, 해당 이미지를 컨테이너로 만들 때 총 여섯 개의 단계를 거칩니다. 다음 내용을 따라 코드를 작성합니다.

1. **FROM**: 도커 허브에 있는 이미지일 경우 '{이미지명}:{태그}'의 형식으로 지정합니다. 실습 프로젝트는 OpenJDK 21 버전을 기반으로 빌드합니다.

2. **VOLUME**: 컨테이너의 볼륨을 설정합니다. 컨테이너 내부의 /tmp 디렉터리를 외부와 연결 가능한 볼륨으로 지정합니다.

3. **EXPOSE**: 컨테이너에서 외부로 노출할 포트를 지정합니다. 스프링 애플리케이션이 8080 포트를 사용하기 때문에 8080으로 지정합니다.

4. **ARG**: 해당 도커파일에서 사용할 인자를 정의합니다. 인자명은 JAR_FILE, 값은 실습 프로젝트의 jar 파일 경로를 지정합니다.

5. **ADD**: 인자인 JAR_FILE, 즉 실습 프로젝트의 jar 파일을 컨테이너에 추가합니다. 여기서는 'port folio—yongback.jar'를 추가합니다.

6. ENTRYPOINT: 컨테이너를 시작할 때 실행하는 명령어를 지정합니다. 컨테이너 시작과 동시에 java –jar /portfolio–yongback.jar 명령어로 자바 애플리케이션이 실행되도록 합니다.

완성된 도커파일은 [코드 10-11]과 같습니다.

코드 10-11 Dockerfile

```
01  FROM openjdk:21
02  VOLUME /tmp
03  EXPOSE 8080
04  ARG JAR_FILE=build/libs/portfolio-0.0.1-SNAPSHOT.jar
05  ADD ${JAR_FILE} portfolio-yongback.jar
06  ENTRYPOINT ["java", "-jar", "/portfolio-yongback.jar"]
```

Dockerfile에서 ARG의 인자로 지정한 jar 파일은 별도로 빌드해야 합니다.

인텔리제이에서 [Gradle] 윈도를 엽니다. 그리고 [Tasks] → [build]에서 [clean] 을 선택해 실행한 다음 [build]를 실행합니다. [build]가 완료되면 [Project] 윈도의 'build/libs' 디렉터리에 portfolio-0.0.1-SNAPSHOT.jar 파일이 생긴 것을 확인할 수 있습니다.

`tip` 터미널에서 ./gradlew clean build 명령어를 실행해도 빌드할 수 있습니다.

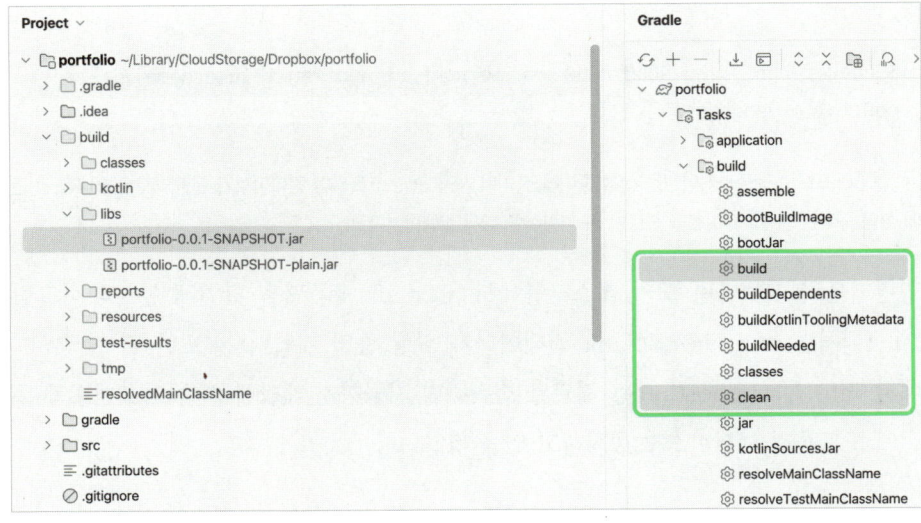

그림 10-13 그레이들 clean build

⚠️ build.gradle.kts, settings.gradle.kts 파일의 설정에 따라 이름이 다를 수 있습니다. 이름이 다르다면 gradle 설정 파일이나 도커파일을 수정해서 이름을 맞춰 주세요.

도커 이미지 빌드 및 컨테이너 실행하기

이제 도커 이미지를 빌드하고, 도커 이미지로 컨테이너를 실행해 보겠습니다.

터미널을 열어 프로젝트 루트 디렉터리로 이동합니다. 그리고 현재 디렉터리에서 도커 이미지를 빌드하는 명령어를 실행합니다. 명령어에는 이미지의 태그를 지정하는 -t {사용자명}/portfolio-yongback 옵션을 지정합니다. 마지막에는 현재 디렉터리를 가리키는 마침표(.)를 넣어 줍니다.

```
$ docker build -t {username}/portfolio-yongback .
```

빌드가 완료되면 도커 데스크톱의 [Images] 탭에서 빌드된 이미지를 확인할 수 있습니다.

tip 빌드된 이미지는 터미널에서 docker images 명령어로도 확인할 수 있습니다.

이어서 이미지를 컨테이너로 실행하는 명령어를 실행합니다. 명령어에 포트 매핑은 -p 8080:8080으로 설정하고, 컨테이너명은 --name portfolio-default로 지정합니다.

```
$ docker run -d -p 8080:8080 --name portfolio-default {username}/
portfolio-yongback
```

⚠️ 8080 포트로 애플리케이션을 실행 중이라면 이미 사용 중인 포트라며 컨테이너가 실행되지 않습니다. 기존에 실행 중이던 애플리케이션을 종료한 뒤 명령어를 다시 실행합니다.

명령어를 실행했다면 도커 데스크톱에서 [Containers] 탭을 확인해 봅시다. [그림 10-14]처럼 portfolio-default 컨테이너가 실행 중일 것입니다. 또한 웹 브라우저에서 'http://localhost:8080' 경로로 접속하면 지금까지 개발한 실습 프로젝트와 똑같이 포트폴리오 서비스가 동작하고 있을 것입니다.

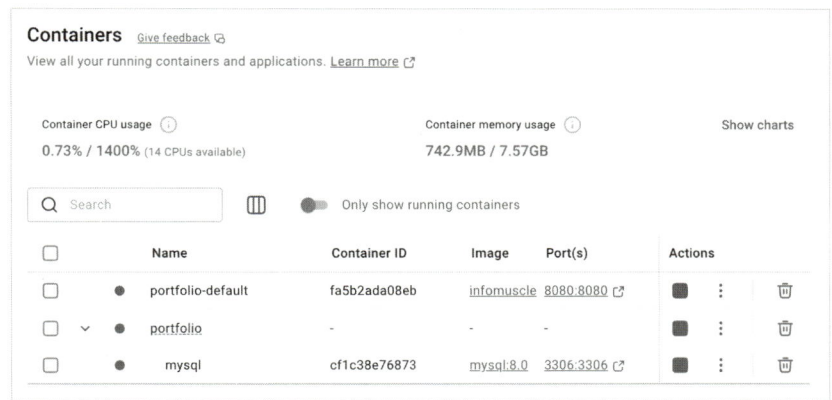

그림 10-14 실행 중인 실습 프로젝트 컨테이너

tip 터미널에서 docker ps 명령어로도 실행 중인 컨테이너를 확인할 수 있습니다.

이번에는 도커 데스크톱에서 실행 중인 portfolio-default 컨테이너를 클릭합니다. 컨테이너의 로그를 살펴보면 [그림 10-15]처럼 스프링 프로필이 'default'로 실행된 것을 확인할 수 있습니다.

로그를 쭉 살펴보면 인텔리제이에서 애플리케이션을 실행할 때처럼 테이블을 생성하고, 데이터를 초기화하는 쿼리 로그가 보일 것입니다. 즉 지금 컨테이너에 application-default.yml 파일의 설정이 적용되었다는 것을 알 수 있습니다.

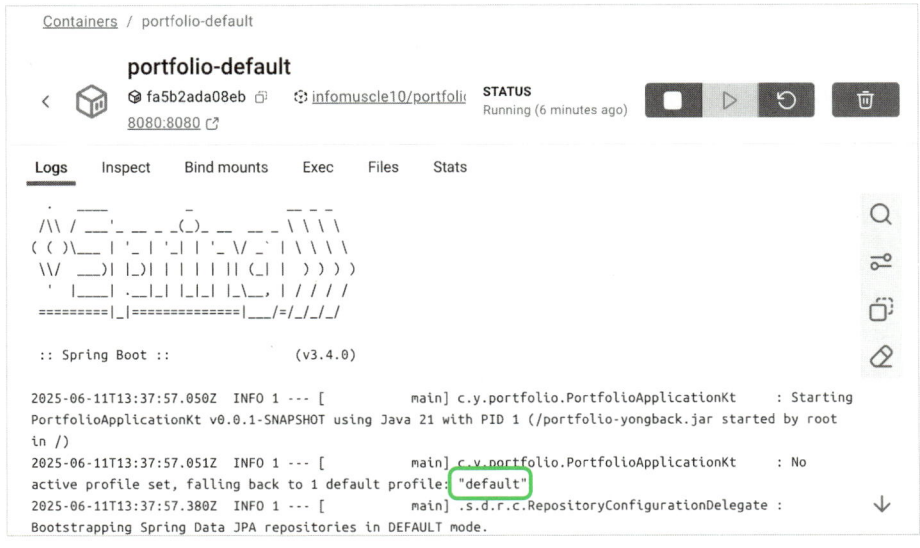

그림 10-15 portfolio-default 컨테이너 로그

이제 도커 컨테이너는 application-docker.yml 파일의 설정을 적용해 MySQL 컨테이너와 연결해야 합니다. 애플리케이션과 데이터베이스를 독립적으로 관리하고, 애플리케이션 컨테이너가 종료되어도 데이터베이스 컨테이너의 데이터는 유지되어야 하기 때문입니다. 따라서 도커 컨테이너를 실행할 때 스프링 프로필을 'docker'로 설정하도록 환경 변수를 주겠습니다.

그런데 그 전에 해야 할 작업이 있습니다. 바로 비밀번호 암호화입니다. 개발 환경의 H2 데이터베이스에 비해, 운영 환경의 MySQL 데이터베이스는 보안이 매우 중요합니다. 공개 리포지터리에 소스 코드가 올라가면 비밀번호가 노출되어 버리기 때문입니다. 따라서 application-docker.yml 파일에는 application-default.yml 파일처럼 비밀번호를 누구나 읽을 수 있는 평문으로 넣으면 안 됩니다. 이어서 Jasypt 라이브러리를 사용해 비밀번호를 암호화하겠습니다.

Jasypt 라이브러리로 암호화 적용하기

Jasypt는 yml 파일에 암복호화를 간편하게 적용할 수 있는 라이브러리입니다. yml 파일에는 암호화된 비밀번호를 넣고, 애플리케이션을 실행할 때 환경 변수로 암호화 키를 제공합니다. 그럼 애플리케이션이 실행되며 암호화 키를 이용해 비밀번호를 복호화하고, 복호화된 비밀번호로 데이터베이스와 연결을 맺습니다. 소스 코드상으로는 비밀번호 평문이 노출되지 않을뿐더러, 암호화 키만 노출하지 않으면 복호화도 어려워 보안 강화에 도움이 됩니다.

그럼 다음 [코드10-12]를 참고해 build.gradle.kts 파일에 Jasypt 라이브러리 의존성을 추가하고 설정을 적용해 봅시다. 그리고 그레이들 새로고침을 합니다.

코드 10-12 build.gradle.kts

```
// 생략
dependencies {
    implementation("com.github.ulisesbocchio:jasypt-spring-boot-
➡ starter:3.0.5")
    implementation("org.springframework.boot:spring-boot-h2console")
    implementation("org.springframework.boot:spring-boot-starter-security")
    implementation("org.springframework.boot:spring-boot-starter-data-jpa")
    // 생략
}
// 생략
```

이어서 domain 패키지에는 configuration 패키지를 만들어 JasyptConfiguration.kt 파일을 만듭니다. [코드 10-13]을 참고해 Jasypt 라이브러리가 암호화할 때 사용할 설정을 정의합니다.

코드 10-13 domain/configuration/JasyptConfiguration.kt

```
01  package com.yongback.portfolio.domain.configuration
02
03  // 생략
04
05  @Configuration
06  class JasyptConfiguration {
07
08      @Bean("jasyptStringEncryptor")
09      fun stringEncryptor(): StringEncryptor {
10          val encryptor = PooledPBEStringEncryptor()
11          val config = SimpleStringPBEConfig()
12          config.password = System.getenv("jasypt.encryptor.key")    ──▶ ❶
13          config.algorithm = "PBEWithMD5AndDES"
14          config.setKeyObtentionIterations("1000")
15          config.setPoolSize("1")
16          config.providerName = "SunJCE"
17          config.setSaltGeneratorClassName("org.jasypt.salt.
    ➡ RandomSaltGenerator")
18          config.setIvGeneratorClassName("org.jasypt.iv.NoIvGenerator")
19          config.stringOutputType = "base64"
20          encryptor.setConfig(config)
21
22          return encryptor
23      }
24  }
```

❶ System.getenv("jasypt.encryptor.key")는 시스템 환경 변수에서 "jasypt.encryptor.key" 키로 값을 가져오는 코드입니다. 즉 암호화 키를 불러오는 코드입니다. 해당 암호화 키는 애플리케이션을 실행할 때 환경 변수로 넣어 주겠습니다.

불러온 암호화 키는 SimpleStringPBEConfig 객체의 password 필드에 넣습니다. Jasypt 라이브러리는 이 키를 이용해 암복호화를 합니다.

이제 비밀번호의 암호문을 찾을 차례입니다. PortfolioApplicationTests.kt 파일을 열고 [코드 10-14]와 같이 코드를 작성합니다. 비밀번호 원문이 노출되지 않게 작성한 코드는 모두 삭제하고 커밋되지 않도록 주의합니다.

코드 10-14 PortfolioApplicationTests.kt

```
01  package com.yongback.portfolio
02
03  // 생략
04
05  @SpringBootTest
06  class PortfolioApplicationTests {
07
08      @Test
09      fun jasypt() {
10          val plainText = "{MYSQL_ROOT_PASSWORD}"           ➊
11
12          val encryptor = PooledPBEStringEncryptor()
13          val config = SimpleStringPBEConfig()
14          config.password = "{암호화 키}"                    ➋
15          config.algorithm = "PBEWithMD5AndDES"
16          config.setKeyObtentionIterations("1000")
17          config.setPoolSize("1")
18          config.providerName = "SunJCE"
19          config.setSaltGeneratorClassName("org.jasypt.salt.
    ➥ RandomSaltGenerator")
20          config.setIvGeneratorClassName("org.jasypt.iv.NoIvGenerator")
21          config.stringOutputType = "base64"
22          encryptor.setConfig(config)
23
24          val encryptedText = encryptor.encrypt(plainText)       ➌ 암호화
25          println(encryptedText)
26
27          val decryptedText = encryptor.decrypt(encryptedText)   ➍ 복호화
28          println(decryptedText)
29      }
30  }
```

❶ plainText 변수에 MySQL 루트 비밀번호의 평문을 할당합니다. ❷ config. password 변수에는 암호화 키로 사용할 문자열을 할당합니다. 암호화 키의 길이나 사용 가능한 문자 제약은 딱히 없습니다. 간단한 프로젝트이기 때문에 6~10자 정도 길이의 영문자와 숫자로만 구성해도 충분합니다. 실습 프로젝트에선 'q1w2e3'으로 지정했습니다. 대신 암호화 키가 있으면 복호화가 가능하기 때문에 노출되지 않도록 별도로 기록해 둡니다. 이 테스트 코드 또한 커밋해서는 안 됩니다.

❸ encryptor 객체의 encrypt() 메서드를 호출해서 평문을 암호화합니다.

println() 메서드로 출력한 다음 암호문을 복사해서 application-docker.yml 파일에 넣겠습니다.

그리고 암호문을 다시 복호화하는 것이 가능하다는 것을 직접 확인해 보기 위해 ❹ decrypt() 메서드를 호출해서 암호문을 복호화하고, 출력합니다.

이제 PortfolioApplicationTests.kt 파일을 실행해 출력된 암호문을 복사해서 application-docker.yml 파일에 추가합니다. 내용은 다음 [코드 10-15]를 참고합니다.

코드 10-15 resources/application-docker.yml

```
spring:
  # 생략
  datasource:
    url: jdbc:mysql://mysql:3306/portfolio
    username: root
    password: ENC(5Q0kblP/F+yDvz11YgjH+byOIIpu/AuA)  ← 암호문을 ENC( ) 메서드로 감싸 줍니다.
    driver-class-name: com.mysql.cj.jdbc.Driver
```

이쯤에서 지금까지 작업한 내용을 커밋합니다.

🔗 **커밋과 푸시**

- **커밋 대상**: Dockerfile, build.gradle.kts, application-docker.yml, JasyptConfiguration.kt
- **커밋 메시지**: Docker로 프로젝트 빌드하기

도커 프로필로 컨테이너 실행하기

실습 프로젝트 이미지를 컨테이너로 실행하기 위해 jar 파일을 새로 빌드하고, 변경 사항이 반영된 도커 이미지를 만듭니다. Gradle 윈도에서 [clean]과 [build] 메뉴를 순차적으로 실행해 새 jar 파일을 빌드합니다. 그리고 다음 명령어를 다시 실행해 도커 이미지를 빌드합니다.

```
$ docker build -t {username}/portfolio-yongback .
```

tip 도커 데스크톱이나 docker images 명령어로 새 이미지가 제대로 빌드되었는지도 확인해 보세요.

새 이미지는 도커 컴포즈를 이용해 컨테이너로 실행해 보겠습니다. 루트 디렉터리에서 docker-compose.yml 파일을 열고 MySQL 서비스 설정 아래에 [코드 10-16]을 참고해 내용을 추가합니다.

코드 10-16 docker-compose.yml

```
01  services:
02    mysql:
03      # 생략
04    portfolio-yongback:
05      image: {username}/portfolio-yongback
06      container_name: portfolio-yongback
07      ports:
08        - "8080:8080"
09      environment:
10        - "SPRING_PROFILES_ACTIVE=docker"          ➊
11        - "jasypt.encryptor.key={암호화 키}"
12      depends_on:    ➋
13        - mysql
14  volumes:
15    # 생략
```

[코드 10-10]에서 MySQL 서비스를 설정했던 것처럼 portfolio-yongback 서비스에 서비스명, 이미지명, 컨테이너명, 포트 매핑 등을 설정합니다.

이때 환경 변수를 설정하는 ➊ environment에는 스프링 프로필을 'docker'로 설정합니다. 그리고 [코드 10-14]에서 암호문을 얻을 때 사용했던 암호화 키를 넣어줍니다.

⚠️ 외부로 노출되면 안 되기 때문에 docker-compose.yml 파일은 커밋하지 않고 별도로 보관합니다.

이어서 ❷ depends_on에는 서비스의 실행 순서를 정의합니다. `mysql`이라고 지정하면 portfolio-yongback 서비스는 mysql 서비스에 의존한다는 의미입니다. 그럼 도커 컴포즈는 mysql 컨테이너를 먼저 실행한 뒤 portfolio-yongback 컨테이너를 실행합니다.

docker-compose.yml 파일을 모두 작성했다면 프로젝트 루트 디렉터리에서 `docker compose up -d` 명령어를 실행합니다. 애플리케이션 컨테이너가 추가되면 컨테이너를 클릭해서 스프링 프로필이 'docker'로 지정됐는지 로그도 확인해 봅니다.

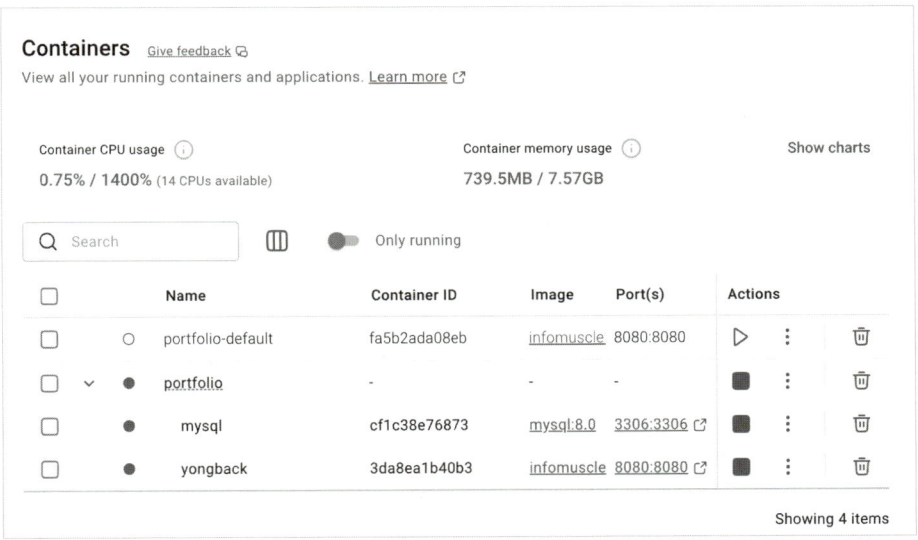

그림 10-16 도커 프로필 컨테이너 실행 확인

💡 이전에 테스트로 실행한 portfolio-default 컨테이너가 아직 8080 포트에서 실행 중이라면 먼저 중지합니다.

'http://localhost:8080' 경로로 웹사이트에 접속도 해 봅니다. 웹사이트는 잘 보이지만, 데이터베이스에서 가져오는 내용은 비어 있습니다. 스프링 프로필이 'docker'로 실행할 때는 DataInitializer 컴포넌트가 동작하지 않도록 설정했기 때문입니다. 지금은 화면이 보이기만 하면 됩니다. 데이터는 GCP에서 실행되는 MySQL 컨테이너에 넣어 주겠습니다.

도커 이미지 푸시하기

마지막으로 도커 이미지를 도커 허브에 푸시하겠습니다.

도커 데스크톱의 [Images] 탭에서 애플리케이션 이미지의 [더보기(⋮)] 버튼을 클릭합니다. 팝업 메뉴가 나타나면 [Push to Docker Hub]를 선택합니다. 그럼 애플리케이션이 도커 허브의 리포지터리에 올라갑니다. 추후에 이 이미지를 GCP에서 내려받아서 실행하겠습니다.

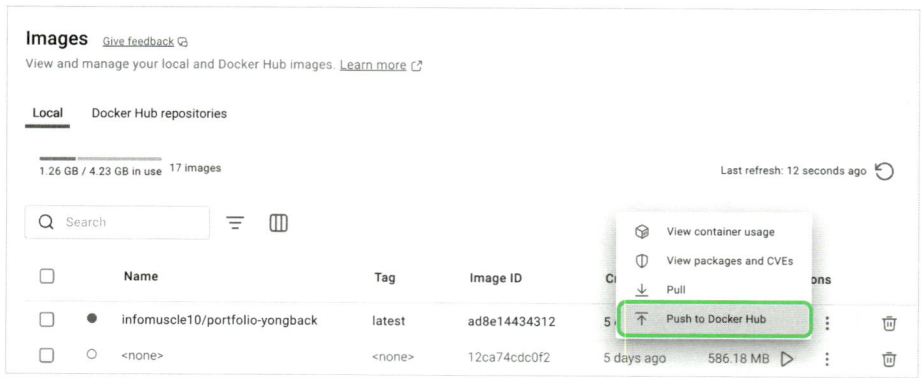

그림 10-17 도커 이미지 푸시하기

✅오류 해결 M1, M2 등 애플 실리콘 칩이 탑재된 컴퓨터를 사용하는 경우에는 아키텍처 차이로 인해 로컬 컴퓨터에서 빌드한 이미지가 GCP에서 제대로 실행되지 않을 수 있습니다. 따라서 애플 실리콘 칩 컴퓨터 사용자는 docker build ––platform linux/amd64 –t {username}/portfolio–yongback . 명령어로 이미지를 amd64 아키텍처에 맞게 재빌드한 다음에 도커 허브 리포지터리에 푸시합니다.

10-3 구글 클라우드 플랫폼으로 프로젝트 배포하기

- 클라우드 컴퓨팅이 무엇인지 이해한다.
- 구글 클라우드 플랫폼에서 가상 머신을 실행한다.
- 가상 머신에서 애플리케이션과 MySQL 컨테이너를 실행한다.

이제 **구글 클라우드 플랫폼**Google Cloud Platform(이하 **GCP**)을 이용해 인터넷을 통해 포트폴리오 웹사이트에 접속할 수 있게 하겠습니다. 먼저 GCP와 클라우드 컴퓨팅 서비스가 무엇인지 가볍게 개념을 살펴보고, GCP에서 실습 프로젝트 애플리케이션을 실행하여 웹 브라우저에서 해당 IP 주소로 접속해 정상 실행되는지 확인해 보겠습니다.

10-3-1 구글 클라우드 플랫폼이란

GCP는 구글이 제공하는 클라우드 컴퓨팅 서비스입니다. 기업 또는 개인 사용자가 구글이 제공하는 컴퓨팅 자원을 활용해 애플리케이션을 배포, 관리할 수 있습니다. 구글의 데이터 센터에서 실행되는 가상 머신 인스턴스부터 각종 RDBMS나 쿠버네티스 클러스터 등을 운영하는 데에 특화된 인스턴스까지 웹 서비스를 운영하기 위해 필요한 다양한 서비스를 제공합니다.

GCP의 장점 중 하나는 사용자가 필요에 따라 자원을 쉽게 확장하거나 축소할 수 있다는 점입니다. 예를 들어 스타트업이 초기에는 낮은 성능과 적은 규모의 컴퓨팅 자원을 운용하다가, 사업이 확장되면서 컴퓨팅 자원도 점점 늘려갈 수 있습니다. 또는 대규모 할인 행사 등 짧은 시간 내에 빠른 속도로 트래픽이 증가할 때 자동으로 컴퓨팅 자원도 늘어나도록 할 수 있습니다.

클라우드 컴퓨팅

클라우드 컴퓨팅은 인터넷을 통해 다양한 컴퓨팅 자원과 데이터 저장소를 제공하는 기술입니다. 쉽게 설명하면 클라우드 서비스를 제공하는 기업의 서버, 데이터베이스, 기타 네트워크 장비 등을 빌려 사용하고, 사용한 만큼 돈을 지불하는 방식입니다.

과거에는 웹 서비스를 제공하려면 직접 물리적 서버와 네트워크 장비를 직접 설치하고 관리해야 했습니다. 기술 인력 확충이나 초기 구축 비용 등 작은 기업이나 개인이 하기엔 어려운 일이었습니다. 하지만 클라우드 서비스 등장으로 사업 초기에는 적은 비용으로 적은 양의 자원을 사용하고, 이후 사업이 확장되며 필요에 따라 유연하게 자원을 확장하거나 축소할 수 있게 되었습니다.

대표적인 클라우드 서비스 제공자로는 아마존 웹 서비스(AWS), 구글 클라우드 플랫폼(GCP) 그리고 마이크로소프트 애저(Azure)가 있습니다. 클라우드 컴퓨팅 플랫폼 덕분에 개발자와 기업은 복잡한 IT 인프라를 더욱 쉽게 관리하고, 마이크로서비스 아키텍처와 같은 현대적인 애플리케이션 아키텍처가 등장하는 배경이 되었습니다.

GCP에서는 특정 목적에 특화된 여러 서비스를 제공합니다. 이 책에서는 **컴퓨트 엔진**Compute Engine, CE이라는 가장 기본 서비스를 이용합니다. 컴퓨트 엔진은 구글의 데이터 센터에서 실행되는 가상 머신을 제공합니다. 개발자가 자유롭게 활용할 수 있는 컴퓨터 한 대를 제공한다고 이해하면 됩니다. 이 가상 머신에 사용자가 원하는 운영체제, 애플리케이션을 설치해 웹 서비스를 제공할 수 있습니다.

tip GCP의 컴퓨트 엔진과 유사한 서비스는 AWS의 EC2, 마이크로소프트 애저의 버추얼 머신(Virtual Machines)이 있습니다.

10-3-2 컴퓨트 엔진 가상 머신 인스턴스 만들기

컴퓨트 엔진에서 실습 프로젝트를 실행해 보겠습니다.

01 GCP 웹사이트(https://cloud.google.com)에 접속합니다. 화면 중앙 또는 오른쪽 상단의 무료로 시작하기 버튼을 클릭합니다. 처음 시작한다면 약관 동의, 결제 정보 입력 등의 단계를 거쳐야 합니다.

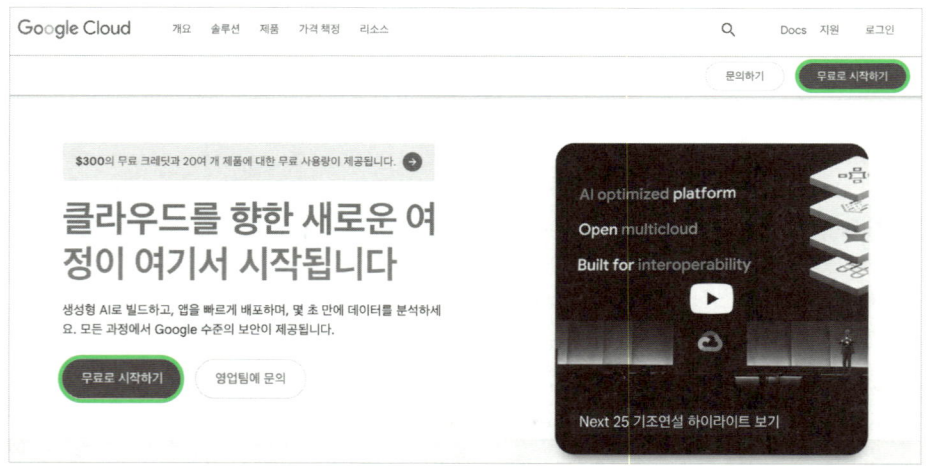

tip 결제 정보를 입력해도 실제로 과금 서비스를 사용하지 않으면 결제되지 않습니다.

02 약관에 동의하고 필요한 정보를 입력했다면 '시작하기' 화면으로 자동 이동합니다. [VM 만들기] 버튼을 클릭합니다.

03 그럼 '인스턴스 만들기' 페이지로 이동합니다. 페이지 왼쪽을 보면 사이드바 메뉴가 있는데, 우선 '머신 구성' 페이지부터 내용을 입력합니다. '이름' 항목에는 가상 머신 인스턴스 이름을 넣습니다. 자유롭게 지어도 되지만, 인스턴스의 목적을 인지할 수 있으면 좋습니다. 여기서는 'portfolio-yongback'으로 입력합니다. 리전은 [us-west1 (오리건)], 영역은 [모두]로 선택합니다. [범용]에서 시리즈는 [E2]를 선택합니다.

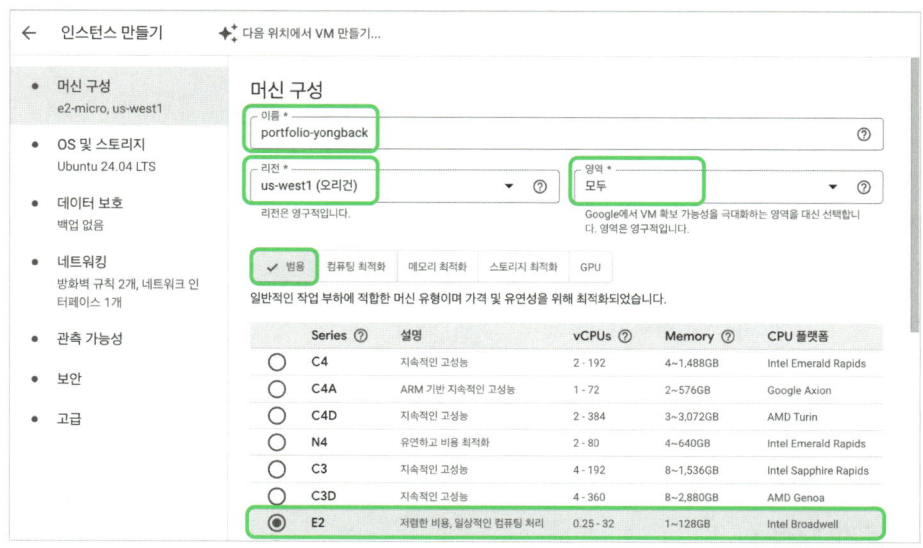

tip 리전과 영역은 구글 데이터 센터의 위치를 나타냅니다. 리전은 지리적 위치를 의미하며 영역은 리전 내의 데이터를 의미합니다. 영역은 드롭다운 목록에서 아무거나 선택해도 괜찮습니다.

📋 GCP 프리 티어

프리 티어(free tier)는 특정 조건을 만족할 때 서비스를 무료로 이용할 수 있는 프로그램입니다. 조건에 맞지 않게 인스턴스를 구성할 경우 실행 시 과금이 시작되기 때문에 신중히 따라 하길 바랍니다.

이 책에서는 미국 오리건에 위치한 데이터 센터를 선택했습니다. 다른 프리 티어 리전인 아이오와나 사우스캐롤라이나를 선택해도 되지만, 오리건이 한국과 가장 가깝기 때문에 조금이라도 지연 시간을 낮출 수 있습니다.

컴퓨트 엔진의 프리 티어 조건은 GCP 무료 프로그램 안내 페이지(https://cloud.google.com/free/docs/free-cloud-features?hl=ko#compute)에서 확인할 수 있습니다. 인스턴스를 만들기 전에는 해당 페이지에서 한 번 더 확인하는 것을 권장합니다.

---

04 그리고 하단에서 머신 유형을 선택합니다. [사전 설정]의 [e2-micro]를 선택합니다.

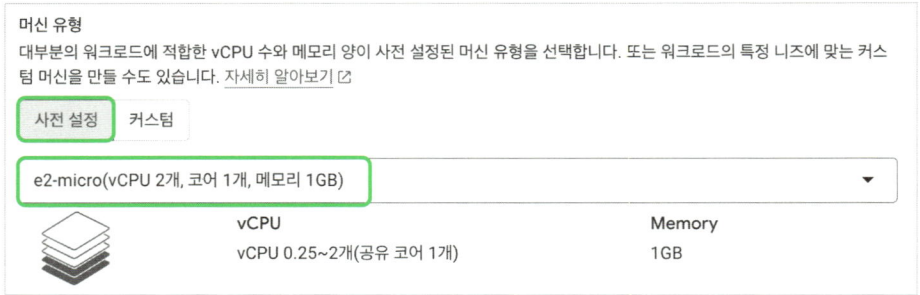

05 그다음 [OS 및 스토리지] 메뉴로 이동합니다. '운영체제 및 스토리지' 페이지의 [변경] 버튼을 클릭합니다. 운영체제와 스토리지 종류를 선택할 수 있습니다. 다음 목록을 참고해 내용을 입력합니다.

- **운영체제**: Ubuntu
- **버전**: Ubuntu 24.04 LTS(x86/64, amd64)
- **부팅 디스크 유형**: 표준 영구 디스크
- **크기**: 10GB

> **tip** 이미지 버전을 선택할 때 일치하는 버전이 없을 경우 LTS가 붙은 버전 중 x86/64, amd64용을 선택합니다. 또한 부팅 디스크 크기가 30GB가 넘을 경우 요금이 부과되니 주의합니다.

06 이어서 사이드바의 다른 메뉴도 설정합니다.

- **[데이터 보호] 메뉴**: 데이터 백업 항목을 '백업 없음'으로 선택하여 과금 요소를 줄입니다.
- **[네트워킹] 메뉴**: 방화벽 체크박스 항목을 'HTTP 트래픽 허용'과 'HTTPS 트래픽 허용'으로 체크합니다.
- **[관측 가능성] 메뉴**: 운영 에이전트 체크박스 항목의 '모니터링 및 로깅을 위한 운영 에이전트 설치' 체크를 해제합니다. 마찬가지로 과금 요소를 줄이기 위함입니다.

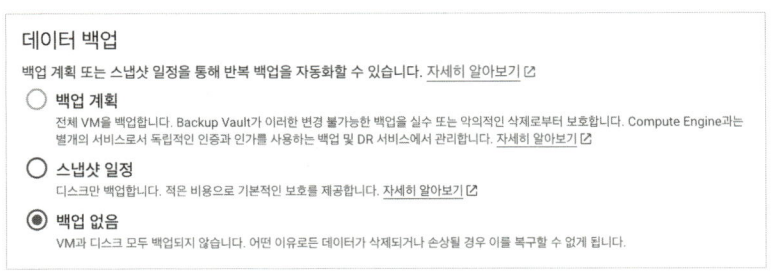

07 여기까지 진행했다면 화면 오른쪽에 보이는 월별 예상 가격을 확인합니다. 항목은 '2 vCPU + 1GB memory'와 '10GB 표준 영구 디스크'만 있어야 합니다. 다른 항목이 보이거나 예상 가격이 6.51달러와 크게 차이날 경우 리전, 가상 머신 유형 그리고 다른 설정 등을 설명을 따라 잘 선택했는지 다시 확인합니다. 차이가 없다면 하단의 [만들기] 버튼을 클릭해 VM 인스턴스 만들기를 종료합니다.

08 VM 인스턴스 페이지로 이동합니다. 인스턴스가 생성되기까지는 약간의 시간이 소요됩니다. 인스턴스의 상태가 초록색 체크 아이콘으로 바뀌면 생성한 인스턴스의 [SSH] 버튼을 클릭합니다. 팝업 메뉴에서 '브라우저 창에서 열기'를 선택하면 새로운 브라우저 팝업이 열리며 이제 인스턴스의 터미널에 접속할 수 있습니다.

터미널이 보이면 인스턴스가 올바르게 생성된 것입니다. 브라우저로 접속한 가상 머신 인스턴스 터미널을 앞으로 '브라우저 터미널'이라고 부르겠습니다.

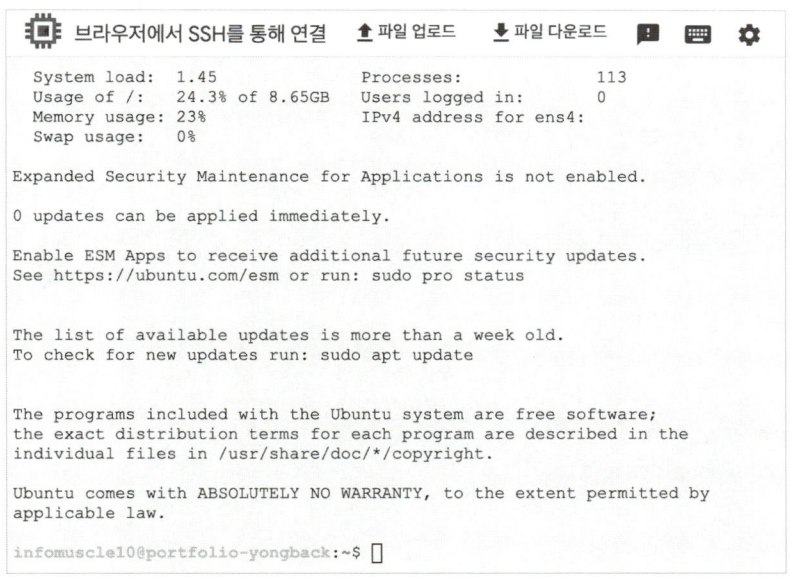

```
     ⬛ 브라우저에서 SSH를 통해 연결   ⬆ 파일 업로드    ⬇ 파일 다운로드   ❗  ⌨  ⚙

     System load:  1.45          Processes:              113
     Usage of /:   24.3% of 8.65GB  Users logged in:      0
     Memory usage: 23%           IPv4 address for ens4:
     Swap usage:   0%

  Expanded Security Maintenance for Applications is not enabled.

  0 updates can be applied immediately.

  Enable ESM Apps to receive additional future security updates.
  See https://ubuntu.com/esm or run: sudo pro status


  The list of available updates is more than a week old.
  To check for new updates run: sudo apt update


  The programs included with the Ubuntu system are free software;
  the exact distribution terms for each program are described in the
  individual files in /usr/share/doc/*/copyright.

  Ubuntu comes with ABSOLUTELY NO WARRANTY, to the extent permitted by
  applicable law.

  infomuscle10@portfolio-yongback:~$ ▯
```

그림 10-18 가상 머신 인스턴스 터미널(브라우저 터미널)

10-3-3 가상 머신에서 컨테이너 실행하기

이번에는 가상 머신 인스턴스에서 컨테이너를 실행하겠습니다. 인스턴스에 도커를 설치하고 컨테이너를 실행하면 인스턴스 목록 화면에서 볼 수 있는 외부 IP를 이용해 누구나 포트폴리오 웹사이트에 접속할 수 있습니다.

메모리 스왑 설정하기

먼저 **메모리 스왑**memory swap 작업을 해야 합니다. 프리 티어의 1GB 메모리는 애플리케이션과 MySQL 컨테이너를 모두 실행하기엔 부족하기 때문입니다.

> **目 메모리 스왑**
>
> 메모리 스왑은 운영체제가 RAM이 부족할 때 디스크 공간 일부를 임시 메모리처럼 사용하는 기술입니다. 스왑은 스왑 파일이나 스왑 파티션 형태로 구성되며, RAM에 여유가 없을 때 덜 사용되는 데이터를 디스크로 이동시켜 메모리를 확보합니다. 이는 시스템이 더 많은 메모리를 사용하는 프로그램을 실행할 수 있게 해주지만, 디스크의 속도가 RAM보다 느리기 때문에 성능 저하가 발생할 수 있습니다.

가상 머신 인스턴스의 터미널에서 아래 다섯 개 명령어를 차례대로 실행합니다.

```
# swap 파일 생성
$ sudo fallocate -l 2G /swapfile

# swap 파일 권한 설정
$ sudo chmod 600 /swapfile

# swap 파일 초기화
$ sudo mkswap /swapfile

# swap 파일 활성화
$ sudo swapon /swapfile

# swap 파일 영구 활성화
$ echo '/swapfile none swap sw 0 0' ¦ sudo tee -a /etc/fstab
```

다섯 개의 명령어를 실행한 뒤 free -h 명령어를 실행하면 전체 메모리와 스왑 사용량을 확인할 수 있습니다.

```
infomuscle10@portfolio-yongback:~$ free -h
               total        used        free      shared  buff/cache   available
Mem:           958Mi       336Mi       517Mi       692Ki       247Mi       621Mi
Swap:          2.0Gi          0B       2.0Gi
```

그림 10-19 메모리 사용 상태 확인

엔진엑스 설치하기

다음으로 가상 머신에 **엔진엑스**Nginx를 설치하고 실행하겠습니다. 다음 두 개 명령어로 간단하게 설치하고 실행할 수 있습니다.

```
# 엔진엑스 설치
$ sudo apt-get install nginx

# 엔진엑스 실행
$ sudo service nginx start
```

엔진엑스는 가볍고 높은 성능을 자랑하는 오픈소스 웹 서버입니다. 주로 정적 파일 제공, 리버스 프록시, 로드 밸런싱, HTTP 캐싱 등의 역할을 수행합니다. 가상 머신 인스턴스에서는 80, 443 포트로 들어오는 요청을 애플리케이션 컨테이너가 매핑된 8080 포트로 연결해 주는 역할을 합니다.

명령어를 실행한 다음 웹 브라우저에서 인스턴스의 외부 IP로 접속합니다. [그림 10-20]과 같은 화면이 보이면 엔진엑스가 실행 중이라는 의미입니다.

Welcome to nginx!

If you see this page, the nginx web server is successfully installed and working. Further configuration is required.

For online documentation and support please refer to nginx.org.
Commercial support is available at nginx.com.

Thank you for using nginx.

그림 10-20 엔진엑스 실행 화면

가상 머신에 도커 설치하기

가상 머신에 도커를 설치해 보겠습니다. 도커 가이드에는 리눅스 종류별로 설치 방법이 안내되어 있습니다. 이 책에서는 우분투를 선택했기 때문에 우분투 도커 설치 웹 페이지[1]를 참고하겠습니다.

도커 패키지를 설치하기에 앞서 도커 apt 리포지터리를 설정합니다. 다음과 같이 명령어를 입력한 후 실행합니다.

```
# Add Docker's official GPG key:
$ sudo apt update
$ sudo apt install ca-certificates curl
$ sudo install -m 0755 -d /etc/apt/keyrings
$ sudo curl -fsSL https://download.docker.com/linux/ubuntu/gpg -o /etc/
➥ apt/keyrings/docker.asc
$ sudo chmod a+r /etc/apt/keyrings/docker.asc
```

---

1 우분투 도커 설치 웹 페이지(https://docs.docker.com/engine/install/ubuntu)

```
# Add the repository to Apt sources:
$ sudo tee /etc/apt/sources.list.d/docker.sources <<EOF
Types: deb
URIs: https://download.docker.com/linux/ubuntu
Suites: $(. /etc/os-release && echo "${UBUNTU_CODENAME:-$VERSION_
➥ CODENAME}")
Components: stable
Signed-By: /etc/apt/keyrings/docker.asc
EOF

$ sudo apt update
```

그다음 도커 패키지를 설치합니다.

```
$ sudo apt install docker-ce docker-ce-cli containerd.io docker-buildx-
➥ plugin docker-compose-plugin
```

여기까지 문제없이 실행되었다면 다음 명령어를 실행합니다. docker --version 명
령어로 도커가 잘 설치되었는지 확인합니다. 그리고 sudo usermod 명령어로 sudo
명령어 없이 도커를 사용할 수 있도록 권한을 부여합니다. 권한을 반영하려면 터미
널 브라우저를 종료한 뒤에 재접속을 해야 합니다.

```
# 도커 버전 확인
$ docker --version

# 도커 명령어 권한 부여(실행 후 인스턴스 재접속)
$ sudo usermod -aG docker {username}
```

docker-compose.yml 파일 작성하기

이제 **vim 에디터**를 활용하여 가상 머신 인스턴스에 docker-compose.yml 파일을
만들어 보겠습니다.

tip vim 에디터는 리눅스 운영체제에서 주로 사용되는 텍스트 편집기입니다. 마우스 없이 키보드만으로 빠르고
효율적인 편집이 가능하여 개발자가 널리 활용하는 도구이기도 합니다. 윈도우 등 GUI 환경에 익숙하다면 조작법
이 어려울 수 있으니 주요 단축키는 연습해 두는 것이 좋습니다.

먼저 10-2절에서 완성한 docker-compose.yml 파일의 내용을 전체 선택한 뒤 복사해 둡니다. 그리고 브라우저 터미널에 처음 접속했을 때의 위치인 홈 디렉터리(~)에서 아래 명령어를 실행해 vim 에디터를 엽니다. vim 에디터에 접속되면 키보드의 ⎀ 키를 눌러 '입력 모드'로 진입하여 docker-compose.yml 파일의 내용을 붙여 넣습니다.

```
# docker-compose.yml 파일 만들기
$ vim docker-compose.yml
```

파일을 작성한 후 ESC 키를 눌러 '입력 모드'에서 빠져나옵니다. 그리고 Shift + : 키를 누른 다음 w q 키를 순서대로 눌러 파일을 저장한 후 vim 에디터에서 빠져나옵니다.

tip 중간에 실수했다면 '일반 모드'에서 Shift + : 키를 누른 다음 q ! 키를 순서대로 눌러 강제로 빠져나옵니다. 그러고 나서 브라우저 터미널에 다시 vim docker-compose.yml 명령어를 실행합니다.

도커 컴포즈로 컨테이너 실행하기

vim 에디터에서 빠져나와 브라우저 터미널에 다음 명령어를 실행합니다. 그럼 도커 컴포즈가 도커 허브에서 애플리케이션과 MySQL 이미지를 내려받아 컨테이너를 실행합니다.

```
# 도커 컴포즈로 컨테이너 실행
$ docker compose up -d

# 현재 실행 중인 컨테이너 확인
$ docker ps
```

모든 컨테이너가 정상 실행 중인지 확인했다면 MySQL에서 데이터베이스와 테이블을 생성합니다. 다음 명령어로 컨테이너에 접속하여 MySQL에 루트 계정으로 접속합니다. 그리고 루트 계정의 비밀번호를 입력한 후 로컬에서 MySQL 컨테이너를 만들 때 실행한(460쪽) 모든 쿼리를 순차적으로 실행합니다.

```
# 1. MySQL 컨테이너 접속
$ sudo docker exec -it mysql bash
```

```
# 2. MySQL 접속
$ mysql -u root -p

# 3. 쿼리 실행
# 데모 프로젝트 깃허브 리포지터리의 data-initializer.sql 파일 참고

# 4. MySQL에서 나오기
$ exit

# 5. MySQL 컨테이너에서 나오기
$ exit
```

엔진엑스 설정하기

다음으로 엔진엑스 설정을 수정한 뒤 재실행하겠습니다. vim 에디터로 설정 파일을
열고 'location' 영역을 찾습니다. 중괄호({ }) 안의 내용을 [코드 10-17]을 참고해 수
정합니다. 수정한 내용을 저장하고 vim 에디터에서 나와서 브라우저 터미널에서 엔
진엑스 재시작 명령어를 실행합니다.

```
# 1. 엔진엑스 설정 파일 열기
$ sudo vim /etc/nginx/sites-available/default

# 2. location 영역의 내용 수정
# [코드 10-17] 참고

# 3. 엔진엑스 재시작
$ sudo service nginx restart
```

코드 10-17 /etc/nginx/sites-available/default

```
01  location / {
02    proxy_pass http://localhost:8080;
03    proxy_set_header X-Real-IP $remote_addr;
04    proxy_set_header X-Forwarded-For $proxy_add_x_forwarded_for;
05    proxy_set_header Host $http_host;
06  }
```

엔진엑스를 재실행했다면 GCP 콘솔의 가상 머신 인스턴스 목록으로 돌아갑니다. 인스턴스의 외부 IP를 복사하여 웹 브라우저에서 접속하면 포트폴리오 웹사이트를 확인할 수 있습니다.

10-4 도메인 연결하기

- 도메인을 구입하여 가상 머신 인스턴스와 연결한다.
- 무료로 SSL 인증서를 발급받아 HTTPS를 적용한다.

이번 절에서는 나만의 도메인을 구입하여 가상 머신 인스턴스의 IP 주소와 연결해 보겠습니다. 또 렛츠인크립트Let's Encrypt라는 비영리 기관에서 무료로 SSL 인증서를 발급받아, HTTPS 프로토콜로 도메인에 접속할 수 있도록 합니다. 도메인 구입 비용이 부담된다면 이번 절은 가볍게 읽어도 괜찮습니다.

10-4-1 도메인 구입 및 연결하기

여러 도메인 등록 서비스가 있지만 이 책에서는 GCP의 클라우드 도메인Cloud Domains 서비스를 이용합니다. 클라우드 도메인 웹 페이지(https://console.cloud.google.com/net-services/domains)로 이동해 웹 페이지 상단에서 [도메인 등록] 버튼을 클릭합니다.

그림 10-21 클라우드 도메인 웹 페이지(도메인 등록 전)

그다음 도메인 등록 페이지에서 다음과 같이 4단계에 걸쳐 내용을 입력합니다.

- **1단계: 도메인 검색**

  원하는 도메인명이 사용 가능한지 검색합니다. 구매 가능한 도메인명을 선택합니다.

- **2단계: DNS 구성**

  권장값인 'Cloud DNS 사용'을 선택합니다.

- **3단계: 개인정보 보호**

  '공개될 정보 제한'을 선택합니다.

- **4단계: 연락처 세부정보**

  연락처 정보를 입력합니다. 공개될 수 있는 정보이니 구체적인 주소는 적지 않아도 됩니다.

페이지 마지막의 [등록] 버튼을 클릭하면 다시 도메인 목록이 보이는 페이지로 이동합니다. '연락처 세부정보'에 입력한 이메일로 메일 인증까지 하면, 도메인 상태가 '사용 중'으로 변경됩니다.

그림 10-22 클라우드 도메인 웹 페이지(도메인 등록 후)

도메인 상태가 '사용 중'으로 변경되었다면 이제 IP 주소와 연결해 봅시다. DNS 서비스 웹 페이지(https://console.cloud.google.com/net-services/dns)로 이동합니다. 그리고 구매한 도메인 '영역 이름'을 클릭해 '영역 세부정보' 화면으로 이동합니다.

그림 10-23 클라우드 도메인 DNS 서비스 웹 페이지

'영역 세부정보' 페이지의 '레코드 모음'에서 [표준 추가] 버튼을 클릭합니다.

그림 10-24 클라우드 도메인의 DNS 영역 세부정보

DNS 이름, 리소스 레코드 유형, TTL, TTL 단위 등은 수정하지 않습니다. 'IPv4 주소' 항목에만 가상 머신 인스턴스의 외부 IP를 입력한 후 [만들기] 버튼을 클릭하면 IP 주소와 도메인이 연결됩니다.

도메인과 IP의 연결은 보통 수 분 내로 반영되지만, 최대 48시간가량 걸릴 수도 있습니다. 웹 브라우저에서 도메인 주소로 접속을 시도해 보며 포트폴리오 웹사이트로 접속되는지 확인해 보세요.

10-4-2 HTTPS 적용하기

웹 브라우저에서 접속이 되었더라도 아직은 주소창 옆에 '주의 요함'과 같은 문구와 함께 경고 표시가 있습니다. 클릭해 보면 '이 사이트는 보안 연결(HTTPS)이 사용되지 않았습니다'와 같은 문구를 확인할 수 있습니다.

여기서 **HTTPS**HyperText Transfer Protocol Secure는 HTTP의 보안 수준을 한층 높인 프로토콜입니다. HTTPS의 핵심 키워드는 '인증'과 '암호화'입니다. 신뢰할 수 있는 인증 기관에 의해 인증받은 서버와 통신하며, 통신 과정에서 데이터를 암호화하기 때문입니다.

HTTPS의 암호화 통신 과정

HTTPS는 인증과 암호화로 어떻게 통신의 신뢰를 높일까요? 예를 들어 사용자가 웹 브라우저에서 포트폴리오 서버로 요청을 보낼 때, 포트폴리오의 도메인 주소를 입력하면 내부 호스트 정보나 DNS 서버에서 연결된 IP 주소를 찾아 요청을 보냅니다.

문제는 웹 브라우저 입장에서는 이 IP 주소가 진짜 포트폴리오 서버의 주소인지, 아니면 해킹을 당해 해커가 만든 가짜 서버의 주소로 위조되었는지 알 수 있는 방법이 없습니다. 그래서 웹 브라우저에서 서버 간 신뢰가 어렵다는 문제를 해결하기 위해 제3자인 **인증 기관**Certificate Authority, CA에서 서버에 **SSL**Secure Socket Layer 인증서라고 부르는 인증서를 발급해 주기로 합니다. 그런데 이 인증서가 진짜 인증서라는 것을 어떻게 알 수 있을까요? 해커가 인증서 마저도 위조해 버릴 수 있습니다.

그래서 사용하는 것이 암호화 알고리즘입니다. 양방향 암호화 방식인 **공개 키(비대칭 키) 암호화 알고리즘**을 이용하면 인증서가 실제로 인증 기관이 발급했다는 것을 보장할 수 있습니다. 그 과정을 살펴보면 다음과 같습니다.

1. 인증서를 발급받기 위해 개발자는 먼저 한 쌍의 암호화 키를 만듭니다.

2. 이 중에 '서버의 공개 키'와 '서버 정보'는 인증 기관으로 보냅니다. 다른 하나의 암호화 키는 비공개 키로 외부에 노출되지 않도록 합니다.

   tip 서버가 만든 암호화 키 쌍 가운데 공개한 것을 '서버의 공개 키'라고 부르겠습니다.

3. 인증 기관 또한 이미 만들어 둔 한 쌍의 암호화 키가 있습니다.

4. 이 중에 '인증 기관의 비공개 키'를 이용해 서버의 공개 키와 서버 정보 등을 암호화해서 인증서를 만듭니다.

5. 만들어진 인증서를 서버로 전달하면 서버는 이것을 내부에 보관합니다.

📋 공개 키(비대칭 키) 암호화

HTTPS의 원리를 이해하려면 반드시 알아야 하는 개념이 **공개 키 암호화 알고리즘**입니다. 한 쌍의 암호화 키를 이용해 암호화와 복호화를 할 수 있으며, 암호화할 때와 복호화할 때 서로 다른 키를 사용하기 때문에 **비대칭 키 암호화**라고도 부릅니다. 암호화 키 쌍에서 한 쪽은 외부에 전달하는 공개 키, 다른 한 쪽엔 노출되어서는 안 되는 비공개 키가 됩니다.

암호화 키 쌍에서 암호화에 사용하는 것을 '열쇠', 복호화에 사용하는 것을 '자물쇠'라고 비유할 수 있습니다. 한 키로 암호화된 것은 같은 쌍의 다른 키로만 복호화될 수 있기 때문입니다. 암호화의 목적에 따라 열쇠와 자물쇠를 어떤 것을 공개해도 괜찮지만, 둘 중 하나는 반드시 숨겨야 합니다.

예를 들어 두 주체 간에 기밀 데이터를 전달해야 한다고 해보겠습니다. 이 경우 수신자가 암호화 키 쌍을 만들고, 하나를 공개합니다. 발신자는 공개된 키로 데이터를 암호화해 전달합니다. 이 데이터는 오직 공개되지 않은 다른 하나의 키로만 복호화가 되기 때문에, 이 비공개 키가 탈취되지 않는 이상 중간에 암호화 데이터가 노출되어도 복호화가 불가능합니다. 공개 키를 자물쇠로, 비공개 키를 열쇠로 쓰는 경우입니다.

또 다른 예로는 전자서명이 있습니다. 문서를 발행하고 발행자가 작성한 문서인지 인증하고 싶다면, 발행자가 암호화 키 쌍을 만들고 키 하나로 문서를 암호화합니다. 이때 암호화에 사용된 키가 자물쇠입니다. 그리고 공개되는 다른 키가 열쇠에 해당합니다. 이제 어떤 문서가 해당 발행자가 작성한 것인지 확인하고 싶다면 공개된 키로 암호화된 문서를 복호화합니다. 복호화가 된다면 암호화 키 쌍이 맞는 것이므로 발행자가 작성한 문서인 것을 신뢰할 수 있습니다.

웹 브라우저는 '인증 기관의 공개 키' 정보가 기본으로 포함되어 출시됩니다. 필요할 경우 직접 원하는 인증 기관의 정보를 추가할 수도 있습니다. 그러므로 HTTPS 프로토콜을 이용해 웹 브라우저가 서버로 요청을 보내면, 서버는 인증 기관에서 발급받은 인증서를 응답합니다.

웹 브라우저는 인증 기관의 공개 키로 인증서를 복호화합니다. 인증 기관의 비공개 키로 암호화한 것이 맞다면 복호화가 될 것이고, 인증 기관이 발급한 것임을 신뢰할 수 있습니다. 인증서의 복호화가 성공하면 인증 기관에서 인증받은 서버임을 신뢰할 수 있을 뿐만 아니라, '서버의 공개 키'도 얻을 수 있습니다. 서버의 공개 키는 서버로 전달할 데이터를 암호화하기 위한 암호화 키를 암호화하기 위해 사용합니다.

다만 비대칭 키 방식은 암복호화 성능이 비교적 느립니다. 통신의 효율성을 위해서는 대칭 키 암호화를 사용하는 것이 좋습니다. 그런데 대칭 키 방식에는 문제가 있습니다. 암호화된 데이터를 복호화하려면 암호화에 사용된 키가 필요하다는 점입니다. 수신자에게 암호화된 데이터를 전달하며 암호화 키도 함께 전달해야 하기 때문에 암호화된 데이터가 탈취될 수 있다면 암호화 키도 탈취될 수 있습니다.

tip 암호화와 복호화에 똑같은 키가 사용되는 암호화 알고리즘을 대칭 키 암호화 알고리즘이라고 부릅니다.

비대칭 키와 대칭 키 방식의 문제를 해결하기 위해 웹 브라우저는 대칭 키 방식의 암호화 키를 만들어 서버로 전달할 데이터를 암호화합니다. 그리고 여기에 사용된 암호화 키를 서버의 공개 키로 암호화해서 서버로 암호화된 데이터와 암호화된 키를 전달합니다.

서버는 전달받은 서버의 비공개 키로 암호화 키를 복호화하고 나서 데이터를 복호화할 수 있습니다. 암호화 키를 복호화하려면 서버의 비공개 키가 필요하기 때문에 도중에 암호화된 데이터와 암호화된 키가 모두 탈취되더라도 데이터를 복호화할 수 없습니다.

그림 10-25 TLS 암호화 통신 과정

tip 이렇게 통신 주체 간 신뢰와 보안을 구축하는 과정을 정의한 규약을 TLS(Transport Layer Security)라고 부릅니다.

이처럼 HTTPS는 비대칭 키 암호화와 대칭 키 암호화를 적절히 조합한 방식을 사용합니다. 웹 브라우저와 서버 간의 신뢰를 구축함과 동시에 전달되는 데이터를 보호할 수 있습니다.

보안의 중요성이 높아짐에 따라 HTTPS는 금융정보와 같은 민감한 데이터를 다루는 서비스라면 필수입니다. 또한 2010년대 이후로는 HTTPS가 적용되지 않은 사이트 접속을 권장하지 않습니다.

렛츠인크립트로 SSL 인증서 발급받기

그럼 사용자들이 포트폴리오 서비스를 신뢰할 수 있도록 인증서를 발급받아 HTTPS를 적용해 보겠습니다. 렛츠인크립트라는 비영리기관에서 무료 SSL 인증서를 발급받으면 별도의 비용 없이 HTTPS가 적용된 웹사이트를 운영할 수 있습니다.

앞서 서버를 인증 받고 웹 브라우저와 신뢰를 구축하는 원리는 상당히 어렵게 느껴졌을 수도 있습니다. 하지만 실제로 인증서를 발급받는 과정은 매우 간단합니다. 가상 머신 인스턴스의 웹 브라우저 터미널로 돌아가 다음 명령어를 순차적으로 실행합니다.

```
# Certbot 설치
$ sudo apt-get install certbot
$ sudo add-apt-repository ppa:certbot/certbot
$ sudo apt install python3-certbot-nginx

# SSL 인증서 발급(sudo certbot --nginx -d yongback.com)
$ sudo certbot --nginx -d {도메인 주소}  ———▶ ❶
```

tip Certbot은 렛츠인크립트 인증서를 관리하는 도구입니다.

❶ sudo certbot --nginx -d 명령어를 실행한 후 다음 절차를 진행합니다.

- **이메일 주소 입력**: 인증서 만료 알림을 받기 위한 이메일을 입력합니다.
- **이용 약관 동의**: A를 입력하여 이용 약관에 동의합니다.
- **EFF 이메일 수신**: Y를 입력하면 Electronic Frontier Foundation의 이메일을 수신합니다.
- **HTTPS 리다이렉션**: 2를 입력하여 HTTP 접속 시 HTTPS로 자동 리다이렉션을 설정합니다.

인증서가 발급되면 다음 명령어로 인증서를 확인할 수 있습니다.

```
# 인증서 발행 확인
$ sudo certbot certificates

# 인증서 유효기간 확인
$ sudo openssl x509 -in /etc/letsencrypt/live/{도메인명}/cert.pem -noout
-dates
```

여기까지 했으면 웹 브라우저를 열고 도메인 이름을 입력하여 HTTPS가 제대로 작동하는지 확인합니다. 주소창에 자물쇠 아이콘이 표시되면 성공입니다.

10-4-3 HTTPS 자동 연장하기

렛츠인크립트 인증서는 90일간 유효합니다. 서버에서 자동으로 갱신되도록 스케줄을 걸어 두는 것이 좋습니다.

우선 인증서를 갱신하는 명령어가 제대로 실행되는지 확인해 봅니다. --dry-run 옵션을 함께 사용하면 실제로는 갱신이 적용되지 않아 명령어가 어떻게 동작하는지 확인할 수 있습니다.

```
$ sudo certbot renew --dry-run
```

오류가 발생하지 않는다면 자동 갱신 설정을 진행해 봅시다.

01 리눅스의 크론^{Cron}을 사용해서 매달 1회씩 자동 갱신 명령어가 호출되도록 합니다. 크론 스케줄링을 하기 위한 파일인 크론탭^{Crontab}을 다음 명령어로 실행합니다.

```
$ sudo crontab -e
```

tip 크론은 리눅스에서 사용되는 시간 기반 작업 스케줄러입니다. 설정된 스케줄에 따라 명령어를 자동으로 실행합니다.

02 처음 실행하면 다음 에디터를 선택해야 할 수 있습니다. ② 키를 눌러 vim 에디터가 기본으로 선택되도록 합니다.

```
infomuscle10@bokeunjeong:~$ sudo crontab -e
no crontab for root - using an empty one

Select an editor.  To change later, run 'select-editor'.
  1. /bin/nano          <---- easiest
  2. /usr/bin/vim.basic
  3. /usr/bin/vim.tiny
  4. /bin/ed

Choose 1-4 [1]: █
```

tip 선택한 에디터를 다시 바꾸고 싶다면 sudo select-editor crontab 명령어를 실행합니다.

03 vim 에디터에 크론탭이 열리면 입력 모드로 들어가 다음 명령어를 추가합니다. certbot renew 명령어가 매월 1일 오전 3시 0분에 주기적으로 실행되도록 지정합니다. 그리고 일반 모드로 나가서 shift + : → w q 키를 눌러 저장 후 vim 에디터를 종료합니다.

```
$ 0 3 1 * * certbot renew --quiet --post-hook "systemctl reload nginx"
```

tip 크론탭은 크론이 읽고 실행할 작업 목록을 정의한 설정 파일입니다. 크론 표현식으로 초, 분, 시, 일, 월 등 스케줄을 정의할 수 있습니다.

0 3 1 * *은 명령의 실행 주기를 지정하는 크론 표현식입니다. 리눅스의 크론 표현식은 다섯 자리로 구성되며 순서대로 분-시-일-월-요일을 표현합니다. --quiet 옵션은 갱신 작업을 할 때 출력을 최소화하는 설정입니다. 이어서 --post-hook "systemctl reload nginx" 옵션은 인증서를 갱신한 후 엔진엑스를 재시작하여 갱신된 인증서가 반영되도록 합니다.

이로써 인스턴스가 실행 중인 한, 매달 한 번씩 HTTPS 인증서 자동 갱신을 시도합니다. 인증서의 만료일이 도래할 때마다 인스턴스에 접속해 갱신 명령어를 수행하는 번거로움을 줄일 수 있습니다.

지금까지 10장에서 스프링 시큐리티를 사용해 권한이 있는 사용자만 어드민 레이어에 접속해 데이터를 다룰 수 있도록 보안을 강화했습니다. 또 실습 프로젝트를 환경에 관계없이 사전 설정 파일과 명령어 몇 줄만으로 간단하게 실행할 수 있도록 해주는 도커에 대해 배우고, 컨테이너로 실행하는 실습을 해 보았습니다. 그리고 GCP에 컨테이너를 실행시켜 복잡한 설정 없이 빠르게 애플리케이션을 배포했고, 도메인과 HTTPS를 적용해서 서비스를 완성했습니다.

여러분은 이제 아주 작지만 실제로 운영할 수 있는 웹 서비스를 밑바닥부터 만들어 보는 경험을 했습니다. 아마 많은 독자가 책에서 설명하는 내용이 완벽히 이해가 안 되더라도 코드를 열심히 따라 하면서 여기까지 왔을 것으로 생각합니다. 그것만으로도 충분히 큰 성취입니다. 이 책을 읽기 전과 비교하면 이제 모르는 것이 무엇인지를 아는 상태일 것이기 때문입니다.

그다음은 모르는 것, 부족한 것들을 하나씩 채워나갈 차례입니다. 어려운 개념, 잘 이해하지 못하고 넘어간 개념이 있었다면 꼭 다시 살펴보기를 권장합니다. 책에서 설명한 개념들은 백엔드 개발자로서 반드시 알아야 하는 필수 개념이기 때문입니다.

실습 프로젝트를 더 발전시켜 보는 것도 좋습니다. 데모 프로젝트 깃허브 리포지터리에 풀 리퀘스트를 올리면 직접 리뷰를 해 드리겠습니다. 다양한 방법을 고민하고 다른 개발자들과 의견을 나누며 예비 개발자 또는 개발자로서 시야를 넓혀 보세요.

또 관심 있는 주제로 직접 다른 서비스를 만들어 보는 것도 좋습니다. 책으로 다른 사람이 만든 길을 따라왔다면, 나만의 길을 만들면서 새로운 문제를 맞닥뜨리고 해결해 나가는 것이 개발자로서의 실력을 기르는 가장 확실한 방법이라고 생각합니다.

- 스프링 시큐리티는 웹 개발에 사용되는 보안 관련 기능을 모아둔 스프링 프로젝트입니다.

- 인증은 사용자의 신원을 확인하는 과정입니다.

- 인가는 신원이 확인된 사용자의 권한을 확인하는 과정입니다.

- 암호화는 데이터를 특정한 사용자만 알아볼 수 있도록 난독화하는 작업입니다.

- 도커는 애플리케이션과 실행 환경을 하나로 묶어 컨테이너라는 독립적인 단위로 실행합니다.

- 컨테이너는 외부와 격리되어 자체적으로 실행 가능하기 때문에 도커가 설치된 환경이라면 늘 일관적으로 실행됩니다.

- 도커 컴포즈는 복잡한 도커 실행 환경을 YAML 파일로 관리할 수 있는 도구입니다.

- 도커 이미지는 컨테이너의 실행 환경을 정리해둔 템플릿 파일입니다.

- GCP는 구글이 제공하는 클라우드 컴퓨팅 서비스입니다.

- GCP는 가상 머신, 데이터베이스, 쿠버네티스 클러스터 등 개발자의 필요에 맞는 다양한 인프라 서비스를 제공합니다.

- HTTPS는 암호화와 인증으로 HTTP의 보안 수준을 높인 프로토콜입니다.

- Let's Encrypt는 무료로 SSL 인증서를 발급해주는 비영리기관입니다.

찾아보기